Das Medien-Klima

Irene Neverla • Mike S. Schäfer (Hrsg.)

Das Medien-Klima

Fragen und Befunde der kommunikationswissenschaftlichen Klimaforschung

Herausgeber
Prof. Dr. Irene Neverla
Universität Hamburg, Deutschland

Prof. Dr. Mike S. Schäfer
Universität Hamburg, Deutschland

ISBN 978-3-531-17752-6
DOI 10.1007/978-3-531-94217-9

ISBN 978-3-531-94217-9 (eBook)

Die Deutsche Nationalbibliothek verzeichnet diese Publikation in der Deutschen Nationalbibliografie; detaillierte bibliografische Daten sind im Internet über http://dnb.d-nb.de abrufbar.

Springer VS

Einbandentwurf: KünkelLopka GmbH, Heidelberg
Coverbild: ©Getty Images

Gedruckt auf säurefreiem und chlorfrei gebleichtem Papier

Springer VS ist eine Marke von Springer DE. Springer DE ist Teil der Fachverlagsgruppe Springer Science+Business Media
www.springer-vs.de

Inhalt

Vorwort

Zum Gelingen dieses Bandes haben viele Kolleginnen und Kollegen beigetragen, denen wir an dieser Stelle danken möchten. Zu allererst gilt unser Dank den in diesem Buch versammelten Autorinnen und Autoren. Die Lektüre und Bearbeitung ihrer Beiträge war auch für uns als Herausgeber immer interessant und anregend. Darüber hinaus haben uns Astrid Hansen und Sarah Pleger bei der Erstellung und Korrektur des Manuskripts geholfen – auch Ihnen sind wir für ihre gründliche und zügige Arbeit zu großem Dank verpflichtet. Ermöglicht wurde die Entstehung des Bandes schließlich durch die monetäre, ideelle und infrastrukturelle Förderung der „Media Research Group" – und damit der kommunikationswissenschaftlichen Klimaforschung – am „KlimaCampus" der Universität Hamburg, dessen Herzstück das Bundes-Exzellenzcluster für Klimaforschung „CliSAP" ist. Hier ist ein lebendiger und intellektuell anregender Ort der interdisziplinären Forschung zu Klimafragen entstanden Viele Mitglieder des „KlimaCampus" haben in Wort und Tat hierzu beigetragen. Für ihre anhaltende Unterstützung möchten wir namentlich Hans von Storch, Martin Claussen, Dorothea Fitterling und Anke Allner danken.

Irene Neverla & Mike S. Schäfer

Einleitung: Der Klimawandel und das „Medien-Klima"

Irene Neverla & Mike S. Schäfer

Als sich die *New York Times* schon 1937 mit den Folgen des Klimawandels befasste, stand sie damit allein auf weiter Flur, und auch der *Christian Science Monitor* war den Mediendebatten seiner Zeit weit voraus, als er 1957 „Are Men Changing the Earth's Weather?" titelte (vgl. Boykoff & Rajan 2007). Anders in der Wissenschaft: Schon 1863 hatte der britische Physiker John Tyndall auf einen möglichen Zusammenhang zwischen Eiszeiten und einem sinkenden CO_2-Anteil in der Atmosphäre hingewiesen; und der schwedische Klimaforscher Svante Arrhenius publizierte 1896 Berechnungen für zukünftige CO_2-Anstiege und die auf dieser Basis zu erwartende Erderwärmung.

Dies macht bereits deutlich, dass wissenschaftliche Forschung und Medienberichterstattung zeitlich nicht synchronisiert sind. Und auch die Inhalte der entsprechenden Kommunikationen unterscheiden sich: Beispielsweise besteht heute, am Beginn des 21. Jahrhunderts, ein weitgehender wissenschaftlicher Konsens über die Existenz der weltweiten Erderwärmung und darüber, dass sie vornehmlich anthropogene Ursachen hat. Dieser Konsens über ein abstraktes Konstrukt ist allerdings nicht gleichbedeutend mit sicherem oder unproblematisch vermittelbarem Wissen – er wird von Massenmedien oftmals um- oder gar überformt und es entsteht die spezifisch massenmediale Konstruktion des Klimawandels.

Diese mediale Darstellung wiederum wird durch weitere soziale, kulturelle und gesellschaftliche Konstruktionen ergänzt (vgl. Stehr & von Storch 1997; 2009; von Storch 2009), die von zunehmend mehr Akteuren vorgebracht werden. Denn die Veränderungen des globalen Klimas, ihre Folgen und regionalen Auswirkungen sowie mögliche Handlungsstrategien sind in den vergangenen Jahrzehnten zu einem Meta-Thema geworden, das in unterschiedlichen gesellschaftlichen Sphären in den Mittelpunkt gerückt und anschlussfähig geworden ist. Naturwissenschaftler[1] beschäftigen sich mit der datengestützten Beschreibung, Erklärung und Modellierung von Klimaveränderungen und deren Folgen. Supranationale und nationale politische Akteure suchen nach dem besten Umgang mit den aus dem Klimawandel resultierenden Belastungen. Wirtschaftsunternehmen richten sich und ihr Handeln auf Klimaveränderungen ein. NGOs versu-

1 Im Folgenden sind mit Begriffen wie Naturwissenschaftler, Journalist usw. selbstverständlich immer Naturwissenschaftlerinnen, Journalistinnen usw. mit gemeint. Zur besseren Lesbarkeit verwenden wir die grammatisch einfachere Form.

chen, (vermeintlich) vernachlässigte Kollektivinteressen zu repräsentieren. Und auch für Kirchen, Künstler und sogar im Bereich des Sports ist Klimawandel mittlerweile zum Thema geworden.[2]

Auch in der Kommunikations- und Medienwissenschaft sind massenmediale Debatten über den Klimawandel in den vergangenen Jahren zunehmend ins Blickfeld gerückt. Mittlerweile liegt eine beträchtliche Zahl von Arbeiten dazu vor, wie massenmediale Berichterstattung über dieses Thema ausgestaltet ist, welche gesellschaftlichen Kräfte sie (zu) formen (versuchen), ob und wie die entsprechende Berichterstattung von der breiteren Öffentlichkeit wahrgenommen und bewertet wird, und was sie bewirkt. Im deutschsprachigen Raum fehlt bislang allerdings ein Band, der sich diesen Fragen in ihrer Breite widmet, dabei aber jenseits von Fallstudien einen Überblicksanspruch verfolgt, mithin die vorliegende Literatur sichtet und resümiert sowie weiterführende Forschungsperspektiven aufzeigt. Diese Lücke soll mit diesem Band geschlossen werden.

1 Der Gegenstand: Der Klimawandel und seine Folgen[3]

Vor der Fokussierung auf die gesellschaftliche und massenmediale Debatte über den Klimawandel ist es sinnvoll, zentrale Begrifflichkeiten und Zusammenhänge zu erläutern und den aktuellen naturwissenschaftlichen Wissensstand zusammenzufassen. Dies wird in der Folge geschehen, wobei wir versuchen, besonders verlässliche Befunde ebenso deutlich zu machen wie existierende Unsicherheiten zu markieren.

1.1 Was ist das „Klima"?

In der Naturwissenschaft wird der Begriff „Klima“ verwendet für durchschnittliches resp. „gemitteltes Wetter“ (Plöger 2007: 3), d. h. die statistisch ermittelten und beschriebenen Mittelwerte (und typischen Abweichungen davon) von Wettergrößen wie Temperatur, Niederschlag oder Wind (vgl. Claussen 2003: 25). Bestimmbar ist ein solcher Mittelwert stets nur bezogen auf einen – mehr oder minder großen – raum-zeitlichen Bezugspunkt. Das Klima lässt sich auf der Raumdimension etwa für Ortschaften und

2 Die Beispiele sind mannigfaltig: So hat die Nordelbische Evangelisch-Lutherische Kirche kürzlich die Initiative „Kirche für Klima“ gestartet, mit der sie sich drei Jahre lang Fragen des Klimaschutzes und der Klimagerechtigkeit widmen will (s. www.kirchefuerklima.de, vgl. Wardekker 2009), eine Reihe von Ausstellungen und Performances setzt sich künstlerisch mit dem Thema auseinander (z. B. www.klimakapseln.de, vgl. das 2010 erschienene Sonderheft „Wissenschaft trifft Kunst“ der Zeitschrift „Gegenworte“) und der Deutsche Olympische Sport-Bund engagiert sich schon seit einigen Jahren mit der Initiative „Goldmedaille für den Klimaschutz“ für einen nachhaltigen Sport (s. www.klimaschutz-im-sport.de).

3 Wir danken Johanna Baehr für Ihre hilfreichen Kommentare zur Beschreibung des naturwissenschaftlichen Wissensstandes zum Thema Klimawandel.

Städte angegeben; häufiger ist es aber so, dass es für Landschaften oder größere Räume bis hin zum „globalen Klima“ beschrieben wird. Die Zeitspannen, für die das Klima berechnet wird, reichen von wenigen Monaten bis hin zu Millionen Jahren – es gibt keine konsensuell verwendete Mindestgrenze, an der zwischen Wetter und Klima standardmäßig differenziert wird. Häufig wird aber, einem Vorschlag der World Meteorological Organization (WMO) folgend, zur Beschreibung des Klimas ein Zeitraum von mindestens 30 Jahren verwendet, der etwa einer menschlichen Generation entspricht (Claussen 2003: 21). Wenn in der öffentlichen Debatte und auch im Folgenden von „Klimawandel“ die Rede ist, dann steht dabei meist das globale Klima im Mittelpunkt, und es geht um dessen Charakteristika und Veränderungen in den vergangenen Jahrzehnten bzw. seit der industriellen Revolution, mit der die wesentlichen anthropogenen Klimaveränderungen begannen.

1.2 Die globale Erwärmung des Klimas

Der gegenwärtigen Rede vom Wandel des Klimas liegt zugrunde, dass in den vergangenen Jahrzehnten und auf Basis einer Vielfalt von Messdaten eine deutliche Erhöhung der mittleren globalen Temperaturen festgestellt wurde, die sich in der zweiten Hälfte des 20. Jahrhunderts zudem beschleunigt hat. Dafür, dass diese globale Erwärmung existiert, gibt es eine Mehrzahl von Belegen, sodass sie als gesichert gelten kann:

Erstens waren die „mittleren Temperaturen in der Nordhemisphäre [...] in der zweiten Hälfte des 20. Jahrhunderts sehr wahrscheinlich höher als während jedes anderen 50-Jahr-Abschnitts in den letzten 500 Jahren und wahrscheinlich die höchsten in zumindest den letzten 1300 Jahren“, schreibt das Intergovernmental Panel on Climate Change in seinem 4. Sachstandsbericht (IPCC 2007a: 10). Zudem waren zwölf der 13 wärmsten Jahre, die je gemessen wurden, zwischen 1994 und 2006 zu verzeichnen und soeben ging die wärmste Dekade seit Beginn der Messungen vor ca. 130 Jahren zu Ende (Hansen u. a. 2010). Zweitens ist die „durchschnittliche Temperatur des Weltozeans bis in Tiefen von mindestens 3000 m angestiegen“ (IPCC 2007a: 5). Zusätzlich gibt es weitere Indizien für die Erwärmung: Die durchschnittliche Menge und Größe der Gebirgsgletscher und der Schneebedeckung in beiden Hemisphären haben sich verringert, das arktische Meereis ist geschrumpft und der Meeresspiegel ist angestiegen (vgl. IPCC 2007a; Rahmstorf & Schellnhuber 2006).

Zudem hat sich diese Erwärmung beschleunigt: „Der lineare Erwärmungstrend über die letzten 50 Jahre [...] ist fast zweimal so groß wie derjenige über die letzten 100 Jahre“ (IPCC 2007b: 5) und auch der Meeresspiegel ist in den Jahren zwischen 1993 und 2003 stärker angestiegen als in den Jahren zwischen 1961 und 1992 (vgl. IPCC 2007b: 7).

1.3 *Die Erklärung des Klimawandels*

Grundsätzlich gibt es eine Vielzahl von Faktoren, von denen man heute weiß, dass sie Einfluss auf das Klima und dessen Entwicklungen haben: die Intensität und Dauer der Sonneneinstrahlung, die Beschaffenheit von Landoberflächen, Vulkanaktivitäten oder die atmosphärische Konzentration von Treibhausgasen und Aerosolen (vgl. z. B. Claussen 2003). Diese Faktoren waren und sind verantwortlich für die natürliche Variabilität des Klimas, und sie haben in der Vergangenheit auch zu rapiden und deutlichen Klimaänderungen geführt.

Abbildung 1 Weltweite Durchschnittstemperaturen und deren Erklärung durch Klimamodelle mit und ohne Einbezug anthropogener Faktoren (IPCC 2007b: 11)

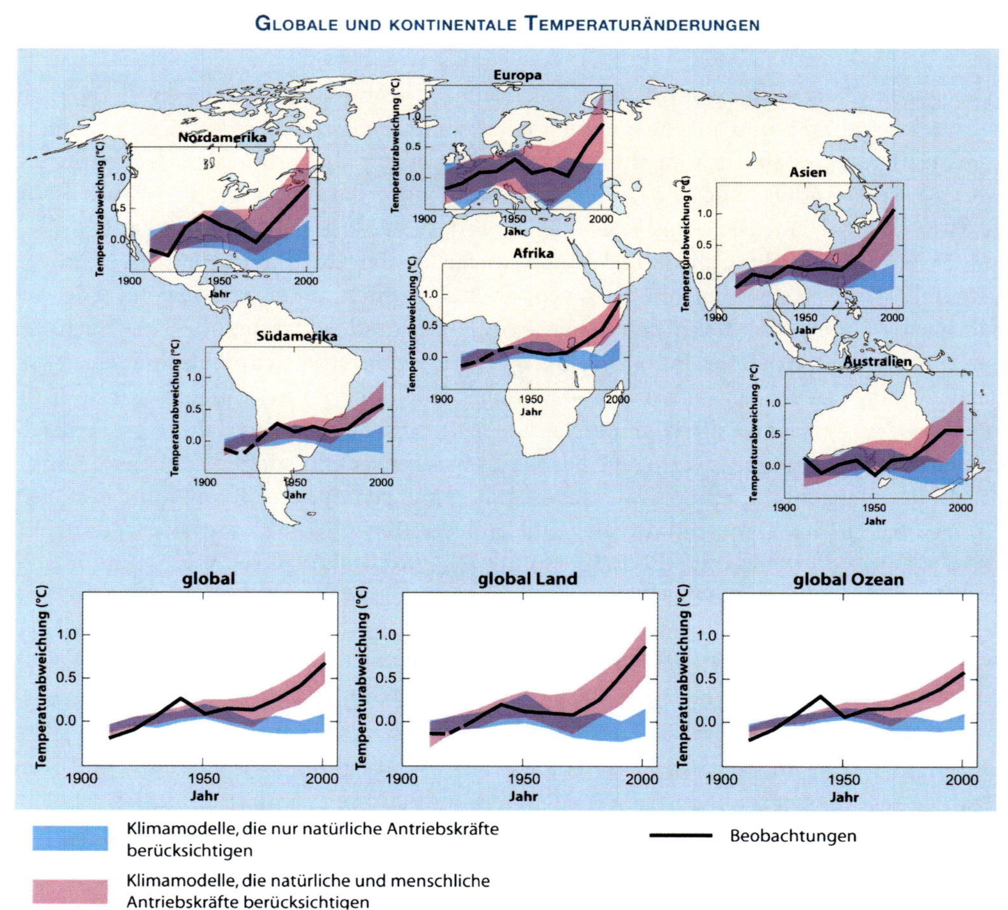

Die deutliche globale Erwärmung der vergangenen Jahrzehnte kann man mit diesen natürlichen Faktoren allein aber nicht erklären (s. Abb. 1). Sie ist so stark, dass „es äußerst unwahrscheinlich ist, dass die Klimaänderung der letzten 50 Jahre ohne äußeren Antrieb erklärt werden kann, und dass sie sehr wahrscheinlich nicht allein auf bekannte natürliche Ursachen zurückgeführt werden kann" (IPCC 2007b: 10).

Es gibt aber eine solche „externe" Ursache, die den gegenwärtigen Anstieg verstehbar macht: In den letzten Jahrzehnten ist der CO_2-Gehalt der Atmosphäre deutlich gestiegen und übertrifft nun die „natürliche Bandbreite der letzten 650 000 Jahre [...] bei Weitem" (IPCC 2007b: 2). Zudem ist nachweisbar, dass der Mensch diesen CO_2-Anstieg verursacht hat, weil man bspw. das bei der Verbrennung fossiler Energieträger entstandene CO_2 identifizieren und von anderem unterscheiden kann. Und schließlich ist der Wirkungsmechanismus bekannt, der CO_2 und globale Temperaturen kausal verlinkt: der Treibhauseffekt, bei dem Treibhausgase wie CO_2 dazu führen, dass Sonneneinstrahlung zwar auf die Erde gelangt, dass jedoch die von der Erdoberfläche abgestrahlte, langwellige Wärmestrahlung nicht wieder ins All entweichen kann und sich an der Erdoberfläche staut. Durch den vom Menschen verursachten, erhöhten CO_2-Ausstoß tritt neben den natürlichen nun auch ein anthropogener Treibhauseffekt.[4]

Und in der Tat lässt sich der Zusammenhang zwischen menschengemachtem CO_2-Ausstoß und Erderwärmung auf mehrere Weisen demonstrieren (vgl. Rahmstorf 2007: 10): Erstens kann man prüfen, ob sich CO_2-Ausstoß und Erderwärmung zeitlich parallel entwickeln – und stellt fest, dass der jüngste Erwärmungstrend parallel zum CO_2-Ausstoß, nicht aber parallel zu anderen möglichen Einflussfaktoren wie Sonnenaktivität, Luftverschmutzung mit Partikeln aus Vulkanausbrüchen u. a. verläuft (z. B. Solanki & Krivova 2003). Zweitens kann man kontrollieren, wo sich die Erde erwärmt („Treibhausgase fangen die Wärme vor allem in Bodennähe ein und kühlen die obere Atmosphäre, bei Änderungen der Sonnenaktivität ist dies anders", Rahmstorf 2007: 10) und stellt ebenfalls fest, dass die Spezifika der momentanen Erderwärmung nicht allein durch natürliche Ursachen erklärbar sind (z. B. Jones u. a. 2003). Drittens lässt sich die Intensität, d. h. die Amplitude der unterschiedlichen Einflussfaktoren prüfen und auch dahingehend stellt man fest, dass menschliche Aktivität stärker ist als andere Einflussfaktoren (z. B. Foukal u. a. 2004).

Wohlgemerkt: „Keine dieser Studien ist für sich genommen ein endgültiger Beweis dafür, dass der Mensch die Hauptursache der Klimaerwärmung des 20. Jahrhunderts ist. Da aber alle Verfahren unabhängig voneinander konsistent zum gleichen Ergebnis kommen, müssen wir mit sehr hoher Wahrscheinlichkeit davon ausgehen, dass der

4 Andere Treibhausgase sind Methan und Wasserdampf. Sie unterliegen aber weit weniger Schwankungen durch menschliche Aktivitäten.

menschliche Einfluss inzwischen tatsächlich überwiegt“ (Rahmstorf 2007: 10; vgl. IPCC 2007b: 10) und dass dies vermutlich seit etwa 100 Jahren der Fall ist (Claussen 2003: 25).[5]

1.4 Die Folgen des Klimawandels: Szenarien, Projektionen und Diagnosen

Darüber hinaus beschäftigen sich viele Klimaforscher mit der Frage, welche künftigen Entwicklungen, ausgehend von dieser Diagnose, denkbar sind. Den Ausgangspunkt bilden dabei häufig 40 „Szenarien“, die das IPCC 2001 vorgestellt hat (IPCC 2001: bes. Kap. 13) und die mögliche Entwicklungen der Treibhausgas-Emissionen präsentieren. Dabei lassen sich vier grundsätzliche Szenarienfamilien unterscheiden (Welfens 2008), die die „Bandbreite von ökonomisch plausiblen Entwicklungen [abdecken]. Am pessimistischen Ende findet man eine Vervierfachung der CO_2-Emissionen bis zum Jahre 2100; die optimistische Variante ist ein moderater weiterer Anstieg, gefolgt von einer allmählichen Abnahme auf einen Bruchteil der heutigen Werte“ (Rahmstorf 2007: 12).

Basierend auf diesen Szenarien lassen sich dann unterschiedliche „Projektionen“ berechnen, die *mögliche* Entwicklungen deutlich machen sollen (vgl. Bray & von Storch 2009).[6] Diese Projektionen verdeutlichen unter anderem, dass Erderwärmung und Meeresspiegelanstieg selbst bei einem Einfrieren des CO_2-Ausstoßes auf dem Niveau des Jahres 2000 „aufgrund der Zeitskalen, die mit Klimaprozessen und Rückkopplungen verbunden sind, über Jahrhunderte andauern“ (IPCC 2007b: 17) würden.

Daneben werden auch bereits beobachtbare Veränderungen wissenschaftlich beschrieben, die auf den Klimawandel zurückzuführen sind. So zeigt sich schon heute, „dass zahlreiche natürliche Systeme von regionalen Klimaänderungen – vor allem von Temperaturerhöhungen – betroffen sind“ (IPCC 2007b: 17), „dass es wahrscheinlich ist, dass die anthropogene Erwärmung bereits einen erkennbaren Einfluss auf viele physikalische und biologische Systeme hatte“ (IPCC 2007b: 21). Künftig zu erwarten sei etwa „ein erhöhtes Aussterberisiko für ca. 20–30 % der bisher untersuchten Tier- und Pflanzenarten“, dass „die Widerstandsfähigkeit zahlreicher Ökosysteme in diesem Jahrhundert aufgrund einer noch nie da gewesenen Kombination von Klimaänderung, damit verbundenen Störungen (z. B. Überschwemmungen, Dürre, Flächenbrände, Insekten, Ozeanversauerung) und anderen Antriebselementen des globalen Wandels (z. B. Land-

5 Allerdings ist auch darauf hinzuweisen, dass es in Diagnostik und Erklärung des Klimawandels noch immer Unklarheiten und Wissenslücken gibt. Eine Reihe von Rückkopplungseffekten – etwa der Rückkopplungen von Wasserdampf (z. B. Rahmstorf 2007: 9), von Wolken (IPCC 2007b: 12) oder im polaren Klimasystem (Notz 2007: 27) – sind nach wie vor teils unverstanden oder in ihrer Stärke schwer einzuschätzen. Zudem gibt es noch immer „Schwierigkeiten bei der glaubwürdigen Nachbildung und Zuordnung von kleinräumigeren beobachteten Temperaturänderungen. Auf diesen Skalen sind die natürlichen Klimaschwankungen vergleichsweise stärker, was die Abgrenzung zu den erwarteten Änderungen aufgrund äußerer Antriebe schwieriger macht“ (IPCC 2007b: 11).

6 Es gibt zusätzlich dazu „predictions“, also Vorhersagen, die *wahrscheinliche* Entwicklungen aufzeigen sollen (vgl. Bray & von Storch 2009).

nutzungsänderungen, Verschmutzung, Übernutzung von Ressourcen) überschritten wird" und dass „bis zu den 2080er-Jahren viele Millionen Menschen mehr pro Jahr von Überschwemmungen betroffen sein werden" (IPCC 2007b: 24 f.).

Damit verbunden sind teils schwerwiegende *gesellschaftliche Folgen*. So dürften neu entstehende oder verstärkte Knappheiten von Ressourcen wie Wasser und die Zunahme regionaler Wetterextreme zu neuen Herausforderungen und Bedrohungen für menschliches Zusammenleben führen. Hinzu kommen eine Reihe schwerwiegender ökonomischer Folgen – Nicholas Stern etwa macht am Beispiel Klimawandel das größte Marktversagen aller Zeiten aus (Stern 2007: xviii) – und die Entstehung neuer oder die Verschärfung bereits existierender Konflikte (vgl. WBGU – Wissenschaftlicher Beirat der Bundesregierung für Globale Umweltveränderungen 2008). Nicht zuletzt sind künftig massive Migrationsbewegungen von „Klimaflüchtlingen" (z. B. Jakobeit & Methmann 2007; Morrissey 2009) denkbar.

1.5 Handlungsoptionen: Der Umgang mit dem Klimawandel

Diesen Herausforderungen des Klimawandels lässt sich, wenn überhaupt, nur unter Schwierigkeiten begegnen. Schon die dem Handeln vorgelagerte Verständigung über wünschbare Ziele fördert oftmals so unterschiedliche Positionen zu Tage, dass Konsensbildung erschwert oder gar verunmöglicht wird.

Zudem lassen sich die wesentlichen Handlungsmöglichkeiten nur unter hohen Kosten umsetzen (vgl. Stern 2007). Die zentralen diskutierten Strategien sind die Vermeidung des (künftigen) Klimawandels durch eine deutliche Verringerung des CO_2-Ausstoßes („mitigation") sowie die Anpassung („adaptation") an die Folgen des Klimawandels durch Schutzmaßnahmen wie Deichbau, technische Entwicklungen als Ersatz für CO_2-intensive Technologien oder auch durch „Geoengineering", worunter technische Eingriffe in geochemische resp. biogeochemische Kreisläufe zu verstehen sind, mit denen den Folgen des Klimawandels entgegengewirkt werden soll (vgl. Crutzen 2008).

In der internationalen Klimapolitik steht bislang v. a. „mitigation" im Mittelpunkt. Das Ziel der internationalen Klimakonferenzen („Conferences of the Parties", COP) sowie vieler zur Klimapolitik verabschiedeten Beschlüsse – das „Kyoto-Protokoll" ist das wohl bekannteste Beispiel – besteht darin, einen internationalen Konsens auszuhandeln, bei dem sich die Teilnehmerländer zu einer Reduktion des CO_2-Ausstoßes verpflichten. Über die Beteiligung daran sowie über das gewünschte Ausmaß der Reduktion bestehen jedoch sehr unterschiedliche Vorstellungen; die Positionen von Industrie-, Schwellen- und Entwicklungsländern haben sich bei den vergangenen COP-Konferenzen bspw. als so inkompatibel erwiesen, dass viele Autoren von einem Scheitern dieses Handlungsstranges ausgehen (z. B. Prins u. a. 2010: 8 ff.). Grundsätzlich wird momentan aber das Ziel angestrebt, „den globalen Temperaturanstieg auf zwei Grad Celsius über dem Niveau der vorindustriellen Zeit (1850) zu begrenzen" (Narain 2010: 3). Dieses Ziel wurde bei der Kopenhagener Klimakonferenz 2009 auch im – allerdings unverbindlichen – Abschlussdokument erwähnt und wird unter anderem von den G8-Regierungen, dem Major Economies Forum (zu dem 16 Länder und die EU gehören) sowie dem Expertengremium International Climate Change Taskforce unterstützt (vgl. Jaeger & Jaeger 2010: 8 ff.)

Demgegenüber handelt es sich bei der „adaptation" genannten Anpassung an den Klimawandel, die in den vergangenen Jahren an Bedeutung gewonnen hat, vornehmlich um Bemühungen im nationalen oder regionalen Rahmen. Hier geht es etwa um Deichbau, um die Unterstützung bestimmter Bau- oder Umbauformen und auch um Versicherungsregelungen, mit denen Betroffene bei klimabedingten Schäden entgolten werden sollen (vgl. Heinrichs & Grunenberg 2009: 17 ff.; Stehr & von Storch 2008).

2 Die gesellschaftliche Wahrnehmung des Klimawandels

Die gesellschaftliche Wahrnehmung des Klimawandels, seiner Folgen und auch seiner Bearbeitung weicht jedoch teils deutlich vom wissenschaftlichen Wissensstand ab (vgl. Stehr & von Storch 2009; Weber 2008). Ein Beispiel ist, dass regionale Extremwetterereignisse wie Stürme, Sturmfluten oder Starkregen oder auch besonders kalte Winter bzw. heiße Sommer in der Alltagskommunikation immer wieder als Belege für Klimaveränderungen herangezogen werden (Stehr & von Storch 2009: 17 ff.). In der wissenschaftlichen Betrachtung jedoch stellen sie zunächst Einzelereignisse dar, deren Verbindung zum Phänomen Klimawandel zu prüfen ist (vgl. Zorita u. a. 2008) und sich oftmals nicht erweisen lässt. Derartige Diskrepanzen zwischen wissenschaftlicher und gesellschaftlicher Wahrnehmung entstehen systematisch und haben mehrere Gründe:

Erstens sind die wissenschaftlichen Beschreibungen des Klimas und seines Wandels hochkomplex. Dies liegt unter anderem daran, dass an der entsprechenden Modellierung viele wissenschaftliche Disziplinen mit unterschiedlichen Modi der Erkenntnisproduktion beteiligt sind, ohne dass sich dabei ein Ansatz durchgesetzt hätte (vgl. Schützenmeister 2008). Es liegt auch daran, dass die in Klimamodellen verwendeten Einflussfaktoren in den vergangenen Jahren kontinuierlich zugenommen haben – symptomatisch sind die Klimamodelle des britischen Hadley Centre for Climate Prediction and Research, die in den 1980ern im Wesentlichen die Wirkungen von Wolken und Eis in ihre Modelle einbezogen, mittlerweile aber darüber hinaus Wasser und Niederschläge, Vulkane, Aerosole, biologische Prozesse im Ozean, Pflanzen und Bodencharakteristika usw. sowie potenzielle Wechselwirkungen inkludieren und ihren Komplexitätsgrad damit beträchtlich gesteigert haben (vgl. Heffernan 2010).

Zweitens wird der Klimawandel vornehmlich als globales und langfristiges Phänomen und damit auf derart großen raum-zeitlichen Skalen beschrieben, dass sie für die meisten Laien weitab von ihrer direkten Lebenswelt erscheinen. Viele der diskutierten Klimaveränderungen und ihrer Folgen liegen deutlich jenseits individueller biographischer Horizonte, teils sogar jenseits der Lebenserwartungen der jeweiligen Kinder- und Enkelgenerationen – und sind entsprechend schwer zu vergegenwärtigen.

Damit hängt zusammen, dass das Klima, drittens, nicht direkt wahrnehmbar ist. Es handelt sich schließlich nicht um das sinnlich erfahrbare Wetter, sondern um Mittelwerte meteorologischer Phänomene, die der wissenschaftlichen Rekonstruktion und Beschreibung bedürfen. „Dies ist der Grund, weshalb Wetterextreme an einem Ort keinen Klimawandel anzeigen können, das kann lediglich ihre Häufung über einen langen Zeitraum. Und weil wir ja gleichzeitig immer nur an einem Ort sein können, ist unser individuell gefühltes und persönlich erlebtes Wetter kein guter Indikator, um Klimaveränderungen zu beurteilen – vor allem dann nicht, wenn man berücksichtigt, wie selektiv unsere Erinnerungen an Wetterereignisse der Vergangenheit sind" (Plöger 2007: 3 f.; vgl. Stehr & von Storch 2009).

3 Das Medienklima: Relevanz und Spezifik medialer Darstellungen des Klimawandels

All dies führt dazu, dass das Wissen vieler Menschen über den Klimawandel kaum durch Erfahrungen aus erster Hand genährt werden kann. Vielmehr beruht es im Wesentlichen auf Wissen, dass kommunikativ entsteht – und dabei spielen die Massenmedien eine entscheidende Rolle. Bevölkerungsrepräsentative Umfragen demonstrieren, dass die meisten Menschen, wenn sie sich über Klimaveränderungen informieren (wollen), eher auf Medieninformationen zurückgreifen als auf Gespräche mit Familie, Freunden usw. (Heinrichs & Grunenberg 2009: 122; Whitmarsh 2005: 128; Wippermann u. a. 2008: 48 f.) und dass sie bei diesem Thema Medieninformationen auch verlässlicher finden (Leiserowitz u. a. 2010: 12; Neverla & Taddicken 2011; Stamm u. a. 2000: 230; Synovate 2010).

Entsprechend prägend ist für die öffentliche Auseinandersetzung – außerhalb der Wissenschaft – die Medienberichterstattung. Die Kommunikations- und Medienwissenschaft hat das erkannt: Sie wendet sich in den vergangenen Jahren zunehmend dem Thema zu und es gibt mittlerweile einige Arbeiten zur Rolle der Massenmedien beim gesellschaftlichen Umgang mit dem Klimawandel. Diesen lässt sich eine Reihe von immer wiederkehrenden Befunden entnehmen:

Ein erster Befund, der sich der vorliegenden kommunikationswissenschaftlichen Literatur entnehmen lässt, ist, dass die *Berichterstattung über das Thema Klimawandel in den letzten Jahrzehnten weltweit zugenommen* hat (vgl. überblicksweise Schäfer u. a. 2011). Das Thema hat also in den Medien – wie in der Wissenschaft auch – zunehmend Beachtung gefunden, wobei sich die Aufmerksamkeitsgipfel bislang Mitte der 1980er Jahre, zwischen 2006 und 2007 und noch einmal rund um die COP15-Konferenz Ende 2009 zeigten. Dies ist mehrfach für hochentwickelte Industrieländer demonstriert worden, etwa für Deutschland (z. B. Neverla & Schäfer 2010; Weingart u. a. 2000), die

USA (z. B. Boykoff 2007), Großbritannien (z. B. Doulton & Brown 2009), Schweden (Olausson 2009) oder Japan (Sampei & Aoyagi-Usui 2009). Für Entwicklungs- und Schwellenländer wie China, Indien und Brasilien liegen bisher noch weniger belastbare Daten vor. Die vorhandenen Indizien weisen jedoch in eine ähnliche Richtung (z. B. Billett 2010; Boykoff 2010; Schäfer u. a. 2011), wobei der Anstieg der Berichterstattung in diesen Ländern offensichtlich erst später, in den 2000er Jahren, erfolgte.

Zweitens verknüpfen Medien – ob zu Recht oder nicht – *globale Klimaveränderungen häufig mit regionalen Extremereignissen.* Damit verlässt die Mediendarstellung oftmals den Boden des wissenschaftlich Belegbaren. Sie führt regionale Extremereignisse wie Stürme, Hitzewellen, Überschwemmungen, Flutkatastrophen o. Ä. nicht selten auf den Klimawandel zurück, obwohl aus wissenschaftlicher Sicht lediglich eine Zunahme derartiger Ereignisse insgesamt, nicht jedoch ein konkretes Ereignis auf den Klimawandel zurückzuführen ist. Deutlich war dies etwa nach dem Tsunami im Indischen Ozean oder dem Hurrikan Katrina zu beobachten. „Are we making hurricanes worse? The Impact of Global Warming" titelte im Oktober 2005 bspw. das US-Magazine *Time* und spekulierte in der Titelgeschichte über Zusammenhänge zwischen dem Sturm und dem globalen Klimawandel.

Drittens wurde gezeigt, dass sich *journalistische Arbeitsroutinen und -normen in der Berichterstattung bemerkbar* machen, etwa der Rückgriff auf Nachrichtenfaktoren: Medien dramatisieren häufig die möglichen Folgen des Klimawandels, indem sie wissenschaftliche Unsicherheitsmaße verschweigen und/oder die möglichen Folgen für konkrete raum-zeitliche Konstellationen plastisch machen. Ein viel zitiertes Beispiel ist *Der Spiegel,* der 1986 auf der Titelseite unter der Überschrift „Die Klimakatastrophe" den Kölner Dom im Meer versinken ließ (s. Abb. 2). Zudem kann die journalistische Norm, bei Konflikten möglichst beide Seiten zu Wort kommen zu lassen, dazu führen, dass in der Berichterstattung über den Klimawandel dem wissenschaftlichen Mainstream einige wenige Skeptiker als gleichberechtigt gegenübergestellt werden (Boykoff & Boykoff 2004) – so geschehen bspw. Anfang 2010 in der *Focus*-Titelstory „Fällt die Klimakatastrophe aus?" (s. Abb. 2).

Medien *weisen aber teils auch auf mögliche Fehlentwicklungen hin,* kommen damit ihrer Kontrollfunktion nach und können auf diese Weise für notwendige gesellschaftliche Diskussionen sorgen. Dies war etwa erkennbar, als „Climategate" öffentlich wurde.[7] Die Kontroversen und Konkurrenzbeziehungen zwischen Klimaforschern, aber auch

---

7 Im November 2009 wurden mehrere Tausend E-Mails und Dokumente der „Climatic Research Unit" der britischen University of East Anglia (UEA) im Internet veröffentlicht. Kritiker meinten in den Texten Indizien für wissenschaftliches Fehlverhalten der Klimaforscher zu finden, z. B., weil ein Wissenschaftler von „Tricks" schrieb, mit denen er seine Daten passend gemacht habe. Drei Untersuchungen in Großbritannien und den USA kamen jedoch zu dem Ergebnis, dass diese Vorwürfe haltlos seien (unter anderem Russell u. a. 2010). Es habe keinen sanktionsbedürftigen Verstoß gegen wissenschaftliche Standards gegeben, auch wenn künftig eine offenere Kommunikation von Seiten der scientific community wünschenswert wäre.

Abbildung 2 Titelseiten unterschiedlicher Medien zum Thema Klimawandel

Der Spiegel 33/1986 Focus 2/2010

Wiedergabe mit freundlicher Genehmigung der Verlage.

Fehler, die in den vierten IPCC-Report Eingang gefunden hatten, boten den Medien Stoff für zugespitzte Dramatik und Skandalisierung (vgl. Neverla & von Storch 2010).

Nicht zuletzt zeigt die Literatur, fünftens, dass Medien je nach nationalem Kontext offensichtlich *national „domestizierte" und damit teils recht unterschiedliche Bilder* von Klimaentwicklungen zeichnen. Die Berichterstattung folgt ihrer national-kulturellen Einbettung, die teils auch in der nationalen Politik erkennbar wird: So wird bspw. die Klimadebatte in Ländern wie Indien oder Bangladesch als postkolonialer Diskurs geführt (Billett 2010; Dove & Khan 1995). In den reichen Industrieländern reicht das Spektrum der Medienberichterstattung von eher technokratischen Sichtweisen wie etwa in den Niederlanden (Bollen 2009) bis zu moral-ökologischen Positionen wie in Schweden (Berglez u. a. 2009). Im Kontrast zu Deutschland und anderen nordwesteuropäischen Ländern, wo die Medien einen gewissen „Alarmismus" in der Klimaberichterstattung pflegen, gerät die Debatte über Klimawandel und Klimapolitik in einem Land wie Australien – eines der weltweit führenden Kohleexportländer – zu einer Art Kulturkampf, in dem konservative „Thinktanks" mit ihrer Klimawandelskepsis in der führenden Murdoch-Presse den Ton angeben (Chubb & Nash 2009).

Jenseits der Studien zu Mediendarstellungen des Klimawandels – die das Gros der vorliegenden Arbeiten ausmachen – gibt es auch Studien zu den Versuchen unterschiedlicher Akteure, sich in Medien und Öffentlichkeit zu platzieren. Diese machen etwa deutlich, dass Wissenschaftler nicht mehr die einzigen Akteure sind, die sich öffentlich zum Thema Klimawandel zu Wort melden wollen. Seit den 1990er Jahren ist das Thema auch zentraler Gegenstand der Öffentlichkeitsarbeit von Unternehmen (z. B. Levy 2005), NGOs (z. B. Newell 2000), politischen Institutionen (z. B. Sampei & Aoyagi-Usui 2009), neuen Koalitionen unterschiedlicher politischer, wirtschaftlicher und gesellschaftlicher Akteure (vgl. z. B. McCright & Dunlap 2003; 2000) usw.

Im Gegensatz zu den zahlreichen Studien zur Thematisierungs- und Framingfunktion der Medien und zur Ausgestaltung des öffentlichen Diskurses insgesamt sind Studien über die Nutzung, Rezeption und Wirkung der klimarelevanten Medieninhalte auf Individuen und die Gesellschaft noch vergleichsweise rar. Die wenigen vorliegenden Studien (etwa Leiserowitz u. a. 2010: 12; Stamm u. a. 2000: 230; Whitmarsh 2005: 128) deuten an, dass Medienberichterstattung zwar eine wichtige Quelle für Informationen zum Thema Klimawandel ist, dafür aber vornehmlich kurzfristig Aufmerksamkeit und Informationsgewinne zu erzeugen vermag. Anhaltende Einstellungs- und Verhaltensänderungen können demgegenüber offensichtlich weniger, jedenfalls nicht in erster Linie und ausschließlich, durch Medien erzielt werden (vgl. Neverla & Taddicken 2011).

4 Ziel und Struktur des vorliegenden Bandes

Es liegen also bereits einige Arbeiten zur Rolle der Medien in der gesellschaftlichen Kommunikation zum Klimawandel vor. In diesem Band sollen diese Arbeiten synthetisierend zusammengetragen werden. Die hier versammelten Beiträge tragen jeweils den Wissensstand zu einer Facette der Kommunikation rund um das Thema Klimawandel zusammen, sichten die vorliegende Literatur, bringen je nach Literaturstand die Ergebnisse eigener Analysen ein und zeigen künftige Forschungsperspektiven auf.

Dies geschieht in drei inhaltlichen Blöcken, die sich der Entstehung, der Ausgestaltung und der Rezeption resp. Wirkung klimabezogener massenmedialer Kommunikation widmen.

1. *Das Agenda Building extramedialer Akteure und das Handeln von Journalisten:* In diesem Block geht es um die Entstehungsbedingungen massenmedialer Kommunikation, genauer um die strategische Kommunikation extramedialer Akteure und um die Rolle und Arbeitsweise von Journalisten. Hier wird zunächst erörtert, wie und mit welchen Positionen unterschiedliche gesellschaftliche Akteure versuchen, sich zum Thema Klimawandel zu Wort zu melden und die diesbezügliche Medienberichterstattung und öffentliche Debatte mitzubestimmen. So beschäftigt sich *Markus Rhomberg* zunächst mit dem Blick von Wissenschaftlern und Politikern auf Klimaveränderungen und deren gesellschaftliche Folgen sowie mit der Bedeutung medialer Konstruktionen in diesem Kontext. Anschließend analysiert *Inga Schlichting* die Kommunikation von v. a. europäischen und US-Energieunternehmen zum Thema

Klimawandel und deren Versuche, das Thema strategisch zu rahmen. Anhand dreier Phasen zeichnet sie die Entwicklung des „Framings" dieser Akteure seit Anfang der 1990er Jahre nach. *Andreas Schmidt* schildert anschließend die Klimakommunikation von NGOs und sozialen Bewegungen und macht deutlich, dass diese einige interessante Besonderheiten aufweist – etwa eine große Vielfalt relevanter Akteure mit teils ungewöhnlichen Allianzbildungen oder eine breite Palette einschlägiger Kommunikationsformen, angesichts derer Massenmedien als ein Mittel unter vielen anderen zu betrachten sind. Abgeschlossen wird dieser inhaltliche Block durch einen Beitrag von *Irene Neverla & Stefanie Trümper* über die journalistische Bearbeitung des Themas Klimawandel. Diese folgt den professions- und systemspezifischen Regeln der Themenwahl, Informationssammlung und -prüfung sowie Einpassung in spezifische Darstellungsformen. Im journalistischen Blick wird Klimawandel zum Thema mit vielen Facetten und mit vielerlei kommunikativen Anschlussmöglichkeiten.

2. *Mediale Konstruktionen des Klimawandels:* Die Ausgestaltung der massenmedialen Konstruktionen des Klimawandels und seiner Folgen steht im Mittelpunkt des zweiten inhaltlichen Blockes. Hier finden sich Artikel zur Ausgestaltung von Klimaberichterstattung in unterschiedlichen Ländern, zur historischen Veränderung dieser Berichterstattung und zu ihrer Visualisierung. Zunächst beschreiben *Mike S. Schäfer, Ana Ivanova & Andreas Schmidt,* wie sich die mediale Aufmerksamkeit für das Thema in 26 Ländern der Welt in den letzten 15 Jahren entwickelt hat. Sie zeigen einen umfassenden Anstieg der Aufmerksamkeit, dessen Timing und Intensität jedoch variiert. Im Anschluss daran befassen sich *Irene Neverla & Corinna Lüthje* v. a. konzeptionell und theoretisch mit der Frage, wie die Konstruktion von Klimawandel in Diskursen und Erzählungen und im Kontext der Mediatisierung von Wissen erfolgt. Der Fokus liegt hier weniger auf den Inhalten als auf den Aushandlungsformen öffentlicher Kommunikation bzw. der begrifflichen Schärfung der häufig gebrauchten Termini Diskurs und Erzählung. *Elke Grittmann* beschäftigt sich mit visuellen Darstellungen des Themas in den Medien, insbesondere mit der Pressefotografie zum Klimawandel – ein relevantes Forschungsfeld, zu dem aber bislang wenige Erkenntnisse vorliegen. Sie zeigt unterschiedliche Formen, Genres und Sujets der bildlichen Darstellung des komplexen Phänomens Klimawandel ebenso auf wie methodologische Wege zur Analyse selbiger. Schließlich analysiert *Joan Bleicher* die Thematisierung von Klimaveränderungen in fiktiven Medien. Ihre Analyse insbesondere der Darstellungen in Katastrophen-, Animations- und TV-Filmen zeigt, dass das Thema Klimawandel im fiktionalen Film schon lange Beachtung findet.
3. *Rezeption und Wirkungen medialer Konstruktionen des Klimawandels:* Im dritten Block geht es um die Wahrnehmung und Bewertung sowie die Wirkungen der Mediendarstellungen des Themas. Dabei werden sowohl die Rezeption und Wirkungen in der Bevölkerung als auch etwaige Effekte auf Entscheidungsträger thematisiert. Der Beitrag von *Monika Taddicken & Irene Neverla* befasst sich mit der

Frage, wie und in welchem Maße Mediennutzer das Thema wahrnehmen, und thematisiert, ob und welche Einflüsse der Berichterstattung auf Einstellungen und/ oder Handlung(sabsicht)en sichtbar sind. Hierzu werden zahlreiche Studien v. a. aus deutsch- und englischsprachigen Ländern zusammengetragen und synthetisiert. *Mike S. Schäfer, Ana Ivanova, Inga Schlichting & Andreas Schmidt* gehen der Frage nach, ob und inwiefern die Massenmedien und ihre Berichterstattung an die Wissenschaft rückgekoppelt sind resp. ob sich dort Wirkungen zeigen lassen, die sich als „Mediatisierung" der (Klima)Wissenschaft bezeichnen lassen. Abschließend beschäftigen sich *Anabela Carvalho & Angela Oels* mit dem Zusammenspiel von Politik und medialer Berichterstattung, unter anderem am Beispiel der Debatte um „Klimaflüchtlinge".

Der vorliegende Band zeichnet somit den zirkulären Bogen der öffentlichen und massenmedialen Kommunikation über Klimawandel nach – von den Hauptakteuren der Kommunikation über die journalistische Verarbeitung und medialen Konstruktionen bis hin zu Rezeptionsprozessen und Medienwirkungen. Auch wenn damit gewiss nicht alle themenspezifischen Forschungsperspektiven ausgelotet sind und viele weitere Fragen der Bearbeitung und Vertiefung bedürfen, so präsentiert der Band doch zentrale Felder der kommunikationswissenschaftlichen Klimaforschung. Und auch über das konkrete Thema Klimawandel hinaus können die hier vorgelegten theoretischen und empirischen Befunde erhellend sein für die kommunikationswissenschaftliche Theoriebildung und den Empiriefundus – auch zu anderen thematischen Feldern sowie zu Einflussfaktoren und langfristigen Entwicklungen öffentlicher Kommunikation.

Bibliographie

Berglez, Peter, Birgitta Hoijer & Ulrika Olausson (2009): Individualization and Nationalization of the Climate Issue. Two Ideological Horizons in Swedish News Media. In: T. Boyce & J. Lewis (Hg.): Climate Change and the Media. New York: Peter Lang. S. 211–225.

Billett, Simon (2010): Dividing climate change: global warming in the Indian mass media. In: Climatic Change, Jg. 99. S. 1–16.

Bollen, Neeltje (2009): Dutch Media Coverage on Climate Change: Protrayal of the Deltaplan 2008 in three newspapers. Hamburg: Universität Hamburg, Institut für Journalistik und Kommunikationswissenschaft.

Boykoff, Maxwell T. (2007): From convergence to contention: United States mass media representations of anthropogenic climate change science. In: Transactions of the Institute of British Geographers, Jg. 32. S. 477–489.

Boykoff, Maxwell T. (2010): Indian media representations of climate change in a threatened journalistic ecosystem. In: Climatic Change, Jg. 99. S. 17–25.

Boykoff, Maxwell T. & Jules M. Boykoff (2004): Balance as Bias: Global Warming and the U.S. Prestige Press. In: Global Environmental Change, Jg. 14. S. 125–136.

Boykoff, Maxwell T. & S. Ravi Rajan (2007): Signals and noise. Mass-media coverage of climate change in the USA and the UK. In: EMBO reports, Jg. 2007. S. 207–211.
Bray, Dennis & Hans von Storch (2009): „Prediction“ or „Projection“? The nomenclature of climate science. In: Science Communication, Jg. 30. S. 534–543.
Chubb, Phillip & Chris Nash (2009): Rupert Murdoch and Climate Change Reporting: Global Dialogue Conference. Aarhus.
Claussen, Martin (2003): Klimaänderungen: Mögliche Ursachen in Vergangenheit und Zukunft. In: UWSF – Umweltchem Ökotox, Jg. 15. S. 21–30.
Crutzen, Paul J. (2008): An Example of Geo-Engineering. Cooling Down Earth's Climate by Sulfur Emissions in the Stratosphere. In: Arber, Werner (Hg.): Predictability in Science. Accuracy and Limitations. Proceeding of Plenary Session, 3–6 November 2006. Vatican City: Pontifical Academy of Sciences.
Doulton, Hugh & Katrina Brown (2009): Ten years to prevent catastrophe? Discourses of climate change and international development in the UK press. In: Global Environmental Change-Human and Policy Dimensions, Jg. 19. S. 191–202.
Dove, Michael & Mahmudul Huq Khan (1995): Competing Constructions of Calamity: The April 1991 Bangladash Cyclone. In: Population and Environment Jg. 16. S. 445–471.
Foukal, Peter, Gerald North & Tom Wigley (2004): CLIMATE: A Stellar View on Solar Variations and Climate. In: Science, Jg. 306. S. 68–69.
Hansen, Jim u. a. (2010): Global surface temperature change. In: Reviews of Geophysics, Jg. 48. S. RG4004
Heffernan, Olive (2010): Earth science: The climate machine. In: Nature. S. 1014–1016.
Heinrichs, Harald & Heiko Grunenberg (2009): Klimawandel und Gesellschaft: Perspektive Adaptionskommunikation. Wiesbaden: Verlag für Sozialwissenschaften.
IPCC (2001): IPCC Third Assessment Report: Climate Change 2001. Geneva: IPCC – Intergovernmental Panel on Climate Change.
IPCC (2007a): IPCC Fourth Assessment Report: Climate Change 2007. Geneva: IPCC – Intergovernmental Panel on Climate Change.
IPCC (2007b): Klimaänderung 2007. Zusammenfassungen für politische Entscheidungsträger. Berlin: Umweltbundesamt.
Jaeger, Carlo C. & Julia Jaeger (2010): Warum zwei Grad? In: Aus Politik und Zeitgeschichte, Jg. 2010. S. 7–15.
Jakobeit, Cord & Chris Methmann (2007): Klimaflüchtlinge. Hamburg: Greenpeace.
Jones, Gareth S., Simon F. B. Tett & Peter A. Stott (2003): Causes of atmospheric temperature change 1960–2000: A combined attribution analysis. In: Geophysical Research Letters, Jg. 30. S. 1228.
Leiserowitz, Anthony, Nicholas Smith & Jennifer R. Marlon (2010): Americans' Knowledge of Climate Change. Yale: Yale University (http://environment.yale.edu/climate/files/ClimateChangeKnowledge2010.pdf, Zugriff am 23. 1. 2012)
Levy, David L. (2005): Business and the Evolution of the Climate Regime: The Dynamics of Corporate Strategies. In: David L. Levy & Peter J. Newell (Hg.): The Business of Global Environmental Governance. Boston: MIT Press. S. 73–104.
McCright, Aaron M. & Riley E. Dunlap (2000): Challenging Global Warming as a Social Problem: An analysis of the Conservative Movement Counter-Claims. In: Social Problems, Jg. 47. S. 499–522.
McCright, Aaron M. & Riley E. Dunlap (2003): Defeating Kyoto: The Conservative Movement's Impact on US Climate Change Policy. In: Social Problems, Jg. 50. S. 348–373.

Morrissey, James (2009): Environmental Change and Forced Migration. A State of the Art Review (Refugee Studies Center Background Paper). Oxford: University of Oxford, Oxford Department of International Development, Refugee Studies Centre.

Narain, Sunita (2010): Klimawandel: Keine gemeinsame Teilhabe an der Welt. In: Aus Politik und Zeitgeschichte, Jg. 2010. S. 3–7.

Neverla, Irene & Hans von Storch (2010): Wer den Hype braucht. Am Anfang war „Klimawandel" nur eine gut begründete Hypothese. Innerhalb weniger Jahrzehnte wurde daraus mediale Gewissheit. In: Die Presse, 23. 7. 2010.

Neverla, Irene & Mike S. Schäfer (2010): Das Medienklima. Relevanz und Spezifika der Medienberichterstattung über den anthropogenen Klimawandel. In: Mitteilungen der Deutschen Meteorologischen Gesellschaft, Jg. 2010. S. 9–12.

Neverla, Irene & Monika Taddicken (2011): Klimawandel aus Sicht der Mediennutzer. Multifaktorielles Wirkungsmodell der Medienerfahrung zur komplexen Wissensdomäne Klimawandel. In: Medien & Kommunikationswissenschaft, Jg. 59. S. 505–525.

Newell, Peter J. (2000): Climate for change: Non-state actors and the global politics of the greenhouse. Cambridge Cambridge University Press.

Notz, Dirk (2007): Arktis und Antarktis im Klimawandel. In: Aus Politik und Zeitgeschichte, Jg. 2007. S. 27–32.

Olausson, Ulrika (2009): Global warming – global responsibility? Media frames of collective action and scientific certainty. In: Public Understanding of Science, Jg. 18. S. 421–436.

Plöger, Sven (2007): Wetter und Klimawandel. In: Aus Politik und Zeitgeschichte, Jg. 2007. S. 3–6.

Prins, Gwyn u. a. (2010): The Hartwell Paper: a new direction for climate policy after the crash of 2009. London u. a.: London School of Economics and Political Science.

Rahmstorf, Stefan (2007): Klimawandel – einige Fakten. In: Aus Politik und Zeitgeschichte, Jg. 2007. S. 7–13.

Rahmstorf, Stefan & Hans Joachim Schellnhuber (2006): Der Klimawandel – Diagnose, Prognose, Therapie. München: C.H. Beck.

Russell, Muir u. a. (2010): The Independent Climate Change E-mails Review (http://www.cce-review.org/pdf/FINAL%20REPORT.pdf, Zugriff am 5. 1. 2012).

Sampei, Yuki & Midori Aoyagi-Usui (2009): Mass-media coverage, its influence on public awareness of climate-change issues, and implications for Japan's national campaign to reduce greenhouse gas emissions. In: Global Environmental Change, Jg. 19. S. 203–212.

Schäfer, Mike S., Ana Ivanova & Andreas Schmidt (2011): Globaler Klimawandel, globale Öffentlichkeit? Medienaufmerksamkeit für den Klimawandel in 23 Ländern. In: Studies in Communication/Media, Jg. 1. S. 131–148.

Schützenmeister, Falk (2008): Zwischen Problemorientierung und Disziplin. Ein koevolutionäres Modell der Wissenschaftsentwicklung. Bielefeld: transcript.

Solanki, Sami Khan & Natalia A. Krivova (2003): Can solar variability explain global warming since 1970? In: Journal of Geophysical Research, Jg. 108. S. 1200.

Stamm, Keith R., Fiona Clark & Paula Reynolds Eblacas (2000): Mass communication and public understanding of environmental problems: The case of global warming. In: Public Understanding of Science, Jg. 9. S. 219–237.

Stehr, Nico & Hans von Storch (1997): Das soziale Konstrukt des Klimas In: VDI-Gesellschaft Energietechnik (Hg.): Umwelt- und Klimabeeinflussung durch den Menschen IV (VDI Berichte 1330). S. 187–197.

Stehr, Nico & Hans von Storch (2008): Anpassung und Vermeidung oder von der Illusion der Differenz. Reaktion auf H. Ziegler: Adaptation versus mitigation – Zur Begriffspolitik in der Klimadebatte. In: GAIA, Jg. 17. S. 19–24.

Stehr, Nico & Hans von Storch (2009): Klima, Wetter, Mensch: Barbara Budrich.

Stern, Nicholas (2007): The Economics of Climate Change. The Stern Review. Cambridge: Cambridge University Press.

Synovate (2010): Climate Change Global Study 2010. Bonn: Tagung „Deutsche Welle Global Media Forum", 21. 6. 2010.

von Storch, Hans (2009): Klimaforschung und Politikberatung – zwischen Bringeschuld und Postnormalität. In: Leviathan, Jg. 37. S. 305–317.

Wardekker, J. Arjan, Arthur C. Petersen & Jeroen van der Sluijs (2009): Ethics and public perception of climate change: Exploring the Christian voices in the US public debate. In: Global Environmental Change, Jg. 19. S. 512–521.

WBGU – Wissenschaftlicher Beirat der Bundesregierung für Globale Umweltveränderungen (2008): Welt im Wandel: Sicherheitsrisiko Klimawandel. Berlin, Heidelberg & New York: Springer.

Weber, Melanie (2008): Alltagsbilder des Klimawandels. Zum Klimabewusstsein in Deutschland. Wiesbaden: Westdeutscher Verlag.

Weingart, Peter, Anita Engels & Petra Pansegrau (2000): Risks of communication: discourses on climate change in science, politics, and the mass media. In: Public Understanding of Science, Jg. 9. S. 261–283.

Welfens, Maria J. (2008): Klimaszenarien – Methoden und Erkenntnisse. Ergebnisse der internationalen Klimamodellierungsaktivitäten: SRES-Szenarien (2001 und 2007) (http://www.bpb.de/popup/popup_druckversion.html?guid=DQUV8L, Zugriff am 1. 11. 2011).

Whitmarsh, Lorraine E. (2005): A Study of Public Understanding of and Response to Climate Change in the South of England. Bath: University of Bath, Department of Psychology.

Wippermann, Carsten, Marc Calmbach & Silke Kleinhückelkotten (2008): Repräsentativumfrage zum Umweltbewusstsein und Umweltverhalten im Jahr 2008. Berlin: Bundesministerium für Umwelt, Naturschutz und Reaktorsicherheit (BMU).

Zorita, Eduardo, Thomas Stocker & Hans von Storch (2008): How unusual is the recent series of warm years? In: Geophysical Research Letters, Jg. 35. S. 6–8.

Das Agenda Building extramedialer Akteure und das Handeln von Journalisten

Wissenschaftliche und politische Akteure in der Klimadebatte

Markus Rhomberg

Einschneidende Veränderungen des globalen Klimas sind schon heute in Gange und werden in Zukunft noch an Bedeutung gewinnen. An fast allen Orten wird es wärmer, der Meeresspiegel steigt, Regenmengen verändern sich, extreme Wetterereignisse wie Starkniederschläge werden sich in ihrer Häufigkeit und Intensität in der Zukunft verändern. „Diese Veränderungen sind verursacht v. a. durch die Freisetzung von Treibhausgasen" (von Storch 2009a: 306). Der Mensch wirkt also auf das globale Klima. Auch wenn in den kommenden Dekaden Maßnahmen zur CO_2-Reduktion erfolgreich sein sollten und sich die Politik auf globale Strategien verständigen würde, wird sich der Klimawandel aufgrund der bereits vorhandenen Emissionsmengen in der Atmosphäre fortsetzen und die Lebensbedingungen moderner Gesellschaften in den kommenden Jahrzehnten weiter beeinflussen (vgl. Grothmann & Patt 2005; Parry u. a. 2009). Es gibt sogar Anzeichen dafür, dass die globalen Emissionen in den kommenden Jahren noch signifikant steigen werden (vgl. Sheehan 2008), und dass die in transnationalen Abkommen gesetzten Reduktionsziele nicht erreicht werden, um die potentiellen Auswirkungen des Klimawandels zumindest zu verlangsamen (vgl. Prins & Rayner 2007a).

Alle diese – hier kursorisch angeführten – Beschreibungen sind Teil des wissenschaftlichen Konstrukts des *menschengemachten* Klimawandels, wie dies etwa vom Weltklimarat (IPCC) formuliert wird. Dieses *wissenschaftliche Konstrukt* wird nicht nur in der Wissenschaft selbst diskutiert, sondern auch in der breiten Öffentlichkeit. Mit einem Unterschied: Während es nämlich im System der Wissenschaft ein dominantes Konstrukt und das Fundament wissenschaftsbasierter Debatten ist, konkurriert es in der öffentlichen Debatte mit verschiedenen anderen Realitätskonstruktionen, etwa politischen, ökonomischen oder kulturellen Beschreibungen des Klimawandels.[1] Das *soziale Konstrukt* des Klimawandels ist eben nicht kongruent mit dem wissenschaftlichen Konstrukt, vielmehr wird es strukturiert durch unterschiedliche Akteure aus vielfältigen Gesellschaftsbereichen, die in der massenmedialen Berichterstattung zum Klimawandel einem breiten Publikum präsentiert werden. Nicht wissenschaftliche, politische oder wirtschaftliche Codes stehen hier im Vordergrund, sondern die Auswahl- und Präsentationsmechanismen der Medien.

---

1 Politische Beschreibungen des Klimawandels finden sich ebenso bereits in den obigen Ausführungen wieder, unter anderem in politischen Debatten über Reduktionsziele.

Dieses Kapitel konzentriert sich auf die Kommunikationen politischer und wissenschaftlicher Akteure in der Klimadebatte. Dabei sollen zentral die unterschiedlichen Kommunikationsaspekte der Politik (Kapitel 3) und der Wissenschaft (Kapitel 4) beschrieben werden, bevor ich auf gemeinsame Schnittstellen zwischen Wissenschaft, Politik und Medien in der öffentlichen Klimadebatte (Kapitel 5) eingehen werde. Zunächst wird aber der thematische Rahmen für die Beschreibung des sozialen Konstrukts aus Wissenschafts- und Politik-Perspektive (Kapitel 2) gelegt sowie die Evolution des Klimathemas in der öffentlichen Debatte angerissen.

1 Thematischer Rahmen

1.1 Das soziale Konstrukt des Klimawandels

Das soziale Konstrukt des Klimawandels findet sein Forum insbesondere in der massenmedialen Berichterstattung. Es wird zu großen Teilen nach den Regeln des Mediensystems gewichtet und präsentiert. Traditionen, Wertvorstellungen und kulturelle Praktiken spielen in der sozialen Konstruktion zwar ebenso eine wichtige Rolle (vgl. Stehr & von Storch 2009), der Fokus dieses Kapitels liegt aber auf massenmedialer Kommunikation als zentralem Faktor von Realitätskonstruktionen.

Peters und Heinrich (2004: 2) verweisen darauf, dass sich ein soziales Konstrukt „nicht direkt und eindeutig" von einem physischen Phänomen ableite, in diesem Falle wissenschaftlichen Erkenntnissen zum Klimawandel, „sondern sie entstehen in interpretativen Prozessen der Bedeutungskonstruktion". Dies gelte sowohl für die Wissensgenerierung in der Wissenschaft – Peters und Heinrichs verweisen dabei auf die Studien von Knorr Cetina (1981; 1999) sowie Latour und Woolgar (1986) – „als auch für den Aufbau von Bedeutungskonstruktionen in der Öffentlichkeit und innerhalb des politisch-administrativen Systems" (Peters & Heinrich 2004: 2).

Diese *interpretativen Prozesse der Bedeutungskonstruktion* werden im Falle des Klimawandels insbesondere massenmedial konstruiert. Die Massenmedien „fokussieren gesellschaftliche Ängste und Sorgen bezüglich der Umwelt auf ein bestimmtes Thema. Sie entwerfen Szenerien, die Anlass für Diskussionen oder sogar Streit sein können, die aber grundsätzlich nicht ignoriert werden können" (Bresio & Pronzini 2010: 283). Auch Carvalho verweist darauf, dass die Medien der Hauptfaktor für Aufmerksamkeit und Betroffenheit der Gesellschaft für die Risiken des Klimawandels sind und Verantwortlichkeiten markieren. Mediale Debatten zum Klimawandel und die damit verbundenen Akteure und Stellungnahmen verstärken die soziale Konstruktion von Problemstellungen und markieren Autoritäten in Form von Verantwortungsträgern („authorized voices"; Carvalho 2010: 172).

In den Massenmedien selbst konkurrieren wiederum Akteure aus verschiedensten Institutionen der modernen Gesellschaft mit ihren jeweiligen Versuchen, klimatische

Bedingungen, aber auch den Wandel des Klimas zu beschreiben. Aus der Perspektive funktionaler Differenzierung (vgl. Luhmann 1998) kann man feststellen, dass jedes Funktionssystem und die Akteure in diesen Systemen nach je unterschiedlichen Regeln und Logik operieren. So arbeitet das politische System nach der Zuschreibung von Macht bzw. dem Treffen von gesamtgesellschaftlich verbindlichen Entscheidungen (vgl. Luhmann 2000), die Wissenschaft operiert in ihrer klassischen gesellschaftlichen Rolle als Anwalt von Wahrheit und Rationalität (vgl. Peters u. a. 2008). Man könnte diese Aufzählung noch weiterführen und verschiedenste andere gesellschaftliche Realitätsbereiche anführen, ich beschränke mich hier auf die Politik und die Wissenschaft. Die moderne Gesellschaft weist zudem eine „ausgeprägte Pluralität und Heterogenität der Akteure" auf (Bresio & Pronzini 2010: 287). Dies gilt für die Konstruktion im jeweiligen eigenen Funktionssystem, aber ebenso auch für andere Systeme: So werden wissenschaftliche Akteure im Politiksystem anders konstruiert als in der Wissenschaft selbst. Dies gilt auch für die Beschreibung politischer und wissenschaftlicher Akteure in den Massenmedien.

Bereits an dieser Stelle soll ein Spezifikum eingeführt werden, dass der Wissenschaft quasi inhärent und Arbeitspraxis des Systems selbst ist: Wissenschaftliche Ergebnisse, insbesondere in der Klimaforschung, sind grundsätzlich von Unsicherheit begleitet. Wissenschaftliche Akteure wägen ab, geben in ihren Einschätzungen Intervalle an und arbeiten mit Szenario-Modellen bzw. müssen mit solchen arbeiten, weil Projektionen für die Zukunft verlangt werden. Die Kommunikation dieses Wissens muss sich auch immer wieder mit der Frage beschäftigen, wie mit der grundsätzlichen Unsicherheit von wissenschaftlichen Ergebnissen in der öffentlichen Kommunikation umzugehen ist. Funtowitz und Ravetz (1985) prägten in den 1980er Jahren für solche Situationen den Begriff der *postnormalen Wissenschaft* und subsumieren darunter Phänomene, bei denen wissenschaftliche Akteure in ihren konkreten Aussagen unsicher bleiben müssen, aber gleichzeitig wissenschaftliche Expertise von großer Bedeutung für politisches Entscheidungshandeln ist. Auf den Begriff postnormaler Wissenschaft komme ich zurück.

Verbindet man diesen Unsicherheitsaspekt mit den unterschiedlichen Realitätsbeschreibungen und Konstruktionen des Klimawandels, die sich in den Massenmedien widerspiegeln, dann zeigt sich, dass das wissenschaftliche Konstrukt des Klimawandels in der öffentlichen Debatte mit Startschwierigkeiten zu kämpfen hat. Von Storch bemerkt dazu: „In its postnormal phase, scientists thus lives on its claims, on its staging in the media, on its congruency with cultural constructions. These knowledge claims are raised not only by established scientists, but also by other, self-appointed experts, who frequently enough are bounded to special interests, be they Exxon or Greenpeace" (Von Storch 2009b: 743).

1.2 Evolution des Klimathemas in der öffentlichen Debatte

Um aber ein Verständnis für die Kommunikationen politischer und wissenschaftlicher Akteure in der Klimadebatte zu entwickeln, soll zunächst die Evolution dieses Themas in der öffentlichen Debatte nachgezeichnet werden.

Lange Zeit waren Klimadebatten fast ausschließlich im System der Wissenschaft verortet; lediglich zu bestimmten Ereignissen schaltete sich die Politik ein. Zu beobachten sind solche Kopplungen bei den Sitzungen des Weltklimarats (IPCC) und den Weltklimakonferenzen, wenn Wissenschaftler und v. a. Politiker um koordinierte Abschlusserklärungen ringen (vgl. Palfreman 2006). Massenmediale Aufmerksamkeit erlangte das Thema Klimawandel erst, als die Politik diesen zu einem ihrer Themen machte. Wilkins und Patterson (1991) beobachteten den Perspektivwechsel von Wissenschaft zu Politik in den Jahren 1987 und 1988. Empirische Studien analysierten dies unter anderem für Großbritannien und Frankreich (Brossard u. a. 2004): Für Großbritannien konnte Carvalho (2005) zeigen, dass sich der Klimawandel von einem strikt-wissenschaftlichen Thema am Beginn der 1980er Jahre zu einem politischen Issue am Ende der 1980er Jahre wandelte.

Eine Ausnahme bietet die deutsche Debatte: Das Wissenschaftssystem erreichte im Jahr 1986 nämlich zunächst alleine öffentliche Aufmerksamkeit für das Thema Klimawandel. Mit Hilfe der medialen Regeln lässt sich dies gut erklären: Forscher bezeichneten ihre Szenarioberechnungen öffentlich als „drohende Klimakatastrophe". Das Mediensystem sprang auf diese Dramatisierung an und wendete sich dem Thema zu. Aufgeweckt durch die Medienberichterstattung, begann auch das politische System, sich mit Fragestellungen des Klimawandels zu beschäftigen. Das Wissenschaftssystem seinerseits war (negativ) überrascht von dem großen medialen Echo und bemühte sich, den Begriff der „Klimakatastrophe" durch den weniger dramatischen Begriff des „Klimawandels" zu ersetzen (vgl. Weingart u. a. 2002). Für den deutschen Fall lässt sich also erkennen, dass die Wissenschaft den Begriff der Klimakatastrophe – bewusst oder unbewusst – medialisierte, und dass die Politik dieses politisch entscheidungsbedürftige Thema erst nach der medialen Publikation für sich entdeckte.

Dieser Prozess der Politisierung und anschließenden Mediatisierung (vgl. Hjarvard 2008; Krotz 2007) von Themen ist kein für die Klimadebatte oder die Wissenschaft spezieller Prozess, sondern eher die Regel: Ein Thema profitiert von den Möglichkeiten der öffentlichen Machtdemonstration von Politikern und wird medial insbesondere dann interessant, wenn es in der politischen Sphäre angekommen ist und es darum geht, im Luhmann'schen Sinne Macht zu demonstrieren und Entscheidungen zu treffen. Issues werden für die Medien insbesondere dann interessant, wenn Eindeutigkeit hergestellt und Entscheidungen getroffen werden.

Für den thematischen Rahmen dieses Kapitels anzumerken ist, dass es neben dem öffentlichen Auftreten verschiedenster Akteure aus diesen beiden Disziplinen auch direkte nicht-öffentliche Kommunikationen zwischen Wissenschaft und Politik gibt. Darauf komme ich zurück. Ich konzentriere mich in diesem Kapitel auf Akteure aus der Wissenschaft und der Politik. Diese beiden Systeme haben nicht nur dort unterschiedliche Ansatzpunkte, wo es um die öffentliche Beschreibung des Klimawandels geht – so schwingt bei der Wissenschaft insbesondere die Differenz zwischen wissenschaftlichem und sozialem Konstrukt mit. Auch innerhalb dieser Institutionen gibt es sehr unterschiedliche, teils konträre Ansatzpunkte im Verständnis von Beschreibungen des Klimawandels und möglichen Bearbeitungsstrategien sowie im Rollenverständnis, wenn politische und wissenschaftliche Akteure in der Öffentlichkeit agieren.

2 Mediale Kommunikationen wissenschaftlicher Akteure

Die gesellschaftliche Aufgabe der Wissenschaft ist die Kreation von Wissen. Sie unterscheidet sich im Luhmann'schen Sinne (1992) dadurch von ihrer Umwelt, dass sie Sachverhalte entlang ihrer Leitdifferenz als wahr oder falsch ausweist. Immer wenn Wahrheit eine Rolle spielt, ist also die Wissenschaft angesprochen. Aber die Erkenntnisse der Wissenschaft sind oftmals unverständlich für das allgemeine Publikum. Dies betrifft nicht nur Begriffe und Terminologien, sondern insbesondere die Tatsache, dass jede wissenschaftliche Argumentation an eine bestimmte Art von Vorwissen anknüpft, „das wegen der schmalen Themenbreiten jeder Kommunikation nicht immer dort, wo man anknüpft, expliziert werden kann" (Luhmann 1992: 623 f.). Wissenschaftliche Aussagen – etwa zu den Ursachen oder potentiellen Folgen des Klimawandels – sind aber nur schwerlich von politischen Hintergründen und Interaktionen zu trennen. So kann auch die Differenzierung in diesem Kapitel nicht trennscharf sein, da es Abwägungssache ist, inwieweit Problemstellungen in diesem bzw. im folgenden Kapitel behandelt werden.

Es stellt sich aber sogleich die Frage, wie Wissenschaftler im Spannungsfeld der Öffentlichkeit auftreten, und welche Veränderungen sich daraus für ihr Selbstbild ergeben – insbesondere dann, wenn sie in kontroverse öffentliche Debatten einsteigen. Landläufig entsteht der Eindruck, dass Wissenschaftler entweder in ihrem Elfenbeinturm verbleiben können oder eben mit ihren Ergebnissen eine politische Akteursrolle übernehmen. Roger Pielke jr. (2007) unterscheidet in einem normativen Modell vier idealtypische Rollen, die Wissenschaftler in der politisch-öffentlichen Debatte einnehmen. Der (1) reine Wissenschaftler („pure scientist") ist der Wissenschaftler im Elfenbeinturm, der strikt abgeschirmt von Politik und Öffentlichkeit arbeitet und sich diesen gegenüber nicht rechtfertigt. Der (2) Wissenschafts-Schiedsrichter („science arbiter") trennt strikt zwischen Wissenschaft und Politik. Im Gegensatz zum reinen Wissenschaftler, der ausschließlich von wissenschaftlicher Neugier angetrieben wird, versucht der Wissenschafts-Schiedsrichter, politisch relevante Fragen zu beantworten, indem er sie auf ihren wissenschaftlich-technischen Kern reduziert. Der (3) Anwalt bzw. Advokat („issue advocate") ist der Verbündete von politischen Gruppen bzw. Vertreter bestimmter Interessen. Der (4) ehrenhafte Vermittler („honest broker") schließlich versucht zwar, Wissenschaft mit Politik zu verbinden, wird dabei aber nicht parteiisch, da er im Gegensatz zum Advokaten nicht bemüht ist, mittels wissenschaftlicher Expertise bestimmte Interessen durchzusetzen.[2]

Pielke stellt dazu ebenso fest, dass der Grad der Übereinstimmung über Werte und das Maß der Unsicherheit von wissenschaftlichen Aussagen das Verhältnis von Wissenschaft und Politik rahmen: Sind die Unsicherheiten hoch, neigen Politiker dazu, jene wissenschaftliche Expertise als Grundlage für Entscheidungen zu nehmen, die die eigenen Interessen stützt.

Augenscheinlich wird dies in der Klimadebatte (vgl. Grundmann u. a. 2011): In ihren Kommunikationen versuchen Wissenschaftler, Sicherheiten zu schaffen und Risiken aufzuzeigen. Dieser Prozess aber ist gekennzeichnet durch Unsicherheiten, durch das Abwägen von Argumenten, durch Einschränkungen sowie durch die Heterogenität der Aussagen und Erkenntnisse von Wissenschaftlern. Viele Erkenntnisse über den Klimawandel sind vorläufig, unsicher und oftmals hypothetisch, weil sie v. a. aus Szenarien und Modellen stammen. Renn und KollegInnen (2007) argumentieren, dass trotz allen wissenschaftlichen Fortschritts Unschärfe unvermeidlich ist, und dass Ungewissheiten über den Status und die Folgen des Klimawandels prinzipiell nicht auflösbar sind. Die Wissenschaft kommuniziert in der Regel nicht mit eindeutigen Aussagen. Ganz im Gegensatz dazu geht es den Massenmedien in ihren Kommunikationen aber darum, Eindeutiges auszuwählen und Resultate als endgültig zu kennzeichnen. Je klarer ein Ereignis markiert ist, desto eher überspringt es die Hürde der medialen Selektionsmechanismen. Medien und Wissenschaft haben vielfältige Strategien entwickelt, um mit diesen unterschiedlichen „Sprachspielen"[3] und der Kommunikation von Unsicherheiten umzugehen:

---

2 In einer empirischen Analyse zum Berufsverständnis und zur Selbstbeschreibung von Humangenomforschern und deren Umgang mit den Medien in mediatisierten Gesellschaften kann Rödder (2009) folgende vier Gruppen herausarbeiten: den *Geek*, den *Missionar*, den *Anwalt des Wissens* und den *öffentlichen Wissenschaftler*. Der *Geek* interessiert sich nicht für die gesellschaftlichen Wirkungen seiner Forschung, sein oberstes Ziel ist es, die Autonomie der Wissenschaft zu schützen. Der *Missionar* nutzt die medialen Logiken und baut Katastrophensemantiken auf, um die Wichtigkeit der Wissenschaft zu signalisieren. Der *Anwalt des Wissens* reagiert kritisch auf die Mediatisierung der Wissenschaft und pocht auf die Kategorien wissenschaftlicher Evaluierbarkeit der Forschung. Für den *öffentlichen Wissenschaftler* ist mediales Auftreten ein zentraler Teil seiner Tätigkeit. Dabei agiert er aber nicht als Missionar, sondern will in der Öffentlichkeit meinungsbildend wirken.

3 Der Begriff des Sprachspiels wurde ursprünglich von Ludwig Wittgenstein geprägt: Jede sprachliche Äußerung, so Wittgenstein (1970), ist einer bestimmten sozialen Praxis beheimatet. Es wird hier verwendet um die Abgrenzung verschiedener Sprachformen zu veranschaulichen, in denen es nicht nur um unterschiedliche Stilistiken und Präsentationsweisen, sondern auch um die Verwendung systemspezifischer Begrifflichkeiten und Konstrukte geht, die – um in anderen Systemen anschlussfähig zu werden – erst übersetzt werden müssen (Kabalak & Rhomberg i. E.; Rhomberg 2010).

a) Auf der einen Seite versuchen Journalisten, wissenschaftliche Unsicherheiten in journalistische Sprache zu übersetzen und dabei auf die Unsicherheiten dieser Aussagen als gewöhnlichen und regulären Part wissenschaftlichen Arbeitens hinzuweisen. Dies geschieht v. a. dann, wenn Journalisten ihre Informationen aus erster Hand, also der Wissenschaft selbst, erhalten. Wissenschaftler können dann ihre Ergebnisse erklären und die Grenzen ihrer Resultate zeigen. Oftmals wird diese Art von Berichterstattung von Journalisten geführt, die selbst wissenschaftsaffin sind. In einer Studie konnte Wilson (2000) zeigen, dass Redakteure, die überwiegend Wissenschaftler als Primärquellen nutzen, das präziseste Wissen über den Klimawandel haben. In der Regel aber fehlen Journalisten die notwendigen Ressourcen für diese Vorgehensweise (vgl. Palfreman 2006; Smith 2005). Die unvollständige Übersetzung von wissenschaftlichen in journalistische Sprachformen ist deshalb systematisch und auch aus den journalistischen Routinen erklärbar (vgl. Boykoff & Boykoff 2004). So notiert Bell (1994) im Anschluss an eine Studie über die Klimaberichterstattung in Neuseeland, dass ein Großteil der Berichte nicht dazu angetan sei, konkretes Wissen über die Gründe und Risiken des Klimawandels zu vermitteln.[4]

   Zusätzlich sind der Großteil journalistischer Quellen keine Primärquellen, sondern Meldungen von Nachrichtenagenturen, Zweitverwertungen von Leitmedien oder PR-Material des politischen, wirtschaftlichen oder auch wissenschaftlichen Systems (vgl. Machill u. a. 2008). Bei der Anpassung an mediale Logiken gehen in aller Regel die wissenschaftlichen Unsicherheiten verloren.[5]

b) Es zeigt sich aber ebenso, dass die journalistischen Präsentationsweisen für wissenschaftliche Themen oftmals ungeeignet sind: Journalisten kleiden abstrakte Themen in konkrete Einzelfälle und *Geschichten*. Weingart und Kolleginnen (2000) konnten zeigen, dass deutsche Nachrichtenmedien versuchen, den Klimawandel in Ereignissequenzen und in konkrete Alltagserfahrungen zu übersetzen. In die Klimadebatte involvierte Wissenschaftler disqualifizieren diese Präsentationsmechanismen oftmals als zu konkret für abstrakte Erkenntnisse. Sie bemängeln, dass die Medien komplexe Sachverhalte simplifzieren und deshalb wissenschaftliche Erkenntnisse nicht authentisch wiedergeben (vgl. Atwood & Major 2004). Deutsche Klimaforscher erkennen einen deutlichen Unterschied zwischen wissenschaftlichen Erkenntnissen zum Klimawandel und der Berichterstattung über diese Ergebnisse: Medien würden

---

4 Paradoxerweise deuten die Ergebnisse einer Studie von Kellstedt und Kollegen (2008) zum Informationsumfeld und den Haltungen gegenüber dem Klimawandel in den USA an, dass Mediennutzer sich umso weniger verantwortlich für und betroffen vom Klimawandel fühlen, je mer Informationen sie über Klimarisiken sammeln. Ähnliche empirische Studien zu Risikothemen, z. B. zu gentechnisch verändertem Essen (vgl. Durant & Legge 2005) und zur Embryonenforschung (vgl. Evans & Durant 1995) in den USA erhärten diese Resultate.

5 Bei wissenschaftlichen Erkenntnissen, die Konsequenzen für das politische System bergen, notieren Shackley und Wynne (1996), habe die Wissenschaft nicht mehr die volle Autonomie, um zu entschieden, welche Unsicherheiten durch die Medien oder die Politik präsentiert werden.

insbesondere dramatische Resultate auswählen, die sich in alarmistischem Stil präsentieren lassen. Ebenso diagnostizieren sie eine Neigung zu Eindeutigkeit, Polarisierung und Konflikt in der Berichterstattung (vgl. Post 2008). Die Vereinfachung von komplexen Ergebnissen ist aber, so könnte man dem entgegenhalten, eine fundamentale Aufgabe der Medien. Nur so können diese den Bürgern Einblicke in Gebiete ermöglichen, die für soziales Handeln entscheidend sein können. Die Medien erbringen aus dieser Perspektive also eine wichtige Übersetzungsleistung.

c) Eine zusätzliche Alternative ist die direkte Thematisierung von *Unsicherheiten* in den Erkenntnissen der Klimaforschung. Dies geschieht in der Regel durch die (Über-) Betonung von Konflikten zwischen zwei verschiedenen Strömungen. Zehr (2000) kann zeigen, dass wissenschaftliche Unsicherheit ein wichtiges Medienthema ist, und dass diese besonders häufig als Konflikt konstruiert wird. Konflikt birgt einen hohen Nachrichtenwert und dient außerdem dazu, das journalistische Produkt als objektiv erscheinen zu lassen, werden doch verschiedene Meinungen präsentiert. Als Ergebnis seiner Studie über die Klimaberichterstattung in US-Nachrichtenmedien notiert Zehr aber ebenso, dass diese Konflikte medial so dargestellt werden, dass die Wissenschaft immer noch eine wichtige Rolle als Wissensvermittler spiele. Im Gegensatz dazu zeigen Atwood und Major (2004) in einer Studie zur Umweltberichterstattung, dass US-Medien zwar einerseits dramatisieren, andererseits aber nur wenige Informationen enthalten, die das Wissen über die Risiken und Folgen des Klimawandels bei den Rezipienten erhöhen könnten.[6] In einer Experimental-Studie über Unsicherheiten wissenschaftlicher Ergebnisse in der US-Öffentlichkeit legten Corbett und Durfee (2004) ihr Hauptaugenmerk auf die Charakteristika von Nachrichtenbeiträgen. Sie testeten, ob die Schwerpunktsetzung auf Konflikt oder aber auf die Vermittlung von Kontextinformationen zum Klimawandel die Sicherheit des Medienpublikums über die Existenz eines anthropogenen Klimawandels stärke. Kontextinformation, so die Autoren, stärkten die Sicherheit, Konflikt hingegen verringere diese.

Objektivität, Balance in der Berichterstattung und Pluralismus sind journalistische Normen, wie sie in den verschiedenen Pressecodizes und Mediengesetzen demokratischer Staaten festgeschrieben sind (vgl. Hallin & Mancini 2004). An der Klimaberichterstattung wird allerdings oftmals kritisiert, dass Journalisten bevorzugt Positionen von wissenschaftlichen Außenseitern präsentieren um Konflikt in der wissenschaftlichen Gemeinschaft und Objektivität in der eigenen Berichterstattung zu präsentieren (vgl. Mazur & Lee 1993; Wilson 2000). Die Norm der Objektivität und Balance wird aber in den Journalismustraditionen in Europa und den USA anders ausgelegt (vgl. Hanitzsch

6 Man könnte nun auf den Prozess Information, Lernen, Wissen aufbauen und die Rolle der Mediennutzung für individuelle Handlungsabsichten analysieren. Dies tun unter anderem Arlt u. a. (2010).

2007; Weaver 1998): In den USA ist der Drang zur Balance noch stärker ausgebildet als etwa in Deutschland.

Der in der Wissenschaft mehrheitlich vorherrschende Konsens über die Gefahren des Klimawandels wird in der US-Berichterstattung aufgebrochen, indem warnende und zweifelnde Meinungen in Balance präsentiert werden („balance as bias"; Boykoff & Boykoff 2004). Während Max Boykoff (2007) in einer US-Studie für die Jahre 2003 und 2004 Belege für die Bias-These findet, schwächt sich dieser Bias in den Folgejahren 2005 und 2006 ab. Außerdem ist die US-Berichterstattung stärker von Konfliktinszenierungen getragen: Brossard und KollegInnen (2004) konnten etwa in einem Vergleich der Klima-Berichterstattung in französischen und US-Medien zeigen, dass Letztere viel stärker von Konflikten zwischen Politikern und Wissenschaftlern bzw. von Wissenschaftlern untereinander dominiert werden. Auch Wissenschaftler in Deutschland erkennen einen klaren Unterschied zwischen wissenschaftlichen Ergebnissen zum Klimawandel und der Berichterstattung in deutschen Medien. Diese wählen v. a. dramatische Ereignisse aus, die in entsprechenden Deutungsrahmen präsentiert werden können. Ebenso diagnostizieren deutsche Wissenschaftler eine deutliche Verengung auf Eindeutigkeit, Polarisierung und Konflikt (vgl. Post 2008). Im Gegensatz zur US-amerikanischen Berichterstattung erkennen sie aber auch, dass die Berichterstattung in ihrer Gesamtheit als wissenschaftlicher Konsens über die Gefahren des Klimawandels porträtiert wird; lediglich die daraus entstehenden Konsequenzen sind kontrovers.

Aus diesen Erkenntnissen stellen sich nun Fragen wie die, was wissenschaftliche Akteure auch im Sinne der Pielke'schen Rollenverständnisse daraus lernen können. Welche Schlüsse können Natur- und Sozialwissenschaftler, die sich mit dem Klimawandel beschäftigen, aus dieser Synopsis ziehen? Insbesondere für Soziologen und Sozialwissenschaftler stellen sich diese Fragen konkret; so warf etwa der Soziologe John Urry auf der jährlichen Tagung der Gesellschaft der britischen Soziologen (BSA) im Jahr 2008 seiner eigenen Zunft vor, nur sehr ungenügend in der Klimadebatte präsent zu sein, und forderte einen „call to arms". Grundmann und Kollegen (2011) verweisen auf die Politisierung der Klimadebatte und das Unbehagen wissenschaftlicher Akteure, öffentlich in politisierte Debatten einzusteigen, als einen möglichen Grund für diese Zurückhaltung. Manche der Rollen bzw. Typen von Pielke (2007) und Rödder (2009) sind aber insbesondere auf das Eingreifen in solche Debatten ausgerichtet: Bei Pielke ist es insbesondere der *Advokat*, der sich in Klimadebatten aktiv einmischt und politisiert, während der *reine Wissenschaftler* und der *Wissenschafts-Schiedsrichter* nicht teilnehmen. Der *honest broker* versucht zunächst zu vermitteln, wird aber bei einem hohen Politisierungsgrad der Debatte mit seinen abwägenden Äußerungen kaum medial durchdringen. In der Rödder'schen Typologie werden insbesondere der *Missionar* (analog zum *Advokaten*) und der *öffentliche Wissenschaftler* in den Medien präsent.

Im Anschluss an die mediale Rolle von Klimaforschern bemerkt Max Boykoff (2008) aber, dass die Verantwortung für die festgestellte Imbalance wissenschaftlicher Aussagen in den Medien nicht – wie von wissenschaftlichen Akteuren in der Regel praktiziert – ausschließlich bei den Medien zu suchen sei. Wissenschaftler spielten eine zentrale Rolle in der Vermittlung von Erkenntnissen an Journalisten, um diesen zu helfen, die Nuancen und Logik der Klimawissenschaften zu verstehen. Ebenso müssten Wissenschaftler sich selbst viel stärker auf die Produktionsbedingungen und den (ökonomischen) Druck im Mediensystem selbst einlassen bzw. Verständnis dafür entwickeln. „Moreover, scientists must recognize the increasing expectation that they interact with policymakers, media and the public" (Boykoff 2008: 32).

Um auf dies zu reagieren, hat z. B. die American Geophysical Union für 700 ihrer Mitglieder eine zentrale Stelle für Medienanfragen eingerichtet, um den Klimagipfel in Cancun 2010 zu begleiten. Kommunikationsexperten unterstützen so Wissenschaftler bei der Beantwortung von Anfragen (vgl. Abraham 2010). Auch sollte nicht außer Acht gelassen werden, dass Wissenschaftler sowohl Experten als auch *Menschen sind,* die ebenso betroffen sein können bzw. private Meinungen zu bestimmten Themen haben: „As scientists, we need to find ways to communicate accurate scientific information to a wider audience in a way that is policy neutral. As humans, we are concerned not only for ourselves, but also for our children and for people in the world who don't have the necessary resources to adapt to the coming change. As a human, I have an obligation to speak up for them" (Abraham 2010).

Für die Wissenschaft ist der Klimawandel ein relevantes und forschungsintensives Thema, bietet er doch die Möglichkeit interdisziplinärer Zusammenarbeit, Vernetzung und Kooperation. „Forschung zu anthropogenem Klimawandel bedeutet gar, dass die Beobachtung des Forschungsgegenstandes zeitgleich mit der selbst verursachten Veränderung des Forschungsgegenstandes einhergeht" (Weingart u. a. 2002: 29). Gleichzeitig macht dies, wie in diesem Kapitel schon in Ansätzen gezeigt, Forschungen zum Klimawandel aber auch riskant: Der Klimawandel ist ein Thema mit hoher politischer Relevanz und birgt deshalb die Gefahr einer Politisierung der Klimaforschung. Politisierung bedeutet, dass der Wahrheitsgehalt einer wissenschaftlichen Aussage immer eng mit der Relevanz der Aussage für Handlungsprogramme und Entscheidungsprozesse verknüpft wird. Aus diesem Grund geraten Forschungsergebnisse und -prozesse auch leichter unter Druck seitens der Politik, aber auch der Öffentlichkeit, die jeweils verlässliche Prognosen über zukünftige Entwicklungen erwarten, „mit denen politische Entscheidungen und Programme legitimiert werden können" (Weingart u. a. 2002: 29).

Dieses Thema soll im Zentrum des folgenden Kapitels stehen: politische Kommunikationen zum Klimawandel und insbesondere die Politisierung wissenschaftlicher Erkenntnisse in der medialen Debatte.

3 Politische Kommunikation zum Klimawandel

Kaum ein Thema hat so eminente politische Bedeutung wie der Klimawandel, geht es doch um Entscheidungen, die substantielle gesellschaftliche Kollektivgüter wie Infrastruktur, Mobilität oder Energie betreffen. Politische Entscheidungen zum Klimawandel auf allen politischen Ebenen – von der lokalen, regionalen, nationalen, supranationalen bis hin zur globalen UN-Ebene – haben Auswirkungen auf heutige sowie zukünftige Generationen. Das derzeitige Handeln politischer Akteure in der Klimadebatte, in der Wandel v. a. möglichst dramatisch dargestellt werde, mache es aber nicht einfacher, so Eastin und Kolleginnen, zu demokratischen Entscheidungen zu gelangen. Es ignoriere „fundamentals of politics, especially the power of both the affluent consumers, be they in Europe, North America or the rising powers (Brazil, Russia, India, China = BRICs), and the fossil fuel lobby to resist or postpone change" (Eastin u. a. 2011: 6).

Politische Akteure des Klimawandels agieren in der öffentlichen Debatte auf verschiedenen geographischen Ebenen und auch politische Entscheidungen fallen auf unterschiedlichen Ebenen, von der lokalen bis hin zur globalen Ebene. Am interessantesten für die Medienberichterstattung, dies zeigt eine Vielzahl empirischer Studien, ist an erster Stelle die globale Ebene (in die dann Nationalstaaten und supranationale Institutionen als Akteure eingreifen), gefolgt von innerstaatlichen Debatten. Bresio und Pronzini (2010) stellen in ihrer Studie zur Berichterstattung Schweizer Printmedien fest, dass als verantwortliche Akteure für die *Lösung* des Klimaproblems (hier im Sinne von Vereinbarungen) in der Regel einzelne Staaten oder Nationengruppen markiert werden, insbesondere Regierungsvertreter der westlichen Industrieländer.

In einer Zusammenfassung wesentlicher Studien zu dieser Thematik kommt Carvalho (2010) zu folgenden Erkenntnissen: Der Fokus der Berichterstattung richte sich insbesondere dann auf den Klimawandel, wenn internationale Regierungskonferenzen anstehen, z. B. die Conferences of the Parties (COP). Interessant ist aber auch ein zweiter Schluss, den Carvalho aus dieser Betrachtung zieht, nämlich der, dass aus dieser Berichterstattung in der öffentlichen Wahrnehmung der Eindruck entstehe, die internationale bzw. globale Ebene sei der geeignete Ort, an dem Klimaentscheidungen getroffen werden sollten: „Multiple surveys show that people tend to rank climate change higher as a problem fort he world than as a problem for their own country or region. Furthermore, by constructing climate change primarily as a global political issue, these discourses construct citizen agency as minute" (Carvalho 2010). Politiker auf der nationalen Ebene können dies forcieren, um den Problemdruck für Handlungen auf der nationalen und lokalen Ebene mit dem Hinweis auf die globale Ebene zu verringern. Lokales Entscheidungshandeln findet demnach in der Berichterstattung nur selten Platz. Auch dies kann mit der medialen Logik erklärt werden, aber auch mit unterschiedlichen politischen Strategien, dem Klimawandel zu begegnen. Am Beispiel des Kyotoprotokolls wird dies besonders deutlich.

Die weltweite Klimapolitik wird besonders markant durch das Kyotoprotokoll repräsentiert. Prins und Rayner (2007a: 973) beschreiben dies als „symbolically important expression of governments' concern about climate change". Der Kyotoprozess befasst sich v. a. mit Fragen der Minderung von Emissionen. Die Industrieländer sollten bis 2012 ihre Treibhausgase um 5,2 Prozent (Ausgangspunkt 1990) vermindern. Entwicklungs- und Schwellenländer wie China oder Indien haben derzeit weder die Pflicht ihre Treibhausgas-Emissionen zu reduzieren, noch über sie zu berichten. Der Kyotoprozess beschäftigt sich fast ausschließlich mit Fragen der Reduktion von Treibhausgasen und schenkt Strategien der Anpassung an den Klimawandel kaum Aufmerksamkeit. Durch diesen Fokus auf Mitigation und Reduktionsstrategien hat die Politik andere Strategien zur Herangehensweise an den Klimawandel aus der öffentlichen und medialen Debatte verabschiedet. Dies setzt die Politik aber selbst unter Druck: Mit dem Fokus auf Reduktion als einzige Möglichkeit, dem Klimawandel zu begegnen, hat sie sich möglicher Alternativen beraubt. Der Kyotoprozess wird so zum alleinigen Indikator für politischen Erfolg oder Misserfolg in der öffentlichen Wahrnehmung. Die Politik beharrt derzeit noch auf Kyoto, weil sie mit dem öffentlichen Eingeständnis, dass auch andere Strategien maßvoll wären, einen Teil ihrer Definitionsmacht einbüßen würde (vgl. Rhomberg 2010). Zwar ist die Anpassungsthematik mittlerweile auch in der politischen Debatte angekommen, wie die Ergebnisse des COP-16-Treffens in Cancun, das 2007 EC Green Paper on Adaptation, die IPCC-Reports oder auch das Gutachten des Wissenschaftlichen Beirats beim Bundesministerium der Finanzen (2010) zeigen. Dennoch gilt der Befund von Post (2008), dass zumindest in der öffentlichen Debatte und der Berichterstattung in Deutschland zu großen Teilen über die Minderung von Emissionen, nicht aber über Anpassungs- und Adaptionsstrategien diskutiert wird, noch immer.

Deutsche Nachrichtenmedien präsentieren v. a. Informationen über die Reduktion von Treibhausgasen, über Gesetzesvorhaben und Steuervorschläge zur Reduktion oder aber unterstützen die Wirtschaft symbolisch bei neuen Entwicklungen zur Reduktion (vgl. Post 2008)[7]. Kyoto wird in der Berichterstattung also mit Reduktion verbunden; auf diese Weise kann medial *Kontinuität* (nach der Nachrichtenwertlogik von Galtung & Ruge 1965) vermittelt werden. Auch die *Anschlussfähigkeit* der Interpretation ist gegeben: Rezipienten kennen Kyoto bzw. haben zumindest eine vage Idee von diesem Thema und können es mit Reduktion verbinden. Das Kyotoprotokoll ist ebenso ein Vertragswerk, das die mächtigen Industrienationen dieser Welt einschließt *(Elite-Nationen)*. Geschlossen wurde es von den Regierungsverantwortlichen dieser Länder *(Elite-Personen)*. Durch die Elitenfokussierung der Medien bleibt *Kyoto* ebenso präsent, wie durch den hauptsächlich politischen Diskurs der darüber geführt wird (Prins & Rayner 2007a; 2007b; Rhomberg 2010). Dementsprechend kann man ableiten, dass Fragen der Minderung stärker im politischen Diskurs verankert sind als Fragen der Anpassung. Die Massenmedien folgen dem politischen Diskurs.

Der Kyotoprozess bietet noch weitere Vorteile für die mediale Präsentation. Er ist *eindeutig*, weil er auf Zahlen aufgebaut ist: Zahlen des Ausstoßes von Emissionen, Zahlen der Reduktion in bestimmten Zeiträumen, Ranglisten der Emissionsreduzierer oder Ranglisten der Reduktionsverweigerer. Kyoto schafft eine – auch medial leistbare – Ver-

7 Für einen internationalen Vergleich siehe Boykoff und Roberts (2007).

gleichbarkeit unter den verschiedenen Ländern. Die Medien können zeigen, welche Länder in den vergangenen Jahren versucht haben, ihre Vorgaben zu erfüllen, bzw. im Vergleich zu welchen Ländern jene womöglich besser dastehen usw.

Die politische Entscheidung, auf Reduktionsstrategien zu setzen, unterstützt vom IPCC und gipfelnd im Kyotoprotokoll, ist für viele die einzige Alternative („the only game in town", Prins & Rayner 2007a), andere Optionen wurden bzw. werden in der öffentlichen Debatte kaum mehr berücksichtigt. Die Wahrnehmung geht noch immer dahin, dass kritische Stimmen über das IPCC und die Regelungen des Kyotoprotokolls jenen Akteuren zu viel Gewicht verleihen würden, die politische Projekte zur Lösung des Klimawandels verhindern wollen.

Aus dieser Beschreibung lässt sich zeigen, dass es in der öffentlichen Debatte zum Klimawandel für politische Akteure v. a. darum geht, wissenschaftliche Erkenntnisse politisch zu deuten bzw. in verhandelbare Positionen zu übersetzen. Politische Akteure sind aber insbesondere damit konfrontiert, unsichere Erkenntnisse und Szenarien in verbindliche politische Programme zu übertragen. Diese Unsicherheit der Erkenntnisse allerdings ermöglicht es, Wissenschaft in dem Maße zu politisieren, in dem politische Akteure auf bestimmte wissenschaftliche Positionen setzen. Auf diese Weise werden politische Konfliktlinien, wie etwa der Thematik des Klimawandels begegnet werden soll, auch in den wissenschaftlichen Diskurs hineingetragen.

4 Fazit: Wissenschaftspolitisierung als Phänomen postnormaler Wissenschaft

Politik und Wissenschaft interagieren nicht nur in der medialen Kommunikation, sondern haben auch direkte Schnittstellen entwickelt, an denen politische und wissenschaftliche Kommunikationen aufeinandertreffen. Solche kommunikativen Schnittstellen finden sich sowohl in Querschnittsinstitutionen wie dem IPCC, der Einbindung von wissenschaftlichen Akteuren in politische Beratungsgremien, als auch im Eindringen politischer Logik in den Prozess wissenschaftlicher Erkenntnisgewinnung. Diese Phänomene sind zutiefst kommunikativ bzw. medial geprägt. Lange Zeit beherrschte das lineare Modell von politischem Entscheidungshandeln die öffentliche Wahrnehmung (vgl. Godin 2006). Dieses lineare Modell besagt, dass eine Entscheidung umso besser ausfällt, je mehr Wissen über einen politischen Gegenstand akkumuliert wird.

Wissenschaftliche Erkenntnisse hingegen werden allen politischen Versicherungen zum Trotz oftmals auch benutzt, um bestimmte politische Entscheidungen in der öffentlichen Debatte zu rechtfertigen (Haas 2005). Dies impliziert, dass das politische System nicht abhängig von der Wissenschaft ist, denn in den meisten Fällen gibt es zur gleichen Frage wissenschaftliche Positionen und Gegenpositionen, auf die sich die Politik stützen kann. So konnte z. B. Grundmann (1999) in einer Netzwerkanalyse zur transnationalen Debatte um das Ozonloch eine politische Instrumentalisierung von wissenschaftlichen

Ergebnissen feststellen. Weingart und Kolleginnen (2000; 2002) stellen komplementär dazu eine Politisierung wissenschaftlicher Forschung fest, in der die politische Kommunikation wissenschaftliche Debatten beeinflusse.

Nach dem linearen Modell könnte man vermuten, dass mehr und bessere Wissenschaft zu besseren politischen Entscheidungen führt, politisches Entscheidungshandeln also rational begründbar ist. Politische Entscheidungsträger würden ihre Entscheidungen im Lichte neuer Informationen demzufolge ändern. Wir sind also wieder beim wissenschaftlichen Konstrukt des Klimawandels angekommen. Während nicht nur eine Fülle empirischer Studien aus den Bereichen Wissenschaft, Technologie und Gesellschaft sowie Politik diese Annahme widerlegt haben (vgl. Grundmann 2009), spricht auch die oben beschriebene Entmonopolisierung wissenschaftlicher Ergebnisse und die Politisierung der Wissenschaft selbst gegen diesen Ansatz.

Die Politik hingegen hat es mit einer Vielzahl von unterschiedlichen Konstruktionen zu tun, die letztlich in die Entscheidung mit einfließen. Politische Entscheidungen über den Klimawandel werden nicht alleine auf der Basis von wissenschaftlichen Erkenntnissen getroffen, sondern erwachsen aus einem Zusammenspiel von wissenschaftlichen, ökonomischen oder kulturellen Überlegungen. Viele dieser Konstruktionen erkennt die Politik nicht direkt, sondern sie werden ihr durch mediale Berichte nähergebracht. Insbesondere bei Themen, die nicht unseren primären Erfahrungen zugänglich sind, bilden mediale Erfahrungen weite Teile unseres Wissens über diese Themen. Die Politik bedient sich also nicht *nur* beim wissenschaftlichen Konstrukt des Klimawandels, sondern macht auch das medial intensiv vermittelte soziale Konstrukt zur Grundlage politischer Entscheidungen.

Bibliographie

Abraham, John (2010). Scientists have the duty to engage with the public on climate change. In: The Guardian, 8.11.2010 (www.guardian.co.uk/environment/cif-green/2010/nov/08/climate-science-bad-information, Zugriff am 11.1.2011).

Arlt, Dorothee, Imke Hoppe & Jens Wolling (2010): Klimawandel und Mediennutzung. Wirkungen auf Problembewußtsein und Handlungsabsichten. In: Medien und Kommunikationswissenschaft, Jg. 58. S. 3–25.

Atwood, Erwin L. & Ann M. Major (2004): Environmental risks in the news: Issues, sources, problems, and values. In: Public Understandings of Science, Jg. 13. S. 295–308.

Bell, Allan (1994): Climate of opinion: Public and media discourse on the global environment. In: Discourse & Society, Jg. 5. S. 33–64.

Boykoff, Max (2007): Flogging a dead norm? Newspaper coverage of anthropogenic climate change in the United States and United Kingdom from 2003 to 2006. In: Area, Jg. 39. S. 470–481.

Boykoff, Max (2008): The real swindle. In: Nature reports on climate change, Jg. 2. S. 31–32.

Boykoff, Max & Jules Boykoff (2004): Balance as Bias: Global Warming and the US Prestige Press. In: Global Environmental Change, Jg. 14. S. 125–136.

Boykoff, Max & Timmons J. Roberts (2007): Media Coverage of Climate Change: Current Trends, Strengths, Weaknesses. In: Human Development Report 2007/2008. Human Development Report Office.

Bresio, Cristina & Andrea Pronzini (2010): Unruhe und Stabilität als Form der massenmedialen Kommunikation über Klimawandel. In: Voss, Martin (Hg.): Der Klimawandel. Sozialwissenschaftliche Perspektiven. Wiesbaden: Verlag für Sozialwissenschaften. S. 283–300.

Brossard, Dominique, James Shanahan & Katherine McComas (2004): Are Issue-Cycles Culturally Constructed? A Comparison of French and American Coverage of Global Climate Change. In: Mass Communication & Society, Jg. 7. S. 359–377.

Bundesministerium der Finanzen (2010): Klimapolitik zwischen Emissionsvermeidung und Anpassung. Gutachten des Wissenschaftlichen Beirats beim Bundesministerium der Finanzen. Berlin.

Carvalho, Anabela (2005): Representing the politics of the greenhouse effect. In: Critical Discourse Studies, Jg. 2. S. 172–179.

Carvalho, Anabela (2010): Media(ted) discourses and climate change: a focus on political subjectivity and (dis)engagement. In: Wiley Interdisciplinary Reviews: Climate Change, Jg. 1. S. 172–179.

Corbett, Julia B. & Jessica L. Durfee (2004): Testing Public (Un)Certainty of Science: Media Representations of Global Warming. In: Science Communication, Jg. 26. S. 129–151.

Durant, Robert & Jerome Legge jr. (2005): Public Opinion, Risk Perceptions, and Genetically Modified Food Regulatory Policy. In: European Union Politics, Jg. 6. S. 181–200.

Eastin, Josh, Reiner Grundmann & Aseem Prakash (2011): The two limits debates: ‚Limits to Growth' and climate change. In: Futures, Jg. 43. S. 16–26.

Evans, Geoffrey & John Durant (1995): The Relationship between Knowledge and Attitudes in the Public Understanding of Science in Britain. In: Public Understandings of Science, Jg. 4. S. 57–74.

Funtowicz, Silvio & Jerome Ravetz (1985): Three types of risk assessment: a methodological analysis. In Whipple, Chris & Vincent T. Covello (Hg.): Risk Analysis in the Private Sector. New York: Plenum Press. S. 217–231.

Galtung, Johan & Mari Holmboe Ruge (1965): The Structure of Foreign News. In: Journal of International Peace Research, Jg. 2. S. 64–90.

Godin, Benoit (2006): The linear model of innovation. In: Science, Technology & Human Values, Jg. 31. S. 639–667.

Grothmann, Torsten & Anthony Patt (2005): Adaptive Capacity and Human Cognition: The Process of Individual Adaptation to Climate Change. In: Global Environmental Change, Jg. 15. S. 199–213.

Grundmann, Reiner (1999): Transnationale Umweltpolitik zum Schutz der Ozonschicht. USA und Deutschland im Vergleich. Frankfurt am Main, New York: Campus-Verlag.

Grundmann, Reiner (2009): The Role of Expertise in Governance Processes. In: Forest Policy and Economics, Jg. 11. S. 398–403.

Grundmann, Reiner, Markus Rhomberg & Nico Stehr (2011): Klimawandel und die Rolle der Sozialwissenschaften. In: Enger, Heike & Martin Schmid (Hg.): Zur Rolle der Wissenschaft in einer vorsorgenden Gesellschaft. Wiesbaden: Verlag für Sozialwissenschaften.

Haas, Peter M. (2005): Science and international environmental governance. In: Dauvergne, Peter (Hg.): Handbook of Global Environmental Politics. Cheltenham: Edward Elger Publishing Limited. S. 383–401.

Hallin, Daniel C. & Paolo Mancini (2004): Comparing Media Systems. Three Models of Media and Politics. Cambridge: Cambridge University Press.

Hanitzsch, Thomas (2007): Deconstructing Journalism Culture: Toward a Universal Theory. In: Communication Theory, Jg. 17. S. 367–385.
Hjarvard, Stig (2008): The Mediatization of Society. In: Nordicom Review, Jg. 29. S. 105–134.
Kabalak, Alihan & Markus Rhomberg (i. E.): Neutralität als Systembedingung? Massenmedien und Politik aus den Perspektiven von Systemtheorie und Politischer Ökonomie. In: Soziale Systeme. Zeitschrift für Soziologische Theorie.
Kellstedt, Paul M., Sammy Zahran & Arnold Vedlitz (2008): Personal Efficacy, the Information Environment, and Attitudes toward Global Warming and Climate Change in the United States. In: Risk Analysis, Jg. 28. S. 113–126.
Knorr Cetina, Karin D. (1981): The manufacture of knowledge: an essay on the constructivist and contextual nature of science. Oxford: Pergamon Press.
Knorr Cetina, Karin D. (1999): Epistemic cultures: how the sciences make knowledge. Cambridge, Mass.: Harvard University Press.
Krotz, Friedrich (2007): The meta-process of ‚mediatization' as a conceptual frame. In: Global Media and Communication, Jg. 3. S. 256–260.
Latour, Bruno & Steve Woolgar (1986): Laboratory life: the construction of scientific facts. Princeton, NJ: Princeton University Press.
Luhmann, Niklas (1992): Die Wissenschaft der Gesellschaft. Frankfurt am Main: Suhrkamp.
Luhmann, Niklas (1998): Die Gesellschaft der Gesellschaft (2 Bd.). Frankfurt am Main: Suhrkamp.
Luhmann, Niklas (2000): Die Politik der Gesellschaft. Frankfurt am Main: Suhrkamp.
Machill, Marcel, Markus Beiler & Marting Zenker (2008): Journalistische Recherche im Internet. Bestandsaufnahme journalistischer Arbeitsweisen in Zeitungen, Hörfunk, Fernsehen und Online. Leipzig: Universität Leipzig.
Mazur, Allan & Jingling Lee (1993): Sounding the global alarm: Environmental issues in the U.S. national news. In: Social Studies of Science, Jg. 23. S. 681–720.
Palfreman, Jon (2006): A Tale of Two Fears: Exploring Media Depictions of Nuclear Power and Global Warming. In: Review of Policy Research, Jg. 23. S. 23–43.
Parry, Martin, Jason Lowe & Clare Hanson (2009): Overshoot, adapt and recover. In: Nature, Jg. 458. S. 1102–1103.
Peters, Hans Peter & Harald Heinrichs (2004): Interpretationen des globalen Klimawandels durch die Öffentlichkeit. Konsequenzen für die Risikowahrnehmung und die Implementierung eines vorbeugenden Küstenschutzes. Projektbericht zum Teilprojekt 6 *Klimawandel und Öffentlichkeit* im Verbundvorhaben *Klimawandel und präventives Risiko- und Küstenschutzmanagement an der deutschen Nordseeküste* (KRIM) des Deutschen Klimaforschungsprogramms DEKLIM, Schwerpunkt C *Klimawirkungsforschung*.
Peters, Hans Peter u. a. (2008): Interactions with the Mass Media. In: Science, Jg. 321. S. 204–205.
Pielke, Roger S. (2007): The Honest Broker: Making Sense of Science in Policy and Politics. Cambridge: Cambridge University Press.
Post, Senja (2008): Klimakatastrophe oder Katastrophenklima? Die Berichterstattung über den Klimawandel aus Sicht der Klimaforscher. Frankfurt am Main: Fischer.
Prins, Gwyn & Steve Rayner (2007a): Time to Ditch Kyoto. In: Nature Jg. 449. S. 973–975.
Prins, Gwyn & Steve Rayner (2007b): The Wrong Trousers: Radically Rethinking Climate Policy. A Joint Discussion Paper of the James Martin Institute for Science and Civilization, University of Oxford and the MacKinder Centre for the Study of Long-Wave-Events. London School of Economics.
Renn, Ortwin, Pia-Johanna Schweizer, Marion Dreyer & Andreas Klinke (2007): Risiko. Über den gesellschaftlichen Umgang mit Unsicherheit. München: oekom Verlag.

Rhomberg, Markus (2010): Risk Perceptions and Public Debates on Climate Change: A Conceptualization Based on the Theory of a Functionally-differentiated Society. In: Mediekultur. Journal of media and communication research, Jg. 49. S. 55–67.
Rödder, Simone (2009): Wahrhaft Sichtbar – Humangenomforscher in der Öffentlichkeit. Baden-Baden: Nomos.
Shackley, Simon & Brian Wynne (1996): Representing Uncertainty in Global Climate Change Science and Policy: Boundary-Ordering Devices and Authority. In: Science, Technology, & Human Values, Jg. 21. S. 275–302.
Sheehan, Peter (2008): The new global growth path: Implications for climate change analysis and policy. In: Climatic Change, Jg. 91. S. 211–231.
Smith, Joe (2005): Dangerous News: Media Decision Making about Climate Change Risk. In: Risk Analysis: An International Journal, Jg. 25. S. 1471–1482.
Stehr, Nico & Hans von Storch (2009): Climate and Society. Climate as Resource, Climate as Risk. Singapur: World Scientific.
Von Storch, Hans (2009a): Klimaforschung und Politikberatung – zwischen Bringeschuld und Postnormalität. In: Leviathan, Berliner Zeitschrift für Sozialwissenschaften, Jg. 37. S. 305–317.
Von Storch, Hans (2009b): Climate research and policy advice: scientific and cultural constructions of knowledge. In: Environmental Science & Policy, Jg. 12. S. 741–747.
Weaver, David (1998): The Global Journalist. News People Around the World. Cresskill: Hampton Press.
Weingart, Peter, Anita Engels & Petra Pansegrau (2000): Risks of Communication: Discourse on Climate Change in Science, Politics, and the Mass Media. In: Public Understanding of Science, Jg. 9. S. 261–283.
Weingart, Peter, Anita Engels & Petra Pansegrau (2002): Von der Hypothese zur Katastrophe. Der anthropogene Klimawandel im Diskurs zwischen Wissenschaft, Politik und Massenmedien. Opladen: Leske + Budrich.
Wilkins, Lee & Philip Patterson (1991): Science as a Symbol: The Media Chills the Greenhouse Effect. In: Wilkins, Lee & Philip Patterson (Hg.): Risky Business: Communicating Issues of Science, Risk and Public Policy. Westport, CT: Greenwood Publishing Group. S. 159–176.
Wittgenstein, Ludwig (1970): Über Gewißheit. Frankfurt am Main: Suhrkamp.
Wilson, Kris M. (2000): Drought, Debate, and Uncertainty: Measuring Reporters' Knowledge and Ignorance about Climate Change. In: Public Understanding of Science, Jg. 9. S. 1–13.
Zehr, Stephen C. (2000): Public Representations of Scientific Uncertainty about Global Climate Change. In: Public Understanding of Science, Jg. 9. S. 85–103.

Framing-Strategien in der Klimakommunikation von Industrieakteuren

Inga Schlichting

1 Klimawandel als industrielles Problem

Volkswirte prognostizieren weitreichende ökonomische Folgen des Klimawandels (Bunse 2009). Unternimmt die Politik nichts, um die Treibhausgasemissionen einzudämmen, führt dies laut Stern-Bericht „to an average reduction in global per-capita consumption of 5 %, at a minimum, now and forever" (Stern 2006: 161). Weltweit befassen sich Regierungen daher mit der Frage, ob und wie sie CO_2-Emissionen regulieren sollen (Kolk & Hoffmann 2007: 412). Solche Steuerungsmaßnahmen ändern die Rahmenbedingungen für wirtschaftliches Handeln massiv. Während energieintensiven Industrien hohe Kosten drohen (Heymann 2008), stellen Regulierungen für das Segment „grüner" Technologien einen Wachstumsmotor dar (Jänicke 2008). Wirtschaftspolitische Fragen bilden daher auch einen zentralen Aspekt der massenmedialen Klimaberichterstattung (Weingart u. a. 2002; Boykoff & Boykoff 2004; Carvalho 2005). Industrieakteure haben daher früh versucht, die Klimaberichterstattung im Sinne ihrer Interessen zu beeinflussen (Levy & Kolk 2002; McCright & Dunlap 2000; Newell 2000; Bulkeley 2000).

Industrielle Kommunikation zum Klimawandel lässt sich dem strategischen Framing zuordnen. Dabei konstruieren Wirtschaftsakteure gezielt soziale Bedeutung: „To frame is to select some aspects of a perceived reality and make them more salient in a communicating text, in such a way as to promote a particular problem definition, causal interpretation, moral evaluation [...] or treatment recommendation." (Entman 1993: 52). Ziel dieses Literaturberichts ist es, die Framing-Strategien von Wirtschaftsakteuren in Bezug auf die soziale Konstruktion von Klimawandel aufzuarbeiten:

1. Welche Framing-Strategien verfolgen Industrieakteure, um dem Klimawandel soziale Bedeutung zuzuschreiben?
2. Welche soziokulturellen Rahmenbedingungen können zu diesen Framing-Strategien geführt haben?
3. Welche Effekte haben diese Framing-Strategien auf die Klimaberichterstattung in den Medien?

Empirische Befunde dazu liegen bisher fast ausschließlich für die Mineralölindustrie in den USA und einigen europäischen Ländern vor. Eine Fallstudie zur deutschen Energieindustrie soll diesen Bericht um Erkenntnisse einer weiteren Industrie und Region erweitern.

2 Framing als Kommunikationsstrategie

Framing ist Gegenstand einer Vielzahl wissenschaftlicher Disziplinen. Unterschiedliche Begriffe wie ‚Frame', ‚Schema' oder ‚Script' stehen dabei für ähnliche theoretische Konstrukte. Sie verweisen auf kognitive Strukturen, die der Verarbeitung wahrgenommener Phänomene zugrunde liegen und es dem Individuum ermöglichen, Informationen Bedeutung zuzuweisen (Bonfadelli 2002: 143). Solche kognitionspsychologischen Überlegungen bilden auch die Basis kommunikationswissenschaftlicher Framing-Ansätze (Scheufele 2003: 13 ff.). Zentral ist hier jedoch die Annahme, dass Frames auf der Ebene von Kommunikaten die Aktivierung kognitiver Strukturen auf Seite der Nutzer beeinflussen können. So zeigen Studien, dass Frames auf der Ebene von Texten den Rezipienten Bewertungsmaßstäbe für die Evaluation der Inhalte mitliefern und so Priming-Effekte bewirken können. Das heißt, Individuen können bei der Informationsverarbeitung auf die im Text präsentierten Bewertungsmaßstäbe leichter zugreifen, was Einfluss auf ihre Einstellung und ihr Verhalten in Bezug auf den Sachverhalt nehmen kann (Chong & Druckman 2007; Brewer u. a. 2003; Iyengar & Kinder 1987).

Folgt man dem medienzentrierten Ansatz von Scheufele (1999: 115) prägen Framing-Effekte den gesamten Prozess massenmedialer Kommunikation. So beeinflussen Problemdeutungen externer Quellen, professionelle Ideologien oder redaktionelle Restriktionen die Berichterstattung von Journalisten (Frame Building). Diese übersetzen sich in Medieninhalte (Medien-Frames), die wiederum die Wahrnehmung des Publikums (Publikum-Frames) prägen. Dies kann auf Individualebene zu Einstellungs- und Verhaltensänderungen führen und auf die Input-Seite der Berichterstattung rückwirken. Als Medienwirkungsansatz unterstellt Framing damit eine starke Wirkung der Massenmedien (Scheufele 2003: 60–90).

Entsprechend dieser starken Wirkungsannahme wurde Framing schon früh als ein Ansatz strategischer Kommunikation diskutiert. Ab den 1980er Jahren befasste sich die soziologische Forschung mit Framing-Prozessen im Rahmen sozialer Bewegungen (Snow u. a. 1986; Snow & Benford 1988; Klandermans 1988; Gamson & Meyer 1996; Benford & Snow 2000; Haley & Sidanius 2006). Im Zentrum stand die Frage, wie sich mittels strategischen Framings gesellschaftspolitischer Botschaften Unterstützer mobilisieren lassen: „By strategic processes, we refer to framing processes that are deliberative, utilitarian, and goal directed: Frames are developed and deployed to achieve a specific purpose – to recruit new members, to mobilize adherents, to acquire resources, and so forth" (Benford & Snow 2000: 624). Auf der Basis empirischer Befunde wurden dabei auch konkrete Empfehlungen für das strategische Framing formuliert (Gerhards 1995).

Bezugnehmend auf die soziologische Literatur spielt strategisches Framing auch in der PR-Literatur eine wachsende Rolle (Hallahan 1999; Wimmer 2004; Lim & Jones 2010). PR verfolgt das Ziel, die Akzeptanz relevanter Anspruchsgruppen und die gesellschaftliche Legitimation der Organisation zu sichern, um Handlungsspielräume für das Verfolgen eigener Interessen offenzuhalten (Jarren & Röttger 2009: 33). Der Durchsetzung bestimmter Problemdeutungen als „common frames of reference" (Hallahan 1999: 207) wird dabei ein hoher Stellenwert zugeschrieben. Denn PR strebt an, dass die Interessen der Organisation als legitim wahrgenommen werden – bestenfalls als einem übergeordneten gemeinsamen Ziel folgend (Jarren & Röttger 2009: 33). Massenmedien gelten dabei als wichtige Multiplikatoren. Folglich wird die Diffusion strategischer Frames in die Berichterstattung als ein Indikator für den Erfolg von PR gesehen (Fröhlich & Rüdiger 2006: 19).

Folgt man der Framing-Definition von Entman (1993: 52), lassen sich vier Dimensionen unterscheiden, entlang derer soziale Akteure einen Sachverhalt in der Regel als Problem konstruieren: (1) Das Problem wird benannt, (2) Ursachen werden diagnostiziert, (3) das Problem wird moralisch bewertet und/oder (4) es werden Handlungsempfehlungen gegeben. Wie dieser Literaturüberblick zum industriellen Framing von Klimawandel zeigen wird, haben Industrieakteure diese Dimensionen in den vergangenen 20 Jahren eher sequentiell in den Fokus genommen: In den frühen 1990er Jahren konzentrierte sich v. a. die US-Industrie auf eine Deproblematisierung des anthropogenen Klimawandels (1) als wissenschaftlich unbegründet (2). Im Vorfeld von Kyoto zielte die Kommunikation dann mehr und mehr auf eine Delegitimation der globalen Klimapolitik (3). Nach Kyoto setze sich schließlich in den USA und Europa die Selbstpositionierung der Industrie als Klimaschutzpionier als dominante Kommunikationsstrategie durch (4).

3 Strategisches Framing von Klimawandel durch Industrieakteure

Empirische Befunde zum strategischen Framing von Klimawandel durch Industrieakteure finden sich zum Großteil jenseits der kommunikationswissenschaftlichen Literatur. Besonders aufschlussreich sind Studien aus der wirtschafts- und politikwissenschaftlichen Strategie- und Einflussforschung. Vor allem zu den Strategien der Mineralöl- und Automobilindustrie in den USA und einigen europäischen Ländern liegen Untersuchungen vor (Bulkeley 2000; Newell 2000; Rowlands 2000; Kolk & Levy 2001; Levy & Kolk 2002; Levy & Egan 2003; Skjaerseth & Skodvin 2001; van de Wateringen 2005; Levy 2005; Jones & Levy 2007; Sæverud & Skjærseth 2007; Falke 2011; Waugh 2011) sowie auch für Australien (Bulkeley 2000; Newell 2000) und Kanada (Jones & Levy 2007). In jüngerer Zeit vergleichen einige Forscher zudem auch die Strategien von Großkonzernen unterschiedlicher Länder und Industrien (Kolk & Pinkse 2008; Sullivan u. a. 2008;

Reid & Toffel 2009). Methodisch dominieren Experten-Interviews mit Managern und politischen Entscheidern sowie Dokumentenanalysen. Viele dieser Studien diskutieren zudem sehr aufschlussreich die soziokulturellen Rahmenbedingungen des industriellen Framings von Klimawandel und deren Änderung im Zeitverlauf (Newell 2000; Kolk & Levy 2001; Skjaerseth & Skodvin 2001; Levy & Kolk 2002; Levy & Egan 2003; Jones & Levy 2007; Levy 2005; van de Wateringen 2005; Sæverud & Skjærseth 2007).

Neben den wirtschafts- und politikwissenschaftlichen Studien finden sich im weiteren Umfeld der kommuniktionswissenschaftlichen Forschung eine Reihe von Untersuchungen zur industriellen Klimakommunikation (McCright & Dunlap 2000; 2003; Livesey 2002b; 2002a; Lahsen 2005; Lorenz u. a. 2008; Ihlen 2009a; 2009b; Smerecnik & Renegar 2010)[1]. Methodisch dominieren hier Diskurs- und Rhetorikstudien, die auf der Basis von Fallanalysen die klimapolitische Selbstpositionierung einzelner Konzerne untersuchen. Ausnahmen bilden die umfassenden quantitativen Inhaltsanalysen von McCright und Dunlap (2000; 2003), sowie eine jüngere vergleichende Studie zur Selbstpositionierung der 30 größten Weltkonzerne (Ihlen 2009a). Insgesamt liegt der Fokus jedoch auch in diesem Forschungsbereich auf der Mineralölindustrie in den USA und in einigen europäischen Ländern.

In der PR-Forschung finden sich dagegen kaum empirischen Befunde zum industriellen Framing von Klimawandel. Hier konzentriert sich die Literatur eher auf die kritische Reflektion industrieller Klimakampagnen und der Risiken für das Reputationsmanagement (McKie & Galloway 2007; Greenberg u. a. 2011). Eine US-Studie hat zudem jüngst auf der Basis einer Inhaltsanalyse PR-Leitlinien für die Positionierung der Windenergie als Klimaschutztechnologie zu entwickeln (Stephens u. a. 2009). Deutlich dichter ist hingegen die Literaturlage in der Marketingforschung. Hier finden sich zahlreiche Studien zur Verkaufsförderung klimafreundlicher Produkte und Services (vgl. für einen Überblick Peattie u. a. 2009). Der Schwerpunkt liegt hier jedoch nicht auf der Analyse strategischer Kommunikate, sondern auf deren Effekten auf Konsumenteneinstellungen und Kaufverhalten.

Effekte strategischen Framings zum Klimawandel auf die mediale Berichterstattung, wie sie im Rahmen dieser Literaturübersicht von Interesse sind, wurden bisher hingegen kaum systematisch untersucht. Jedoch versuchen einige Studien, diese über einen Vergleich strategischer Texten mit Medieninhalten zu rekonstruieren (McComas & Shanahan 1999; Zehr 2000; 2009; Dispenda & Brulle 2003; McCright & Dunlap 2000; 2003; Boykoff & Boykoff 2004; 2007; Antilla 2005; Howland 2006; Grundmann 2007; Boykoff & Mansfield 2008; Holmes 2009; Lewis & Boyce 2009; McGaurr & Lester 2009; Chubb & Nash 2010).

1 Zudem haben sich einige populärwissenschaftliche und journalistisch-investigative Arbeiten mit der Klimakommunikation von Industrieakteuren befasst (Rowell 1996; Cushman 1998; Leggett 2001; Rampton & Stauber 2002; Gelbspan 2004; Pearse 2007; NYT 2009; Oreskes & Conway 2010).

3.1 Framing-Strategien zwischen 1990 und 2010

Intensive Bemühungen, die Berichterstattung über den Klimawandel strategisch zu beeinflussen, zeigten sich in den 1990er Jahren in den USA. Nachdem das Intergovernmental Panel on Climate Change (IPCC) vor den Risiken des anthropogenen Klimawandels gewarnt hatte, antwortete die US-Industrie 1989 mit der Gründung der Global Climate Coalition (GCC) als „most prominent voice of industry, both in the United States and internationally" (Levy 2005: 81): 40 Unternehmen aus dem Umfeld der US-Mineralölindustrie, darunter Automobilkonzerne und Dependencen europäischer Unternehmen wie BP und Shell schlossen sich der Organisation an. Die GCC und befreundete Industrieverbände mobilisierten in den Folgejahren millionenschwere Budgets für strategische Kommunikation (Newell 2000: 100 ff.; Leggett 2001; Gelbspan 2004: 33; Levy 2005: 83; McKie & Galloway 2007: 372; Greenberg u. a. 2011: 70 ff.). Dabei kam ein breites Instrumentarium zum Einsatz: Die Gruppe förderte die Publikation von ausgewählten wissenschaftlichen Studien und veröffentlichte Pressemitteilungen zu deren Forschungsergebnissen (Cushman 1998; Leggett 2001; Gelbspan 2004: 33). Sie stellte Sachverständige, die als Experten vor US-Parlamentsausschüssen vorsprachen (McCright & Dunlap 2003). Punktuell schaltete sie großformatige Werbeanzeigen in führenden Tageszeitungen (Newell 2000: 100 ff.). Zudem mobilisierten Industrieverbände US-Bürger medienwirksamen zu Protestaktionen (Greenberg u. a. 2011). Die größte Offensive mit einem Budget von 13 Millionen US Dollar startete die Gruppe aus GCC und Industrieverbänden 1997, um die Ratifizierung des Kyoto-Protokolls zu verhindern (Levy 2005: 83, 91; Greenberg u. a. 2011: 71 f.).

Insgesamt waren die kommunikativen Anstrengungen der GCC und der US-Industrie derart massiv, dass sich in den vergangenen Jahren eine Reihe von Studien mit deren Strategien und auch gesellschaftlichen Folgen befasst haben (McCright & Dunlap 2000; 2003; Boykoff & Boykoff 2004; 2007; Levy & Egan 2003; Livesey 2002b; 2002a; Lahsen 2005; Levy 2005: 82 ff.; Lorenz u. a. 2008; Greenberg u. a. 2011). Dabei lassen sich drei Phasen ausmachen.

1. Phase: Destruktion des Klimawandels als soziales Problem

Anfang der 1990er Jahre lag der Fokus der US-Industrie auf einer systematischen Destruktion des Klimawandels als soziales Problem: Hauptangriffspunkt waren dabei die wissenschaftlichen Belege für den anthropogenen Klimawandel: „a key strategy [...] has been to challenge the science of climate change, pointing to the lack of consensus among scientists and highlighting the uncertainties" (Levy 2005: 82). Ziel war es, den klimapolitischen Steuerungsmaßnahmen ihre wissenschaftliche Legitimation zu nehmen (Newell 2000: 121; Levy & Egan 2003: 815 f.).

McCright und Dunlap (2000) identifizieren anhand einer Inhaltsanalyse von 224 Publikationen industrienaher konservativer US-Thinktanks drei zentrale „Counter-

Claims" der Industrie zum Klimawandel. Demzufolge haben Industrie-Akteure das gesellschaftliche Problem der anthropogenen Erderwärmung zwischen 1990 und 1997 systematisch in Richtung einer Problematisierung der Klimaforschung an sich umgedeutet (vgl. Abb. 1).

Mehr als 70 Prozent der von ihnen untersuchten Publikationen basieren auf der Diagnose, die wissenschaftliche Evidenz für die Erderwärmung sei schwach oder falsch. Dies ließe sich durch Inkongruenzen der Forschung belegen. Die Klimaforschung wurde deshalb immer wieder als „Junk Science" verurteilt. Aufbauend auf dieser Verurteilung lautete der zweite zentrale Counter-Claim, eine wissenschaftlich unbegründete Klimapolitik würde der Volkswirtschaft mehr schaden als nutzen und sie daher erheblich gefährden. Weniger verbreitet war in 13 Prozent der Dokumente ein dritter Counter-Claim, die Umkehrung der Klimawandelproblematik in eine Chance. Die zentrale Aussage lautete dabei, wenn es zu einem Klimawandel käme, würde er die Lebensbedingungen in den USA merklich verbessern.

Diese Problematisierung der Klimaforschung war sehr budgetintensiv: So wurden erhebliche Summen in die Förderung „skeptischer" Wissenschaftler investiert, deren Befunde die Existenz des anthropogenen Klimawandels in Zweifel setzten (Leggett 2001; Gelbspan 2004: 33). Und auch den PR-Agenturen der GCC bescherte die Verleumdungsstrategie Millionenumsätze. Sie akquirierten daher weitere Auftraggeber außerhalb der USA und exportieren die Strategie erfolgreich nach Australien (Newell 2000: 111). Je stärker sich jedoch in der „Mainstream-Forschung" der Konsens durchsetzte, dass eine menschlich beschleunigte Erderwärmung im Gange sei, desto schwieriger war es, diese Counter-Frames aufrecht zu erhalten. Vor allem europäische Mitglieder des GCC rückten daher in der zweiten Hälfte der 1990er Jahre von diesem Kurs ab (Newell 2000: 121; Kolk & Levy 2001; van de Wateringen 2005; Levy & Newell 2005: 91; Sæverud & Skjærseth 2007): BP und Shell hatten sich 1996 und 1998 im Kontext der Kyoto-Verhandlungen von der Leugnung des Klimawandels distanziert und waren aus der GCC ausgetreten. Hardliner der US-Industrie wie Texaco und Exxon hielten hingegen weiter an diesem Kurs fest (Kolk & Levy 2001: 507; Levy & Kolk 2002: 289; Levy 2005: 85 ff.; Sæverud & Skjærseth 2007: 49 ff.; Lorenz u. a. 2008)[2].

Heute spielen Zweifel an der wissenschaftlichen Begründung des Klimawandels keine tragende Rolle mehr in der strategischen Kommunikation von Wirtschaftsunternehmen. Eine jüngere Analyse von Corporate Social Responsibility (CSR)- und Umweltberichten der 30 größten Weltkonzerne zeigt, dass heute alle Firmen – selbst Exxon – die wissenschaftlichen Belege für den Klimawandel anerkennen (Ihlen 2009a: 253 f.). Die meisten

2 Noch im Frühjahr 1998 wird der *New York Times* der Entwurf für eine PR-Offensive des American Petroleum Institute zugespielt, die ein Budget von 600 000 US Dollar vorsah, um die Publizität von Klimawandel-Skeptikern zu fördern (Cushman 1998). „Among their ideas [was] a campaign to recruit a cadre of scientists who share the industry's view of climate science and to train them in public relations so they can help convince journalists, politicians and the public that the risk of global warming is too uncertain to justify controls on greenhouse gases [...]."

Abbildung 1 Counter-Frames konservativer US-Thinktanks zum anthropogenen Klimawandel zwischen 1990 und 1997 (McCright & Dunlap 2000: 510)*

Theme	Description	n	%
Counter-Claim 1			
The evidentiary basis of global warming is weak and even wrong.		159	71.0
1	The scientific evidence for global warming is highly uncertain.	141	62.9
2	Mainstream climate research is „junk" science.	30	13.4
3	The IPCC intentionally altered its reports to create a „scientific consensus" on global warming.	16	7.1
4	Global warming is merely a myth or scare tactic produced and perpetuated by environmentalists and bureaucrats.	41	18.3
5	Global warming is merely a tool of the Clinton Administration.	31	13.8
Counter-Claim 2			
Global warming would be beneficial if it were to occur.		30	13.4
1	Global warming would improve our quality of life.	10	4.5
2	Global warming would improve our health.	10	4.5
3	Global warming would improve our agriculture.	20	8.9
Counter-Claim 3			
Global warming policies would do more harm than good.		139	62.1
1	Proposed action would harm the national economy.	130	58.0
2	Proposed action would weaken national security.	4	1.8
3	Proposed action would threaten national sovereignty.	9	4.0
4	Proposed action would actually harm the environment.	7	3.1

* McCright und Dunlap analysieren Herausgeberschriften, Leitartikel, organeigene Zeitschriften, Newsletter, Autorenartikel im „World Climate Report", Policy-Studien, Redemanuskripte und Pressemitteilungen. Am häufigsten vertreten waren Policy Studien (53) und Pressemitteilungen (52) (n=224). Der größte Teil der Dokumente (166) wurde 1997 veröffentlicht, also im Jahre der Kyoto-Verhandlungen.

Unternehmen sind sich zudem ihrer individuellen Verantwortung für CO_2-Emissionen bewusst (Sullivan u. a. 2008: 12).

Dennoch finden sich vereinzelt immer wieder Kampagnen, die an der wissenschaftlichen Begründung des anthropogenen Klimawandels rütteln. Träger sind meist nicht Konzerne, die mit ihrem Unternehmensimage hinter den Botschaften stehen, sondern Industrieverbände. So erklärt etwa die kanadische Organisation „Friends of Science", die finanzielle Verbindungen zur kanadischen Mineralölindustrie pflegt (Greenberg u. a.

2011: 72): „[...] the Sun is the main direct and indirect driver of climate change" (Friends of Science 2011). Ähnliche Initiativen finden sich in den USA: „In [...] 2007, shortly after the release of the Fourth Assessment Report of the IPCC, the American Enterprise Institute (AEI) offered a $ 10 000 incentive to scientists and economists who write papers challenging the IPCC findings." (Jones & Levy 2007: 435). Und auch in Deutschland, wo selbst emissionsintensive Industrien den anthropogenen Klimawandel als Problem anerkennen (vgl. Kap. 4), finden sich vereinzelt Anhänger dieser Strategie.[3]

2. Phase: Delegitimation der Klimapolitik und Personalisierung der Risiken

Aus Sicht von Managern der Mineralöl- und Automobilindustrie war der Kampf um die wissenschaftliche Beweislage gegen den anthropogenen Klimawandel im Vorfeld der Kyoto-Verhandlungen endgültig verloren: „The battle was lost 1997, when business press in USA and Europe was conveying the impression of scientific consensus." (Levy 2005: 92). In der Folge kam es – v.a. in den USA – zu einer Schwerpunktverschiebung in der Kommunikation.

Anlass waren neben dem Medientenor auch Marktforschungsstudien, die belegten, dass US-Bürger ein weiteres Leugnen des Klimawandels als rückschrittlich empfanden (Levy & Newell 2005: 91). Die Industrie steuerte deshalb eine kommunikative Neuausrichtung an: Sie rückte die Risiken der Klimapolitik in den Vordergrund und brach diese auf den einzelnen US-Bürger herunter. So warnte die GCC 1996, eine Reduktion der CO_2-Emissionen um 20 Prozent könnte das Sozialprodukt der USA jährlich um vier Prozent senken und 1,1 Millionen Amerikaner ihren Job kosten (Levy 2005: 82). Gleichzeitig wurde die ‚globale Klimapolitik' als sozial illegitim verurteilt, weil sie die US-Bürger im Vergleich zu den Entwicklungsländern unverhältnismäßig stark treffen würde (Levy 2005: 91). Vor diesem Hintergrund lancierte die GCC 1997 ihre mit 13 Millionen US-Dollar teuerste Kyoto-Kampagne: „It's Not Global and It Won't Work!". In ganzseitigen Zeitungsanzeigen warnten die Kampagne, die Ratifizierung des Protokolls würde jeden einzelnen Amerikaner künftig 50 Cent Aufpreis pro Gallone Benzin kosten (Levy 2005: 83; Whiteman in Greenberg u. a. 2011: 71).

Der Verweis auf ökonomische und soziale Risiken der CO_2-Regulierung ist im industriellen Framing der Klimawandelproblematik bis heute präsent. So mobilisierte das American Petroleum Institute 2009, nachdem der erste Teil des ‚American Clean Energy and Security Act' verabschiedet war, die Bürger im Rahmen einer plakativen Kampagne zum öffentlichen Protest: „Energy Citizens [...] began holding rallies in oil-producing and manufacturing cities across the US [...] expressing opposition to the bill [...]

3 So veranstaltet das Berlin Manhattan Institut seit 2008 internationale Klima- und Energiekonferenzen. Dort „[...] erläutern führende internationale Wissenschaftler die Klima- und Energiethematik unter Vorstellung neuester Erkenntnisse, häufig konträr zu den IPCC Verlautbarungen." So beinhaltete die Tagungsmappe 2010 auch die DVD „Der Klimaschwindel" (Berlin Manhattan Institut 2010)

that will drive up price of energy, deter American job creation and send jobs overseas." (Greenberg u. a. 2011: 71) Ähnlich versuchen auch deutsche Industrieverbände klimapolitische Maßnahmen zu delegitimieren: Der Braunkohleverband DEBRIV warnt seit 2008 mit einem umfassenden Werbe-Etat vor den volkswirtschaftlichen Kosten einer Abkehr von der heimischen Kohleindustrie (Braunkohle-Forum 2011). Der Verband der Deutschen Industrie (VDI) adressierte 2010 in führenden Zeitungen einen offenen Brief an die Bundesregierung, der vor steigenden Energiepreisen und Versorgungslücken warnte, falls im Zuge der CO_2-Regulierung nicht die Laufzeiten der Atomkraftwerke verlängert würden (Energiezukunft 2010).

3. Phase: Selbstlegitimation der Industrie als Problemlöser

Insgesamt stellt die Delegitimation der Klimapolitik jedoch eher einen Seitenstrang des industriellen Framings dar, der im Kontext politischer Großentscheidungen an Bedeutung gewinnt, sich sonst aber einem positiveren Tenor unterordnet: der Selbstlegitimation der Industrie als Löser der Klimawandelproblematik. Zu diesem Ansatz hatten bereits die Kyoto-Verhandlungen den Grundstein gelegt (McCright & Dunlap 2003: 369). Die Problemdeutung der Unternehmen weist seither auf beiden Seiten des Atlantiks immer stärker in Richtung einer technologiegetriebenen Wirtschaftsrevolution, in der sich die Industrie als „grüner" Wachstumsmotor positioniert.

Die Wende zur lösungsorientierten Selbstlegitimation der Industrie zeigen sehr umfassend die Strategiestudien zur US-amerikanischen und europäischen Mineralöl- und Automobilindustrie (Jones & Levy 2007: 431 f.; Sæverud & Skjærseth 2007; van de Wateringen 2005: 285; Levy 2005; Levy & Kolk 2002). Ein neues Win-Win-Paradigma prägt demnach seit Anfang der 2000er Jahre die industrielle Kommunikation zum Thema (Levy & Newell 2005: 93). Vor allem Unternehmen der Mineralölindustrie haben damit eine erhebliche Umpositionierung vom Klimawandel-Skeptiker zum pro-aktiven Klimaschutzpionier vollzogen (van de Wateringen 2005: 285; Levy & Kolk 2002: 289). Diese Selbstpositionierung ist mittlerweile dominant in fast allen Industrien, wie jüngst die Analyse von Umwelt- und Corporate Social Responsibility-Berichten der 30 größten Weltkonzerne zeigte. Der Klimawandel wird dabei v. a. mit der Entstehung neuer Absatzmärkte verknüpft: „The business opportunity in question seems most often to be the ‚first mover advantage' […], earning profits because of a corporate pionieering role that […] sets the company apart from its competitors." (Ihlen 2009a: 256). Ähnliches zeigt sich mit Blick auf die 500 größten an der US Börse notierten Unternehmen (Kolk & Pinkse 2008), sowie auf die 125 größten Unternehmen in Großbritannien und Europa (Sullivan u. a. 2008).

Während den Strategiestudien zufolge viele europäische Konzerne tatsächlich früh begannen in ‚grüne' Technologien zu investieren, zeigten sich bei US-Konzernen zunächst wenig effektive Bemühungen: „Firms are subsequently placing greater emphasis on management processes, policy influence, and market image than on major investments in low-emission technologies […]" (Jones & Levy 2007: 430). Für Europa hingegen lautete das Urteil: „In the oil industry, […] European companies […] all rank well above their North American counterparts in climate governance" (ebd.: 432). Dieser Vorsprung lässt sich wohl v. a. durch die frühen politischen Regulierungen in Europa erklären (Kolk & Pinkse 2008).

Doch auch für europäische Konzerne liegen Indizien vor, dass das Framing des anthropogenen Klimawandels als wirtschaftliche Chance und die Selbstlegitimation als Klimaschutzpionier auch stark auf eine Verbesserung des Images abzielen. So haben einige Studien die Selbstansprüche einzelner Unternehmen mit deren Investitionsportfolios verglichen (Jones & Levy 2007; Sæverud & Skjærseth 2007; Lorenz u. a. 2008; Ihlen 2009b; Smerecnik & Renegar 2010). Mit Blick etwa auf die Neupositionierung von BP unter dem Leitsatz ‚Beyond Petroleum' stellen Forscher fest: „Although, BP had been spending millions of dollars on alternative energy, like solar, it represented an extremly small portion of their business." (Lorenz u. a. 2008: 13). Die Selbstlegitimation als Klimaschutzpionier löste daher auch eine neue Counter-Framing-Bewegung aus: Umweltorganisationen und engagierte Bürger versuchen seither, Missverhältnisse zwischen Selbstbewerbung und wirtschaftlichem Handeln offen zu legen und die grüne Selbstlegitimation von Firmen so als „Greenwashing" zu entlarven (vgl. Schmidt in diesem Band).

3.2 *Soziokulturelle Rahmenbedingungen*

Der Literaturbericht zeigt, dass Industrieakteure in den USA und Europa in Sachen Klimawandel in den vergangenen 20 Jahren unterschiedliche Framing-Schwerpunkte gelegt haben: Während US-Akteure zunächst sehr aggressiv die Glaubwürdigkeit der Klimaforschung angegriffen haben, schlugen europäische Konzerne schon früh einen eher kooperativen Kurs ein. Folgt man den Befunden der wirtschafts- und politikwissenschaftlichen Untersuchungen, kommen dafür eine Reihe soziokultureller Faktoren als Erklärungsvariablen in Frage. Sie sind tief in die Kultur der Gesellschaft eingeschrieben und bilden damit auch den Rahmen für die industrielle Problemwahrnehmung. Zwar ist die Liste möglicher Faktoren lang und bisher wenig erforscht. Zwei Faktoren werden jedoch mehrfach herausgestellt: das Werteset der Gesellschaft und die Lobbying-Kultur, also die Kultur der politischen Einflussnahme (Kolk & Levy 2001; Skjaerseth & Skodvin 2001; Levy & Kolk 2002; Levy & Egan; Levy 2005; Kolk & Hoffmann 2007; Sæverud & Skjærseth 2007; Kolk & Pinkse 2008). Während diese Faktoren Anfang der 1990er Jahre noch nationalstaatlich geprägt waren, bewegten sie sich im Laufe der 2000er aufeinander zu und führten so möglicherweise auch zu einer Annäherung industrieller Framing-Strategien in den USA und Europa.

Das gesellschaftliche Werteset

Anfang der 1990er Jahre war das strategische Framing von Klimawandel v. a. geprägt durch den unterschiedlichen Stellenwert von Ökologie und Nachhaltigkeit in der US-amerikanischen und europäischen Gesellschaft. Dies beeinflusste stark die Wahrnehmung der Klimawandelproblematik durch die Industrieakteure und damit auch deren strategischen Umgang mit dem Problem. So sahen europäische Unternehmen aufgrund der ausgeprägten Nachhaltigkeitsorientierung der Europäer im Klimawandel früh eine Bedrohung für ihre gesamtgesellschaftliche Legitimation. Ein Shell-Manager etwa betonte: „There is real concern for legitimacy and what the community thinks. There is a fight for the hearts and minds of the public. This is a long-term force affecting our business." (Levy 2005: 85). Die Sicherung dieser Legitimation nannten europäische Manager daher als einen zentralen Motor für ihr klimapolitisches Verhalten und ihre strategische Kommunikation im öffentlichen Raum. (Kolk & Levy 2001; Levy & Kolk 2002; Levy & Egan 2003; Levy 2005; Levy & Newell 2005).
In den USA hingegen schien der Nachhaltigkeitsgedanke zunächst anderen Wertorientierungen untergeordnet. Industrieakteure legitimierten sich v. a. über ihren wirtschaftlichen Erfolg und ihren Beitrag zur Wertschöpfung der Volkswirtschaft. Ein Exxon-Manager etwa erläuterte: „If we appear more green, it might get us a better seat at the policy table, but the real question is whether it would improve our access to resources and markets." (Levy 2005: 85) Eine ähnliche Situation zeigte sich in der Automobilindustrie: Während Europäer zunehmend sparsame Fahrzeuge forderten und Unternehmen dies in ihrem Portfolio berücksichtigten, existierte eine solche Nachfrage in den USA zunächst nicht. Hier wurde finanzielle Unabhängigkeit und Bewegungsfreiheit der Bürger der Problematik der anthropogenen Erderwärmung lange übergeordnet (Levy 2005: 86 f.).

Jedoch überschritten mit der Globalität des Klimawandels, der Konvergenz von Absatzmärkten und der globalen Reichweite multinationaler Konzerne auch die „Legitimationsmärkte" der Unternehmen zunehmend nationale Grenzen. Dies führte mittelfristig auch zu einer Annäherung klimapolitischer und kommunikativer Strategien: So berichten Manager der Mineralölindustrie, dass das öffentliche Nachhaltigkeits-Bekenntnis des BP-Managers Browne im Jahr 1997[4] Bewegung in die US-Industrie brachte: „Texaco has always been stronger in engineering than public relations, but we're trying to change. We saw how much mileage BP got from Browne's speech" (Levy 2005: 95 nach Castillo 1997).

4 Als neuer CEO verkündete John Browne 1997 sechs Monate vor Kyoto in einer Rede an der Stanford University den Start der „Beyond Petroleum"-Ära des BP-Konzerns: „There is mounting concern about two stark facts. The concentration of carbon dioxide in the atmosphere is rising. And the temperature of the earth's surface is increasing. [...] The time to consider the policy dimensions of climate change is not when the link between greenhouse gases and climate is conclusively proven but when the possibility cannot be discounted. We in BP have reached that point." (Browne 2010)

Die Kultur der politischen Einflussnahme

Die Kultur der politischen Einflussnahme stellt den Ergebnissen der Strategiestudien zufolge eine weitere wichtige Rahmenbedingung für den unternehmensstrategischen Umgang mit der Klimawandelproblematik dar: Während sich politische Einflussnahme in den USA durch einen stark konfrontativen Charakter auszeichnet, fußt politische Teilhabe in Europa traditionell mehr auf dem Ideal der Kooperation (Levy & Newell 2005: 78 ff.; Levy & Kolk 2002: 275). Damit waren für die klimapolitischen Strategien von US-amerikanischen und europäischen Konzernen unterschiedliche Rahmenbedingungen gegeben, die auch in der Kommunikation zum Tragen kamen: „Several U.S. managers acknowledged that adopting an adversarial stance concerning climate change was almost expected and would hardly cost them much credibility [...]. By contrast, European managers were much more concerned with securing a voice and ‚a seat at the table' in the negotiations." (Levy & Newell 2005: 79). Getragen von nationalen Wirtschaftsverbänden richtete sich die Kommunikationsarbeit der US-Industrie daher v. a. auf eine konfrontative Deproblematisierung des anthropogenen Klimawandels, die wohl wesentlich dazu beigetragen hat, dass die USA das Kyoto-Protokoll 1997 nicht ratifizierten (Levy & Egan 2003: 815 3 f.).

Doch auch auf der Ebene der politischen Mitbestimmung zeigten sich bald Tendenzen einer globalen Konvergenz. So gründeten 1998 13 führende Konzerne aus den USA, Europa und Japan das Pew Center on Global Climate Change als neue supranationale Stimme der Industrie (Jones & Levy 2007: 431). In ihrer ersten Werbekampagne betont die Organisation ihre kooperative Haltung: „[We] accept the views of most scientists that enough is known about the science and environmental impacts of climate change for us to take actions to address consequences" (Levy 2005: 92 nach Cushman 1998). Daraus erwuchs schließlich das neue Win-Win-Paradigma, dem sich heute die meisten Weltkonzerne angeschlossen haben (vgl. 3.1).

Diese Befunde korrespondieren mit allgemeinen Vergleichstudien zu den Strukturen politischer Einflussnahme in den USA und Deutschland: Während korporatistische Strukturen in Deutschland traditionell eine institutionalisierte politische Teilhabe der Industrie ermöglichen, ist die politische Einflussnahme in den USA pluralistisch und kleinteiliger organisiert. So erklärt sich auch das Thinktank-getriebene Lobbying der US-Mineralölindustrie (McCright & Dunlap 2000; 2003). Zudem wird das US-Lobbying sehr viel stärker von kommerziellen Interessenvertretungen (Lobbying-Agenturen) getragen, die den Anliegen ihrer Klienten Gehör verschaffen und sich dabei gegen ein Vielzahl an Konkurrenten durchsetzen müssen (Sebaldt 2007: 101 3 f.). Jedoch finden sich auch bei der organisierten politischen Einflussnahme Tendenzen globaler Konvergenz (von Alemann 2000).

3.3 Effekte industriellen Framings auf die Klimaberichterstattung

Effekte industriellen Framings über Klimawandel auf die Berichterstattung in den Medien wurden bisher wenig systematisch untersucht. Sie lassen sich jedoch bedingt über einen Vergleich von Frames in strategischen Kommunikaten von Unternehmen mit der massenmedialen Berichterstattung rekonstruieren. Grundsätzlich können dabei natürlich nur Aussagen über synchrone Kommunikationsmuster getroffen werden, während kausale Zusammenhänge letztlich unklar bleiben. Einige Studien lassen auf dieser Basis jedoch Rückschlüsse auf eine gewisse Einflussnahme der frühen Deproblematisierungsstrategie der US-Industrie auf die amerikanischen Medien zu.

So diskutieren McCright und Dunlap (2003) auf der Basis einer Folgestudie zu ihrer Untersuchung von Counter-Frames der US-Industrie (vgl. 3.1) mögliche Verzerrungs-Effekte auf die Klimaberichterstattung: Sie definierten eine Gruppe wissenschaftlich anerkannter Forscher sowie eine Gruppe nicht anerkannter Klimawandel-Skeptiker, die immer wieder als Quellen für die Counter-Frames herangezogen worden waren, und untersuchten deren Präsenz in den acht reichweitenstärksten Tageszeitungen der USA[5] zwischen 1990 und 1997. Die Analyse zeigt: Während anerkannte Forscher in der Presse Anfang der 1990er deutlich dominierten, werden ab 1994 ebenso häufig die Skeptiker zitiert, die von der Industrie systematisch gefördert worden waren (McCright & Dunlap 2003: 365). (Verzerrungs-)Effekte auf die Medienberichterstattung scheinen demnach plausibel. Jedoch zeigt die Analyse von US-Kongressanhörungen, dass auch hier ab 1994 häufiger Industrieakteure als Sachverständige angehört wurden als anerkannte Forscher (McCright & Dunlap 2003: 363). Insofern kann auch die politischen Ereignislage die Medien beeinflusst haben.

Auch andere Inhaltsanalysen finden eine Dominanz wissenschaftlicher Zweifel am anthropogenen Klimawandel in den US-Medien im Zeitraum um die Kyoto-Verhandlungen (McComas & Shanahan 1999; Zehr 2000; Dispenda & Brulle 2003; Boykoff & Boykoff 2004; Boykoff & Mansfield 2008; Antilla 2005; Howland 2006; Grundmann 2007). Zur Erklärung dieses Befundes verweisen viele Forscher auf die PR-Aktivitäten der US-Industrie – jedoch ohne diesen Zusammenhang systematisch zu prüfen (Nissani 1999: 27; Boykoff & Boykoff 2004: 130; Boykoff & Rajan 2007: 210). Die wohl prominenteste Analyse haben Boykoff und Boykoff (2004) vorgelegt: Ihrer Meinung nach hat die journalistische Norm der ausgewogenen Berichterstattung zu einer überproportionalen Berücksichtigung skeptischer Quellen und deren Problemdeutungen geführt: „[...] the prestige press's adherence to balance actually leads to biased coverage of both anthropogenic contributions to global warming and resultant action (Boykoff & Boykoff 2004: 125). Jedoch wird diese Begründung auch angezweifelt: „While in theory the norm of balanced reporting could account for the cross-national variation, [...] One would

5 *Wall Street Journal, USA Today, New York Times, Los Angeles Times, Washington Post, New York Daily News, Chicago Tribune* und *Newsday* (McCright & Dunlap 2003: 456).

have to show why the norm only applies to the US, not to Germany." (Grundmann 2007: 426). Grundmann selbst (ebd.) interpretiert die Dominanz skeptischer Forscher in der US-Presse auf Basis einer komparativen Untersuchung der deutschen und US-Berichterstattung als Effekt der nationalen politischen Agenda: „[...] the slant of media reporting on climate change issues is broadly in line with government policies and the broader political climate prevalent in both countries" (2007: 427). Dieser Befund findet Unterstützung in neueren Studien zur Klimaberichterstattung in den USA (Zehr 2009: 91) und Australien (McGaurr & Lester 2009). Ähnlich belegen britische Studien, dass die Klimaberichterstattung in der britischen Qualitätspresse der politischen Linie der britischen Regierung gefolgt ist (Carvalho 2005; Carvalho & Burgess 2005; Carvalho 2007). Mit Blick auf Australien argumentieren zudem einige Autoren, dass die Nähe der Murdoch-Presse zur heimischen Kohleindustrie zu Verzerrungen in der Berichterstattung führte (Chubb & Nash 2010). Insgesamt lässt sich jedoch festhalten, dass die Effekte und Wirkungswege industrieller Kommunikation über Klimawandel auf die Medienberichterstattung relativ unklar bleiben.

4 Fallstudie: Framing-Strategien der deutschen Energieindustrie

Wie der Literaturüberblick gezeigt hat, liegen für Deutschland bisher keine Studien zum industriellen Framing von Klimawandel vor – obwohl eine Vielzahl an Beispielen zeigt, dass die Industrie hierzulande auf diesem Gebiet ebenfalls sehr aktiv ist. Erste Erkenntnisse über das Framing deutscher Industrieakteure soll daher eine interviewbasierte Untersuchung liefern, die im Herbst 2010 mit Managern der deutschen Energieindustrie durchgeführt wurde (vgl. Schlichting, im Erscheinen). Dabei wurden zehn Public Affairs- und PR-Manager aus multinationalen Energiekonzernen (MNEK), regionalen Versorgungsunternehmen (RVU), Ökostrom-Unternehmen (ÖSU) und Industrieverbänden (IV) zu ihrer Klimakommunikation befragt. Die Befunde geben Aufschluss über industrieinterne Framing-Strategien und deren soziokulturelle Rahmenbedingungen. Aussagen über Effekte auf die Medienberichterstattung können auf dieser Basis nicht getroffen werden.

4.1 Legitimierung konventioneller Energien als Brückentechnologien

Die Selbstlegitimation als Klimaschutzpionier stellt auch in der deutschen Energieindustrie das dominante Framing-Muster dar. Dabei werden die Befunde der Klimaforschung uneingeschränkt anerkannt: „Die Aussage des IPCC nehmen wir als gegeben hin" (IV 1). Gleichzeitig übernehmen die Konzerne offensiv Verantwortung für die Klimawandelproblematik: „der Bereich der Energieversorgung [...] trägt zu einem maßgeblichen Teil zu den CO_2-Emissionen bei. [...] wir sind der festen Überzeugung [...]

dass unsere gesamte Branche sich in den nächsten Jahren ökologisieren wird und muss." (RVU 1). Im Sinne der PR-theoretischen Überlegungen, wonach die Legitimation einer Organisation bestenfalls auf einen gemeinsamen „frame of reference" Bezug nimmt, machen die Konzerne deutlich, dass sie die Sorgen der Menschen teilen und dass dies einen zentralen Beweggrund für ihr Handeln darstellt: „[...] es ist unser ureigenes Interesse, da was zu tun. Insofern [waren wir] auch das erste Unternehmen, das angekündigt hat, bis 2050 CO_2-neutral Energie und Wärme produzieren zu wollen." (MNEK 1) Auf der Basis dieses gemeinsamen Bezugsrahmens geben die Konzerne die Verantwortung für den Klimaschutz jedoch auch an die Verbraucher weiter: „Wir haben die Angebotsseite, aber auch die Nachfrageseite ist extrem wichtig. Wenn immer mehr Leute tatsächlich Ökostrom haben wollen, dann entsteht ein Bedarf, und der muss gedeckt werden." (MNEK 2)

Die übergeordnete Strategie der Selbstlegitimation besteht jedoch darin, sich nicht als Getriebener, sondern als aktiver Treiber des Ökologisierungsprozesses zu positionieren. Dabei konkurrieren die Ökostrom-Anbieter mit den Produzenten konventioneller Energien um die Führungsposition. Denn auch letztere betonen: „Die Problemlösungskompetenz liegt bei uns!" (MNEK 2). Sie verweisen dabei auf ihre Technologiekompetenz und positionieren moderne Kohle- und Atomkraftwerke als wichtigste Brückentechnologien: „Wir stehen zum Umbau in Richtung erneuerbare Energien – dazu zählt aber auch der Einsatz von fossilen Energien, aber auch von Kernkraftwerken." (MNEK 3). Ein prominentes Motto lautet: „Kernenergie ist aktiver Klimaschutz." (IV 1) Viele Akteure beschreiben ihre Kommunikation rund um die Brückentechnologien dabei auch als ein aktives Counter-Framing. Denn in der öffentlichen Debatte würden sie wegen ihrer Kohlekraftwerke häufig als „Klimakiller" angeklagt (*Der Spiegel* 2007).

4.2 Konfligierende Gesellschaftsinteressen als soziokultureller Rahmen

Das Framing der deutschen Energieindustrie ist damit geprägt von konfligierenden Vorstellungen über Klimaschutz. Die Auseinandersetzung nimmt Bezug auf ebenso konfligierende Grundwerte der deutschen Gesellschaft, nämlich das Nachhaltigkeitsideal einerseits und nationalstaatliche Werte wie Versorgungssicherheit, Unabhängigkeit und wirtschaftliche Prosperität andererseits. Im Kern lassen sich dabei zwei Lager unterscheiden: Konzerne, die heimische Kern- und Kohlekraftwerke betreiben, nehmen in ihrer Kommunikation v. a. auf Werte wie Sicherheit und Unabhängigkeit Bezug. Eine Politik der kurzfristigen Umstellung auf erneuerbare Energien verurteilen sie als ökonomisch unverantwortlich, weil sie die Versorgungssicherheit nicht sicherstellen könne und die Nation von politisch unsicheren Regimes abhängig mache: „Wir haben wesentlich größere Herausforderungen[.] Versorgungssicherheit [wird] ein Thema[,] wenn es einen Konflikt gibt, wie vor zwei Jahren zwischen Russland und Ukraine" (MNEK 2).

Auch regionale Versorger und die Industrie der erneuerbaren Energien nehmen in ihrer Kommunikation auf volkswirtschaftliche Ideale Bezug. Allerdings stehen hier oft strukturpolitische Argumente und demokratische Grundwerte im Vordergrund: „Ankommen muss[...], dass die erneuerbaren Energien für einen massiven Aufbau an Arbeitsplätzen in Deutschland sorgen, dass der Ausbau der erneuerbaren Energien eine hohe kommunale Wertschöpfung erhält, das heißt [sie] sind gerade auch für den ganz strukturschwachen ländlichen Raum eine große Chance" (IV 2). Laufzeitverlängerung von Atomkraftwerken werden vor diesem Hintergrund nicht nur als eine systematische Behinderung der erneuerbaren Energien gedeutet, sondern auch als eine demokratiefeindliche Übermacht industrieller Großkonzerne, als „eine reine ideologische und Machtgeschichte " (ÖSU 1).

5 Resümee und Ausblick

Die strategische Kommunikation über den Klimawandel und damit die Durchsetzung bestimmter Problemdeutungsmuster hat für die industrielle Auseinandersetzung mit dem anthropogenen Klimawandel in den vergangenen 20 Jahren eine bedeutende Rolle gespielt. Sowohl in den USA als auch in Europa haben Ergebnisse der Klimaforschung sowie politische Großereignisse den zentralen Bezugsrahmen dargestellt. Jedoch haben Unterschiede in den soziokulturellen Rahmenbedingungen zunächst auch zu deutlichen Unterschieden bei den Framing-Strategien der US-amerikanischen und der europäischen Industrie geführt. Im Zuge der wachsenden Reichweite multinationaler Konzerne und der Konvergenz von Absatz- und damit auch gesellschaftlichen Legitimationsmärkten haben sich diese jedoch angenähert.

Insgesamt lassen sich drei Phasen des strategischen Framings unterscheiden. Chronologisch bauen diese zwar aufeinander auf, jedoch lösen sie sich nicht vollständig ab, sondern laufen zum Teil als parallele Argumentationsstränge weiter. So versuchte die US-amerikanische Mineralölindustrie – organisiert in der Global Climate Coalition (GCC) – Anfang der 1990er Jahre, den Klimawandel als wissenschaftlich unbegründet zu deproblematisieren. Einige europäische Konzerne hatten die Arbeit der GCC Anfang der 1990er Jahre unterstützt, verließen die Organisation jedoch Mitte der 1990er wieder. Als sich im Vorfeld der Kyoto-Verhandlungen die wissenschaftlichen Befunde für einen anthropogenen Klimawandel verdichteten, schwenkte die Strategie der GCC schließlich um in Richtung einer Delegitimation der globalen Klimapolitik als unangemessen und sozial ungerecht.

In Europa hingegen war mit den Kyoto-Verhandlungen aufgrund der starken Nachhaltigkeitsorientierung der Europäer bereits eine neue Phase der strategischen Kommunikation angebrochen: nämlich die Selbstpositionierung der Industrie als technikgetriebener Klimaschutzpionier. Diesem neuen Win-Win-Paradigma haben sich mittlerweile die größten Industriekonzerne weltweit angeschlossen. Während die Deproblematisierung des Klimawandels in der Industriekommunikation heute eine untergeordnete Rolle spielt, stellt die Delegitimation klimapolitischer Maßnahmen bis heute ein wiederkehrendes Framing-Muster dar, v. a. im Kontext nationaler und internationaler klimapolitischer Großentscheidungen.

Eine Fallstudie zur deutschen Energieindustrie stützt diese Befunde erstmals auch für die hiesige Kommunikationsarena. Sie zeigt zudem, dass die Selbstpositionierung als Klimaschutzpionier in Deutschland geprägt ist von konfligierenden Vorstellungen über den Klimaschutzbetrag konventioneller und erneuerbarer Energien.

Insgesamt ist die Forschungslage jedoch als unzureichend zu bezeichnen. Die Kommunikationswissenschaft im Allgemeinen und die PR-Forschung im Besonderen haben das Thema Klimawandel bisher kaum zum Anlass genommen, das strategische Framing gesellschaftspolitischer Großprobleme durch Industrieakteure systematisch zu untersuchen. So könnten komparative Längs- und Querschnittstudien etwa Aufschluss darüber geben, wie sich das strategische Framing im transnationalen oder interindustriellen Vergleich entwickelt hat. Dabei wäre v. a. ein Einbeziehen nicht-westlicher Länder interessant, die bisher einen blinden Fleck in der Literatur darstellen. Eine Berücksichtigung externer Faktoren könnte zudem Aufschluss geben, inwiefern politische oder meteorologische Ereignisse in verschiedenen Ländern und Industrien als Treiber des strategischen Framings wirken. So wurden bisher fast ausschließlich Kommunikationsstrategien solcher Industrien untersucht, die in der öffentlichen Debatte als Verursacher des Klimawandels gelten (Mineralölindustrie, Automobilindustrie, Energieindustrie). Vollkommen unklar bleibt, wie die Situation in Industrien aussieht, die eher bei der Schadensbegrenzung von Klimawandel ansetzen – wie etwa der Versicherungsindustrie. Werden äußere Kommunikationsanlässe wie neue Forschungsergebnisse oder Extremwettersituationen hier systematisch anders aufgenommen und verarbeitet?

Weitestgehend unerforscht bleiben zudem die Effekte strategischen Framings auf die Medienberichterstattung. Hier sind fallstudienartige Input-Output-Analysen denkbar, die den Einfluss strategischer Kommunikate auf die Selektion und thematische Gewichtung der Berichterstattung untersuchen. Zudem könnten Interviews mit Journalisten Aufschluss geben, wie diese die strategischen Frames industrieller Kommunikate evaluieren – und inwiefern sie diese in ihrer Berichterstattung verarbeiten. Interessant wäre zudem auch eine Untersuchung von inter-industriellen Framing-Effekten: Lassen sich zum Beispiel Effekte des strategischen Framings von Großkonzernen auf die Kommunikation mittlerer und kleinerer Unternehmen finden? Und falls ja: Wie sehen diese aus?

Bibliographie

Antilla, Liisa (2005): Climate of scepticism: US newspaper coverage of the science of climate change. In: Global Environmental Change-Human and Policy Dimensions, Jg. 15. S. 338–352.

Benford, Robert D. & David A. Snow (2000): Framing Processes and Social Movements: An Overview and Assessment. In: Annual Review of Sociology, Jg. 26. S. 611–639.

Berlin Manhattan Institut (2010): 3. Internationale Energie- und Klimakonferenz (IEKK) (http://www.berlinmanhattan.org, Zugriff am 15. 03. 2011).

Bonfadelli, Heinz (2002): Medieninhaltsforschung. Grundlagen, Methoden, Anwendungen. Konstanz: UVK.

Boykoff, Maxwell T. & Maria Mansfield (2008): ‚Ye Olde Hot Aire'*: reporting on human contributions to climate change in the UK tabloid press. In: Environmental Research Letters, Jg. 3. S. 8.

Boykoff, Maxwell T. & Jules M. Boykoff (2004): Balance as bias: global warming and the US prestige press. In: Global Environmental Change, Jg. 14. S. 125–136.

Boykoff, Maxwell T. & S. Ravi Rajan (2007): Signals and noise. Mass media coverage of climate change in the USA and the UK. In: EMBO Reports, Jg. 8. S. 207–211.

Braunkohle-Forum (2011): 10 Fakten rund um die Braunkohle (http://www.braunkohle-forum.de/55-0-Wissen.html, Zugriff am 8. 3. 2011).

Brewer, Paul R., Joseph Graf & Lars Willnat (2003): Priming or framing: media influence on attitudes toward foreign countries. In: The International Journal for Communication Studies, Jg. 65. S. 493–508.

Browne, Lord John (2010): Speech: Energy and the Environment, 10 years on (http://www.bp.com/genericarticle.do?categoryId=98&contentId=7032698, Zugriff am 15. 3. 2011).

Bulkeley, Harriet (2000): Discourse coalitions and the Australian climate change policy network. In: Environment and Planning C: Government and Policy, Jg. 18. S. 727–748.

Bunse, Maike (2009): Kosten des Klimawandels (www.bpb.de/themen/8NZXRG,0,Kosten_des_Klimawandels.html, Zugriff am 2. 3. 2009).

Carvalho, Anabela (2005): Representing the politics of the greenhouse effect: Discoursive strategies in the British media. In: Critical Discourse Studies, Jg. 2. S. 1–29.

Carvalho, Anabela (2007): Ideological cultures and media discourses on scientific knowledge: re-reading news on climate change. In: Public Understanding of Science, Jg. 16. S. 223–243.

Carvalho, Anabela & Jacquelin Burgess (2005): Cultural circuits of climate change in UK broadsheet newspapers, 1985–2003. In: Risk Analysis, Jg. 25. S. 1457–1469.

Chong, Dennis & James N. Druckman (2007): Framing Theory. In: Annual Review of Political Science, Jg. 10. S. 103–126.

Chubb, Philip. & Chris Nash (2010): Making a Monckton Out Of the National Broadcaster: Representations of Climate Change on the Australian Broadcasting Corporation: Communicating Climate Change II, Pre-conference to the ECREA 2010 Conference. Institute of Journalism and Communication Studies, Hamburg University.

Cushman, John H. (1998): Industrial group plans to battle climate treaty. In: The New York Times, 26. 4. 1998.

Der Spiegel, (2007): Klimakiller-Ranking. Deutschland hat die meisten Dreckschleudern in Europa. (www.spiegel.de/wirtschaft/0,1518,druck-482038,00.html, Zugriff am 1. 2. 2009)

Dispenda, Jaclyn Marica & Robert J. Brulle (2003): Media's social contruction of environmental issues – a comparative study. In: The international Journal for Sociology and Social Policy, Jg. 23. S. 74–105.
Energiezukunft, Deutschland (2010): (http://www.energiezukunftdeutschland.de/, Zugriff am 6. 3. 2011).
Entman, Robert M. (1993): Framing: Towards clarification of a fractured paradigm. In: Journal of Communication, Jg. 43. S. 51–58.
Falke, Andreas (2011): Business Lobbying and the Prospects for American Climate Change Legislation In: GAIA, Jg. 20. S. 20–25.
Friends of Science (2011): (http://www.friendsofscience.org/index.php?id=1, Zugriff am 8. 3. 2011).
Fröhlich, Romy & Burkhard Rüdiger (2006): Framing political public relations: Measuring success of political communication strategies in Germany. In: Public Relations Research, Jg. 32. S. 18–25.
Gamson, William A. & David S. Meyer (1996): Framing political opportunity. In: McAdam, Doug, John D. McCarthy & Mayer N. Zald (Hg.): Comparative perspectives on social movements. Policitical opportunities, mobilizing structures, and cultural framings. Cambridge u. a.: Cambridge University Press. S. 275–290.
Gelbspan, Ross (2004): Boiling Point: How politicians, big oil and coal, journalists, and activists are fueling the climate crisis and what we can do to avert disaster. New York: Basic Books.
Gerhards, Jürgen (1995): Framing dimensions and framing strategies: contrasting ideal- and real-type frames. In: Social Science Information, Jg. 34. S. 225–248.
Greenberg, Josh, Graham Knight & Elizabeth Westersund (2011): Spinning climate change: Corporate and NGO public relations strategies in Canada and the United States. In: International Communication Gazette Jg. 73. S. 65–82.
Grundmann, Reiner (2007): Climate Change and Knowledge Politics. In: Environmental Politics, Jg. 16. S. 414–432.
Haley, Hillary & Jim Sidanius (2006): The positive and negative framing of affirmative action: a group dominance perspective. In: Personality and social psychology bulletin, Jg. 32. S. 656–668.
Hallahan, Kirk (1999): Seven Models of Framing: Implications for Public Relations. In: Journal of Public Relations Research, Jg. 11. S. 205–242.
Heymann, Eric (2008): Welche Branchen sind besonders vom Klimawandel betroffen? In: UmweltWirtschaftsForum, Jg. 16. S. 65–70.
Holmes, Tim (2009): Balancing Acts. In: Boyce, Tammy & Justin Lewis (Hg.): Climate Change and the Media. New York: Peter Lang. S. 92–100.
Howland, Davod (2006): Good press, bad press: A 25-year comparison of arguments and trends in American news coverage of climate change and the ozoone hole. Durham: University of New Hampshire.
Ihlen, Øyvind (2009a): Business and Climate Change: The Climate Response of the World's 30 Largest Corporations. In: Environmental Communication: A Journal of Nature and Culture, Jg. 3. S. 244–262.
Ihlen, Øyvind (2009b): The oxymoron of ‚sustainable oil production': the case of the Norwegian oil industry. In: Business Strategy and the Environment, Jg. 18. S. 53–63.
Iyengar, Shanto & Donald Kinder (1987): News that matters. Chicago: University of Chicago Press.
Jänicke, Martin (2008): Megatrend Umweltinnovation. Zur ökologischen Modernisierung von Wirtschaft und Staat. München: Ökonomischer Verlag.

Jarren, Otfried & Ulrike Röttger (2009): Steuerung, Reflexierung und Interpenetration: Kernelemente einer strukturationstheoretisch begründeten PR-Theorie. In: Röttger, Ulrike (Hg.): Theorien der Public Relations. Wiesbaden: Verlag für Sozialwissenschaften. S. 29–49.

Jones, Charles A. & David L. Levy (2007): North American Business Strategies Towards Climate Change In: European Management Journal, Jg. 26. S. 428–440.

Klandermans, Bert (1988): The Formation and Mobilization of Consensus. In: Klandermans, Bert, Hanspeter Kriesi & Sidney Tarrow (Hg.): International Social Movement Research Vol. 1. A Research Annual. From Structure to Action: Comparing Social Movement Research Across Cultures. Greenwich, Connecticut: JAI Press. S. 173–196.

Kolk, Ans & Jonatan Pinkse (2008): The influence of climate change regulation on corporate response: the case of emissions trading. In: Sullivan, Roy (Hg.): Corporate Response to Climate Change. Sheffield: Greenleaf. S. 43–57.

Kolk, Ans & Volker H. Hoffmann (2007): Business, Climate Change and Emissions Trading: Taking Stock and Looking Ahead. In: European Management Journal, Jg. 25. S. 411–414.

Kolk, Ans & David L. Levy (2001): Winds of change: corporate strategy, climate chnage and oil multinationals. In: European Management Journal, Jg. 19. S. 501–509.

Lahsen, Myanna (2005): Technocracy, Democracy, and U.S. Climate Politics: The Need for Demarcations. In: Science, Technology & Human Values, Jg. 30. S. 137–169.

Leggett, Jeremy (2001): The Carbon War: Global Warming and the End of the Oil Era. New York

Lewis, Justin & Tammy Boyce (2009): Climate Change and the Media: The Scale of the Challenge. In: Boyce, Tammy & Justin Lewis (Hg.): Climate Change and the Media. New York: Peter Lang. S. 3–16.

Levy, David L. (2005): Business and the Evolution of the Climate Regime. The Dynamics of Corporate Strategies. In: Levy, David L. & Peter J. Newell (Hg.): The Business of Global Environmental Governance. Cambridge, Massachusets: MIT Press. S. 73–104.

Levy, David L. & Daniel Egan (2003): A Neo-Gramscian Approach to Corporate Political Strategy: Conflict and Accommodation in the Climate Change Negotiations. In: Journal of Management Studies, Jg. 40. S. 803–829.

Levy, David L. & Ans Kolk (2002): Strategic Responses to Global Climate Change: Conflicting Pressures on Multinationals in the Oil Industry. In: Business and Politics, Jg. 4. S. 275–300.

Levy, David L. & Peter J. Newell (2005): The Business of Global Evironmental Governance. In: Levy, David L. & Peter J. Newell (Hg.): The Business of Global Environmental Governance. Massachusetts: Massachusetts Institute of Technology. S. 1–18.

Lim, Jeongsub & Lois Jones (2010): A baseline summary of framing research in public relations from 1990 to 2009. In: Public Relations Review, Jg. 36. S. 292–297.

Livesey, Sharon M. (2002a): The discourse of the middle ground: Citizen Shell commits to sustainable development. In: Management Communication Quarterly, Jg. 15. S. 339–354.

Livesey, Sharon M. (2002b): Global warming wars: rhetorical abd discourse analytic approaches to Exxon Mobil's corporate public discourse. In: Journal of Business Communication, Jg. 39. S. 117–148.

Lorenz, Susan, Mark Rabinsky & Jen Wurtzel (2008): Exxon Mobile and British Petroleum: A tale of two companies or just business as usual? Michigan: University of Michigan.

McComas, Katherine & James Shanahan (1999): Telling stories about climate change: Measuring the impact of narratives on issue cycles. In: Communication Research, Jg. 26. S. 30–57.

McCright, Aaron M. & Riley E. Dunlap (2000): Challenging Global Warming as a Social Problem: An analysis of the Conservative Movement Counter-Claims. In: Social Problems, Jg. 47. S. 499–522.
McCright, Aaron M. & Riley E. Dunlap (2003): Defeating Kyoto: The Conservative Movement's Impact on US Climate Change Policy. In: Social Problems, Jg. 50. S. 348–373.
McGaurr, Lyn & Libby Lester (2009): Complementary Problems, Competeing Risks: Climate Change, Nuclear Energy, and the Australian. In: Boyce, Tammy & Justin Lewis (Hg.): Climate Change and the Media. New York: Peter Lang. S. 174–185.
McKie, David & Christopher Galloway (2007): Climate change after denial: Global reach, global responsibilities, and public relations. In: Public Relations Review, Jg. 33. S. 368–376.
Newell, Peter (2000): Climate for change: Non-state actors and the global politics of the greenhouse. Cambridge: Cambridge University Press.
Nissani, Moti (1999): Media coverage of the greenhouse effect. In: Population and Environment, Jg. 21. S. 27–43.
New York Times (2009): Editorial: Another Astroturf Campaign. In: The New York Times, 3.9.2009.
Oreskes, Naomi & Erik M. Conway (2010): Merchants of Doubt: How a Handful of Scientists Obscured the Truth on Issues from Tobacco Smoke to Global Warming. New York: Bloomsbury.
Pearse, Guy (2007): High and Dry: Camberwell: Penguin.
Peattie, Ken, Sue Peattie & Cerys Ponting (2009): Climate change: A social and commercial marketing communications challenge. In: EuroMed journal of business, Jg. 4. S. 270–286.
Rampton, Sheldon & John Stauber (2002): Trust Us, We're Experts! How Industry Manipulates Scinece and Gambles with You Future. New York: Penguin.
Reid, Erin M. & Nichael W. Toffel (2009): Responding To Public And Private Politics: Corporate Disclosure Of Climate Change Strategies. In: Strategic Management Journal, Jg. 30. S. 1157–1178.
Rowell, A. (1996): Green Backlash. Global Subversion of the Environmental Movement. London: Routledge.
Rowlands, Ian H. (2000): Beauty and the beast? BP's and Exxon's positions on global climate change. In: Environment and Planning C: Government and Policy, Jg. 18. S. 339–354.
Sæverud, Ingvild Andreassen & Jon Birger Skjærseth (2007): Oil Companies and Climate Change: Inconsistencies between Strategy Formulation and Implementation? In: Global Environmental Politics, Jg. 7. S. 42–62.
Scheufele, Dietram A. (1999): Framing as a Theory of Media Effects. In: Journal of Communication, Jg. 49. S. 103–122.
Scheufele, Bertram (2003): Frames – Framing – Framing-Effekte: Theoretische und methodische Grundlegung des Framing-Ansatzes sowie empirische Befunde zur Nachrichtenproduktion. Opladen: Westdeutscher Verlag.
Sebaldt, Martin (2007): Strukturen des Lobbying: Deutschland und die USA im Vergleich. In: Klein, Ansgar, Annette Zimmer & Ulrich Willems (Hg.): Lobbying. Strukturen. Akteure. Strategien. Wiesbaden: Verlag für Sozialwissenschaften. S. 92–123.
Skjaerseth, Jon Birger & Tora Skodvin (2001): Climate Change and the Oil Industry: Common Problems, Different Strategies. In: Global Environmental Politics, Jg. 1. S. 43–64.
Smerecnik, Karl & Valerie Renegar (2010): Capitalistic Agency: The Rhetoric of BP's Helios Power Campaign. In: Environmental Communication: A Journal of Nature and Culture, Jg. 4. S. 152–171.

Snow, David A. & Robert D. Benford (1988): Ideology, Frame Resonance, and Participant Mobilization. In: Klandermans, Bert, Hanspeter Kriesi & Sidney Tarrow (Hg.): From Structure to Action: International Social Movement Research. Greenwich: Jai. S. 197–217.

Snow, David A., E. Burke Rochford, Steven K. Worden & Robert D. Benford (1986): Frame Alignment Processes, Micromobilization, and Movement Participation. In: American Sociological Review, Jg. 51. S. 464–481.

Stephens, Jennie C., Gabriel M. Rand & Leath L. Melnick (2009): Wind Energy in US Media: A Comparative State-Level Analysis of a Critical Climate Change Mitigation Technology. In: Environmental Communication: A Journal of Nature and Culture, Jg. 3. S. 168–190.

Stern, Nicholas (2006): The Economics of Climate Change. The Stern Review. Cambridge: Cambridge University Press.

Sullivan, Roy, Rachel Crossley & Jennifer Kozak (2008): Corporate greenhouse gas emissions management: the state of play. In: Sullivan, Roy (Hg.): Corporate Response to Climate Change. Sheffield: Greenleaf. S. 9–25.

van de Wateringen, Susanne (2005): The Greening of Black Gold: Towards International Environmental Alignment in the Petroleum Industry. Amsterdam: van de Wateringen.

von Alemann, Ulrich (2000): Vom Korporatismus zum Lobbyismus? Die Zukunft der Verbände zwischen Globalisierung, Europäisierung und Berlinisierung. In: Aus Politik und Zeitgeschichte, 26-27/2000. (http://www.bpb.de/publikationen/G5AS3B,2,0,Vom_Korporatismus_zum_Lobbyismus.html, Zugriff am 10. 04. 2011).

Waugh, Charles (2011): The Politics and Culture of Climate Change: US Actors and Global Implications. In: Stewart, Mart A. & Peter A. Coclanis (Hg.): Springer Netherlands. S. 83–99.

Weingart, Peter, Anita Engels & Petra Pansegrau (2002): Von der Hypothese zur Katastrophe. Der anthropogene Klimawandel im Diskurs zwischen Wissenschaft, Politik und Massenmedien. Opladen: Leske + Budrich.

Wimmer, Jeffrey (2004): Der Rahmen der Determinierung. Zur Nützlichkeit des Framing-Ansatzes bei der Untersuchung von Beeinflussung zwischen PR und Journalismus am Beispiel des G8-Gipfels in Genua 2001. In: Altmeppen, Klaus-Dieter, Ulrike Röttger & Günter Bentele (Hg.): Schwierige Verhältnisse. Interdependenzen zwischen Journalismus und PR. Wiesbaden: Verlag für Sozialwissenschaften. S. 161–179.

Zehr, Stephen C. (2000): Public representations of scientific uncertainty about global climate change. In: Public Understanding of Science, Jg. 9. S. 85–103.

Zehr, Stephen C. (2009): An Environmentalist/Economic Hybrid Frame in US Press Coverage of Climate CHange, 2000–2008. In: Boyce, Tammy & Justin Lewis (Hg.): Climate Change and the Media. New York: Peter Lang. S. 80–91.

Bewegungen, Gegenbewegungen, NGOs: Klimakommunikation zivilgesellschaftlicher Akteure

Andreas Schmidt

Der Klimawandel ist ein globales Problem mit weitreichenden Konsequenzen für die natürliche Umwelt und den Menschen. Die primäre Wissensproduktion zum Thema erfolgt in der Wissenschaft, die beständig das Verständnis des Phänomens, seiner Ursachen und Folgen verbessert. Wissenschaftliche Akteure sind aber nicht die einzigen Kommunikatoren des Klimawandels. Eine wichtige Rolle spielen auch zivilgesellschaftliche Akteure, die Informationen (via Massenmedien) an die breite Öffentlichkeit vermitteln (vgl. Mormont & Dasnoy 1995: 56; Besio & Pronzini 2010: 292). Ihre Kommunikation zeichnet sich dabei oftmals durch eine eindrückliche Bildsprache („climate time bomb", Doyle 2007: 136) und eine Politisierung des Themas aus, was – so eine Annahme in der Literatur – zu einer verstärkten Aufmerksamkeit für das Thema führen könnte (vgl. Doyle 2009: 103 f.). Nichtregierungsorganisationen wie Greenpeace oder Gewerkschaften sind aber nicht nur neutrale Mittler, sie verknüpfen auch eigene Interpretationen und Forderungen mit dem Thema: Manche Organisationen stellen den Klimawandel bspw. als „the biggest threat to nature and humanity" (Doyle 2009: 110) dar, andere fordern „system change, not climate change" (Askanius & Uldam 2012: 2), eine „just transition" zu einer kohlenstoffarmen Wirtschaftsweise ohne soziale Härten für Arbeitnehmer (Daub 2010: 122) oder einfach „to use cleaner energy" (Hall & Taplin 2007a: 97).

Neben der Anregung individueller Bewusstseinsbildung und Verhaltensänderung versuchen diese Akteure insbesondere politische Entscheidungen zu beeinflussen. Denn Klimapolitik kann als ein „sozial umkämpftes [..] Terrain" (Brunnengräber 2011: 17) verstanden werden, auf dem eine Vielzahl organisierter Interessen aktiv ist. Zivilgesellschaftliche Akteure sind entsprechend Repräsentanten gesellschaftlicher Sichtweisen, die sie „lautverstärkend an die politische Öffentlichkeit" weiterleiten (Habermas 1992: 443 f.).

Massenmedien spielen aufgrund ihrer Reichweite und Beobachterfunktion für die Erreichung der Zielgruppen – Bürger und Entscheidungsträger – eine zentrale Rolle. Ohne die Aufmerksamkeit der Medien bleiben die Botschaften der breiteren Öffentlichkeit unbekannt und können entsprechend keine Wirkung erzielen (vgl. Rucht 2004: 35). Gegenüber dem politischen System stellt die Mobilisierung der medialen Öffentlichkeit eine entscheidende Machtressource dar, denn die Präsenz in den Massenmedien markiert die Bedeutung des Akteurs und seiner Forderungen (vgl. Seybold 2003: 66;

Koopmans 2004: 368; Amenta u. a. 2009: 637). Die massenmediale Kommunikation zivilgesellschaftlicher Akteure steht deshalb im Fokus dieses Aufsatzes.

Die Relevanz der Akteursgruppe und ihrer Kommunikationsbemühungen spiegelt sich in einer vielfältigen, unübersichtlichen Literaturlage zum Thema wieder. Diese aufzuarbeiten ist Ziel des vorliegenden Aufsatzes.[1] Folgende zwei Fragen sollen dieses Unterfangen anleiten:

1. Über welche Wege und mit welchen Frames kommunizieren zivilgesellschaftliche Akteure zum Thema Klimawandel?
2. Welche Unterschiede und Gemeinsamkeiten zwischen Akteuren und verschiedenen Ländern zeigen sich und inwiefern entsprechen diese den theoretischen Annahmen der Bewegungs- und Verbändeforschung?

Die Beantwortung der Fragen soll in drei Schritten erfolgen: Zunächst wird theoretisch geklärt, welche generellen Ziele zivilgesellschaftliche Akteure verfolgen und welche Rolle Kommunikation hierfür spielt. Des Weiteren werden aus Theorieansätzen der Bewegungs- und Verbändeforschung Faktoren eingeleitet, die mutmaßlich die Kommunikation zivilgesellschaftlicher Akteure beeinflussen (Kap. 1). Im zweiten Kapitel werden dann die empirischen Befunde aus der Literatur vorgestellt. Schließlich wird im dritten Kapitel die Literaturlage kritisch resümiert und auf die theoretischen Annahmen zurückbezogen.

1 Theoretische Perspektiven auf die Kommunikation zivilgesellschaftlicher Akteure

Die Aktivitäten zivilgesellschaftlicher Akteure zum Thema Klimawandel werden vor dem Hintergrund unterschiedlicher Fragestellungen und theoretischer Ansätze untersucht. Dabei sind unter anderem die Kommunikationswissenschaft (z. B. Doyle 2007; Greenberg u. a. 2011; Askanius & Uldam 2011), die Soziologie (z. B. McCright & Dunlap 2003; Roberts & Parks 2009; Daub 2010), die Politikwissenschaft (z. B. Arts 1998; Carpenter 2001; Gough & Shackley 2001; Bryner 2008; Saunders 2008; Carmin & Bast 2009; Gavin 2010) und die Linguistik (z. B. Nerlich & Koteyko 2009) beteiligt. Auch die Bezeichnungen der Akteursgruppe variieren dabei; so wird von Nichtregierungsorganisationen bzw. *Non-Governmental Organisations* (NGOs) gesprochen, von Bewegungen, Interessenorganisationen bzw. *pressure groups* und von intermediären Organisation. Bei einigen wichtigen Unterschieden im Detail bestehen große Überschneidungen zwischen

1 Für Unterstützung bei der Recherche der Literatur möchte ich Juliane Klein, für hilfreiche Anmerkungen und Diskussionen Irene Neverla, Mike S. Schäfer, Ana Ivanova, Violeta Cerku und Inga Schlichting danken.

diesen Begriffen und den Konzeptionen der zu untersuchenden Akteure. Im vorliegenden Aufsatz werden die Begriffe deshalb weitgehend synonym verwendet. Zudem wird ein „postmodernes" Verständnis von Zivilgesellschaft angelegt (vgl. Kaldor 2003: 589): alle kollektiven Akteure jenseits von Staat und Markt werden berücksichtigt (vgl. Brulle 2010: 84).[2]

Den theoretischen Hintergrund für die Untersuchung der Klimakommunikation zivilgesellschaftlicher Akteure bilden verschiedene Ansätze der Bewegungs- und Verbandsforschung,[3] die teils konkurrierende, teils eher komplementäre Beschreibungen und Erklärungen für verschiedene Aspekte kollektiver Organisation und Aktion anbietet. Diese Theorieansätze sollen zum einen für eine konzeptionelle Strukturierung des Untersuchungsgegenstandes ‚Kommunikation zivilgesellschaftlicher Akteure' genutzt werden. Zum anderen werden zentrale Faktoren zur Erklärung von Unterschieden in den Kommunikationsstrategien abgeleitet.[4]

1.1 Funktionen und Dimensionen der Kommunikation aus theoretischer Perspektive

Die Theorieansätze der Bewegungs- und Verbandsforschung beleuchten unterschiedliche Aspekte der Aktivitäten und Kommunikation zivilgesellschaftlicher Akteure (vgl. Koopmans 2004: 378).

Erstens fokussieren sie auf unterschiedliche Funktionen der Kommunikation von und in zivilgesellschaftlichen Gruppen. Die theoretisch beleuchteten Funktionen von Kommunikation hängen dabei mit den (unterstellten) Zielen von zivilgesellschaftlichen Akteuren zusammen. Hierbei ist zunächst die individuelle Verhaltensänderung bei der eigenen Basis und breiterer Bevölkerungskreise zu nennen – dann hat Kommunikation die Funktion der Information und Bewusstseinsbildung. Dieses Ziel wird insbesondere von *collective identity*-Ansätzen (CI) und dem Paradigma der Neuen Sozialen Bewegung (NSB) betont (vgl. Pichardo 1997: 415; Edelman 2001: 289).

Daran schließt ein weiteres Ziel von zivilgesellschaftlichen Akteuren an – die (Re-) Formierung von kollektiven Akteuren. Die Kommunikation dient dann der Ausbildung einer kollektiven Identität, der Bildung von Allianzen mit anderen Akteuren und dem Gewinnen neuer Unterstützer. In der Logik der CI- bzw. NSB-Ansätze sollen so *bottom-*

2 Interessensorganisationen der Wirtschaft werden damit außen vorgelassen; vgl. hierfür Schlichting in diesem Band.

3 Für einen Überblick zur Verbandsforschung vgl. z. B. Sebaldt & Straßner (2006); Mahoney & Baumgartner (2010); zur Bewegungsforschung Hellmann & Koopmans (1998); Edelman (2001); Teune (2008). Neben Bewegungs- und Verbändetheorien werden auch weitere Theorieansätze im vorgestellten Forschungsfeld verwendet, die hier jedoch nur am Rande beachtet werden.

4 Berücksichtigt werden dabei Opportunitätsstruktur-Ansätze, die Ressourcenmobilisierungstheorie, Framing-Ansätze sowie *collective identity*-Ansätze und das Paradigma der Neuen Sozialen Bewegungen. Eine Reihe meist älterer Theorieansätze bleibt hier außen vor (vgl. für diese bspw. Hellmann 1998: 17 f.).

up gesellschaftliche Veränderungen erreicht werden. Die Ressourcenmobilisierungstheorie (RMT) fokussiert hingegen eher auf die Mobilisierung von Ressourcen wie Geld, Expertise und zeitlichen Einsatz der Mitglieder für ‚Bewegungsunternehmer', die dann mittels effektiver Organisationsstrukturen Interessen wirksam artikulieren (vgl. Hellmann 1998: 22; Edelman 2001: 289; Beyers 2004: 212; van de Donk u. a. 2004: 8).

Damit wurde bereits das Ziel der Einflussnahme auf gesellschaftliche Strukturen allgemein und politische Entscheidungen im Besonderen angesprochen. Viele zivilgesellschaftliche Akteure begreifen gesellschaftliche Probleme als Folge politischen (Nicht-) Handelns oder wirtschaftlicher Strukturen und sehen entsprechend Entscheidungsträger aus diesen gesellschaftlichen Teilsystemen in der Pflicht (vgl. Rucht 2004: 31). Kommunikation dient in dieser Hinsicht v. a. der Ansprache von Entscheidungsträgern – eine Funktion, die im Mittelpunkt von Opportunitätsstruktur-Ansätzen (OS) steht (vgl. Beyers 2004: 212; van de Donk u. a. 2004: 9; Kern 2008: 153 ff.), aber auch von anderen Theorieansätzen als zentral angesehen wird.

Zweitens stellen die Theorien teils die strukturelle, teils die inhaltliche Dimension von Kommunikation in den Mittelpunkt. Die strukturelle Dimension betrifft die Kommunikationsräume und -wege, in denen diskutiert und über die die Zielgruppen angesprochen werden (vgl. Hamm 2006). OS-Ansätze konzipieren unterschiedliche Verbreitungswege, die mit spezifischen Vorteilen und Beschränkungen verbunden sind. Face-to-face-Kommunikation stellt einen direkten Weg der Adressierung dar, der von Rucht als qualitative Mobilisierung bezeichnet wird (2004: 31). Über diesen Weg kann nur eine begrenzte Anzahl an Menschen erreicht werden, bei denen aber möglicherweise ein tiefer Eindruck hinterlassen und Verhaltensänderungen erreicht werden kann. Aufgrund der begrenzten Reichweite der so angestoßenen Verhaltensänderungen und weil der direkte Weg zu Entscheidungsträgern oftmals versperrt ist, sind mediale Verbreitungswege aber meist von größerer Bedeutung. Dabei spielen eigene Medien – Flugblätter, Broschüren, policy paper, Internetseiten, etc. – eine Rolle. Eine noch größere Reichweite weisen etablierte Massenmedien auf, die zudem von Entscheidungsträgern als Indikator für gesellschaftliche Stimmungen beachtet werden. Auch die massenmediale Präsenz ist jedoch mit Kompromissen verbunden. Zum einen ist die Intensität ihrer Rezeption gegenüber der qualitativen Mobilisierung geringer. Zum anderen wird der Zugang zu Massenmedien von Journalisten kontrolliert, die spezifische Relevanz- und Selektionskriterien anlegen (vgl. Sampedro 1997; Lester & Hutchins 2009: 583). Für viele zivilgesellschaftliche Akteure, die anders als politische Entscheidungsträger nicht schon aufgrund ihrer Prominenz Zugang finden, macht das Ziel der öffentlichen Resonanz deshalb Anpassungs- oder Umgehungsstrategien nötig (vgl. Rucht 2004: 31 f.).

Die inhaltliche Dimension, die „Software" der Kommunikation (van de Donk u. a. 2004: 11), schließlich kann insbesondere mit dem Framing-Ansatz gefasst werden, der nicht nur die Inhalte selbst, sondern auch ihre Entstehung, Weiterentwicklung und Resonanz beleuchtet. Ein Frame ist dabei ein Deutungsrahmen, der gesellschaftliche Realitäten vereinfacht, Ereignissen Sinn gibt und Handlungen anleitet (vgl. Benford & Snow

2000: 614; Noakes & Johnston 2005: 3 f.). Konkret sind zivilgesellschaftliche Akteure mit drei grundlegenden Framingtätigkeiten beschäftigt: Sie diagnostizieren ein Problem, für das gesellschaftliche Relevanz behauptet und eine Ursache bzw. ein Verantwortlicher benannt werden kann (vgl. Gerhards 1995: 228 ff.). Oft schließt dies die Diagnose einer Ungerechtigkeit ein (diagnostisches Framing; vgl. Čapek 1993;). Das prognostische Framing präsentiert sodann eine plausible und erreichbare Lösung für das Problem (vgl. Benford & Snow 2000: 616). Schließlich wird noch eine Begründung angeboten, warum sich ein Engagement für ‚die Sache' lohnt, es geht also um das Anbieten von Anreizen für die Teilnahme an Protestaktivitäten oder die Unterstützung der Organisation. Neben einer moralischen Begründung kommt z. B. der Verweis auf prominente Unterstützer in Frage (motivationales Framing; vgl. Gerhards & Rucht 1992: 582 f.).[5]

1.2 Einflussfaktoren auf Kommunikation

Die Theorieansätze der Bewegungs- und Verbandsforschung beleuchten nicht nur unterschiedliche Aspekte der Kommunikation, sie versuchen diese auch durch verschiedene Faktoren zu erklären.

Bei den OS-Ansätzen steht das Umfeld, in dem soziale Bewegungen und Organisationen agieren, im Mittelpunkt der Aufmerksamkeit. Dieses Umfeld aus politischen und gesellschaftlichen Strukturen allgemein biete Gelegenheiten, setze aber auch Restriktionen für das Handeln von zivilgesellschaftlichen Akteuren und beeinflusse letztlich die Durchsetzungschancen von Forderungen, so die zentrale Annahme (vgl. Beyers 2004: 212; Kern 2008: 153 ff.). Neben Charakteristika des politischen Systems und des Policy-Prozesses, werden teilweise auch weitere gesellschaftliche Strukturvariablen berücksichtigt (vgl. Straßner & Sebaldt 2006: 331; Kern 2008: 154). Koopmans (2004: 373 ff.) bspw. bezieht zusätzlich die Reaktionen anderer gesellschaftlicher Akteure und die Selektionsmechanismen von Journalisten als erklärende Größen für den Erfolg von zivilgesellschaftlichen Akteuren ein. Der Ansatz wurde außerdem auch spezifisch auf die Untersuchung der Medienopportunitätsstruktur, also die Zugangsmöglichkeiten zu Medien, angewandt (vgl. Sampedro 1997; Kern 2008: 164; Lester & Hutchins 2009: 583). Aus der Perspektive der OS-Ansätze hängt die relative Bedeutung von massenmedialer Kommunikation gegenüber anderen Einflussstrategien also einerseits von den Zugangsmöglichkeiten zu politischen Entscheidungsträgern ab – Einfluss werde dann stärker

5 Neben dem Framingansatz werden auch Diskursanalyseansätze verwendet um die inhaltliche Komponente der Kommunikation zu untersuchen (z. B. Prelli & Winters 2009; Wardekker u. a. 2009). Diesen Ansätzen liegen teils abweichende Annahmen über die Entstehung und die Wirkung zu Grunde; generell heben sie stark auf Machtstrukturen ab (Bulkeley 2000: 732). Die Deskription der inhaltlichen Argumente oder Narrative kann für den vorliegenden Zweck gut mit den Konzepten des Framingansatzes gefasst werden – die diskurstheoretisch relevanten Einflussfaktoren wiederum werden im wesentlichen von den anderen Theorieansätzen abgedeckt.

über die Mobilisierung der öffentlichen Meinung gesucht, wenn direkte Wege der Einflussnahme versperrt sind (vgl. Beyers 2004: 212). Andererseits kann mit Blick auf die Medienopportunitätsstrukturen angenommen werden, dass alternative Wege der Kommunikation entwickelt werden, wenn die etablierten Medien den Forderungen keine Aufmerksamkeit schenken (vgl. Lester & Hutchins 2009: 583).

Die RMT sieht v. a. die Verfügbarkeit von Ressourcen als ausschlaggebend für die Kommunikationsstrategie an. Beispielsweise wird postuliert, dass Ressourcen wie Expertise Lobbying-Strategien erleichtern und öffentliche Kommunikation zur Zielerreichung weniger nötig machen (vgl. Beyers 2004: 218). Die Ressource Prominenz wiederum würde das Erreichen von Medienaufmerksamkeit erleichtern. Andere Kommunikationsformen wie aufwändige Kampagnen oder bezahlte Anzeigen können nur von entsprechend finanzstarken Organisationen durchgeführt werden (vgl. Jenkins 1983: 527; Gulbrandsen & Andresen 2004: 58; Carroll & Hackett 2006: 88; Moser 2007: 126).

Der Framing-Ansatz und CI-Ansätze nehmen weniger die Abhängigkeit von Ressourcen als vielmehr kulturelle Identitäten in den Blick (vgl. Noakes & Johnston 2005: 2). Die Entwicklung von Frames erfolgt, so die Annahme, vor dem Hintergrund des bestehenden kulturellen Inventars der Bewegung und der Gesellschaft insgesamt, das Anknüpfungspunkte bietet, aber auch Beschränkungen auferlegt (vgl. Rüb 2009: 60). Gleichzeitig sind zivilgesellschaftliche Akteure aber auch „producers of new meanings" (Tarrow 1992: 189); das Verhältnis zwischen den kulturellen Beständen und den Framingaktivitäten gilt entsprechend als rekursiv. Entsprechend der Betonung von Identitäten wird aus dieser Perspektive erwartet, dass Verbreitungswege nicht nur vor dem Hintergrund taktischer Überlegungen gewählt werden, sondern auch von grundsätzlichen normativen Überlegungen bestimmt werden – dass bspw. der Aufbau alternativer Kommunikationskanäle auch aufgrund der angestrebten Demokratisierung der Medien verfolgt wird (vgl. Lester & Hutchins 2009: 591). Analog zum Konzept der Opportunitätsstrukturen wird schließlich angenommen, dass die Wahl der Kommunikationswege von der Anschlussfähigkeit der Frames abhängt – Frames, die kompatibel mit vorherrschenden Deutungen sind, haben vermutlich größere Chancen, bei Entscheidungsträgern und in etablierten Massenmedien Gehör zu finden. Zur Verbreitung radikal abweichender Frames hingegen seien alternative Kommunikationskanäle nötig (vgl. Gamson & Wolfsfeld 1993: 123).

2 Kommunikation zivilgesellschaftlicher Akteure zum Thema Klimawandel

Welche Frames verwenden Akteure nun zum Thema Klimawandel, d. h. wie stellen sie diesen Gegenstand inhaltlich dar? Über welche Wege werden die Frames kommuniziert? Die Forschung liefert Befunde zu einem breiten Spektrum von Akteuren: Im Zentrum steht die Klimaschutzbewegung (z. B. Pettit 2004; Hall & Taplin 2007b), aber auch die Klimakommunikation von Gewerkschaften (z. B. Daub 2010), religiösen

Gruppen (z. B. Prelli & Winters 2009; Wardekker u. a. 2009) und konservativen Klimaskeptikern (z. B. McCright & Dunlap 2000; 2003) findet Beachtung. Hinzu kommen verschiedene Untersuchungsebenen – zivilgesellschaftliche Organisationen werden sowohl auf internationaler Ebene (Arts 1998; Betsill 2000; Newell 2000; Carpenter 2001; Corell & Betsill 2001; Gough & Shackley 2001; Seybold 2003; Gulbrandsen & Andresen 2004; Pettit 2004; Aunio 2008; Doyle 2009; Dombrowski 2010; Bedall 2011; Schalatek 2011), als auch für einzelne Länder und Ländergruppen beforscht. Insbesondere für die USA (McCright & Dunlap 2000; 2003; Araki 2007; Moser 2007; Bryner 2008; Wardekker u. a. 2008; Nisbet & Kotcher 2009; Roberts & Parks 2009; Dawson 2010), Großbritannien (Hall & Taplin 2007b; Doyle 2009; Nerlich & Koteyko 2009; Gavin 2010; Frenzel 2011) und Australien (Hall & Taplin 2007a; 2007b; 2008; Hall u. a. 2010) liegen zahlreiche Studien vor, aber auch Kanada (Daub 2010; Greenberg u. a. 2011), Japan (Reimann 2001) und China (Schroeder 2008) sind repräsentiert. Überwiegend handelt es sich dabei um (Länder-) Fallstudien; die existierenden komparativen Untersuchungen konzentrieren sich v. a. auf die inter-organisationelle Dimension (Carpenter 2001; Gulbrandsen & Andresen 2004; Saunders 2008; Doyle 2009; Prelli & Winters 2009), von wenigen ländervergleichenden Studien abgesehen (Hall & Taplin 2007b; Greenberg u. a. 2011).

Die folgende Vorstellung der empirischen Befunde aus der Literatur zur Klimakommunikation von zivilgesellschaftlichen Akteuren wird zum einen über die Zielsetzungen auf den verschiedenen Ebenen strukturiert, zum anderen durch die Berücksichtigung von Frames (Inhalte) *und* deren Verbreitungswegen (Medienstrategien und verwendete Kommunikationskanäle). Entsprechend der Ausrichtung des Bandes liegt der Schwerpunkt auf massenmedialer Kommunikation (für einen Überblick siehe Tabelle 1).

2.1 Bewusstseinsbildung und individuelle Verhaltensänderung

Die Literaturlage zu den Bestrebungen von zivilgesellschaftlichen Akteuren, auf individueller Ebene ein Bewusstsein für den Klimawandel zu bilden, über Ursachen und Folgen zu informieren sowie individuelle Verhaltensänderungen anzuregen, ist eher dünn – dieses Ziel scheint bei vielen Akteuren gegenüber anderen Zielsetzungen untergeordnet zu sein bzw. wird zumindest selten wissenschaftlich beachtet.

2.1.1 Verbreitungswege

Zivilgesellschaftliche Akteure nutzen, entsprechend der vorliegenden Literatur, eine Reihe von (massen-)medialen Verbreitungswegen, um breitere Bevölkerungskreise und die eigene Basis mit Informationen zum Klimawandel zu erreichen. Wichtig scheinen dabei insbesondere selbst erstellte Informationsmaterialien, z. B. Broschüren und Bü-

Tabelle 1 Zentrale Verbreitungswege und Frames, strukturiert nach Zielsetzungen

Ziele	**Zentrale Verbreitungswege**	**Zentrale Frames**	**Einschlägige Studien**
Bewusstseinsbildung und individuelle Verhaltensänderung	Broschüren, Bücher, Internetseiten, öffentliche Vorträge, kulturelle Events	*Problematisierung:* weitreichende Folgen für Mensch und Natur („climate time bomb") *Ursachen:* Nutzung fossiler Energieträger *Lösungen:* Veränderung des Lebensstils, z. B. durch individuelles „carbon rationing"	Doyle (2007; 2009); Hall & Taplin (2007a; 2007b); Nerlich & Koteyko (2009); Nisbet & Kotcher (2009); Schroeder (2008)
Interne Positionsfindung, Mobilisierung von Unterstützung und Allianzbildung	Interpersonale Netzwerke, zivilgesellschaftliche Veranstaltungen, Social Media	*Master- und Brücken-Frame:* Klimagerechtigkeit mit folgenden Elementen: • Verteilung von Verursachung und Betroffenheit ungerecht (benachteiligt: Menschen in Entwicklungsländern, zukünftige Generationen, ethnische Minderheiten, Frauen) • Verteilung der Lasten von Klimapolitik ungerecht (benachteiligt: Arbeiter in energieintensiven Branchen und in der Rohstoffwirtschaft) • Lösung: Verbindung von Klimaschutz mit internationaler, intergenerationeller, sozialer & Gendergerechtigkeit	Askanius & Uldam (2011); Carmin & Bast (2009); Daub (2010); Dawson (2010); Prelli & Winters (2009); Roberts & Parks (2009); Rootes (2006); Saunders (2008); Schalatek (2011); Schlembach (2011); Wardekker u. a. (2009)
Einflussnahme auf politische und wirtschaftliche Entscheidungen	*Access-Strategien:* policy paper, Politikberatung *Voice-Strategien:* Protestaktionen, Pressemitteilungen, Werbespots, Internet/Social Media	*Problematisierung:* Konsequenzen für die natürliche Umwelt, Auswirkungen für Menschen, Gefährdung Gottes Schöpfung *Ursachen:* Verschwenderischer Umgang mit Ressourcen *Verantwortlich:* Energiewirtschaft, Industrieländer, internationale Wirtschafts- und Finanzinstitutionen *Lösungen:* Transformation zu kohlenstoffarmer Wirtschaftsweise, Demokratisierung der Industrie, Regionalisierung der Wirtschaftsstrukturen	Carpenter (2001); Cox (2010); Daub (2010); Doyle (2009); Gavin (2010); Gough & Shackley (2001); Greenberg u. a. (2011); Gulbrandsen & Andresen (2004); Hall & Taplin (2007a); Mc-Cright & Dunlap (2000; 2003), Roberts & Parks (2009); Seybold (2003); Wardekker u. a. (2008)

cher, zu sein. Mit Hilfe dieser wird aber auch gezielt versucht, Medienaufmerksamkeit zu erlangen (vgl. z. B. Schroeder 2008: 518 ff.; Doyle 2009: 135).

Über diese klassischen Verbreitungswege hinaus gehen die Aktivitäten der von Hall und Taplin (2007b) untersuchten australischen und britischen Umweltgruppen. Neben Informationsmaterialien und Internetseiten nutzen Organisationen wie *Stop Climate Chaos*, *Rising Tide* und *Friends of the Earth* auch eigene Festivals und Rockkonzerte, um über den Klimawandel zu informieren und die Teilnahme an verschiedenen Klimaschutzaktivitäten anzuregen (vgl. Hall & Taplin 2007b: 321).

Auch die Al Gore-Kampagne *The Climate Project* nutzte eher unkonventionelle Verbreitungswege: Mehr als 1 000 Freiwillige wurden von Al Gore persönlich ausgebildet, eine angepasste Version seines Diavortrags zu halten. Jeder Freiwillige wurde dazu motiviert, – auch mit Hilfe einer eigens entwickelten Web 2.0-Plattform zur internen Vernetzung – innerhalb eines Jahres mindestens 10 Vorträge zu halten (vgl. Nisbet & Kotcher 2009: 342 f.).

2.1.2 Frames

Auf der inhaltlichen Ebene versuchen die Akteure, so die vorliegenden Studien, Bewusstseinsbildung v. a. über emotionalisierende Metaphern zu erreichen, während unterschiedlich konkrete Maßnahmen zum Klimaschutz vorgeschlagen werden.

Für die Bewusstseinsbildung sind zunächst diagnostische Frames zentral – sie etablieren den Klimawandel als Problem und benennen Ursachen. Ein wichtiges Mittel von Umweltorganisationen ist dabei der Einsatz von visuellen Elementen, die das Thema greifbar machen und häufig auch emotionalisieren. Die *Australian Conservation Foundation* bspw. benutzte ein Foto mit Pinguinen auf einem Eisberg und fragte „Do YOU want to live in a world without penguins?" (Hall & Taplin 2007a: 100). Auch *Greenpeace* setzt stark auf die Verknüpfung von visuellen und textlichen Verbildlichungen (vgl. Doyle 2007). Ab 1994 standen dabei die weitreichenden Konsequenzen des Klimawandels für Menschen und natürliche Umwelt im Mittelpunkt, die durch teils drastische Metaphern wie den Vergleich mit der Atomkatastrophe dargestellt wurden („climate time bomb", Doyle 2007: 136). In den Folgejahren wurde die Existenz des Klimawandels durch fotografische Evidenz in Form von schmelzenden Eisbergen untermauert (vgl. Doyle 2007: 138 ff.). Als Ursache für den Klimawandel verwies *Greenpeace* in erster Linie auf fossile Energieträger, für deren fortgesetzte Nutzung Akteure der Energiewirtschaft und Politik verantwortlich gemacht wurden: „Dirty Oil, Dirty Politics" (Doyle 2007: 142). Auch die Kampagne *The Climate Project* setzte auf aufrüttelnde Problemdiagnosen, mit denen größere Bevölkerungskreise über den Klimawandel und seine potentiell drastischen Folgen aufgeklärt werden sollen. Die Kampagne lehnte sich eng an den Film „An Inconvenient Truth" an und adaptierte dessen „frame of looming disaster" (Nisbet & Kotcher 2009: 343).

Prognostische Frames, die aufbauend auf diesen Problemdiagnosen individuelle Verhaltensänderungen anstoßen sollen, sind in Studien zu zivilgesellschaftlicher Klimakommunikation eher selten zu finden. Entsprechend zweier Studien von Doyle (2007: 142 ff., 2009) zum Framing von *Friends of the Earth, Greenpeace* und *WWF* sowie der lokalen britischen Organisationen *Plane Stupid* und *Camp for Climate Action* werden kaum individuelle Verhaltensänderungen als Lösung des diagnostizierten Problems vorgeschlagen. Einzig das *Camp for Climate Action* propagiert Lösungen auf der Mikroebene der Gesellschaft, konkret wird ein „radically different way of living a sustainable and cooperative life" angestrebt, der durch die Zusammenarbeit von Bürgern auf der lokalen Ebene entwickelt werden soll (Doyle 2009: 114). Konkreter werden die ähnlich basisnah organisierten, britischen *Carbon Rationing Action Groups*. Nerlich und Koteyko (2009) arbeiten *Carbon Rationing* als wichtigsten lexikalischen und metaphorischen Frame dieses Netzwerkes von „carbon-conscious citizens" (Nerlich & Koteyko 2009: 212) heraus, der einen etablierten kulturellen Frame und die Erfahrung mit Lebensmittelrationierung während des und nach dem zweiten Weltkrieg aufgreift. *Carbon Rationing* zielt auf die Entwicklung hin zu einer kohlenstoffarmen Gesellschaft durch CO_2-bewusstes Verhalten, z. B. durch eine Beobachtung und Verkleinerung des individuellen „carbon footprints" (Nerlich & Koteyko 2009: 214 ff., für ähnliche Frames vgl. Hall & Taplin 2007a: 101; Wardekker u. a. 2008: 62).

Etwas anders geartet, aber wiederum auf individuelle Verhaltensänderung ausgerichtet, sind die Energiesparkampagnen chinesischer Umwelt-NGOs (vgl. Schroeder 2008). Diese bezogen sich mit ihren Aufrufen zum umweltbewussten Umgang mit Ressourcen zunächst gar nicht auf den Klimawandel – sie fanden schlicht unter dem Label Energiesparen statt. Erst nachdem die offizielle Politik eine pro-aktivere Position zum Thema Klimawandel eingenommen hatte, haben die Organisationen sich mit ihrem Framing an den als größer erachteten Spielraum angepasst. Seit Mitte der 2000er Jahre benutzen die NGOs nun Frames, die Energiesparen mit Klimaschutz verbinden. Schuldzuweisungen werden dabei, ebenso wie Forderungen an die Politik, weiterhin vermieden. Stattdessen fokussieren die eingesetzten Frames auf individuelle Lösungen (vgl. Schroeder 2008: 520). Als ein Beispiel wird die *26 Grad Kampagne* mehrerer NGOs angeführt, die Verbraucher und Unternehmen über den Zusammenhang von Energiekonsum und Klimawandel informierte sowie dazu aufrief, das Kühlen von Räumen durch Klimaanlagen zu begrenzen – auf eine Temperatur von 26 Grad (vgl. Schroeder 2008: 517).

2.2 Interne Positionsfindung, Mobilisierung von Unterstützung und Allianzbildung

Eine ganze Reihe von Studien untersucht, wie Positionen intern ausgehandelt werden (Daub 2010; Schlembach 2011), wie Gruppen Unterstützung mobilisieren (Araki 2007; Askanius & Uldam 2011; Askanius & Uldam 2012), welche Verbindungen zwischen verschiedenen Organisationen bestehen (Carmin & Bast 2009; Prelli & Winters 2009) und inwiefern eine Klimaschutzbewegung entsteht (Moser 2007). Im Zentrum steht dabei der Klimagerechtigkeitsframe, dessen Anschlussfähigkeit für Umwelt- und Entwicklungsorganisationen (Rootes 2006; Saunders 2008), Gewerkschaften (Daub 2010), Frauenrechtsgruppen (Schalatek 2011) und religiöse Gruppen (Prelli & Winters 2009; Wardekker u. a. 2009) geprüft wird.

2.2.1 Verbreitungswege

Anders als zu den Frames selbst, finden sich zu deren Diffundierungsprozessen und zu Kommunikationskanälen innerhalb von sowie zwischen zivilgesellschaftlichen Akteuren kaum Untersuchungen. Von großer Bedeutung scheinen hier interpersonale Kontakte und Netzwerke sowie zivilgesellschaftliche Tagungen und Protestaktionen zu sein (vgl. Snow u. a. 1986: 468; Roberts & Parks 2009: 395 ff.).

Zur Mobilisierung von Unterstützung für Protestaktivitäten liegt jedoch eine instruktive Studie von Askanius und Uldam (2012) vor. Die Autorinnen untersuchen den Videoaktivismus des radikalen Netzwerkes *Never Trust a COP* (NTAC) im Vorfeld der 15. Vertragsstaatenkonferenz (Conference of the Parties; COP) der Klimarahmenkonvention in Kopenhagen. Das von diesem Netzwerk produzierte Video wurde über YouTube verbreitet und zeigt Protestaktivitäten mit Polizeiübergriffen und gewalttätigen Demonstranten. Unterlegt mit einheizender Musik inszeniert sich das Netzwerk als Kämpfer gegen die tiefer liegende Ursache des Klimawandels („Climate change is the symptom, Capitalism is the crisis"; Askanius & Uldam 2012: 2) und erregt durch die radikale Rhetorik nicht nur innerhalb der Bewegung sondern auch in den Medien Aufmerksamkeit (vgl. Askanius & Uldam 2012: 25). Das YouTube-Video stellt dabei zwar zunächst eine Umgehung der Selektionskritierien journalistischer Medien dar und kann als Entwicklung eines alternativen Kommunikationskanals angesehen werden. Ziel der Aktivisten war jedoch eine „multimodale", also auch massenmediale, Repräsentation ihres Protestaufrufs, die durch gezielte Provokation erreicht werden sollte (vgl. Askanius & Uldam 2012: 28).

2.2.2 Frames

Auf der inhaltlichen Ebene scheint sich ‚Klimagerechtigkeit' als anschlussfähiger und bewegungsüberfreifender Frame etabliert zu haben. Der Begriff wurde im akademischen Bereich entwickelt und zunächst auf zwei Zusammenhänge angewendet: die ungleiche Verteilung von Ursachenverantwortung für und Betroffenheit vom Klimawandel zwischen Industrie- und Entwicklungsländern einerseits, die intergenerationelle Beziehungen andererseits (vgl. Roberts & Parks 2009: 394; auch Shue 1992; Page 1999). Der Begriff wurde dann aber von Aktivisten aufgegriffen und erweitert. Die v. a. in den USA aktive Umweltgerechtigkeitsbewegung wandte Klimagerechtigkeit auch auf ethnische Diskriminierungen in Bezug auf ökologische Risiken durch Industrieanlagen wie Ölraffinerien an, globalisierungskritische und Menschenrechtsaktivisten integrierten die Forderung nach Klimagerechtigkeit in ihr generelles Anliegen für mehr Gleichheit zwischen den Ländern des Nordens und des Südens und dem Schutz von Menschenrechten weltweit (vgl. Pettit 2004: 102; Walker 2009: 370 ff.; Dawson 2010: 327).

Für die auf dieser Basis entstandene Bewegung fungiert Klimagerechtigkeit als übergeordneter und vereinender Masterframe (vgl. Noakes & Johnston 2005: 10). Bisher setzt sich diese Klimagerechtigkeitsbewegung v. a. aus kleineren, basisnahen und gegenüber der Politik oppositionell bis konfrontativ auftretenden Gruppen und Netzwerken zusammen. Offenbar hat aber die Bedeutung und Stärke dieses Teils der Klimabewegung in den letzten Jahren – v. a. auf internationaler Ebene – zugenommen (vgl. Pettit 2004: 105;

Rest 2011). Das liegt unter anderem daran, dass offenbar auch große und etablierte Organisationen aus Umwelt-, Gewerkschafts- und kirchlichen Bewegungen den Klimagerechtigkeitsframe adaptiert haben oder zumindest an diesen anknüpfen. Die große Anschlussfähigkeit liegt vermutlich in der Verknüpfung von Klimaschutz mit der relativ offenen Forderung nach Gerechtigkeit in unterschiedlichen Bereichen begründet (vgl. Dawson 2010: 333). Der Klimagerechtigkeitsframe kann hierbei als „bridging frame" (Moser 2007: 140), der verschiedene zivilgesellschaftliche Akteure verbindet und den Aufbau von bewegungsübergreifenden Koalitionen ermöglicht, angesehen werden (vgl. auch Snow u. a. 1986; Kern 2008: 147).

Eine solche Allianzbildung zwischen Umwelt- und Entwicklungsorganisationen über den Frame Klimagerechtigkeit untersucht Saunders in ihrer Studie (2008) zum Zusammenschluss von 59 britischen Organisationen unter dem Dach der *Stop Climate Chaos Coalition*. Das Spektrum der Organisationen reicht von Arten- und Biotopschutzverbänden bis hin zu Handels- und Entwicklungshilfeorganisationen. Die Koalition selbst hat als Masterframe ‚global climate justice' adaptiert und hebt in ihren Kampagnen und Informationsmaterialien die Auswirkungen des Klimawandels für Menschen in armen Ländern hervor (vgl. Saunders 2008: 1509). Allerdings wurde dieser Frame von den beteiligten Organisationen nur teilweise in eigene Informationsmaterialien aufgenommen, wie die Autorin auf Basis der Internetseiten der beteiligten Organisationen zeigt. Vor allem multithematische Umweltorganisationen sowie Handels- und Entwicklungshilfeorganisationen beziehen in ihren Online-Informationsmaterialien internationale Gerechtigkeitsthemen ein, während sich Naturschutzverbände mit spezifischem Fokus auf ökologische Fragen konzentrieren (vgl. Saunders 2008: 1515 ff.). Auch Studien von Rootes (2006) sowie Carmin und Bast (2009) zeigen, dass sich Umweltorganisationen in unterschiedlichem Maße gegenüber Gerechtigkeitsfragen geöffnet haben. Vor allem für *Friends of the Earth* scheint globale Klimagerechtigkeit ein wichtiges Thema zu sein, wohingegen *Greenpeace* und *WWF* sich eher auf ökologische Fragen beschränken (vgl. Rootes 2006: 782 ff.).

Während für Umweltorganisationen der Einbezug von Gerechtigkeitsfragen eine Erweiterung des ökologischen Fokus' darstellt, ist für Gewerkschaften tendenziell soziale Gerechtigkeit der Ausgangspunkt der Auseinandersetzung mit Umweltthemen. Daub zeigt in einer Studie (2010) zur kanadischen *Communications, Energy and Paperworkers Union*, wie soziale Gerechtigkeit und Klimawandel von einer Industriegewerkschaft mit Mitgliedern in der fossilen Energiewirtschaft verbunden werden. Die Gewerkschaft erkennt die Notwendigkeit von drastischen Emissionsreduktionen als Verpflichtung gegenüber zukünftigen Generationen an (intergenerationelle Gerechtigkeit), besteht aber auf einer sozial gerechten Verteilung der Lasten für die notwendigen wirtschaftlichen Anpassungen (vgl. Daub 2010: 124 f.). Konkret will die Gewerkschaft erreichen, dass nicht die repräsentierten Arbeitnehmer mit Arbeitslosigkeit für Klimaschutzbemühungen „bezahlen" müssen. Vielmehr gälte es eine „just transition" (Daub 2010: 134) zu organisieren und die Lasten gesamtgesellschaftlich zu schultern. Für diese Position erhielt die Gewerkschaft auch Unterstützung durch Umweltorganisationen – Daub erachtet Klimagerechtigkeit deshalb als verbindendes Konzept zwischen Arbeiter- und Umweltbewegung (2010: 125).[6]

Die Frauenbewegung wiederum greift Klimagerechtigkeit mit einem Fokus auf Geschlechtergerechtigkeit auf. Schalatek (2011: 148 ff.) zeigt dabei in ihrer Untersuchung der Aktivitäten zweier transnationaler Netzwerke, *GenderCC – Women for Gender Justice* und die *Global Gender and Climate Alliance,* dass diese Fokussierung auf geschlechterdifferenzierte Auswirkungen des Klimawandels nicht in Abgrenzung, sondern in Kooperation mit anderen Akteuren unter dem Dach des Klimagerechtigkeitsframes erfolgt.

Schließlich haben auch einige christliche Gruppen aus den USA Verbindungen zur Klimagerechtigkeitsbewegung geschaffen, wie Prelli und Winters (2009) sowie Wardekker und Kollegen (2009) darlegen. Ausgangspunkt hierfür ist ein Fokus auf die moralische Dimension des Klimawandels. Das Framing der „Green Evangelicals" zum Thema Klimawandel stellt Bezüge zu zentralen christlichen Imperativen her. Die Notwendigkeit von Klimaschutzmaßnahmen ergibt sich entsprechend aus dem Auftrag, Gottes Schöpfung zu bewahren, und der Nächstenliebe, die als Sorge um Menschen, die vom Klimawandel besonders betroffen sind – zukünftige Generationen und Menschen in armen Ländern – verstanden wird (vgl. Prelli & Winters 2009: 238; Wardekker u. a. 2009: 520). Auch diese christlichen Gruppen verbinden also den Klimawandel mit internationalen und intergenerationellen Gerechtigkeitsfragen. Vor diesem Hintergrund haben christliche Gruppen Koalitionen mit Umweltorganisationen und anderen NGOs gebildet, die auch auf eine Überwindung der Spaltung zwischen konservativen und fortschrittlichen politischen Kräften in den USA zielen (vgl. Wardekker u. a. 2009: 519).

2.3 Einflussnahme auf politische und wirtschaftliche Entscheidungen

Auch zur Einflussnahme auf politische und wirtschaftliche Entscheidungen mit Bezug zum Klimawandel liegt eine Vielzahl von Studien vor. Neben politischen Entscheidungsträgern werden teilweise auch wirtschaftliche Akteure von den untersuchten Organisationen adressiert (Doyle 2009; Cox 2010; Daub 2010; Dawson 2010). Die Einflussversuche erfolgen über unterschiedliche Wege; zudem wird vor dem Hintergrund der Problemdiagnose ganz unterschiedlichen Lösungen Vorschub geleistet.

6 Schlembach (2011) stößt für den Fall des britischen *Camp for Climate Action* hingegen eher auf einen Konflikt um Klimaschutz vs. Arbeitsplätze zwischen Umwelt-Aktivisten und Gewerkschaften.

2.3.1 Verbreitungswege

Politische und wirtschaftliche Entscheidungsträger werden sowohl über nicht-öffentliche als auch über (medien-)öffentliche Kanäle angesprochen. Die Wahl der Verbreitungswege wird dabei entscheidend von der Einflussstrategie geprägt, hinsichtlich derer auf einer allgemeinen Ebene zwei grundsätzliche Optionen unterschieden werden können: Access und Voice. Access-Strategien, häufig auch *insider strategies* genannt, setzen auf die Zusammenarbeit mit Entscheidungsträgern durch das Bereitstellen von Expertise und das Anbieten von Lösungen. Voice-Strategien bzw. *outsider strategies* hingegen bauen auf die Beeinflussung von Entscheidungen über die Mobilisierung der öffentlichen Meinung (vgl. Beyers 2004: 213 f.; Gulbrandsen & Andresen 2004: 56 f.).

Access-Strategien sind dabei für das Themenfeld internationale Klimapolitik offenbar von großer Bedeutung. Gough (2001: 331) argumentiert, dass die Komplexität des Themas und die damit verbundene Schwierigkeit der massentauglichen Klimawandelkommunikation dazu geführt hat, dass viele NGOs den Weg an den Tisch der Klimaverhandlungen suchen. Diese Insider-Organisationen haben oftmals eine große Expertise aufgebaut, die von politischen Akteuren geschätzt und gebraucht wird. Durch *policy paper* und über Politikberatung geben die Organisationen ihre Informationen weiter und nehmen dadurch Einfluss auf den Politikprozess (vgl. Gough & Shackley 2001: 336 ff.; Seybold 2003: 68 ff.; Gulbrandsen & Andresen 2004: 58). Auch auf nationaler Ebene konnten sich manche Organisationen (zeitweise) als Klimapolitik-Insider etablieren, wie beispielsweise Studien zur konservativen Bewegung in den USA (McCright & Dunlap 2003: 367) und zu Umwelt-NGOs in Großbritannien (Hall & Taplin 2007b) und China (Schroeder 2008) zeigen.

Doch Access ist keineswegs die einzige Strategie, die zivilgesellschaftliche Akteure nutzen um Druck auf Entscheidungsträger auszuüben. Vielmehr verfolgen viele Organisationen einen „multi-strategischen“ Ansatz (Hall & Taplin 2007a: 105) – lediglich *Thinktanks* beschränken sich weitgehend auf Insider-Strategien, wie Gulbrandsen darlegt (2004: 57). Auch für erfolgreiche Insider stellt die Mobilisierung der Öffentlichkeit eine „entscheidende[.] Machtressource“ dar (Seybold 2003: 66), die für die Einflussnahme genutzt wird. Zudem haben radikalere Netzwerke und Graswurzelgruppen weit weniger guten Zugang zu Entscheidungsträgern, als dies bei großen Organisationen wie bspw. dem *WWF* der Fall ist. Die Klimagerechtigkeitsbewegung scheint zwar mit „Insider-outsider networks“ (Roberts & Parks 2009: 396) über Kanäle zu verfügen, die neue Ideen und Forderungen an Entscheidungsträger transportieren können. Nichtsdestotrotz ist Voice für viele Organisationen zentraler oder auch einziger Bestandteil der Einflussstrategie.

Voice-Strategien können wiederum ganz unterschiedlich ausgestaltet sein. Im Umfeld von internationalen Klimakonferenzen bspw. stellen sich NGOs mit Analysen und Hintergrundinformationen als Experten für die Medien zur Verfügung. Des Weiteren liefern sie durch Protestaktionen und Inszenierungen Bilder zu einer sonst eher schwer zu visualisierenden Materie (vgl. Carpenter 2001: 320).

Für die USA zeigen McCright und Dunlap (2000; 2003) über welche öffentliche Kommunikationskanäle die konservative Bewegung versuchte, Einfluss zu nehmen. Von insgesamt 224 untersuchten Dokumenten, die im Zeitraum von 1990 bis 1997 von wichtigen konservativen *Thinktanks* veröffentlicht wurden, entfällt ein Großteil auf Pressemitteilungen und *policy studies* (52 bzw. 53 Dokumente; vgl. McCright & Dunlap 2000: 508). Aber auch Werbespots im Radio, Auftritte in Talkshows, öffentliche Reden und Pressekonferenzen waren häufige Verbreitungswege für die Botschaften der beforschten Institute (vgl. McCright & Dunlap 2003: 357). Dieser Vielzahl an (medien-)öffentlichen Kommunikationsaktivitäten der Klimaskeptiker versucht die Gegenseite durch teils ebenfalls professionalisierte Kampagnen zu begegnen. So gab die zweite Klimakampagne von Al Gore größere Summen für bezahlte Anzeigen aus (vgl. Nisbet & Kotcher 2009: 343). Und auch eine Reihe anderer Umweltorganisationen in den USA nutzt PR-Techniken und die Hilfe externer Agenturen, wie verschiedene Studien darstellen (vgl. Brulle 2010; Greenberg u. a. 2011; Jungmi 2011). Wichtiger Kommunikationskanal sind dabei Social Media – zur Verbreitung von Informationen über Multiplikatoren (vgl. Nisbet & Kotcher 2009: 343) sowie zur laufenden Kommentierung aktueller Geschehnisse mit Hilfe von Weblogs (vgl. Greenberg u. a. 2011: 74).

Auch in anderen Ländern werden Weblogs und andere Internetmedien von Aktivisten zur Erreichung von öffentlicher Aufmerksamkeit eingesetzt. Neben der bereits erwähnten Studie (Askanius & Uldam 2012) zum YouTube-Video von *Never Trust a COP*, das auch eine politische Botschaft transportierte, ist hierbei eine Untersuchung von Gavin (2010) instruktiv. Der Autor analysiert die Medienstrategie der britischen Graswurzelgruppe *Plane Stupid*, die durch direkte Aktionen am Flughafen Stansted relativ große Aufmerksamkeit erregte. Die mediale Berichterstattung konnte jedoch auch durch alternative Internetangebote der Organisation inhaltlich kaum gesteuert werden. Gavin schlussfolgert, dass alternative und neue Medien zur Erreichung der breiteren Öffentlichkeit nicht geeignet sind (2010: 471 f.). Sie sind für viele Organisationen aufgrund ihrer begrenzten Reichweite keine Alternative zu journalistischen, massenmedialen Formaten. Vielmehr stellen sie gerade für weniger bekannte und mit Journalisten weniger gut vernetzten Gruppen *ein* Mittel zur Erreichung von Aufmerksamkeit in konventionellen Medien dar (vgl. auch Lester & Hutchins 2009).

2.3.2 Frames

Der Klimawandel wird gegenüber Entscheidungsträgern durch Verweis auf eine Reihe von weitreichenden Folgen problematisiert, vor deren Hintergrund meist eine politische Bearbeitung verlangt wird.

Zivilgesellschaftliche Akteure fokussieren auf verschiedene negative Auswirkungen (diagnostisches Framing): Einige Umweltorganisationen, u. a. *WWF, Greenpeace* und kleinere Arten- und Biotopschutzverbände, fokussieren auf die Konsequenzen für die natürliche Umwelt – Klimawandel gefährde die Biodiversität, natürliche Ökosysteme und biochemische Kreisläufe (vgl. Gough & Shackley 2001: 335; Saunders 2008: 1514, Doyle 2009: 110). Die Klimagerechtigkeitsbewegung mit Entwicklungshilfeorganisationen, globalisierungskritischen und Anti-Rassismus-Gruppen, wiederum hat v. a. die Auswirkungen für Menschen im Blick, insbesondere arme Menschen in Entwicklungsländern und benachteiligte Gruppen in Industrieländern (vgl. Pettit 2004: 102; Checker 2008: 402 f.; Dawson 2010: 327). Schließlich betont eine Reihe von zivilgesellschaftlichen Akteuren die Gefährdung von Mensch *und* Natur durch den Klimawandel. Die internationale Umweltorganisation *Friends of the Earth* führt bspw. Klimaflüchtlinge von pazifischen Inseln als bereits heute betroffene Menschen an (vgl. Doyle 2009: 110). In Australien versuchen einige Umwelt-NGOs den Klimawandel als „all of society problem" zu etablieren um das Thema so aus dem „environmental ghetto" zu holen (Hall & Taplin 2007a: 103). Und für christliche Gruppen in den USA stellt der Klimawandel eine Gefährdung Gottes Schöpfung dar, die Mensch und Natur umfasst (vgl. Wardekker u. a. 2008: 58). Als Ursache für den Klimawandel wird weitgehend konsensuell „overconsumption and wasting of resources" (Wardekker u. a. 2008: 59) ausgemacht, wobei hierfür Verantwortliche auf unterschiedlichen Ebenen attribuiert werden (vgl. Gough & Shackley 2001: 335). Die Industrie, insbesondere die Energiewirtschaft, steht als großer Treibhausgasemittent und als Bremser politischer Regulierungen unter Beschuss (vgl. Cox 2010: 128; Daub 2010: 123; Dawson 2010: 327). Einige Graswurzelgruppen und Organisationen der Klimagerechtigkeitsbewegung framen den Klimawandel als „consequence of economic global capitalism" (Doyle 2009: 111) und machen internationale Institutionen wie die Weltbank für die Propagierung und Finanzierung klimaschädlicher Entwicklungsmuster verantwortlich (vgl. Dawson 2010: 328; Askanius & Uldam 2012: 2). Neben Industrie und Wirtschaftssystem sind es die Industrieländer, und hier v. a. die USA, die von zivilgesellschaftlichen Akteuren als verantwortlich für den Klimawandel dargestellt werden – aufgrund des aktuell hohen Treibhausgasausstoßes und wegen der historischen Verantwortlichkeit für den Großteil der anthropogenen CO_2-Emissionen (vgl. Gough & Shackley 2001: 335; Reeve 2008: 50).

Vor dem Hintergrund dieser Diagnosen hinsichtlich der problematischen Auswirkungen und der Ursachen des Klimawandels werden unterschiedlich weit reichende, gesellschaftliche Veränderungen verlangt (prognostisches Framing). Einige christliche, gewerkschaftliche und Umweltorganisationen setzen auf inkrementelle Veränderungen und politische Reformen, die Wirtschaftssystem und westlichen Lebensstil nicht grundsätzlich hinterfragen: *Greenpeace* ruft zu einer Energierevolution auf, *WWF* möchte helfen, einen verantwortlichen Kapitalismus zu entwickeln und die kanadische Energie- und Papiergewerkschaft fordert eine sozial verträgliche Transformation von fossiler auf regenerative Energieerzeugung (vgl. Hall & Taplin 2007a: 97 f.; Wardekker u. a. 2008: 62;

Doyle 2009: 112; Daub 2010: 124). Dabei werden in erster Linie politische Akteure adressiert, die die Forderungen durch politische Intervention und Steuerung umsetzen sollen. Die *We-Kampagne* von Al Gore vergleicht die notwendigen Anstrengungen mit der Landung in der Normandie und entwirft einen überparteilichen „moral call to arms" (Nisbet & Kotcher 2009: 343). Neben diesen auf die Reduzierung von Treibhausgasemissionen zielenden Politiken (Mitigation) werden auch Maßnahmen zur Anpassung an den Klimawandel gefordert (Adaptation). Wie Reeve in ihrer Studie zu den Klimakampagnen von *Friends of the Earth* und *Oxfam* feststellt, beziehen sich die Anpassungsmaßnahmen im Gegensatz zur Mitigation in erster Linie auf Entwicklungsländer, wobei die genannten Organisationen finanzielle und technologische Unterstützung von Industrieländern verlangen (2008: 50).

Viele Akteure aus den Reihen der Klimagerechtigkeitsbewegung sowie radikale Gruppen wie *Never Trust a COP* kritisieren jedoch den Glauben an die Problemlösung durch eine „greener version of capitalism" (Askanius & Uldam 2012: 2) und warnen vor „false, dangerous, and short-term solutions" (Hahnel 2011: 2) wie den Handel mit CO_2-Zertifikaten. Die US-amerikanische NGO *CorpWatch* beispielsweise fordert die demokratische Kontrolle über multinationale Unternehmen, andere eine fundamentale Veränderung des Weltwirtschaftssystems inklusive einer Beendigung des „unequal exchange" (Roberts & Parks 2009: 385) zwischen globalem Norden und Süden und einer Regionalisierung der Wirtschaftsstrukturen (vgl. Doyle 2009: 114; Dawson 2010: 328).

Die Frames der Klimaschutzbewegung im weiteren Sinne bleiben – zumindest in den USA – nicht ohne Widerspruch. Wie McCright und Dunlap (2000) darlegen, kontern konservative *Thinktanks* mit einer grundsätzlichen Infragestellung und De-Problematisierung des Klimawandels: Erstens wird die wissenschaftliche Evidenz angezweifelt und behauptet, es gäbe keinen anthropogenen Klimawandel. Zweitens, so die Klimaskeptiker, würde ein hypothetischer Klimawandel kein Problem darstellen, sondern vielmehr positive Folgen für Lebensqualität, Gesundheit und Landwirtschaft zeitigen. Drittens würden Klimapolitiken mehr schaden als nutzen – sogar der Umwelt, v. a. aber der Wirtschaft (vgl. McCright & Dunlap 2000: 510; ausführlicher hierzu Schlichting in diesem Band).

3 Zusammenfassung und Diskussion

Der Literaturüberblick zeigt eine große Vielfalt: Erstens wird ein breites Spektrum an Akteuren beforscht, wobei der Schwerpunkt allerdings klar auf Organisationen der Klimabewegung liegt.[7] Zweitens sind diese Akteure auf unterschiedlichen Ebenen mit jeweils spezifischen Kommunikaten präsent – sie versuchen die breite Öffentlichkeit, nationale

7 Unterbelichtet bleiben Verbrauchergruppen und Organisationen indigener Völker, die ebenso auf dem Gebiet der Klimapolitik aktiv sind (vgl. Gulbrandsen & Andresen 2004: 56).

und internationale politische wie wirtschaftliche Entscheidungsträger zu erreichen. und verbreitern ihre Basis durch die Mobilisierung neuer Unterstützer und durch „cross-movement activism" (Carmin & Bast 2009: 351). Diese Zielgruppen werden drittens über unterschiedliche Massen- und neue Internetmedien sowie auch direkt angesprochen. Viertens sind die hierzu eingesetzten Frames vielfältig und keineswegs einheitlich. Sie reichen von radikalen Forderungen, die das Wirtschaftssystem als Ursache für den Klimawandel ausmachen, bis hin zur konservativen Leugnung des Problems.

Daneben werden aber auch einige übergreifende Besonderheiten des Themas deutlich. Beim Klimawandel handelt es sich um ein globales Thema, das auch stark auf internationaler Ebene bearbeitet wird – von politischen Akteuren insbesondere im Rahmen der Klimarahmenkonvention (UNFCCC) mit jährlich stattfindenden Vertragsstaatenkonferenzen (vgl. Keohane u. a. 2011). Entsprechend sind die Bestrebungen zur politischen Einflussnahme intensiv auf diese Ebene und die dort verhandelnden Regierungen ausgerichtet. Nicht-öffentliche Kommunikationskanäle haben dabei eine relativ große Bedeutung: Zumindest für eher technische Fragen der internationalen Klimapolitik scheinen sich epistemische Gemeinschaften aus Bürokraten, Wissenschaftlern und Vertretern der Klimabewegung etabliert zu haben, über die Expertise ausgetauscht wird und Vorschläge der Bewegung schnell Eingang in offizielle Papiere finden können (vgl. Gough & Shackley 2001: 331; Lahsen 2009). Neben diesen gesellschaftssystemübergreifenden Gemeinschaften bestehen schließlich auch zwischen verschiedenen zivilgesellschaftlichen Akteuren eher ungewöhnliche Allianzen. Dies ist offenbar v. a. dem „frame bridging" (Snow u. a. 1986: 467) zwischen Umweltschutz und den Themen von religiösen, gewerkschaftlichen, globalisierungskritischen, Entwicklungs-, Frauen-, Minderheiten- und Menschenrechtsgruppen über den Klimagerechtigkeitsframe zu verdanken. Dieser Frame wird von den verschiedenen Organisationen mit jeweils spezifischen Gerechtigkeitsbezügen konkretisiert, die sich aber eher komplementär als konträr zueinander verhalten. Die Literatur deutet dabei darauf hin, dass der Frame Klimagerechtigkeit v. a. ‚die Bewegung' organisiert, weniger Bedeutung aber gegenüber externen Zielgruppen hat.

Inwieweit entsprechen diese Befunde den Hypothesen der vorgestellten Theorieansätze? Kann die Vielfalt mit Hilfe der Theorien sinnvoll strukturiert werden? Auf Basis der Literatur aus überwiegend deskriptiven Studien und nur wenigen vergleichenden bzw. erklärenden Untersuchungen können hierzu nur Vermutungen angestellt werden.

Eine erste Unterscheidungslinie, die v. a. von den Opportunitätsstruktur-Ansätzen aufgestellt wird, bezieht sich auf den gesellschaftlichen und politischen Kontext, der zwischen Nationalstaaten und verschiedenen transnationalen Ebenen, wie auch im Zeitverlauf variiert. Die Befunde legen einen Einfluss dieser Variablen auf die Kommunikations- und Einflussstrategien nahe: Auf internationaler Ebene sind politikberatende, partnerschaftliche Access-Strategien und nicht-öffentliche Einflusskanäle weit verbreitet, was möglicherweise mit der Zugänglichkeit des UNFCCC-Prozesses für zivilgesellschaftliche Akteure und der nur eingeschränkt und temporär vorhandenen transnationalen Medienöffentlichkeit zusammenhängt (vgl. Schäfer u. a. 2011). Auch in Großbritannien verfügen zivilgesellschaftliche Akteure aus dem Umwelt- und Entwicklungsbereich offenbar über einen guten Zugang zur Politik. Zudem ist dort die Klimakommunikation relativ stark auf Massenmedien ausgerichtet und zielt auf konkrete individuelle Verhaltensänderungen und politische Entscheidungen, was sich eventuell auf günstige Medien- und diskursive Gelegenheitsstrukturen zurückführen lässt (vgl. Hall & Taplin 2007b: 333 ff.). In den USA und Australien hingegen sind Akteure der Klimabewegung eher Außenseiter gegenüber dem politischen System und agieren auch öffentlich in einem umkämpften Umfeld – konservative Klimaskeptiker und industrielle Akteure kontern mit Deproblematisierungsversuchen und alternativen Problemdeutungen (vgl. Hall & Taplin 2007b: 333 ff.; Jenkins 2011; auch Schlichting in diesem Band). Entsprechend versuchen die Klimaschutzaktivisten zunächst, die öffentliche Meinung zu sensibilisieren und für die Sache zu gewinnen – aufgrund der Konkurrenz zu Klimaskeptikern in den Massenmedien (vgl. Boykoff & Boykoff 2004) auch über bezahlte Anzeigen, Internetangebote und öffentliche Vorträge.[8]

Eine zweite Unterscheidungslinie betrifft die unterschiedlichen Ressourcen und Strukturen der Organisationen. Einfluss- und Kommunikationsstrategien sind entsprechend der Ressourcenmobilisierungstheorie abhängig von den Ressourcen, über die ein Akteur verfügt. Auch hierfür finden sich bestätigende Anhaltspunkte in der Literatur. So setzen *Thinktanks* bspw. ausschließlich auf Access, was auf ihre bei Entscheidungsträgern geschätzte Expertise zurückgeführt werden könnte (Gulbrandsen & Andresen 2004). Für das Erreichen von Medienaufmerksamkeit stellt Prominenz eine wichtige Ressource dar, die Anpassungs- bzw. Umgehungsstrategien weniger nötig macht (vgl. Brunnengräber 1997; Lester & Hutchins 2009: 583). Tatsächlich setzt eine Reihe der untersuchten weniger bekannten Gruppen entweder auf aufsehenerregende Protestaktivitäten, alternative Medien oder beides (Hall & Taplin 2007a; Doyle 2009; Gavin 2010; Askanius & Uldam 2011). Eine weitere Umgehungs- bzw. Anpassungsstrategie, professionelle PR und bezahlte Anzeigen, wiederum findet sich, entsprechend der aufgearbeiteten Literatur, nur bei den Kampagnen von größeren und finanzstarken Akteuren (Nisbet & Kotcher 2009; Greenberg u. a. 2011). Die Grenze der theoretischen Annahme zeigt sich in diesem Fall dadurch, dass auch große und bekannte Organisationen wie Greenpeace immer wieder Protestaktionen inszenieren und damit eine Strategie wählen, die gemäß der Ressourcenmobilisierungstheorie eher bei wenig bekannten Gruppen zu erwarten ist.

Schließlich kann als dritte Unterscheidungslinie die kollektive Identität der verschiedenen Gruppen und Bewegungen angeführt werden. Entsprechend der CI- und Framingansätze werden sowohl die Kommunikationsstrategien als auch das Framing maßgeblich vom Selbstverständnis und der politischen Ausrichtung der Akteure be-

8 Einen Sonderfall stellen die chinesischen NGOs dar, die zwar Zugang zu Entscheidungsträgern finden, aber in ihrer öffentlichen Kommunikation eingeschränkt sind (vgl. Schroeder 2008: 520).

einflusst. Der Einfluss der kollektiven Identität auf Frames ist gewissermaßen selbstevident.[9] Hinsichtlich der Abhängigkeit der Kommunikationsstrategie von der Anschlussfähigkeit der Frames an vorherrschende Deutungsmuster ergibt sich ein gemischtes Bild. Access stellt offenbar v. a. für reformorientierte Organisationen einen wichtigen Einflusskanal dar (Gough & Shackley 2001; Hall & Taplin 2007a). Und umgekehrt setzen insbesondere radikalere Gruppen auf alternative Medien und Kommunikationskanäle. Allerdings streben diese Organisationen zusätzlich Aufmerksamkeit in etablierten Massenmedien an – auch wenn dort die radikalen Frames auf Ablehnung stoßen und die Protestaktivitäten auf die Störung des öffentlichen Lebens reduziert werden (Gavin 2010; Askanius & Uldam 2011). Keine Bestätigung findet sich zudem für die Annahme, dass alternative Medien und Kommunikationswege nicht nur aus taktischen Gründen, sondern auch zum Zwecke der Demokratisierung und Pluralisierung der Medienlandschaft aufgebaut werden.

Es finden sich also bestätigende Befunde für eine Reihe der vorgestellten Hypothesen, zugleich werden die Grenzen der theoretischen Annahmen deutlich. Welche Faktoren wie stark Einfluss auf die Kommunikation ausüben, bleibt offen. Ebenso kann die Frage, inwieweit die kommunikativen Einflussversuche Erfolg hatten bzw. welche zivilgesellschaftliche Akteure auf welchen Ebenen Erfolge vorweisen können, nur eingeschränkt beantwortet werden. Denn die Operationalisierung von Resonanz bzw. Erfolg ist schwierig und wird von der vorliegenden Literatur nur selten versucht (vgl. Giugni 1998; Noakes & Johnston 2005: 16).

Relativ klar ist, dass das Thema Klimawandel auf der (medien-)öffentlichen und der politischen Agenda etabliert werden konnte. Das zeigen Studien zur Medienaufmerksamkeit (vgl. Schäfer u. a. in diesem Band) und zur Entwicklung der Klimapolitik (vgl. Gupta 2010; Liu u. a. 2011; Townshend u. a. 2011: 5). Weniger klar ist allerdings schon, welchen Anteil zivilgesellschaftliche Akteure daran haben. Neben Untersuchungen zu den in der Klimawandelberichterstattung genannten Akteuren (z. B. Mormont & Dasnoy 1995: 56 ff.; Besio & Pronzini 2010: 290 ff.), liefern auch einige Studien zur Klimakommunikation zivilgesellschaftlicher Akteure Erkenntnisse zur angestoßenen medialen und politischen Aufmerksamkeit. Im Allgemeinen gehen die Studien hierbei von einem Erfolg der untersuchten Akteure aus (Bryner 2008: 324; Hall & Taplin 2008: 366; Wardekker u. a. 2009: 519). Eine Kontrolle über die Adaption der Kommunikate über das Erreichen von Aufmerksamkeit hinaus scheint vielen Organisationen jedoch nicht zu gelingen. Gavin (2010: 463) sowie Askanius und Uldam (2012: 16) berichten, dass

9 Interessanter ist in dieser Hinsicht die rekursive Interaktion zwischen Framing und Identitätskonstruktionen. Hierzu liegen kaum themenspezifische Erkenntnisse vor – mit der Ausnahme zweier Studien zur Adaption des Klimagerechtigkeitsframes: Daub (2010: 125 ff.) rekonstruiert die Aushandlung des Klimagerechtigkeitsframes vor dem Hintergrund einer weiterentwickelten sozialen Gewerkschaftsidentität. Rootes (2006: 779) erklärt die Offenheit von *Friends of the Earth* für internationale Gerechtigkeitsthemen mit organisationsinternen und -externen Interaktionen mit Akteuren des globalen Südens, die sowohl den Fokus der Frames verändert als auch die Identität neu akzentuiert haben.

über die Aktivitäten der von ihnen untersuchten Gruppen zwar viel, aber überwiegend negativ berichtet wurde. Auch die Frames der *Carbon Rationing Action Groups* wurden von den Medien zwar aufgegriffen, aber moralisierend deformiert (Nerlich & Koteyko 2009: 220). Schließlich liegen aber auch Anhaltspunkte für politische Erfolge von Klimakampagnen vor. So stellt Cox (2010: 129) dar, dass der von der *Beyond Coal*-Kampagne aufgebaute öffentliche Druck zu einem Rückzug von Investoren aus der Finanzierung von Kohlekraftwerken in den USA geführt hat. Der klimaskeptischen Gegenseite wiederum wird die Weigerung der US-amerikanischen Regierung, das Kyoto-Protokoll zu ratifizieren, als Erfolg zugeschrieben (McCright & Dunlap 2003: 368).

Aus dieser Diskussion lassen sich einige Forschungsperspektiven ableiten. Instruktiv wäre es, die Kommunikation zum Thema Klimawandel in größer angelegten Querschnittsvergleichen unter Einbezug einer Reihe von verschiedenen Akteuren und für mehrere Länder zu untersuchen. So könnte dem relativen Einfluss verschiedener Faktoren auf die Kommunikation – Ressourcen, Identitäten, Opportunitätsstrukturen – nachgegangen werden. Weiterhin wären Studien zur Resonanz der zivilgesellschaftlichen Klimakommunikation interessant und wichtig. In Bezug auf die Medienresonanz kämen hierbei Input-Output-Studien in Frage, die zivilgesellschaftliche Frames mit Medienframes vergleichen. Dem Einfluss auf klimapolitische Entscheidungen könnte mit sogenannten Process-tracing-Untersuchungen nachgegangen werden, die versuchen, den Input verschiedener Akteure auf die Politikentwicklung nachzuvollziehen (vgl. Schroeder 2008: 507 ff.).

Bibliographie

Amenta, Edwin, Neal Caren, Sheera J. Olasky & James E. Stobaugh (2009): All the Movements Fit to Print. In: American Sociological Review, Jg. 74. S. 636–656.

Araki, Hiromitsu (2007): Grassroots Organizations Addressing Climate Change: Frame Issues to Mobilize Constituents. Michigan: University of Michigan.

Arts, Bas (1998): The Political Influence of Global NGOs. Utrecht: International Books.

Askanius, Tina & Julie Uldam (2011): Online social media for radical politics: climate change activism on YouTube. In: International Journal of Electronic Governance, Jg. 4. S. 69.

Askanius, Tina & Julie Uldam (2012, im Erscheinen): Political identity and radical politics: mediating COP15 activism on YouTube. In: Cammaerts, Bart, Patrick McCurdy & Alice Mattoni (Hg.): Mediation and Protest Movements. Bristol & Wilmington: Intellect.

Aunio, Anna-Liisa (2008): Changing the climate: International environmental institutions, non-governmental organizations and mobilization in a post-Kyoto world. Ottawa: McGill University.

Bedall, Philip (2011): NGOs, soziale Bewegungen und Auseinandersetzungen um Hegemonie. In: Brunnengräber, Achim (Hg.): Zivilisierung des Klimaregimes. Wiesbaden: Verlag für Sozialwissenschaften. S. 59–84.

Benford, Robert D. & David A. Snow (2000): Framing Processes and Social Movements. In: Annual Review of Sociology, Jg. 26. S. 611–639.

Besio, Christina & Andrea Pronzini (2010): Unruhe und Stabilität als Form der massenmedialen Kommunikation über Klimawandel. In: Voss, Martin (Hg.): Der Klimawandel. Wiesbaden: Verlag für Sozialwissenschaften. S. 283–299.
Betsill, Michele M. (2000): Greens in the Greenhouse: Environmental NGO's, International norms and the Politics of Global Climate Change. Boulder: University of Colorado.
Beyers, Jan (2004): Voice and Access. In: European Union Politics, Jg. 5. S. 211–240.
Boykoff, Maxwell T. & Jules M. Boykoff (2004): Balance as Bias: Global Warming and the US Prestige Press. In: Global Environmental Change, Jg. 14. S. 125–136.
Brulle, Robert J. (2010): From Environmental Campaigns to Advancing the Public Dialog: Environmental Communication for Civic Engagement. In: Environmental Communication, Jg. 4. S. 82–98.
Brunnengräber, Achim (1997): Advokaten, Helden und Experten. In: Forschungsjournal Neue Soziale Bewegungen, Jg. 4. S. 13–26.
Brunnengräber, Achim (2011): Das Klimaregime. In: Brunnengräber, Achim (Hg.): Zivilisierung des Klimaregimes. Wiesbaden: Verlag für Sozialwissenschaften. S. 17–43.
Bryner, Gary (2008): Failure and opportunity: environmental groups in US climate change policy. In: Environmental Politics, Jg. 17. S. 319–336.
Bulkeley, Harriet (2000): Discourse coalitions and the Australian climate change policy network. In: Environment and Planning C: Government and Policy, Jg. 18. S. 727–748.
Čapek, Stella M. (1993): The „Environmental Justice" Frame. In: Social Problems, Jg. 40. S. 5–24.
Carmin, JoAnn & Elizabeth Bast (2009): Cross-movement Activism: A Cognitive Perspective on the Global Justice Activities of US Environmental NGOs. In: Environmental Politics, Jg. 18. S. 351–370.
Carpenter, Chad (2001): Businesses, Green Groups and the Media: The Role of Non-Governmental Organizations in the Climate Change Debate. In: International Affairs, Jg. 77. S. 313–328.
Carroll, William K. & Robert A. Hackett (2006): Democratic media activism through the lens of social movement theory. In: Media, Culture & Society, Jg. 28. S. 83–104.
Checker, Melissa (2008): Eco-Apartheid and Global Greenwaves. In: Souls, Jg. 10. S. 390–408.
Corell, Elisabeth & Michele M. Betsill (2001): A Comparative Look at NGO Influence in International Environmental Negotiations: Desertification and Climate Change. In: Global Environmental Politics, Jg. 1. S. 86–107.
Cox, J. Robert (2010): Beyond Frames: Recovering the Strategic in Climate Communication. In: Environmental Communication, Jg. 4. S. 122–133.
Daub, Shannon J. (2010): Negotiating Sustainability: Climate Change Framing in the Communications, Energy and Paperworkers Union. In: Symbolic Interaction, Jg. 33. S. 115–140.
Dawson, Ashley (2010): Climate Justice: The Emerging Movement against Green Capitalism. In: South Atlantic Quarterly, Jg. 109. S. 313–338.
Dombrowski, Kathrin (2010): Filling the gap? An analysis of non-governmental organizations responses to participation and representation deficits in global climate governance. In: International Environmental Agreements: Politics, Law and Economics, Jg. 10. S. 397–416.
Donk, Wim van de, Brian D. Loader, Paul G. Nixon & Dieter Rucht (2004): Introduction: social movements and ICTs. In: Donk, Wim van de, Brian D. Loader, Paul G. Nixon & Dieter Rucht (Hg.): Cyberprotest. London & New York: Routledge. S. 1–25.
Doyle, Julie (2007): Picturing the clima(c)tic: Greenpeace and the representational politics of climate change communication. In: Science as Culture, Jg. 16. S. 129–150.

Doyle, Julie (2009): Climate Action and Environmental Activism. In: Boyce, Tammy & Justin Lewis (Hg.): Climate change and the media. New York: Lang. S. 103–116.

Edelman, Marc (2001): Social Movements: Changing Paradigms and Forms of Politics. In: Annual Review of Anthropology, Jg. 30. S. 285–317.

Frenzel, Fabian (2011): Entlegene Orte in der Mitte der Gesellschaft. In: Brunnengräber, Achim (Hg.): Zivilisierung des Klimaregimes. Wiesbaden: Verlag für Sozialwissenschaften. S. 163–185.

Gamson, William A. & Gadi Wolfsfeld (1993): Movements and Media as Interacting Systems. In: Annals of the American Academy of Political and Social Science, Jg. 528. S. 114–125.

Gavin, Neil T. (2010): Pressure Group Direct Action on Climate Change: The Role of the Media and the Web in Britain – A Case Study. In: The British Journal of Politics & International Relations, Jg. 12. S. 459–475.

Gerhards, Jürgen (1995): Framing dimensions and framing strategies: contrasting ideal-and real-type frames. In: Social Science Information, Jg. 34. S. 225–248.

Gerhards, Jürgen & Dieter Rucht (1992): Mesomobilization: Organizing and Framing in Two Protest Campaigns in West Germany. In: American Journal of Sociology, Jg. 98. S. 555–596.

Giugni, Marco G. (1998): Was it Worth the Effort? In: Annual Review of Sociology, Jg. 24. S. 371–393.

Gough, Clair & Simon Shackley (2001): The respectable politics of climate change: the epistemic communities and NGOs. In: International Affairs, Jg. 77. S. 329–345.

Greenberg, Josh, Graham Knight & Elizabeth Westersund (2011): Spinning climate change: Corporate and NGO public relations strategies in Canada and the United States. In: International Communication Gazette, Jg. 73. S. 65–82.

Gulbrandsen, Lars H. & Steinar Andresen (2004): NGO Influence in the Implementation of the Kyoto Protocol: Compliance, Flexibility Mechanisms, and Sinks. In: Global Environmental Politics, Jg. 4. S. 54–75.

Gupta, Joyeeta (2010): A history of international climate change policy. In: Wiley Interdisciplinary Reviews: Climate Change, Jg. 1. S. 636–653.

Habermas, Jürgen (1992): Faktizität und Geltung. Frankfurt am Main: Suhrkamp.

Hahnel, Robin (2011): Left Clouds Over Climate Change Policy. In: Review of Radical Political Economics, Jg. 43. Online First Article.

Hall, Nina L. & Ros Taplin (2007a): Revolution or inch-by-inch? Campaign approaches on climate change by environmental groups. In: The Environmentalist, Jg. 27. S. 95–107.

Hall, Nina L. & Ros Taplin (2007b): Solar Festivals and Climate Bills: Comparing NGO Climate Change Campaigns in the UK and Australia. In: Voluntas, Jg. 18. S. 317–338.

Hall, Nina L. & Ros Taplin (2008): Room for climate advocates in a coal-focused economy? NGO influence on Australian climate policy. In: Australian Journal of Social Issues, Jg. 43. S. 359–379.

Hall, Nina L, Ros Taplin & Wendy Goldstein (2010): Empowerment of individuals and realization of community agency. In: Action Research, Jg. 8. S. 71–91.

Hamm, Marion (2006): Proteste im hybriden Kommunikationsraum. In: Forschungsjournal Neue Soziale Bewegungen, Jg. 19. S. 77–90.

Hellmann, Kai-Uwe (1998): Paradigmen der Bewegunsforschung. In: Hellmann, Kai-Uwe & Ruud Koopmans (Hg.): Paradigmen der Bewegungsforschung. Opladen: Westdeutscher Verlag. S. 9–30.

Hellmann, Kai-Uwe & Ruud Koopmans (Hg.) (1998): Paradigmen der Bewegungsforschung. Opladen: Westdeutscher Verlag.

Jenkins, J. Craig (1983): Resource Mobilization Theory and the Study of Social Movements. In: Annual Review of Sociology, Jg. 9. S. 527–553.
Jenkins, J. Craig (2011): Democratic Politics and the Long March on Global Warming. In: Sociological Quarterly, Jg. 52. S. 211–219.
Jungmi, Jun (2011): How climate change organizations utilize websites for public relations. In: Public Relations Review, Jg. 37. S. 245–249.
Kaldor, Mary (2003): The idea of global civil society. In: International Affairs, Jg. 79. S. 583–593.
Keohane, Robert O. & David G. Victor (2011): The Regime Complex for Climate Change. In: Perspectives on Politics, Jg. 9. S. 7–23.
Kern, Thomas (2008): Soziale Bewegungen. Wiesbaden: Verlag für Sozialwissenschaften.
Koopmans, Ruud (2004): Movements and Media: Selection Processes and Evolutionary Dynamics in the Public Sphere. In: Theory and Society, Jg. 33. S. 367–391.
Lahsen, Myanna (2009): A science-policy interface in the global south: the politics of carbon sinks and science in Brazil. In: Climatic Change, Jg. 97. S. 339–372.
Lester, Libby & Brett Hutchins (2009): Power Games: Environmental Protest, News Media and the Internet. In: Media, Culture & Society, Jg. 31. S. 579–595.
Liu, Xinsheng, Eric Lindquist & Arnold Vedlitz (2011): Explaining Media and Congressional Attention to Global Climate Change, 1969–2005. In: Political Research Quarterly, Jg. 64. S. 405–419.
Mahoney, Christine & Frank Baumgartner (2010): Converging Perspectives on Interest Group Research in Europe and America. In: Beyers, Jan, Rainer Eising & William A. Maloney (Hg.): Interest Group Politics in Europe. London: Routledge. S. 151–171.
McCright, Aaron M. & Riley E. Dunlap (2000): Challenging Global Warming as a Social Problem: An Analysis of the Conservative Movement's Counter-Claims. In: Social Problems, Jg. 47. S. 499–522.
McCright, Aaron M. & Riley E. Dunlap (2003): Defeating Kyoto: The Conservative Movement's Impact on U.S. Climate Change Policy. In: Social Problems, Jg. 50. S. 348–373.
Mormont, Marc & Christine Dasnoy (1995): Source strategies and the mediatization of climate change. In: Media, Culture & Society, Jg. 17. S. 49–64.
Moser, Susanne C. (2007): In the Long Shadows of Inaction: The Quiet Building of a Climate Protection Movement in the United States. In: Global Environmental Politics, Jg. 7. S. 124–144.
Nerlich, Brigitte & Nelya Koteyko (2009): Carbon Reduction Activism in the UK: Lexical Creativity and Lexical Framing in the Context of Climate Change. In: Environmental Communication, Jg. 3. S. 206–223.
Newell, Peter (2000): Climate for Change. Cambridge: Cambridge University Press.
Nisbet, Matthew C. & John E. Kotcher (2009): A Two-Step Flow of Influence? In: Science Communication, Jg. 30. S. 328–354.
Noakes, John A. & Hank Johnston (2005): Frames of Protest: A Road Map to a Perspective. In: Johnston, Hank & John A. Noakes (Hg.): Frames of Protest. Lanham: Rowman & Littlefield. S. 1–29.
Page, Edward (1999): Intergenerational justice and climate change. In: Political Studies, Jg. 47. S. 53–66.
Pettit, Jethro (2004): Climate justice: A New Social Movement for Atmospheric Rights. In: Ids Bulletin-Institute of Development Studies, Jg. 35. S. 102–106.
Pichardo, Nelson A. (1997): New Social Movements: A Critical Review. In: Annual Review of Sociology, Jg. 23. S. 411–430.

Prelli, Lawrence J. & Terri S. Winters (2009): Rhetorical Features of Green Evangelicalism. In: Environmental Communication, Jg. 3. S. 224–243.
Reeve, Kara E. (2008): NGOs & climate change campaigns: understanding variations in motivations and activities of environmental and development organizations: Massachusetts Institute of Technology.
Reimann, Kim D. (2001): Building Networks from the Outside In: International Movements, Japanese NGOs, and the Kyoto Climate Change Conference. In: Mobilization, Jg. 6. S. 69–82.
Rest, Jonas (2011): Von der NGOisierung zur bewegten Mobilisierung. In: Brunnengräber, Achim (Hg.): Zivilisierung des Klimaregimes. Wiesbaden: Verlag für Sozialwissenschaften. S. 85–105.
Roberts, J. Timmons & Bradley C. Parks (2009): Ecologically Unequal Exchange, Ecological Debt, and Climate Justice. In: International Journal of Comparative Sociology, Jg. 50. S. 385–409.
Rootes, Christopher (2006): Facing South? British Environmental Movement Organisations and the Challenge of Globalisation. In: Environmental Politics, Jg. 15. S. 768–786.
Rüb, Stefan (2009): Die Transnationalisierung der Gewerkschaften. Berlin: Edition Sigma.
Rucht, Dieter (2004): The quadruple ‚A': media strategies of protest movements since the 1960s. In: Donk, Wim van de, Brian D. Loader, Paul G. Nixon & Dieter Rucht (Hg.): Cyberprotest. London & New York: Routledge. S. 29–56.
Sampedro, Víctor (1997): The Media Politics of Social Protest. In: Mobilization, Jg. 2. S. 185–205.
Saunders, Clare (2008): The Stop Climate Chaos Coalition: climate change as a development issue. In: Third World Quarterly, Jg. 29. S. 1509–1526.
Schäfer, Mike S., Ana Ivanova & Andreas Schmidt (2011): Globaler Klimawandel, globale Öffentlichkeit? In: Studies in Communication/Media, Jg. 1. S. 133–148.
Schalatek, Liana (2011): Zwischen Geschlechterblindheit und Gender Justice. In: Brunnengräber, Achim (Hg.): Zivilisierung des Klimaregimes. Wiesbaden: Verlag für Sozialwissenschaften. S. 135–161.
Schlembach, Raphael (2011): How do radical climate movements negotiate their environmental and their social agendas? In: Critical Social Policy, Jg. 31. S. 194–215.
Schroeder, Miriam (2008): The construction of China's climate politics: transnational NGOs and the spiral model of international relations. In: Cambridge Review of International Affairs, Jg. 21. S. 505–525.
Sebaldt, Martin & Alexander Straßner (Hg.) (2006): Klassiker der Verbändeforschung. Wiesbaden: Verlag für Sozialwissenschaften.
Seybold, Marc (2003): Internationale Umweltregime – neue Formen der Konfliktbearbeitung in der internationalen Politik? Dissertation am Institut für Politische Wissenschaft, Julius-Maximilians-Universität Würzburg.
Shue, Henry (1992): The Unavoidability of Justice. In: Hurrell, Andrew & Benedict Kingsbury (Hg.): The International Politics of the Environment. Oxford: Clarendon Press. S. 373–397.
Snow, David A, E. Burke Rochford Jr., Steven K. Worden & Robert D. Benford (1986): Frame Alignment Processes, Micromobilization, and Movement Participation. In: American Sociological Review, Jg. 51. S. 464–481.
Straßner, Alexander & Martin Sebaldt (2006): Klassik und Moderne: Neue Verbändetheorien und ihre gesellschaftliche Reflexion. In: Sebaldt, Martin & Alexander Straßner (Hg.): Klassiker der Verbändeforschung. Wiesbaden: Verlag für Sozialwissenschaften. S. 305–337.

Tarrow, Sydney (1992): Mentalities, political cultures, and collective action frames. In: Morris, Aldon D. & Carol McClurg Mueller (Hg.): Frontiers in social movement theory. New Haven: Yale University Press. S. 174–202.

Teune, Simon (2008): „Gibt es so etwas überhaupt noch?“ Forschung zu Protest und sozialen Bewegungen. In: Politische Vierteljahresschrift, Jg. 49. S. 528–547.

Townshend, Terry, Sam Fankhauser, Adam Matthews, Clément Feger, Jin Liu & Narciso Thais (2011): GLOBE Climate Legislation Study: GLOBE International; Grantham Research Institute on Climate Change and the Environment.

Walker, Gordon (2009): Globalizing Environmental Justice. In: Global Social Policy, Jg. 9. S. 355–382.

Wardekker, J. Arjan, Arthur C. Petersen & Jeroen P. van der Sluijs (2008): Religious positions on climate change and climate policy in the United States. In: Carvalho, Anabela (Hg.): Communicating Climate Change. Braga: Universidade do Minho. S. 53–72.

Wardekker, J. Arjan, Arthur C. Petersen & Jeroen P. van der Sluijs (2009): Ethics and public perception of climate change: Exploring the Christian voices in the US public debate. In: Global Environmental Change, Jg. 19. S. 512–521.

Journalisten und das Thema Klimawandel: Typik und Probleme der journalistischen Konstruktionen von Klimawandel

Irene Neverla & Stefanie Trümper

> *„Klimawandel hat alles, was eine Story braucht, um weltweit Schlagzeilen zu machen: Jeder hat schon mal davon gehört; jeder hat eine Meinung dazu; es wird ausgiebig und emotional darüber diskutiert. Es muss auf all unseren Schreibtischen landen: in der Politik in den Medien, in der Wissenschaft und der Technologie."* – Werner Hoyer, Staatsminister im Auswärtigen Amt (zitiert nach DW-World.de Deutsche Welle, 2010)

1 „Dabei sollten wir gelernt haben, dass Klima mehr ist als Wetter"[1]

Extreme Hitze in Russland, Rekordkälte in Argentinien heftige Regenfälle in China und Hochwasser im Osten Deutschlands – die Parallelität dieser extremen Wetterereignisse war im Sommer 2010 für Journalisten Anlass genug, um auf ganz unterschiedliche Weise in TV, Print und online die Frage nach möglichen Auswirkungen des globalen Klimawandels zu stellen.

Im Jahr 2010 verband *Die Zeit* den vermeintlich „heißesten aller Sommer", den die Welt bis dahin erlebt hatte, mit der Kritik am US-amerikanischen Senat, der seinerzeit den Entwurf für ein Klimaschutzgesetz auf Eis legte und damit den Klimaschutz boykottierte (Drieschner 2010). *Focus.de* berichtete vom „Sommer der Katastrophen" (Odenwald 2010), der ein „Vorgeschmack des Klimawandels" sei (Focus.de 2010). Klaus Kleber konsultierte im *heute-Journal* den Leiter der Georisikoforschung der Munich Re, einem der weltgrößten Rückversicherer, und fragte nach dem „Klimazusammenhang" zwischen den extremen Wetterereignissen (ZDF Heute Journal 2010).

Die *FAZ* wiederum übte Kritik an der medial hergestellten Kausalität von Extremwetterereignissen und bezeichnet selbige als „Katastrophenklatsch", der das „Spekulationsbedürfnis rund um den Klimawandel klug bedient". Sie bezog sich stattdessen auf aktuelle Forschungsergebnisse aus der Klimawissenschaft, welche die Wetteranomalien erklären (Müller-Jung 2010). Die *Financial Times Deutschland* schließlich bilanzierte in der wöchentlichen Kolumne: „Es brauchte massenweise ungewöhnliche Wetterereignisse, damit den Medien der Klimawandel wieder eingefallen ist [...]. Aber

1 Ehrlich (2010)

nach den gescheiterten Klimaverhandlungen in Kopenhagen waren alle so erschöpft, dass das Thema liegen blieb" (Ehrlich 2010: 24).

Im Kern spiegeln diese Ausschnitte nicht *den* journalistischen Umgang mit dem Thema Klimawandel wieder. Vielmehr zeigt sich hier eine Bandbreite journalistischer Routinen und Praktiken der Themenselektion und -präsentation zur Verarbeitung und Interpretation des Themas Klimawandel. Wir sehen beim vordergründig gleichen Thema durchaus unterschiedliche und konkurrierende journalistische Bewertungsmuster und Bedeutungszuweisungen. So lassen sich neben Elementen der *Dramatisierung* auch *thematische Verknüpfungen* zu anderen Ereignissen sowie kritische *Einordnungen und Bewertungen* der Extremereignisse ausmachen. Journalismus erscheint somit auf den ersten Blick als eine „prinzipiell wandelbare, vielfältig bedingte, eigengesetzlich operierende [...] Wirklichkeitskonstruktion in den Medien" (Pörksen 2004: 343). Davon ausgehend will der folgende Beitrag empirische Befunde und theoretische Hintergründe dieser journalistischen Darstellungsweisen und Varianten zum Thema Klima und Klimawandel systematisieren.

Die mediale Darstellung des Klimawandels lässt sich mittlerweile durch eine Vielzahl an inhaltsanalytischen Untersuchungen der Medienberichterstattung und anhand einiger weniger Befragungsstudien von Wissenschaftsjournalisten in verschiedenen Ländern rekonstruieren. Ethnografische Untersuchungen hinsichtlich der journalistischen Praktiken beim Umgang mit dem Thema Klimawandel oder qualitative Interviews mit Journalisten, die Aufschluss darüber geben, welche Faktoren die Journalisten beeinflussen, finden sich bisher kaum. Auf Grundlage der Medienberichterstattung und standardisierter Befragungen lässt sich jedoch nur bedingt darauf schließen, wie die journalistischen Akteure die in der Klimaberichterstattung enthaltenen Deutungsmuster konstruieren (vgl. Anderson 2009: 175 f.).

Vor diesem Hintergrund gehen wir in dem vorliegenden Beitrag folgende Schritte: Zunächst wird auf Basis einer systemtheoretischen Betrachtung und mittels vorliegender *empirischer Befunde aus verschiedenen Ländern der journalistische Umgang mit dem Thema Klimawandel* rekonstruiert. Im Fokus stehen dabei die sogenannten *journalistischen Programme,* mittels derer sich die Regeln und Strukturen zur Selektion und Darstellung von Themen im Journalismus beschreiben lassen (Kapitel 2).

Journalisten werden in ihrer täglichen Arbeit, aber auch von einer Vielzahl kultureller Rahmenbedingungen bzw. ideologischer, organisatorischer und individueller Einflüsse geprägt, die alle bis zu einem gewissen Grad in die Produktion der Berichterstattung einfließen. Daher wird anschließend theoretisch geklärt, was eine kontextualisierende Betrachtung von Journalismus bedeutet und welches heuristische Potenzial sie hat. Vor diesem Hintergrund werden dann diejenigen empirischen Untersuchungen eingeordnet, die zumindest in Teilen auf *journalismuskulturelle Rahmenbedingungen* wie z. B. die politische Ausrichtung des Mediums oder journalistische Normen verweisen und auf diese Weise das Zustandekommen national spezifischer Berichterstattungsmuster über Klimawandel erklären können (Kapitel 3).

Abschließend erfolgt eine zusammenfassende Betrachtung dessen, was wir bis zum jetzigen Zeitpunkt über *Typiken und Probleme des journalistischen Umgangs* mit dem Thema Klimawandel aussagen können und welche Lücken es bei der weiteren Forschung zum Themenkomplex Journalismus und Klimawandel noch zu füllen gilt (Kapitel 4).

2 Das soziale System Journalismus und das Querschnittsthema Klima

In der Journalismusforschung existieren verschiedene theoretische Ansätze, wie Journalismus, dessen Arbeitsweisen und gesellschaftlichen Leistungen analysiert werden können. Die wohl prominentesten Herangehensweisen zur Identifikation der Strukturen des Journalismus markieren Konzepte auf Basis der soziologischen Systemtheorie von Niklas Luhmann (vgl. Löffelholz 2004). Dabei wird, je nach Erkenntnisinteresse, entweder nach der gesellschaftlichen *Funktion* und Bedeutung des Journalismus gefragt, nach der inneren *Ordnung* des journalistischen Systems oder nach dessen externen *Beziehungen* zu anderen sozialen Systemen.

Journalismus, verstanden als eigenständiges soziales System, trägt zur Selbstbeobachtung der Gesellschaft bei, indem er aktuelle Themen auswählt und sie zur öffentlichen Kommunikation herstellt und bereitstellt (vgl. Altmeppen & Löffelholz 1998: 415; Weischenberg 1995: 108; Meier 2007: 28).[2] Überdies erbringt Journalismus für die Gesellschaft und die gesellschaftlichen Akteure eine ganz wesentliche Informations- und Orientierungsleistung, indem er über „aktuelle, sozial relevante und faktische Vorgänge in den verschiedenen gesellschaftlichen Teilsystemen informiert" (Arnold 2008: 493). Journalismus kennzeichnet sich demnach im Umgang mit Themen durch die drei Merkmale Neuigkeitsbezug, Faktenbezug und soziale Relevanz (vgl. Meier 2007: 13; Scholl & Weischenberg 1998: 78).[3]

Wie jedes soziale System hat auch der Journalismus im Laufe seiner Genese professionelle Regeln und Strukturen entwickelt – in diesem Fall zur Sammlung, Selektion und Darstellung von Themen. Bernd Blöbaum hat die Strukturen des Journalismus mittels der drei Elemente *Organisationen* (u. a. Medienunternehmen, Redaktionen und Ressorts), *Rollen* (u. a. hierarchische und thematische Differenzierung bzw. Spezialisierung der Akteure) und *Programme* systematisiert (vgl. Blöbaum 2004; 2008). Der Aufbau und die Ablauforganisation des Journalismus werden analytisch mittels

2 Die Definition dieser Primärfunktion des Journalismus variiert innerhalb der systemtheoretischen Theoriedebatte, je nachdem, ob Journalismus perspektivisch als eigenständiges soziales System, oder als Sub- bzw. Leistungssystem innerhalb der Massenmedien oder von Öffentlichkeit erachtet wird. (vgl. Raabe 2005: 70 ff.).

3 Gemeinhin werden diese drei Merkmale unter dem Sammelbegriff „Aktualität" subsumiert. Aktualität impliziert die erwähnten temporalen, sozialen und sachlichen Dimensionen von Ereignissen und ist zudem deutlich im Alltagsverständnis der Rezipienten sowie im professionellen Verständnis der Journalisten verankert (vgl. Neverla 2010: 138 ff.; Hoffjann 2007: 25 ff.)

sogenannter *Programme* erfasst – ein Begriff, der auf den ersten Blick etwas irritieren mag. Gemeint sind letztlich journalistische Praktiken und Routinen, wie sie praktisch angewendet werden, aber auch normativ geboten scheinen. Sie regeln, wie die journalistischen Akteure mit Ereignissen und Themen umgehen, wie diese gesammelt, ausgewählt, bearbeitet und schlussendlich vermittelt werden (vgl. Blöbaum 2008: 119 f.; Altmeppen 2006a; 2006b; Raabe 2005: 64 f.). In der folgenden Skizzierung der fünf von Blöbaum identifizierten Programmarten wird jeweils der Bezug zum journalistischen Umgang mit dem Thema Klimawandel hergestellt und mittels vorliegender empirischer Befunde belegt.

2.1 Die thematische Einordnung des Klimawandels im journalistischen System

Als erste Programmart im Journalismus sind die *Ordnungsprogramme* zu nennen, welche den Akteuren die thematische Einordnung von Informationen über ein bestimmtes Ereignis im redaktionellen Kontext ermöglichen. Diese Einordnung erfolgt entlang von Rubriken und Ressorts wie z. B. Politik, Wirtschaft, Kultur, Sport und auch Wissenschaft. Sie bilden im Kern auch die (thematischen) Beziehungen ab, die Journalismus zu anderen Gesellschaftssystemen unterhält.

Oftmals erfolgt die thematische Zuordnung des Klimawandels zu bestimmten Ressorts jedoch nicht linear. Spätestens seit Ende der 1980er Jahre, als das primär wissenschaftliche Thema Klimawandel auf die politische Agenda gelangte, entwickelte sich auch ein gesteigertes mediales Interesse an diesem Thema. Diese Entwicklungslinie lässt sich mittlerweile anhand einer Vielzahl von Inhaltsanalysen in verschiedenen Ländern nachvollziehen, die v. a. den Langzeitverlauf der Klimawandeldebatte fokussiert haben und damit im Kern auch die Frage der journalistischen Aufmerksamkeit für dieses Thema (vgl. u. a. Weingart u. a. 2000; 2002 [Deutschland]; Boykoff & Boykoff 2004; 2007 [USA]; Carvalho 2007; Carvalho & Burgess 2005; Doulton & Brown 2009 [Großbritannien]; van der Sluijs u. a. 2010 [Niederlande]). Insofern kann hinsichtlich der thematischen Zuordnung prinzipiell rückgeschlossen werden, dass das eigentlich wissenschaftliche Thema Klimawandel keineswegs per se im Wissenschaftsressort landet. Durch die Verwobenheit mit politischen Ereignissen, wie z. B. den Klimagipfeln (COPs), mit Publikationen von Sachstandsberichten (IPCC-Reports) oder mit der Veröffentlichung von Regierungsberichten wie dem Stern-Report über die ökonomischen Folgen des Klimawandels (vgl. Stern 2007), wird über dieses Thema sowohl im Wissenschafts- als auch im Wirtschafts- und Politikressort berichtet. Klimawandel kann aber auch zu einem populären Thema werden. Dies ist z. B. der Fall gewesen, als die Filme *An Inconvenient Truth (2006)* und *The Day After Tomorrow (2004)* in die Kinos kamen, oder bei Events wie dem *Live Earth Konzert (2007)* sowie der seit 2007 regelmäßig stattfindenden Umweltschutzkampagne *Earth Hour*. Klimawandel gelangt überdies auch als Ratgeber- oder Service-Thema auf die journalistische Agenda. So finden sich in der Berichterstattung häufig auch alltagspraktische Tipps bzw. Handlungsvorschläge, wie z. B. für die individuelle Einsparung des täglichen CO_2-Verbrauchs (vgl. Focus.de 2006; Sueddeutsche.de 2007; Bild.de 2009; ZDF.de 2009; Bild am Sonntag 2011).

Entsprechend lässt sich bezüglich der Typik des journalistischen Umgangs mit dem Thema Klimawandel feststellen, dass darüber in den unterschiedlichsten Ressorts berichtet wird, weswegen es als Querschnittsthema bezeichnet werden kann. Dass bei Wissenschaftsthemen oftmals ressortübergreifend gearbeitet wird, konnten bspw. Klaus Meier und Frank Feldmeier (2005) mittels einer Befragung von Journalisten, die sich ausschließlich mit Wissenschaftsthemen befassen, nachweisen. Die befragten Journalisten nannten dabei v. a. die Ressorts Politik/Nachrichten, Unterhaltung/Boulevard und Kultur und gaben zudem an, dass das Themengebiet Energie/Umwelt/Klima und insbesondere Phänomene wie Hurrikane oder Emissionshandel Beispiele dafür seien, dass Wissenschaftsthemen in anderen Ressorts landen (vgl. Meier & Feldmeier 2005: 215; vgl. auch Meier 2002: 96 ff.). Damit ist der journalistische Umgang mit Klimawandel prinzipiell vergleichbar mit jenem anderer Querschnittsthemen aus dem Wissenschaftsbereich und der Risikokommunikation wie z. B. Kernenergie, Gentechnik, Medizin, Ökologie und Umweltschutz, die sich ebenfalls dem klassischen und arbeitsteiligen Ressortzuschnitt entziehen (vgl. Blöbaum u. a. 2004: 111 f.; Bechmann & Beck 1997; Ehrensperger 2009: 119 ff.). Auch die Studie von Hans Peter Peters und Harald Heinrichs (2005), in der die Bedeutungskonstruktionen von Klimawandel durch Experten, Journalisten und Bürger mittels schriftlicher Befragung und Inhaltsanalyse von Medienbeiträgen analysiert werden, weist in dieselbe Richtung: Die Mehrheit der befragten Journalisten ist nicht auf das Thema „Klimawandel" spezialisiert, sondern auf ein bestimmtes Ressort hin orientiert. Von den 85 befragten Journalisten arbeiteten 66 Prozent vorwiegend für das Wissenschaftsressort, 64 Prozent für das Politikressort, 41 Prozent für das Wirtschaftsressort und 41 Prozent für Vermischtes. Davon ausgehend, schließen Peters und Heinrichs auf eine differenzierte, d. h. ressortspezifische Aneignung und Deutung der Klimawandelproblematik (vgl. Peters & Heinrichs 2005: 94 ff.).

2.2 *Klimawandel und die journalistische Recherche*

Zweitens gibt es die *Informationssammelprogramme*, die im Wesentlichen die journalistische Recherche – also die aktive Suche und Sammlung von Informationen – beschreiben. Zu den informationserzeugenden Techniken zählen u. a. Telefonate mit Informanten (z. B. Experten), Archiv- und Internetrecherchen, Rückgriffe auf Nachrichtenagenturen, Fachmagazine, andere journalistische Medien, Pressemitteilungen oder aktuelle Studien (vgl. Dernbach 2010: 55 ff.). Die Frage, wie Journalisten mit Blick auf das Thema Klimawandel recherchieren, sich also das entsprechende Wissen darüber aneignen, wurde bisher v. a. im Segment des Wissenschaftsjournalismus und mittels Befragungen in verschiedenen Ländern untersucht.

In der Studie von Kris M. Wilson (2000) bspw. wurden 249 US-amerikanische Wissenschaftsjournalisten hinsichtlich ihres Wissens über Klimawandelthematiken schriftlich befragt. Ein zentrales Ergebnis in puncto des Wissenserwerbs der Journalisten war, dass Journalisten in erster Linie Zeitungen nutzen, um sich diesbezüglich zu informieren.[4] Zum anderen werden wissenschaftliche Experten und Fachmagazine als Informationsquellen verwendet.

Harbison und KollegInnen (2006) befragten 47 Wissenschaftsjournalisten in Entwicklungsländern (Honduras, Jamaika, Sri Lanka und Sambia) bezüglich ihres Rechercheverhaltens beim Thema Klimawandel. Hier zeigt sich, dass sich die Informationssammlung in den vier Ländern unterschiedlich gestaltet. Die befragten jamaikanischen Journalisten nutzen primär das Internet als Informationsquelle, während Journalisten aus Sri Lanka in erster Linie internationale Nachrichtenagenturen (BBC und Reuters) und wissenschaftliche Fachmagazine (u. a. *New Scientist*) verwenden. In Honduras erwähnen die befragen Journalisten insbesondere Regierungsinstitutionen und NGOs und in Sambia werden bevorzugt lokale Quellen und nationale Wissenschaftler genutzt.[5]

Die deutsche Studie von Peters und Heinrichs (2005) schließlich konnte bezogen auf die journalistische Recherche für Artikel über die Themen Klimawandel- und Küstenrisiken v. a. die Interaktionen zwischen Experten aus der Klimawissenschaft und Wissenschaftsjournalisten rekonstruieren. Die Inhaltsanalyse der Medienbeiträge zeigt, dass Wissenschaftler und wissenschaftliche Institutionen die wichtigsten Informationsquellen sind, gefolgt von politisch-administrativen Informationsquellen (vgl. Peters & Heinrichs 2005: 47 f.).

2.3 Nachrichtenwerte und Ereignisorientierung: Journalistischer Umgang mit dem Thema Klimawandel

Die Entscheidung darüber, was schlussendlich als Thema in Zeitungen, das Fernsehen oder Internet gelangt, erfolgt im journalistischen System nach bestimmten *Selektionslogiken bzw. -programmen*. Die Regeln und Muster der Selektionsentscheidungen im Journalismus lassen sich am ehesten anhand von Nachrichtenwerten bzw. -faktoren beschreiben.

4 Diese durchaus typische Art der Orientierung an anderen Medien wird in der Literatur gemeinhin als Kollegen-Orientierung oder Inter-Media-Agenda-Setting bezeichnet (vgl. Schulz 2011: 110; Jarren & Donges 2002: 195 ff.).

5 Zu beachten ist, dass es sich hierbei um eine Studie handelt, die im Auftrag von des NGO-Netzwerkes Panos durchgeführt worden ist, welches mit Medien zusammenarbeitet, um die Klimawandeldebatte voranzutreiben.

Insbesondere im europäischen Raum hat sich zur Untersuchung von Medien- und Journalismuslogiken die Nachrichtenwertforschung etabliert. Grundgedanke ist, dass Journalisten Themen bzw. Ereignisse aufgrund von bestimmten Merkmalen auswählen und sie als relevant resp. publikationswürdig einstufen (vgl. Eilders 2010; Burkart 2002: 279 ff.; Scheufele 2003: 100 f.; Blöbaum 2004: 210). Die den Ereignissen zugeschriebenen Merkmale werden als Nachrichtenfaktoren bezeichnet. Nachrichtenfaktoren können somit in Bezug auf journalistische Selektionsentscheidungen als „das Navigations-System in jeder Redaktion" und „Code für Relevanz und Ignoranz" bezeichnet werden (Ruhrmann & Göbbel 2007: 1). Die existierenden Nachrichtenfaktoren-Kataloge, wie jener von Einar Östgaard (1965) oder Johann Galtung und Marie Holmboe Ruge (1965), sind im Wesentlichen auf Grundlage von Medieninhaltsanalysen entstanden. Winfried Schulz (1976) schließlich betonte den konstruktivistischen Charakter von Nachrichtenwerten und bezeichnete sie als „journalistische Hypothesen über die Realität" (Schulz 1976: 30; vgl. Eisenegger 2008). Gemeinhin werden folgende Nachrichtenwerte seitens des Journalismus bei der Nachrichtenauswahl als besonders wirksam und wichtig eingestuft: Reichweite, Negativismus, Überraschung, Kontroversen, Faktizität (Ereignishaftigkeit), Relevanz, nationale Beteiligung, Nutzen (positiver Erfolg) (vgl. Eilders 2010; Ruhrmann & Göbbel 2007).

Hinsichtlich der journalistischen Konstruktion des Themas Klimawandel und dessen Nachrichtenwert erscheint v. a. der Hinweis von Petra Pansegrau (2000) einleuchtend, dass wissenschaftliche Nachrichten oft keinen hohen Nachrichtenwert haben. Sie sind, insbesondere für ein nicht-wissenschaftliches Publikum bzw. Laien, eher selten überraschend, oftmals auch nicht eindeutig und daher aus journalismuspraktischer Sicht schwer zu vermitteln. Entsprechend erscheint Klimawandel als Wissenschaftsthema in den Medien nicht sonderlich geeignet.

Belege für diese Feststellung lassen sich in der Studie von Joe Smith (2005) finden. Darin wurden mittels qualitativer Methoden Workshops zwischen Medienakteuren der BBC (insb. Redakteure in leitenden Positionen) und politischen und wissenschaftlichen Akteuren (Experten) im Zeitraum zwischen 1997 und 2004 zum Thema mediale Darstellung von Klimarisiken durchgeführt und evaluiert. Anhand der Aussagen der Journalisten lässt sich feststellen, dass die Darstellung von komplizierten und abstrakten Klimarisiken in visuell-narrativer und emotionaler Form stattfinden muss, z. B. durch Bezugnahme auf negative Ereignisse wie Naturkatastrophen (Stürme, Fluten, Hitzewellen, starke Regenfälle) und die damit einhergehenden Schäden. Ebenso publikationswirksam ist aus Sicht der Journalisten das Herstellen von nationalen oder regionalen Bezügen zwischen extremen Ereignissen und Klimawandel, wie z. B. im Fall der Flut in Großbritannien im Herbst 2000. Gewissermaßen als Begründung für die assoziativen Verknüpfungen zwischen Klimarisiken und Extremereignissen wurde die Nichtgreifbarkeit von Klimawandelrisiken angebracht (vgl. Smith 2005: 1476 ff.).

Zu ähnlichen Ergebnissen kamen Peters & Heinrichs (2005), die bilanzierten, dass es den Journalisten im Wesentlichen darum geht, abstrakte Expertenaussagen mit „der konkreten Erfahrungswelt der Menschen" zu verknüpfen (Peters & Heinrichs 2005: 174).[6] In der Befragung sollten die Journalisten Auskunft darüber geben, wie sie ihre Beiträge vor der Publikation dramaturgisch konzipierten, wie sie die Expertenaussagen darin einbetteten und inwieweit sie selbst ihre Beiträge als gelungen einschätzen. Die dominanten Muster bezüglich der Kontextualisierung waren dabei Orientierung an aktuellen Ereignissen, Personalisierung, Regionalisierung sowie wissenschaftliche und politische Kontroversität (vgl. Peters & Heinrichs 2005: 146 ff.).

Auch die Studien von Weingart und KollegInnen (2000), Carvalho & Burgess (2005), Boykoff & Boykoff (2007), Shanahan & Good (2000), Mazur (1998) und Ungar (1992) konnten mittels inhaltsanalytischer Untersuchungen der Medienberichterstattung in ähnlicher Weise eine Ereignisorientierung sowie das Herstellen von Bezügen zwischen extremen Wetterereignissen bzw. Naturkatastrophen und Klimawandelrisiken in verschiedenen Ländern nachweisen. Insofern scheint die geschilderte Verknüpfung (Kontextualisierung, Personalisierung, Regionalisierung, Ereignisorientierung) eine typische, journalistische Umgangsweise bei der Entscheidung darüber zu sein, zu welchen Zeitpunkten und wie über Klimawandel bzw. Klimawandelrisiken berichtet wird.

2.4 Klimawandel und journalistische Genres

Die vierte Programmart im System Journalismus sind die sogenannten *Darstellungsprogramme*, die auch als Genres oder Präsentationstechniken bezeichnet werden können. Hierzu zählen vorrangig die Formen Nachrichten, Berichte, Reportagen, Interviews und Kommentare. Mit Blick auf die journalistische Darstellung von Klimawandelthemen lässt sich entsprechend analysieren, ob darüber z. B. in der Mehrheit in nachrichtlicher bzw. faktenzentrierter Form berichtet wird und welchen Anteil narrative oder meinungsbetonte Darstellungsformen haben.

Diesbezüglich ist auf eine Studie über die Berichterstattung zu den Klimagipfeln auf Bali (2007) und in Kopenhagen (2009) hinzuweisen. Mit dem Ziel, die jeweiligen Berichterstattungen miteinander zu vergleichen und transnationale Muster in der Berichterstattung zu identifizieren (vgl. Eide u. a. 2010: 19 ff.), wurden Fallstudien in 19 Ländern durchgeführt. Erhoben wurden dabei auch die journalistischen Darstellungsformen. Obwohl es sich mit Blick auf die Klimagipfel im Kern um die gleiche Kategorie politischer Ereignisse gehandelt hat, finden sich deutliche Differenzen in den Darstellungsformen dieser Ereignisse. Die US-amerikanische, russische, australische, israelische und südafrikanische Berichterstattung fand bspw. überwiegend in Form von Nachrichten statt. In Brasilien dominierten hingegen narrative Formen wie Reportagen und Features und in Kanada schließlich gab es vermehrt meinungsbetonte Formen wie Kommentare

6 Erläuterungen zur journalistischen Strategie der Herstellung einer Verbindung zur Lebenswelt bzw. zum Alltag des Publikums, finden sich unter anderem bei Arnold 2008 und Renger 2008.

und Leserbriefe. Darüber hinaus wurden in anderen Ländern, wie z. B. Deutschland, China, Bangladesch und Schweden, die Präsentationstechniken spezieller Themenseiten und Beilagen favorisiert.[7]

Neben den textbezogenen und sprachlichen Darstellungsformen werden im Journalismus aber auch visuelle Genres eingesetzt, um den Klimawandel zu veranschaulichen. Dazu zählen bspw. Infografiken, Schaubilder, Montagen und Fotografien. Dabei ist zu beobachten, dass Magazine auf ihren Titeln emotionalisierende Motive verwenden: Neben dem Eisbären auf einer schmelzenden Eisscholle (*Focus* 2010; *Elsevier* 2009; *Time Magazine* 2006), sind dies Aufnahmen oder Montagen von Flutkatastrophen (*Der Spiegel* 1986; *Der Spiegel* 1995; *Le Nouvel Observateur* 2000), Stürmen (*Newsweek* 2011; *Geo* 2007; *Time Magazine* 2005) oder fiktionalisierte Abbildungen der Erde gepaart mit Titelüberschriften wie „Achtung, Weltuntergang!" (*Der Spiegel* 2006), „Der zerbrechliche Planet" (*Der Spiegel* 2005), oder „The Heat Is On" (*Time Magazine* 1987). Da langfristige Prozesse wie der Klimawandel nur schwer zu visualisieren sind, konzentriert sich die journalistische Strategie darauf, Einzelphänomene mit besonders negativer Auswirkung als bereits gegenwärtige oder potentielle Folgen des Klimawandels zu präsentieren.

Eine erste systematische Analyse der visuellen Darstellung über den Klimawandel in journalistischen Printmedien bietet die Untersuchung der fotografischen Repräsentation des Kopenhagener Klimagipfels von Elke Grittmann. Im Zeitraum von November bis Dezember 2009 wurde dabei die Bildberichterstattung in drei überregionalen deutschen Tageszeitungen *(Süddeutsche Zeitung, Die Welt, die tageszeitung)*, einer Regionalzeitung *(Augsburger Allgemeine)*, zwei Magazinen *(Der Spiegel, Stern)*, einer Wochenzeitung *(Die Zeit)* sowie im Special-Interest-Magazin *Geo* untersucht. Ein zentrales Ergebnis dabei war, dass sich die Bildberichterstattung an den seitens der Wissenschaft und NGOs genannten Ursachen und Konsequenzen des Klimawandels sowie technologischen Lösungsstrategien orientiert.

Neben der aktuellen visuellen Berichterstattung über politische Verhandlungen auf der einen und Protestaktionen auf der anderen Seite konnte Grittmann insgesamt vier zentrale visuelle Frame-Elemente in der Darstellung des Klimawandels identifizieren, die auf eine hohe Standardisierung der Bildmotive hinweisen: 1. Repräsentation der Verursacher von Schadstoffemissionen (Bilder von Kraftwerken, Verkehr, Abholzung und Fleischproduktion) sowie Zuordnung zu Industrienationen, insbesondere China, 2. Darstellung potentieller Konsequenzen des Klimawandels mittels Abbildungen von Überschwemmungen, Hurrikanen, Dürre und personalisierten Einzelschicksalen, 3. Repräsentation der Schönheit der Natur in Form von überwältigenden Landschafts-

7 Hinsichtlich der Anlage der Untersuchung ist anzumerken, dass eine tatsächliche Vergleichbarkeit der Ergebnisse, unter anderem aufgrund differierender Fallzahlen, nicht möglich ist. Dennoch liefern die Befunde für die Frage nach der Typik des journalistischen Umgangs mit dem Thema Klimawandel wertvolle Hinweise.

aufnahmen, 4. Alternative Energien oder individuelle Formen des Klimaschutzes, sowie – allerdings nur vereinzelt – Anpassungsmaßnahmen (vgl. Grittmann 2010).

Weitere Studien, die sich im weitesten Sinne mit der Visualisierung des Klimawandels befassen, erforschten eher einzelne Themen wie z. B. die Bedeutung und Art und Weise der Naturdarstellung im Kontext von Risikokommunikation (Remillard 2011), den Einsatz von Bildern über Klimawandel bei Greenpeace zwischen 1994 und 2007 (Doyle 2007), Kampagnenbildern, Spots und Werbeanzeigen (Linder 2006), Fotos aus dem Bereich der an überregionalen oder gar globalen Märkten orientierten ‚Stock-Photography' (Hansen & Machin 2008) sowie die Visualisierung von Klimawandel durch Wissenschaft (vgl. Schneider 2009; 2010).

Über solche eher vereinzelten Untersuchungen hinaus fehlen jedoch systematische empirische Analysen zur bild- bzw. fotojournalistischen Verarbeitung und Darstellung des Klimawandels und damit zum visuell getragenen Diskurs über den Klimawandel. Damit verbunden sind ebenso theoretische Fragen nach dem epistemologischen Status der Bilder, ihrer Symbolisierungs- und Authentifizierungsleistung, sowie nach ihrem Beitrag zur kulturellen, ideologischen Konstruktion von Klimawandel (vgl. Grittmann in diesem Band).

2.5 Prüfung und Richtigkeit von Informationen: Eine Frage des Vertrauens in das journalistische Wissen und Einschätzungsvermögen?

Schließlich gibt es als fünfte Programmart noch die Prüfprogramme, die im Wesentlichen als ein Teilaspekt der journalistischen Recherche erachtet werden können. Grundsätzlich gilt dabei, dass Informationen, die der Journalismus sammelt und verarbeitet, falsifiziert werden können. Entsprechend müssen Journalisten die Richtigkeit und Zuverlässigkeit von Informationen und Quellen, die sie verwenden, prüfen. In dieser Hinsicht wird über die Prüfprogramme eine Art Vertrauensbasis zwischen Journalismus, Informationsquellen und Publikum geschaffen (vgl. Blöbaum 2004: 210; Dernbach 2010: 61 ff.; Brosda 2008: 348 ff.).

Matthias Kohring (2002a) erklärt die Notwendigkeit der journalistischen Prüfung von Informationen damit, dass Rezipienten die Beobachtung der Gesellschaft gewissermaßen an den Journalismus delegieren und deswegen die journalistische Berichterstattung verlässlich sein muss. Da Journalismus im Kern zur Reduktion von Komplexität beiträgt, indem er Informationen und Themen nach bestimmten Kriterien selektiert, ist Vertrauen in den Journalismus immer auch „Vertrauen in dessen spezifische Selektivität" (Matthes & Kohring 2003: 10).[8]

Die Art und Weise, wie Journalisten in puncto Berichterstattung über den Klimawandel z. B. ihre Quellen bzw. deren Aussagen, Beschreibungen und Formulierungen sowie

8 Ausführlich zum Thema Vertrauen im und in Journalismus vgl. Kohring (2001; 2002b).

Fakten tatsächlich überprüfen, darüber lassen sich bis zu diesem Zeitpunkt keine empirischen Untersuchungen finden. Es ist aber möglich, den Aspekt des von Kohring (2002a) erwähnten, journalistischen „Prüfwissens" besser zu verstehen, indem man danach fragt, welche Faktoren die journalistische Prüfung der Informationen und Quellen, die in der Berichterstattung verwendet werden, befördern. Hier ist v. a. das (thematische) Fachwissen der Journalisten ausschlaggebend dafür, dass diese die wissenschaftlichen Aussagen über den Klimawandel, die oftmals auch ein hohes Maß an Komplexität und Unsicherheit implizieren, einschätzen können, um dann schlussendlich auch darüber zu berichten.

Es sind v. a. zwei Studien zu nennen, in denen die Expertise bzw. das klimathematische Wissen von Journalisten mittels Befragung analysiert wurde.

Die Untersuchung von Sundblad und KollegInnen (2009) fragte zum einen nach dem Wissen über Sachstand, Ursachen sowie Auswirkungen bzw. Konsequenzen des Klimawandels und zum anderen danach, wie sicher sich die Befragten bezüglich ihrer Antwortauswahl sind. Dabei wurden erstens allgemeine Aussagen zum Thema Klima (globaler Temperaturanstieg in Bezug auf Jahre) und zweitens zu den Themen Gründe/Ursachen für den Klimawandel sowie Folgen/Auswirkungen des Klimawandels (z. B. CO_2-Ausstoß, Meeresspiegelanstieg, Wetterextreme, Eisschmelze etc.) vorgegeben, die dann als richtig oder falsch bewertet werden sollten. Zudem sollte auf einer Skala eingetragen werden, wie sicher man sich bei der jeweiligen Bewertung gewesen ist. Befragt wurden schwedische Wissenschaftsjournalisten (n = 72), wissenschaftliche Experten, insbesondere Meteorologen, Geologen und Ökologen (n = 65), politische Akteure, insbesondere Vorsitzende von behördlichen Umweltschutzausschüssen (n = 145) und sogenannte Laien/Bürger (n = 621). Ein zentrales Ergebnis der Studie ist, dass die Journalisten bezüglich ihres Wissens über Klimawandel in allen Bereichen an zweiter Stelle nach den Experten rangieren bzw. beim Punkt „gesundheitliche Folgen des Klimawandels" das Wissen beider Akteursgruppen sogar identisch ist (Sundblad u. a. 2009: 290). Die Journalisten waren sich im Vergleich zu den anderen Befragten bezüglich ihres Wissens über Ursachen und Auswirkungen bzw. Konsequenzen des Klimawandels am sichersten. Sundblad und KollegInnen interpretieren dies dahingehend, dass Experten aus der Wissenschaft hinsichtlich sicherer Aussagen strengere Kriterien haben, als Journalisten.

Die Ergebnisse der schwedischen Studie decken sich jedoch nicht mit jenen der US-amerikanischen Studie von Wilson (2000), auf die bereits im Kontext der journalistischen Recherche hingewiesen wurde. Diese Studie ergab, dass lediglich ein Drittel der 249 befragten US-amerikanischen Wissenschaftsjournalisten zum Befragungszeitpunkt wusste, dass hinsichtlich der Akzeptanz der Theorie einer globalen Erwärmung innerhalb der Klimaforschung im weitesten Sinne Konsens herrscht. Die meisten Journalisten nahmen an, dass dies innerhalb der Klimaforschung massiv diskutiert wird, und berichteten entsprechend darüber (Wilson 2000: 7). Weiter zeigte die Befragung, dass die Journalisten eine Vielzahl an klimawissenschaftlichen Forschungsprozessen (z. B. Klimamodelle und deren Voraussagen, Erderwärmung, Niederschläge) missverstehen und nicht zwischen der Verlässlichkeit von Klimamodellen mit Blick auf globale versus regionale Auswirkungen differenzieren (z. B. Hitzewellen und Dürre). Vor diesem Hintergrund bilanziert Wilson, dass die US-amerikanischen Wissenschaftsjournalisten nicht korrekt wiedergeben, in welchen Bereichen und warum klimawissenschaftliche Debatten geführt werden, sondern stattdessen wissenschaftlichen Dissens übertrieben darstellen und Konsens herunterspielen. Die Ergebnisse werden v. a. vor dem Hintergrund der journalistischen Unsicherheit zum Thema Klimawandel und dem Mangel an differenziertem Wissen interpretiert. Zudem wird die Annahme aufgestellt, dass sich die journalistische Unsicherheit und z. T. Fehlerhaftigkeit schlussendlich in dem Wissen der Rezipienten niederschlägt.[9]

Die Studie zur Befragung deutscher Wissenschaftsjournalisten, Experten und Rezipienten von Peters und Heinrichs thematisiert einen etwas anderen Aspekt. Im Kern wird darin das Prüfungsvermögen von Journalisten im Zuge ihrer Recherche und mit Blick auf die Darstellung unsicherer klimawissenschaftlicher Themen und Diskurse berührt. Hier geht es u. a. um den journalistischen Umgang mit wissenschaftlicher Unsicherheit bezüglich des anthropogenen Ursprungs des globalen Klimawandels und dessen Darstellung. Jeweils zwei Drittel der befragten Wissenschaftsjournalisten und Rezipienten sind der Ansicht, dass wissenschaftliche Unsicherheiten angemessen dargestellt werden. (Peter & Heinrichs 2005: 111). Weiter erfuhr die Aussage „Es ist eine wichtige Aufgabe der Medien, auf Unsicherheiten in wissenschaftlichen Umweltstudien hinzuweisen", eine hohe signifikante Zustimmung seitens der befragten Wissenschaftsjournalisten (Peters & Heinrichs 2005: 101 f.).

Zu einem anderen Ergebnis bezüglich des journalistischen Umgangs mit wissenschaftlichen Unsicherheiten bzw. Ungewissheit hinsichtlich der Folgen des Klimawandels kommt die inhaltsanalytische Untersuchung von Marcus Maurer (2011). Analysiert wurde darin die Berichterstattung der deutschen Printmedien *Frankfurter Allgemeine Zeitung, Bild* und *Spiegel* über die Weltklimakonferenzen zwischen 1990 und 2007 jeweils eine Woche vor, während und nach den Konferenzen (n = 810 Beiträge). Ein zentrales Ergebnis dabei ist, dass sich die Anzahl der journalistischen Beiträge, in denen die Ungewissheit wissenschaftlicher Prognosen kommuniziert wurde, im Lauf der Zeit verringert hat. Dies liegt nach Maurer quer zu der Entwicklung, dass die wissenschaftlichen Szenarien über die Folgen des Klimawandels vermehrt Unsicherheiten aufwiesen. So wurden in der Berichterstattung wissenschaftliche Prognosen über den Temperaturanstieg und dessen Folgen so dargestellt, als würden sie mit Sicherheit eintreten (Maurer 2011: 71). Der Autor schließt auf Grundlage der untersuchten Medienberichte, dass Dar-

9 Bezüglich dieser Studie ist zu bedenken, dass der Autor aus dem Fach Geografie stammt und entsprechend bestimmte Erwartung an die journalistische Expertise und Korrektheit bei der Darstellung der komplexen Klimawandelthematik richtet, die v. a. an naturwissenschaftlichen Kriterien gemessen werden. Nur bedingt werden journalismuspraktische Aspekte (Zeitdruck, Platzmangel, ökonomische Determinanten etc.) reflektiert.

stellungen von Unsicherheiten bzw. Ungewissheit den journalistischen Praktiken des genauen Recherchierens, Prüfens und Präsentierens von eindeutigen Informationen sowie dem Ziel einer Reduktion von Komplexität prinzipiell widersprechen.

Aus diesem Grund, so die Interpretation, versuchen Journalisten „auch im Zustand der Ungewissheit Eindeutigkeit herzustellen" (Maurer 2011: 71 f.). Problematisch an der Studie von Maurer ist, dass von den Medieninhalten direkte Rückschlüsse gezogen werden, wie Journalisten mit wissenschaftlicher Unsicherheit umgehen. Um diese Frage aber tatsächlich beantworten zu können, bedürfte es einer ergänzenden Befragungs- oder Interviewstudie mit jenen journalistischen Akteuren bzw. Autoren, deren Artikel analysiert wurden.

Insgesamt konnte in diesem Kapitel gezeigt werden, dass sich in den verschiedenen Studien zahlreiche Hinweise hinsichtlich der journalismusprofessionellen Typik im Umgang mit dem Thema Klimawandel finden.

Klimawandel wird in der journalistischen Verarbeitung oft als Querschnittsthema behandelt, das nicht einem spezifischen, sondern wechselnden Ressorts zugeordnet wird – was prinzipiell naheliegt, da Klimawandel vielfältige Anknüpfungspunkte in viele soziale Felder hinein bietet. Darüber hinaus verknüpfen Journalisten Klimawandel oftmals mit anderen Themen, wie bspw. extremen Wetterereignissen, politischen oder pop-kulturellen Ereignissen, um dem vergleichsweise abstrakten und stellenweise komplizierten Thema Klimawandel mit Blick auf die RezipientInnen eine publikationswürdige Kontur zu geben.

Der Gebrauch von unterschiedlichen Quellen für die Informationssammlung, wie Nachrichtenagenturen, Korrespondenten, Experten oder allgemein zugänglichen Quellen im Internet, hängt möglicherweise ebenfalls mit der Logik von entsprechenden Unterthemen zusammen und ist in jedem Fall auch länder,- und kulturspezifisch geprägt.

Bezüglich der Verarbeitung in verschiedene Genres wird das Spektrum von nachrichtlichen, reportagehaften oder auch meinungsbetonten Präsentationstechniken abgedeckt. Auffallend, wenngleich gewiss nicht ungewöhnlich, ist die Tendenz, das globale Thema Klimawandel auf regionale Themen ‚runterzubrechen', wie der journalistische Terminus lautet. Bei der bildjournalistischen Repräsentation des Klimawandels zeigt sich, dass v. a. Einzelphänomene mit negativer Auswirkung verwendet werden und auf diese Weise die Schwierigkeit der Visualisierung langfristiger Klimawandelprozesse bewältigt wird.

Was die journalistische Kompetenz der Prüfung von Informationen und Quellen zum Thema Klimawandel anbelangt, kann bis zum jetzigen Zeitpunkt lediglich festgehalten werden, dass diese – ähnlich wie im Bereich des Wissenschaftsjournalismus – grundsätzlich von der journalistischen Sachkompetenz abhängt und bis dato oftmals im Vergleich zum Wissensstand von Experten und Laien analysiert wird. Hierbei zeigt sich besonders deutlich die Divergenz zwischen wissenschaftlicher Komplexität und Ungewissheit bezüglich Prognosen über Klimaentwicklungen einerseits und andererseits dem journalistischen Bedürfnis einer Reduktion von Komplexität, was schlussendlich ein hohes Maß an klaren und verlässlichen Aussagen erfordert.

Ein Teil der in diesem Kapitel dargestellten Befunde lässt sich mittels einer systemtheoretischen Betrachtung der Binnenstruktur des Journalismus einordnen und erklären. Andere Befunde – wie wahrscheinlich die erwähnte Differenz der genutzten Quellen – erfordert eher kulturtheoretische Erklärungen, ein Aspekt, dem wir im nächsten Abschnitt nachgehen.

3 Die Einflüsse auf den Journalismus und die nationale Domestizierung des Klimawandels

Die geschilderte Selektion und Präsentation von Themen im Allgemeinen und Klimawandel im Besonderen findet, wie eingangs angedeutet, nicht in einem kulturell ‚luftleeren' Raum statt, d. h. keineswegs ausschließlich auf Basis der Binnenlogik des journalistischen Systems und dessen Strukturen. Vielmehr werden die journalistischen Akteure bei ihrer Arbeit durch eine Reihe äußerer Faktoren beeinflusst. Das Spektrum der *Einflussfaktoren* auf den Journalismus wird gemeinhin mit sogenannten Mehrebenenmodellen integrativ abgebildet (vgl. Shoemaker & Reese 1991; Weischenberg 1994; Esser 1998).[10] Sie zielen v. a. auf die Frage ab, welchen Einfluss z. B. medienorganisatorische, mediensystemische, gesellschaftliche oder akteursspezifische Faktoren auf die journalistische Produktion von Medieninhalten haben. Insbesondere die komparative Journalismusforschung interessiert sich diesbezüglich für die Fragen, ob es Gemeinsamkeiten und Unterschiede in den professionellen Kulturen des Journalismus in unterschiedlichen Ländern gibt und inwieweit sich darüber Tendenzen in der Berichterstattung erklären lassen. Solche integrativen Betrachtungen haben sich im Bereich der international vergleichenden Journalismusforschung etabliert und werden konzeptionell erfasst mittels „Journalismuskultur" (vgl. Hanitzsch 2007; Mancini 2008; Zelizer 2005), „journalistischer Kultur" (vgl. Machill 1997; Kopper 2003; Kunelius & Ruusunoksa 2008) oder grundlegenden Theoriemodellen, die neben die systemtheoretische auch eine kulturtheoretische Analyse des Journalismus stellen (vgl. Grittmann u. a. 2008; Lünenborg 2005). Diese Herangehensweisen betrachten Journalismus nicht ausschließlich als Beruf mit eigenen Routinen und Arbeitspraktiken, sondern als eingebettet in die allgemeine Kommunikationskultur z. B. eines Landes. Es konnten v. a. in westlichen Industrieländern mittlerweile mehrere Faktoren ermittelt werden, mittels derer sich professionelle Kulturen des Journalismus und ihre Unterschiede beschreiben lassen. Dazu zählen z. B. die Charakteristika der journalistischen Akteure, deren berufliche Einstellungen, Rechercheverhalten, Normen wie die Trennung von Nachricht und Meinung sowie Berichterstattungsabsichten (vgl. Esser 2010) oder auch Erzähltraditionen, die weit in die

10 Ein synoptischer Überblick zu Einflussfaktoren auf den Journalismus findet sich bei Hanitzsch (2009).

Historie des Landes zurückführen (vgl. Requate 1995; Requate 1999). Weiter lassen sich nationalgesellschaftliche Mediensysteme (Hallin & Mancini 2004; Hepp 2006: 100 f.) oder Typen redaktioneller Kulturen (vgl. Brüggemann 2011; Trümper 2011) als Aspekte bzw. Erklärungsmuster für journalismuskulturelle Unterschiede oder eben Gemeinsamkeiten und schließlich auch Berichterstattungsmuster heranziehen.

Vor diesem Hintergrund ließen sich prinzipiell auch Divergenzen der Klimawandelberichterstattung in verschiedenen Ländern erklären und nachvollziehen. Dennoch gibt es eher wenige Studien, in denen die Ergebnisse vor dem Hintergrund journalismuskultureller Aspekte eingeordnet bzw. reflektiert werden. Tabelle 1 zeigt einige Beispiele für die nationale ‚Domestizierung' des globalen Themas Klimawandel. Die dort aufgeführten Studien weisen jeweils darauf hin, inwieweit Tendenzen oder Frames in der Klimawandelberichterstattung durch Bezugnahme auf kulturelle Aspekte erklärt werden können.

Diese kultur- bzw. landesspezifischen Varianten des journalistischen Diskurses zum Klimawandel können im Rahmen dieses Beitrags nicht im Detail ausgeführt werden. An dieser Stelle seien nur zwei der aufgelisteten Studien exemplarisch erläutert.

Boykoff und Boykoff (2007) untersuchten die Berichterstattung der US-amerikanischen Print-Titel *New York Times, Washington Post, Los Angeles Times* und des *Wall Street Journals*. Entgegen der faktischen Existenz eines wissenschaftlichen Konsens bezüglich des anthropogenen Ursprungs der globalen Erwärmung, der durch den IPCC vertreten wird, wurde in mehr als 50 Prozent der untersuchten Artikel eben dieser Konsens nicht repräsentiert. Vielmehr kommen in gleichem Maße sogenannte klimaskeptische Stimmen zu Wort, welche die globale Erwärmung als natürlichen Prozess betrachten. Die Autoren erklären diese Ergebnisse auf Grundlage der Tradition des US-amerikanischen Journalismus, in der das Befolgen einer ‚ausgewogenen' Berichterstattung als anerkannte journalistische Norm galt und gilt. Weil das Auftreten der Klimaskeptiker mit Blick auf den wissenschaftlich anerkannten Tatbestand einen gewissermaßen unverhältnismäßig hohen Stellenwert bekommt, entsteht eine Art konstruierter Dissens, den Boykoff und Boykoff als „balance as bias" charakterisieren.

Die Studie von Billet (2010) konnte nachweisen, dass in der Berichterstattung der vier in Indien erscheinenden englischsprachigen Zeitungen *The Times of India, The Hindu, Hindustan Times* und *The Indian Express* der Klimawandel – genauer gesagt die globale Erwärmung – als wissenschaftlich anerkannter Tatbestand gilt. Ebenso unstrittig in den untersuchten Zeitungen sind die Konsequenzen für die Klimapolitik. Da die Verantwortung für den CO_2-Anstieg seit dem 19. Jahrhundert und damit die globale Erwärmung bei den westlichen Industrieländern liegt, ist es auch primär deren (postkoloniale) Angelegenheit, für die Kosten der Adaptions- und Mitigationspolitik aufzukommen. Billet sieht dies als Herrschaftsdiskurs, in dem nicht nur die offizielle Regierungspolitik kritiklos akzeptiert wird, sondern zugleich auch die gegenwärtige Spaltung der indischen Nation in (CO_2-intensive) Gewinner in der Mittel- und Oberschicht und die Verlierer, namentlich Landbevölkerung und städtisches Proletariat, übergangen wird. Konsequent

Tabelle 1 Klimawandel: Nationale Domestizierung & ideologische Färbung

Land & Studie	Untersuchungsdesign	Tendenzen & Erklärungsmuster
Großbritannien Carvalho & Burgess (2005) Carvalho (2007)	**Methode:** Diskursanalyse **Zeitraum:** 1985–2003 **Sample:** drei britische Zeitungen (*The Guardian, The Independent, The Times*) (n = 4487)	**Tendenz:** Klimawandel als wirtschaftspolitisches Thema **Erklärungsmuster:** Ideologische Ausrichtung bzw. politische Linie der Zeitungen (insb. Neo-Liberalismus)
Schweden Berglez u.a. (2010) Olausson (2009)	**Methode:** Diskursanalyse **Zeitraum:** 2004–2005 **Sample:** drei Zeitungen (*Dagens Nyheter, Aftonbladet, Nerikes Allehanda*) (n = 141)	**Tendenz:** Individualisierung und Nationalisierung des transnationalen Themas Klimawandel durch positive Betonung ökologischer und naturverbundener Politikkonzepte **Erklärungsmuster:** journalistische Konstruktion einer nationalen Identität bzw. eines nationalen Selbstbewusstseins & der Vorbildfunktion Schwedens
Frankreich & USA Brossard u.a. (2004)	**Methode:** quantitative Inhaltsanalyse **Zeitraum:** 1987–1997 **Sample:** *New York Times* (n = 322), *Le Monde* (n = 208)	**Tendenz:** Ereignisorientierung (F) vs. Abbildung des Konflikts zwischen Wissenschaft und Politik (USA) **Erklärungsmuster:** meinungsbetonte Tradition des französischen vs. objektive Tradition des US-amerikanischen Journalismus und deren Auswirkungen auf Quellenauswahl
USA Boykoff & Boykoff (2004) Boykoff & Boykoff (2007)	**Methode:** quantitative Inhaltsanalyse **Zeitraum:** 1988–2004 **Sample:** vier US-amerikanische Qualitätszeitungen (n = 4887)	**Tendenz:** Überbewertung der Argumente von Klimaskeptikern bzgl. des Themas globale Erwärmung **Erklärungsmuster:** Objektivitätsnorm des US-amerikanischen Journalismus führt zu Berücksichtigung abweichender Meinungen
Indien Billett (2010)	**Methode:** Diskursanalyse **Zeitraum:** 2002–2007 **Sample:** vier englischsprachige Zeitungen (n = 248)	**Tendenz:** Verantwortung für Klimapolitik liegt bei den westlichen Industriestaaten (Nord-Süd-Differenz) **Erklärungsmuster:** Orientierung an den Präferenzen und Aufmerksamkeitsstrukturen der elitären Leserschaft
Australien Bacon & Nash (2012)	**Methode:** Feld- bzw. Diskursanalyse **Zeitraum:** 01.–31. Juli 2009 **Sample:** drei Zeitungen (The *Sydney Morning Herald, The Daily Telegraph, The Courier Mail*) (n = 170)	**Tendenz:** Frames in der Darstellung von Kohleindustrie und Klimawandel variieren je nach Ressort; Kohle als wirtschaftliches Gut vs. Kohleindustrie als Kontroverse mit Blick auf anthropogenen Klimawandel **Erklärungsmuster:** strategische Organisation und Autorität der Quellen; journalistische Orientierung an den Interessen und Zielgruppen der jeweiligen Zeitung sowie Maximierung der Auflagenzahlen

weitergedacht, erscheint der Journalismus in Billets Analyse als Erfüllungsgehilfe der herrschenden Klassen.

4 Fazit und Ausblick

Ziel dieses Beitrags war, den journalistischen Umgang mit dem Thema Klimawandel vor dem Hintergrund journalismustheoretischer Ansätze und einer Systematisierung existierender empirischer Untersuchungen aus verschiedenen Ländern zu skizzieren.

Ein zentraler Befund ist, dass Klimawandel seitens des Journalismus nicht per se als Wissenschaftsthema erachtet wird, sondern ressortübergreifend bearbeitet wird. Die Thematisierung von Klimawandel richtet sich v. a. nach greifbaren politischen oder populären Ereignissen sowie extremen Wetterereignissen oder Naturkatastrophen. Eine Erklärung sind diesbezüglich v. a. die journalistischen Auswahlkriterien im Sinne von Nachrichtenfaktoren sowie die Herstellung von Bezügen zur Erfahrungswelt des Publikums.

Weiter konnte gezeigt werden, dass es bei Wissenschaftsjournalisten in verschiedenen Ländern Unterschiede bezüglich des klimathematischen Wissens und der Verwendung von Informationsquellen bei der Recherche gibt. Dieser Aspekt ist von Bedeutung für die Frage, inwieweit Journalisten in der Lage sind, klimawissenschaftliche Themen einzuschätzen und angemessen darzustellen.

Schließlich konnte mittels Bezugnahme auf kulturtheoretische Analysen des Journalismus dargelegt werden, dass Journalismus nicht überall gleich funktioniert und sich entsprechend auch verschiedene, in der Regel länderspezifische, Repräsentationen von Klimawandelthemen in der Berichterstattung zeigen. Es sind v. a. die unterschiedlichen kulturellen und historischen Traditionen des Journalismus und professionellen Sozialisationen der journalistischen Akteure, die stellenweise als Erklärung für Tendenzen in der Berichterstattung herangezogen und reflektiert werden.

Insgesamt zeigen sich deutliche Forschungslücken hinsichtlich des Produktionskontextes für die Berichterstattung über den Klimawandel. Wie zu Beginn dieses Aufsatzes angedeutet, überwiegen in der kommunikationswissenschaftlichen Klimawandelforschung medienzentrierte Perspektiven. Wird jedoch der konstruktivistische Charakter der Medienberichterstattung hinreichend ernst genommen, so fehlt es zur Klärung des Zustandekommens der Berichterstattung über den Klimawandel und ihrer Tendenzen bisher v. a. an Interviewstudien und ethnografischen Untersuchungen der journalistischen Akteure, um präziser Aussagen treffen zu können über den journalistischen Produktionszusammenhang.

Des Weiteren ist v. a. die Frage nach länderspezifischen Berichterstattungsmustern bezüglich des Klimawandels insbesondere aufgrund eines Mangels an systematischen Vergleichsstudien nach wie vor nicht hinreichend geklärt. Spezifika jedweder Art lassen sich jedoch nur mittels eines direkten Vergleichs identifizieren. Dies gilt sowohl für

Analysen von Medienprodukten als auch für die journalistischen Akteure, die letztlich diese Produkte herstellen. Aus diesem Grund erscheint auch bei der künftigen Erforschung des journalistischen Umgangs mit dem Thema Klimawandel eine sowohl kontextuelle als auch komparative Perspektive sinnvoll.

Bibliographie

Altmeppen, Klaus-Dieter (2006a): Journalismus und Medien als Organisationen. Wiesbaden: Verlag für Sozialwissenschaften.

Altmeppen, Klaus-Dieter (2006b): Ablauforganisation – Formen der journalistischen Aussagenproduktion. In: Scholz, Christian (Hg.) (2006): Handbuch Medienmanagement. Heidelberg: Springer. S. 555–578.

Altmeppen, Klaus-Dieter & Martin Löffelholz (1998): Journalismus. In: Jarren, Otfried, Ulrich Sarcinelli & Ulrich Saxer (Hg.) (1998): Politische Kommunikation in der demokratischen Gesellschaft. Opladen: Westdeutscher Verlag. S. 414–421.

Anderson, Alison (2009): Media, Politics and Climate Change: Towards a New Research Agenda. In: Sociology Compass, Jg. 3. S. 166–182.

Arnold, Klaus (2008): Qualität im Journalismus – ein integrales Konzept. In: Publizistik, Jg. 53. S. 488–508.

Bacon, Wendy & Chris Nash (2012): Playing the media game. The relative (in)visibility of coal industry interests in media reporting of coal as a climate change issue in Australia. In: Journalism Studies, iFirst Article. 20. 1. 2012. S. 1–16.

Bechmann, Gotthard & Silke Beck (1997): Zur gesellschaftlichen Wahrnehmung des anthropogenen Klimawandels und seiner möglichen Folgen. In: Kopfmüller, Jürgen & Reinhard Coenen (Hg.): Risiko Klima. Frankfurt: Campus. S. 119–157.

Berglez, Peter, Brigitta Höijer & Ulrika Olausson (2010): Individualization and Nationalization of the Climate Change Issue: Two Ideological Horizons in Swedish News Media. In: Boyce, Tammy, Justin Lewis (Hg.) Climate Change and the Media. New York u. a.: Peter Lang. S. 211–223.

Billett, Simon (2010): Dividing climate change: global warming in the Indian mass media. In: Climatic Change, Jg. 99. S. 1–16.

Bild.de (2009): 10 Tipps zum Klimaschutz. So können Sie die Welt retten (www.bild.de/BILD/politik/2009/12/08/10-tipps-zum-klimaschutz/so-koennen-sie-die-welt-retten.html, Zugriff am 7. 8. 2011).

Bild am Sonntag (2011): Nachhaltigkeit & Energiesparen: 100 Tipps, die die Welt (und Ihr Leben) ein bisschen besser machen. In: Bild am Sonntag, 24.7. 2011.

Blöbaum, Bernd (2004): Organisationen, Programme und Rollen. Die Struktur des Journalismus in systemtheoretischer Perspektive. In: Löffelholz, Martin (Hg.) (2004): Theorien des Journalismus. Wiesbaden: Verlag für Sozialwissenschaften. S. 201–215.

Blöbaum, Bernd (2008): Wandel redaktioneller Strukturen und Entscheidungsprozesse. In: Bonfadelli, Heinz, Kurt Imhof, Roger Blum & Otfried Jarren (Hg.) (2008): Seismographische Funktion von Öffentlichkeit im Wandel. Wiesbaden: Verlag für Sozialwissenschaften. S. 119–129.

Blöbaum, Bernd, Alexander Görke & Kristina Wied (2004): Quellen der Wissenschaftsberichterstattung. Inhaltsanalyse und Befragung. Endbericht. Februar 2004. Münster (www.

uni-bamberg.de/fileadmin/uni/fakultaeten/split_lehrstuehle/kommunikationswissenschaften_1/Dateien/Downloads/Veroeff/Kristina_Wied/Studie_Quellen_des_Wijo_2004.pdf, Zugriff am 7.8.2011).

Boykoff, Maxwell T. & Jules M. Boykoff (2004): Balance as Bias: Global Warming and the US Prestige Press. In: Global Environmental Change, Jg. 14. S. 125–36.

Boykoff, Maxwell T. & Jules M. Boykoff (2007): Climate Change and Journalistic Norms: A Case Study of US Mass-Media Coverage. In: Geoforum, Jg. 38. S. 1190–1204.

Brosda, Carsten (2008): Diskursiver Journalismus. Wiesbaden: Verlag für Sozialwissenschaften.

Brossard, Dominique, James Shanahan & Katherine McComas (2004): Are Issue-Cycles Culturally Constrcuted? A Comparison of French and American Coverage of Global Climate Change. In: Mass Communication & Society, Jg. 7. S. 359–377.

Brüggemann, Michael (2011): Journalistik als Kulturanalyse: Redaktionskulturen als Schlüsselkonzept zur Erforschung journalistischer Praxis. In: Jandura, Olaf, Thorsten Quandt & Jens Vogelgesang (Hg.) (2011): Methoden der Journalismusforschung. Wiesbaden: Verlag für Sozialwissenschaften. S. 47–65.

Burkart, Roland (2002): Kommunikationswissenschaft: Grundlagen und Problemfelder. Umrisse einer interdisziplinären Sozialwissenschaft. Wien u.a.: Böhlau.

Carvalho, Anabela (2007): Ideological Cultures and media discourses on scientific knowledge: re-reading news on climate change. In: Public Understanding of Science, Jg. 16. S. 223–243.

Carvalho, Anabela & Jacquelin Burgess (2005): Cultural Circuits of Climate Change in U.K. Broadsheet Newspapers, 1985–2003. In: Risk Analysis, Jg. 25. S. 1475–1469.

Dernbach, Beatrice (2010): Die Vielfalt des Fachjournalismus. Wiesbaden: Verlag für Sozialwissenschaften.

Der Spiegel (1986): Die Klimakatastrophe. Ozon-Loch Pol-Schmelze, Treibhaus Effekt: Forscher warnen. 11.8.1986, Nr. 33.

Der Spiegel (1995): Vor uns die Sintflut. Weltklima-Gipfel der Katastrophen. 20.3.1995, Nr. 12

Der Spiegel (2005): Der zerbrechliche Planet. Wie die Welt im Angesicht der Flutkatastrophe zusammenrückte. 10. Januar 2005, Nr. 2.

Der Spiegel (2006): Achtung, Weltuntergang! Wie gefährlich ist die globale Erwärmung wirklich? 6.11.2006, Nr. 45.

Doulton, Hugh & Katrina Brown (2009): Ten years to prevent the catastrophe? Discourse of climate change and international development in the UK press. In: Global Environmental Change, Jg. 19. S. 191–202.

Doyle, Judith (2007): Picturing the Clima(c)tic: Greenpeace and the Representational Politics of Climate Change Communication. In: Science as Culture, Jg. 16. S. 129–150.

Drieschner, Frank (2010): Es brennt lichterloh. Die Welt erlebt den heißesten aller Sommer, doch die USA boykottieren den Klimaschutz. Dürfen die das? In: DIE ZEIT. 5.8.2010, Nr. 32 (http://pdf.zeit.de/2010/32/01-Klimaschutz.pdf, Zugriff am 7.8.2011).

DW-World.de Deutsche Welle (2010): Welt im Fokus. Der Klimawandel und die Medien (http://www.dw-world.de/dw/article/0,,5662412,00.html, Zugriff am 7.8.2011).

Ehrensperger, Anna (2009): Die Klimawandelberichterstattung in der Deutschschweizer Tagespresse vor dem Hintergrund des medialen Informationsbias. Hamburg: Academic Transfers.

Ehrlich, Peter (2010): Viel Grund zur Aufregung. In: Financial Times Deutschland. Agenda. 19.8.2010. S. 24.

Eide, Elisabeth, Risto Kunelius & Ville Kumpu (Hg.) (2010): Global Climate-local journalisms. A transnational study of how media make sense of climate summits. Global Journalism Research Series, Jg. 3. Bochum u.a.: projekt verlag.

Eilders, Christiane, Sebastian Geißler, Michael Hallermayer, Michael Noghero & Jan-Mathis Schnurr (2010): Zivilgesellschaftliche Konstruktion politischer Realität. In: Medien & Kommunikationswissenschaft, Jg. 58. S. 63–82.
Eisenegger, Mark (2008): Zur Logik medialer Seismographie: Der Nachrichtenwertansatz auf dem Prüfstand. In: Bonfadelli, Heinz, Kurt Imhof, Roger Blum & Otfried Jarren (Hg.): Seismographische Funktion von Öffentlichkeit im Wandel. Wiesbaden: Verlag für Sozialwissenschaften. S. 146–169.
Elsevier (2009): Klimaat Speziale editie. Alles over de zoektocht naar duurzame energie & de groene strijd tegen opwarming van de planeet aarde. Amsterdam: Elsevier.
Esser, Frank (1998): Die Kräfte hinter den Schlagzeilen. Englischer und deutscher Journalismus im Vergleich. Freiburg u. a.: Alber.
Esser, Frank (2010): Komparative Kommunikationswissenschaft. National Centre of Competence in Research (NCCR). Challenges to Democracy in the 21st Century. Working Paper No. 41 (http://www.nccr-democracy.uzh.ch/publications/workingpaper/pdf/WP_41.pdf, Zugriff am 7. 8. 2011).
Focus (2010): Prima Klima! Umdenken: Die Globale Erwärmung ist gut für uns. Nr. 44/2010.
Focus.de (2006): Energiesparen: 15 Tipps für den Alltag (www.focus.de/wissen/wissenschaft/klima/energie/energiesparen/energiesparen_aid_21761.html, Zugriff am 7. 8. 2011).
Focus.de (2010): Klimawandel. Hochwasser in Deutschland und Hitze in Russland als Vorgeschmack. 9. 8. 2010 (http://www.focus.de/panorama/vermischtes/klimawandel-hochwasser-in-deutschland-und-hitze-in-russland-als-vorgeschmack_aid_539336.html, Zugriff am 7. 8. 2011).
Galtung, Johan & Marie Holmboe Ruge, (1965): The Structure of Foreign News: The presentation of the Congo, Cuba and Cyprus Crisis in four Norwegian Newspapers. In: Journal of Peace Research, Jg. 2. S. 64–91.
Geo (2007): Handeln nach dem Klimaschock. Erderwärmung: Die Fakten und die Mythen. Nr. 12/2007.
Grittmann, Elke (2010): „The Iconography of Climate Change. How Media Cover Global Warming visually“, Vortrag, Deutsche Welle Global Media Forum 2010, 21. 6. 2010, Bonn.
Grittmann, Elke, Irene Neverla & Ilona Ammann (2008): Global, lokal, digital – Strukturen und Tendenzen im Fotojournalismus. In: Grittmann, Elke, Irene Neverla & Ilona Ammann (Hg.): Global, lokal, digital. Fotojournalismus heute. Köln: von Halem. S. 8–35.
Hallin, Daniel C. & Paolo Mancini (2004): Comparing Media Systems. Three Models of Media and Politics. Cambridge u. a.: Cambridge University Press.
Hanitzsch, Thomas (2007): Journalismuskultur: Zur Dimensionierung eines zentralen Konstrukts der kulturvergleichenden Journalismusforschung. In: Medien & Kommunikationswissenschaft Jg. 55. S. 372–389.
Hanitzsch, Thomas (2009): Zur Wahrnehmung von Einflüssen im Journalismus. Komparative Befunde aus 17 Ländern. In: Medien & Kommunikationswissenschaft, Jg. 57. S. 153–173.
Hansen, Anders & David Machin (2008): Visually branding the environment: Climate change as a marketing opportunity. In: Discourse Studies, Jg. 10. S. 777–794.
Harbinson, Rod, Richard Mugara & Ambika Chawla (2006): Whatever the Weather: Media Attitudes to Reporting Climate Change. London: Panos Institute (www.panos.org.uk/PDF/reports/whatevertheweather.pdf, Zugriff am 7. 8. 2011).
Hepp, Andreas (2006): Transkulturelle Kommunikation. Konstanz: UVK.
Hoffjann, Olaf (2007): Journalismus und Public Relations. Wiesbaden: Verlag für Sozialwissenschaften.

Jarren, Otfried & Patrick Donges (2002): Politische Kommunikation in der Mediengesellschaft, Bd. 1: Verständnis, Rahmen und Strukturen. Wiesbaden: Westdeutscher Verlag.
Kohring, Matthias (2001): Vertrauen in Medien – Vertrauen in Technologie. Arbeitsbericht Nr. 196/September 2011 (http://elib.uni-stuttgart.de/opus/volltexte/2004/1886/pdf/AB196.pdf?ref=Klasistanbul.Com, Zugriff am 7. 8. 2011).
Kohring, Matthias (2002a): Fakten ins Töpfchen, Fiktionen ins Kröpfchen? Warum Vertrauen in Journalismus mehr ist als Glaubwürdigkeit. In: Baum, Achim & Siegfried J. Schmidt (Hg.): Fakten und Fiktionen: über den Umgang mit Medienwirklichkeiten. Konstanz: UVK. S. 90–100.
Kohring, Matthias (2002b): Vertrauen in Journalismus. In: Scholl, Armin (Hg.): Systemtheorie und Konstruktivismus in der Kommunikationswissenschaft. Konstanz: UVK. S. 91–110.
Kopper, Gerd (2003): Journalistische Kultur in Deutschland. In: Kopper, Gerd & Paolo Mancini, (Hg.): Kulturen des Journalismus und politische Systeme. Berlin: Vistas. S. 109–130.
Kunelius, Risto & Laura Ruusunoksa (2008): Mapping Professional Imagination. On the potential of professional culture in the newspapers of the future. In: Journalism Studies, Jg. 9. S. 662–678.
Le Nouvel Observateur (2000): La planète détraquée – Tempête: L'homme a-t-il changé le climat? 6. 1. 2000.
Linder, Stephen H. (2006) Cashing-in on risk claims: On the for-profit inversion of signifiers for ‚global warming'. Social Semiotics, Jg. 16. S. 103–132.
Löffelholz, Martin (2004): Einführung in die Journalismustheorie. Theorien des Journalismus. Eine historische, metatheoretische und synoptische Einführung. In: Löffelholz, Martin (Hg.): Theorien des Journalismus. Wiesbaden: Verlag für Sozialwissenschaften. S. 17–63.
Lünenborg, Margreth (2005): Journalismus als kulturelles Prozess: Zur Bedeutung von Journalismus in der Mediengesellschaft. Wiesbaden: Verlag für Sozialwissenschaften.
Machill, Marcel (Hg.) (1997): Journalistische Kultur. Rahmenbedingungen im internationalen Vergleich. Opladen: Westdeutscher Verlag.
Mancini, Paolo (2008): Journalism Cultures. A Multi-Level Proposal. In: Hahn, Oliver & Roland Schröder (Hg.): Journalistische Kulturen. Internationale und interdisziplinäre Theoriebausteine. Köln: von Halem. S. 149–167.
Matthes, Jörg & Matthias Kohring (2003): Operationalisierung von Vertrauen in Journalismus. In: Medien & Kommunikationswissenschaft, Jg. 51. S. 5–23.
Maurer, Marcus (2011): Wie Journalisten mit Unsicherheit umgehen. Eine Untersuchung am Beispiel der Berichterstattung über die Folgen des Klimawandels. In: Medien & Kommunikationswissenschaft, Jg. 59. S. 60–74.
Mazur, Allan (1998): Global Environmental Change in the News: 1987–90 vs. 1992–6. In: International Sociology, Jg.13. S. 457–472.
Meier, Klaus (2002): Wenn Teams das Niemandsland bevölkern. Eine Analyse innovativer Redaktionsstrukturen. In: Hohfeld, Klaus, Klaus Meier & Christoph Neuberger (Hg.) (2002): Innovationen im Journalismus. Münster u. a.: Lit. S. 91–111.
Meier, Klaus (2007): Journalistik. Konstanz: UVK.
Meier, Klaus & Frank Feldmeier (2005): Wissenschaftsjournalismus und Wissenschafts-PR im Wandel. In: Publizistik, Jg. 50. S. 201–224.
Müller-Jung, Joachim (2010): Jüngste Naturkatastrophen. Das Wetter hat sich festgefressen. FAZ.NET. 12. 8. 2010 (http://m.faz.net/RubC5406E1142284FB6BB79CE581A20766E/Doc~E5DA9116FD018434FA1B73891F3FC04AD~ATpl~Epartner~Ssevenval~Scontent.xml, Zugriff am 7. 8. 2011).

Neverla, Irene (2010): Zeit als Schlüsselbegriff der Medienkultur im Wandel. In: Hepp, Andreas, Marco Höhn & Jeffrey Wimmer (Hg.): Medienkultur im Wandel. Konstanz: UVK. S. 135–147.

Newsweek (2011): Weather Panic. This is the news normal (and we're hopelessly unprepared). 6. 6. 2011.

Odenwald, Michael (2010): Der Sommer der Katastrophen. Focus.de. 12. 8. 2010 (http://www.focus.de/wissen/wissenschaft/klima/klimawandel/tid-19478/extremwetter-der-sommer-der-katastrophen_aid_540545.html, Zugriff am 7. 8. 2011).

Olausson, Ulrika (2009): Global warming-global responsibility? Media frames of collective action and scientific certainty. In: Public Understanding of Science, Jg. 18. S. 421–436.

Östgaard, Einar (1965): Factors Influencing the Flow of News. In: Journal of Peace Research, Jg. 2. S. 39–63.

Pansegrau, Petra (2000): „Klimaszenarien, die einem apokalyptischen Bilderbogen gleichen" oder „Leck im Raumschiff Erde". Eine Untersuchung der kommunikativen und kognitiven Funktionen von Metaphorik im Wissenschaftsjournalismus anhand der Spiegelberichterstattung zum ‚Anthropogenen Klimawandel'. Dissertation (http://bieson.ub.uni-bielefeld.de/volltexte/2005/648/pdf/Dissertation_Klimametaphern_Pansegrau.pdf, Zugriff am 7. 8. 2011).

Peters, Hans Peter & Harald Heinrichs (2005): Öffentliche Kommunikation über Klimawandel und Sturmflutrisiken. Bedeutungskonstruktion durch Experten, Journalisten und Bürger. Jülich: Forschungszentrum.

Pörksen, Bernhard (2004): Journalismus als Wirklichkeitskonstruktion. Grundlagen einer konstruktivistischen Journalismustheorie. In: Löffelholz, Martin (Hg.): Theorien des Journalismus. Wiesbaden: Verlag für Sozialwissenschaften. S. 335–347.

Raabe, Johannes (2005): Die Beobachtung journalistischer Akteure. Wiesbaden: Verlag für Sozialwissenschaften.

Remillard, Chaseten (2011): Picturing environmental risk: The Canadian oil sands and the National Geographic. In: The International Communication Gazette, Jg. 73. S. 127–143.

Renger, Rudi (2008): Populärer Journalismus. In: Hepp, Andreas & Rainer Winter (Hg.): Kultur-Medien-Macht. Cultural Studies und Medienanalyse. Wiesbaden: Verlag für Sozialwissenschaften. S. 41–60.

Requate, Jörg (1995): Journalismus als Beruf: Entstehung und Entwicklung des Journalistenberufs im 19. Jahrhundert. Deutschland im internationalen Vergleich. Göttingen: Vandenhoeck & Ruprecht.

Requate, Jörg (1999): Öffentlichkeit und Medien als Gegenstände historischer Analyse. In: Geschichte und Gesellschaft: Zeitschrift für historische Sozialwissenschaft, Jg. 25. S. 5–32.

Ruhrmann, Georg & Roland Göbbel (2007): Veränderung der Nachrichtenfaktoren und Auswirkungen auf die journalistische Praxis in Deutschland. Abschlussbericht für netzwerk recherche e. V. April 2007 (http://www.netzwerkrecherche.de/files/nr-studie-nachrichtenfaktoren.pdf, Zugriff am 7. 8. 2011).

Scheufele, Bertram (2003): Frames-Framing-Framing Effekte: theoretische und methodische Grundlagen des Framing-Ansatzes sowie empirische Befunde zur Nachrichtenproduktion. Wiesbaden: Westdeutscher Verlag.

Schneider, Birgit (2009): Die Kurve als Evidenzerzeuger des klimatischen Wandels am Beispiel des „Hockey-Stick-Graphen". In: Harrasser, Karin, Helmut Lethen & Elisabeth Timm (Hg.): Sehnsucht nach Evidenz. Zeitschrift für Kulturwissenschaften. 1/2009. Bielefeld: transcript. S. 41–55.

Schneider, Birgit (2010): Ein Darstellungsproblem des klimatischen Wandels. Zur Analyse und Kritik wissenschaftlicher Expertenbilder und ihrer Grenzen. In: Kritische Berichte, Jg. 38. S. 72–90.

Scholl, Armin & Siegfried Weischenberg (1998): Journalismus in der Gesellschaft. Theorie, Methodologie und Empirie. Opladen u. a.: Westdeutscher Verlag.

Schulz, Winfried (1976): Die Konstruktion von Realität in den Nachrichtenmedien: Analyse der aktuellen Berichterstattung. Freiburg u. a.: Alber.

Schulz, Winfried (2011): Politische Kommunikation. Wiesbaden: Verlag für Sozialwissenschaften.

Shanahan, James & Jennifer Good (2000): Heat and hot air: influence of local temperature on journalists' coverage of global warming. In: Public Understanding of Science, Jg. 9. S. 285–295.

Shoemaker, Pamela J. & Stephen D. Reese (1991): Mediating the message: theories of influences on mass media content. New York: Longman.

Smith, Joe (2005): Dangerous news: media decision making about climate change risk. In: Risk Analysis, Jg. 25. S. 1471–1482.

Stern, Nicholas (2007): The Economics of Climate Change. The Stern Review. Cambridge: Cambridge University Press.

Sueddeutsche.de (2007): CO_2 im Alltag. Kleine Änderung, große Wirkung (www.sueddeutsche.de/wissen/co-im-alltag-kleine-aenderung-grosse-wirkung-1.606722, Zugriff am 7. 8. 2011).

Sundblad, Eva-Lotta, Anders Biel & Tommy Gärling (2009): Knowledge and Confidence in Knowledge About Climate Change Among Experts, Journalists, Politicians, and Laypersons. In: Environment and Behavior, Jg. 41. S. 281–302.

Time Magazine (1987): The Heat Is On. How the Earth's Climate Is Changing. Why the Ozon Hole is Growing. 19. 10. 1987.

Time Magazine (2005): Are we making Hurricanes worse? 3. 10. 2005.

Time Magazine (2006): Global Warming: Be Worried. Be Very Worried. 3. 4. 2006.

Trümper, Stefanie (2011): Redaktionskultur in Deutschland am Fallbeispiel der Frankfurter Allgemeinen Zeitung und der Bild-Zeitung. In: Elsler, Monika (Hg.): Die Aneignung von Medienkultur. Wiesbaden: Verlag für Sozialwissenschaften. S. 173–192.

Ungar, Sheldon (1992): The Rise and (Relative) Decline of Global Warming as a Social Problem. In: The Sociological Quarterly, Jg. 3. S. 483–501.

van der Sluijs, Jeroen P., Rinie van Est & Monique Riphagen (Hg.) (2010), Room for climate debate: perspectives on the interaction between climate politics, science and the media. Den Haag. Rathenau Instituut.

Weingart, Peter, Anita Engels & Petra Pansegrau (2000): Risks of communication: discourses on climate change in science, politics, and the mass media. In: Public Understanding of Science, Jg. 9. S. 261–283.

Weingart, Peter, Anita Engels & Petra Pansegrau (2002): Von der Hypothese zur Katastrophe. Der anthropogene Klimawandel im Diskurs zwischen Wissenschaft, Politik und Massenmedien. Opladen: Leske+Budrich.

Weischenberg, Siegfried (1994): Journalismus als soziales System. In: Merten, Klaus, Siegfried J. Schmidt & Siegfried Weischenberg (Hg.): Die Wirklichkeit der Medien. Opladen: Westdeutscher Verlag. S. 427–454.

Weischenberg, Siegfried (1995): Journalistik. Medientechnik, Medienfunktionen, Medienakteure. Bd 2. Opladen: Westdeutscher Verlag.

Wilson, Kris M. (2000): Drought, debate, and uncertainty: measuring reporters' knowledge and ignorance about climate change. In: Public Understanding of Science, Jg. 9. S. 1–13.
ZDF Heute Journal (2010), 9. 8. 2010 (http://www.zdf.de/ZDFmediathek/beitrag/video/1110020/Experte-Hoeppe-Indizien-fuer-Klimawandel/dialog/hilfe?flash=off, Zugriff am 7. 8. 2011).
ZDF.de (2009): CO_2-Sparen leicht gemacht (http://klimagipfel.zdf.de/ZDFde/inhalt/0/0,1872,7936864,00.html?dr=1, Zugriff am 7. 8. 2011).
Zelizer, Barbie (2005): The Culture of Journalism. In: Curran, James & Michael Gurevitch (Hg.): Mass Media and Society. 4th Edition. London: Hodder Arnold. S. 198–214.

Mediale Konstruktionen des Klimawandels

Issue-Attention: Mediale Aufmerksamkeit für den Klimawandel in 26 Ländern

Mike S. Schäfer, Ana Ivanova & Andreas Schmidt

1 Notwendigkeit einer komparativen Perspektive – Forschungsfrage

Klimawandel stellt in den Augen vieler Autoren ein globales Phänomen dar (vgl. Beck 2008: 81 ff.). Immerhin handelt es sich um eine Veränderung des Klimas, die in Form steigender Durchschnittstemperaturen weltweit spürbar ist (z. B. IPCC 2007: 11) und in Gesellschaften weltweit Folgen haben wird (vgl. z. B. WBGU 2008).

Allerdings verteilen sich die Ursachen und Folgen dieser Klimaveränderung sehr ungleich auf verschiedene Länder- bzw. Ländergruppen. Industrieländer wie die USA, Australien oder auch Deutschland haben historisch viel zu anthropogenen Treibhausgasemissionen beigetragen. Heute sind es neben diesen Ländern auch Schwellenländer wie China oder Indien, die einen beträchtlichen Anteil des weltweiten CO_2-Ausstoßes verantworten – weiterhin jedoch einen relativ niedrigen Treibhausgasausstoß pro Kopf aufweisen (vgl. Watkins 2007).[1] Umgekehrt sind Länder wie Bangladesch, Myanmar oder Honduras am stärksten von den mutmaßlichen Folgen des Klimawandels betroffen, haben selbst aber wenig zum Problem beigetragen (Wiesweg 2008: 68 f.; DARA & Climate Vulnerable Forum 2010: 26 f.). Zu erwarten wäre daher, dass auch der gesellschaftliche Stellenwert des Themas weltweit variiert. Vor diesem Hintergrund sind komparative, ländervergleichende Studien interessant und notwendig. Ähnlichkeiten und Unterschiede im Umgang mit dem Klimawandel in den einzelnen Gesellschaften lassen sich insbesondere anhand eines Vergleiches der länderspezifischen Medienberichterstattung feststellen, die für viele Menschen eine zentrale Quelle von Informationen über das Thema darstellt (vgl. Neverla & Taddicken in diesem Band). Dabei wäre es wünschenswert, neben westlichen auch asiatische, afrikanische oder lateinamerikanische Länder mit einzubeziehen, um das skizzierte Spektrum unterschiedlicher Betroffenheiten und die damit mutmaßlich verbundenen, unterschiedlichen Problemwahrnehmungen abbilden zu können.

Derartige Studien liegen aber bislang kaum vor. In den vergangenen Jahren wurden in der Kommunikationswissenschaft zwar zahlreiche Arbeiten zur Klimaberichterstat-

---

1 China ist beispielsweise für 17,3 % der weltweiten CO_2-Emissionen verantwortlich und damit auf Platz 2 der Top-Verursacher. Hinsichtlich der Pro-Kopf-Emissionen rangiert das Land mit 3,8 t CO_2 jedoch deutlich unterhalb von Industrieländern und sogar unterhalb des weltweiten Durchschnitts von 4,5 t.

tung vorgelegt. Doch diese Literatur weist einige problematische Schieflagen bzw. Lücken auf.

Erstens überwiegen Fallstudien zu einzelnen Ländern. So beschreiben Liu und Kollegen (2008) die Berichterstattung in den USA anhand der „New York Times" von 1969 bis 2005 (weitere Studien zu den USA sind Antilla 2005; Bell 1994; Boykoff 2007a; Boykoff & Boykoff 2007). Für Großbritannien haben Carvalho und Burgess (2005) eine Studie zum „Guardian", dem „Independent" und der „Times" über ca. 20 Jahre vorgelegt, und auch andere Autoren untersuchen den Umgang britischer Medien mit dem Klimawandel (z. B. Boykoff 2008; Boykoff & Mansfield 2008). Ähnliche Arbeiten finden sich für eine Reihe weiterer Länder von Deutschland (Weingart u. a. 2000) über Kanada (Young & Dugas 2011) und Mexiko (Gordon u. a. 2010) bis zu Japan (Sampei & Aoyagi-Usui 2009). Es liegen also Erkenntnisse zu verschiedenen nationalen Fällen vor – aber ihre Ergebnisse lassen sich kaum vergleichen. Angesichts jeweils unterschiedlicher Fragestellungen, untersuchter Themenaspekte, verwendeter Medien, Analysezeiträume, verwendeter Untersuchungseinheiten sowie Erhebungs- und Auswertungsmethoden usw. ist in der Regel nicht klar, worauf etwaige Unterschiede und Gemeinsamkeiten in der Berichterstattung der entsprechenden Länder zurückzuführen sind.[2]

Eine zweite Schwierigkeit besteht darin, dass sich diese Arbeiten fast ausschließlich auf westliche Länder konzentrieren (einige wenige Ausnahmen finden sich z. B. in Eide u. a. 2010; Shanahan 2009) – was angesichts der globalen Reichweite des Themas Klimawandel und der weltweit stark variierenden Ursachenverantwortung sowie Betroffenheit nicht angemessen ist. Die damit möglicherweise verbundenen Länderunterschiede in der Themenaufmerksamkeit und -darstellung, den Verantwortungsattributionen usw. lassen sich auf diese Weise bisher nicht rekonstruieren.

Ein drittes Problem ist die oftmals fehlende „funktionale Äquivalenz" (Esser 2010: 9) der Untersuchungsgegenstände in den wenigen vorliegenden komparativen Studien. Letztlich werden darin oft Größen zueinander in Beziehung gesetzt, die einander nicht entsprechen, was die Vergleichbarkeit der Befunde zu den einbezogenen Ländern oder Zeiträumen einschränkt. Beispielsweise werden teils (absolute) Artikelzahlen aus Zeitungen unterschiedlicher Länder (z. B. Eskjaer 2010) oder Kontinente (z. B. Boykoff 2010) verglichen und als Aufmerksamkeitsmaß interpretiert. Da sich Zeitungen verschiedener Länder – aufgrund unterschiedlicher journalistischer Kulturen, ökonomischer Möglich-

2 Ein Beispiel: Anabela Carvalho (2007) kommt in ihrer „kritischen Diskursanalyse" dreier britischer Zeitungen von 1985 bis 2001 zu dem Befund, dass die Darstellung und Diskussion wissenschaftlicher Unsicherheiten bei der Beschreibung des Klimawandels ein wesentliches Thema ist. Joye C. Gordon und Kollegen (2010) dagegen zeigen mittels einer quantitativen Inhaltsanalyse der mexikanischen Zeitung „Reforma" für den Zeitraum 2004 bis 2006, dass der Frame „scientific conflict/controversy" dort weniger als fünf Prozent aller Äußerungen ausmacht, wissenschaftliche Unsicherheit also kaum ein Thema ist. Ob es sich hierbei allerdings um einen britisch-mexikanischen Länderunterschied handelt, oder ob (und in welchem Maße) diese Ergebnisse das Produkt der von beiden Studien verwendeten verschiedenen Methoden, Zeiträumen, Stichprobenziehungen u. ä. sind, lässt sich nicht beantworten.

keiten unter anderem Gründe – in ihrem Umfang teils erheblich unterscheiden, ist es sinnvoll, derartige Maße etwa zur Gesamtzahl der Artikel in den jeweiligen Zeitungen zu relationieren und dabei auch die zeitliche Entwicklung des untersuchten Mediums selbst mit einzubeziehen.

Ein viertes Problem der vorliegenden Arbeiten liegt darin, dass sie ihre Beschreibungen der Berichterstattung nur teilweise durch Erklärungen flankieren – obgleich es hier nennenswerte Ausnahmen gibt: So zeigen die Arbeiten von Maxwell Boykoff, dass journalistische Normen die Ausgestaltung von Medienberichterstattung über Klimawandel maßgeblich beeinflussen (Boykoff 2007b; Boykoff & Boykoff 2002; Boykoff & Boykoff 2007; ähnlich auch Aram 2011). Anabela Carvalho führt Unterschiede in der Berichterstattung auf den Einfluss ideologischer Faktoren, d. h. redaktioneller Linien bei der medialen Selektion und Gewichtung von Themen zurück (Carvalho 2007). Andere Arbeiten weisen darauf hin, dass Charakteristika nationaler Mediensysteme die Klimaberichterstattung prägen (Eskjaer 2009). Oftmals jedoch werden keine Erklärungen angeboten.

Wir wollen diesen Problemen dadurch begegnen, dass wir einen Vergleich der Berichterstattung unterschiedlicher Länder vorlegen, bei dem wir die verwendeten Daten, Methoden, Analysezeiträume und Themenaspekte usw. konstant halten.[3] Dabei beziehen wir nicht nur westliche, sondern auch nicht-westliche Länder ein – eine Auswahlmethode, die in der komparativen Kommunikationsforschung als „variablenorientiert“ oder „quasi-experimentell“ bezeichnet wird (Esser 2010: 5) – und versuchen die Beschreibung der Ländercharakteristika durch eine Erklärung zu ergänzen. Des Weiteren nehmen wir einen vergleichsweise langen Analysezeitraum in den Blick.

Da dies aufwändig ist, beschränken wir uns an dieser Stelle auf nur eine Facette der massenmedialen Darstellung: die Aufmerksamkeit, die das Thema Klimawandel erhält, mithin die „issue attention“ (z. B. Brossard u. a. 2004). Für die von uns ausgewählten Länder fragen wir entsprechend:

1. Wie hat sich die mediale Aufmerksamkeit zum Thema Klimawandel im Zeitverlauf entwickelt?
2. Auf welche Einflussfaktoren ist die Entwicklung dieser Aufmerksamkeit zurückzuführen?

---

3 Die hier präsentierten Ergebnisse stammen aus dem Projekt „Global Media Map on Climate Change“ der Research Group „Media Constructions of Climate Change“ des Bundesexzellenzclusters „CliSAP“ der Universität Hamburg. Das Projekt wird mit CliSAP-Mitteln unterstützt. Die Autoren danken Jan Murmann und Sarah Pleger für die Erstellung der Grafiken bzw. ihre Mitarbeit bei der Datenerhebung und -bereinigung sowie Linny Bieber, Hanna Sowjanya Mutopalli, Navina Neverla, Audrius Paura, Edu Schreuders und Kukuli Tenorio Polo, die die Daten für einzelne Länder erhoben und bereinigt haben. Zudem danken wir Jana Tereick für die Beratung zu korpuslinguistischen Verfahren und computergestützten Bereinigungsmöglichkeiten sowie dem „Integrated Climate Data Center“ des KlimaCampus der Universität Hamburg für die Bereitstellung von Wetter- und Klimadaten sowie die Unterstützung bei deren Aufbereitung.

Tabelle 1 Analysierte Länder und Zeitungen

Land	Zeitung	LMI	KRI (Rang) 1990–2009	CO_2-Emission in t pro Kopf (2004)	N (Artikel)
Algerien	El Watan	4	89	5,5	549
Australien	The Australian	4	44	16,2	13 906
Brasilien	Folha de São Paulo	4	99	1,8	3 617
Brunei	Borneo Bulletin	3	164	24,0	590
China	People's Daily	4	15	3,8	2 575
Deutschland	Süddeutsche Ztg.	4	28	9,8	6 894
Frankreich	Le Figaro	4	22	6,0	4 218
Großbritannien	The Times	4	37	9,8	9 946
Indien	The Hindu	4	12	1,2	5 710
Indonesien	Jakarta Post	4	41	1,7	2 492
Irland	Irish Times	4	124	10,5	6 151
Israel	Jerusalem Post	4	121	10,4	742
Jemen	Yemen Times	3	53	1,0	112
Jordanien	The Star	2	139	2,9	101
Kanada	Toronto Star	4	107	20,0	7 773
Malaysia	New Straits Times	4	77	7,5	1 757
Mexiko	Reforma	4	45	4,2	4 061
Namibia	The Namibian	4	80	1,2	801
Niederlande	De Volkskrant	4	59	8,7	2 652
Papua-Neuguinea	Post Courier	4	61	0,4	838
Russland	Izvestija	4	66	10,6	496
Singapur	Straits Times	4	167	12,3	2 497
Spanien	El Pais	4	22	7,6	6 787
Südafrika	Sunday Times	3	75	9,8	273
Thailand	Bangkok Post	4	54	4,2	1 542
USA	New York Times	4	34	20,6	8 676

Der Leitmediumsindex (LMI) wurde aus der Summe von vier dichotomen Variablen gebildet. Der Wert 4 bedeutet, dass es sich um eine *nationale, auflagenstarke Qualitäts-Tages*zeitung handelt. Der Wert 3 bedeutet, dass Abstriche in Bezug auf ein Kriterium in Kauf genommen werden musste (Brunei: Auflage, Südafrika und Jemen: Tageszeitung, Jordanien: beides). Der Klimarisikoindex (KRI) wird von der Nichtregierungsorganisation Germanwatch zusammen mit der Münchner Rück erstellt (Harmeling 2010). Er stellt die langjährigen Durchschnittswerte direkter Schäden aus vergangenen Wetterextremereignissen dar und bezieht sich auf relative und absolute Personen- wie Sachschäden. Ein Vergleich mit der alternativen Messung Climate Vulnerability Monitor (CVM, DARA & Climate Vulnerable Forum 2010), der den länderspezifischen Einfluss des Klimawandels auf verschiedenen Dimensionen sowohl für die jüngste Vergangenheit als auch die Zukunft (Jahr 2030) angibt, zeigt eine weitgehende Übereinstimmung. Da der CVM keine Rangfolge ausweist, wird hier der KRI verwendet. Die CO_2-Emissionen wurden dem Human Development Report 2007/2008 entnommen (Watkins 2007: 310 ff.).

2 Verwendete Daten und Methoden

Unser Gegenstand ist die Analyse der Klimawandel-Berichterstattung in den Leitmedien von 26 Ländern von 1996 bis 2010. Ziel der Länderauswahl war es, sowohl unterschiedliche Grade der Verantwortung für die globalen Klimaveränderungen als auch der Betroffenheit von den Folgen dieser Veränderungen (etwa durch Wetterextremereignisse wie Fluten) abzubilden. Ausgewählt wurden vor diesem Hintergrund Algerien, Australien, Brasilien, Brunei, China, Deutschland, Frankreich, Großbritannien, Indien Indonesien, Irland, Israel, Jemen, Jordanien, Kanada, Malaysia, Mexiko, Namibia, die Niederlande, Papua-Neuguinea, Russland, Singapur, Südafrika, Thailand und die USA.

Für jedes dieser Länder wurde ein Leit-Printmedium für die Analyse ausgewählt. Derartigen Medien kommt „gesellschaftlich eine Art Leitfunktion" (Wilke 1999: 302) zu, die in ihrer Reichweite, Reputation oder journalistischen Qualität begründet sein kann. Leitmedien waren für uns Medien, die a) regelmäßig erscheinen und sich tagesaktuellen Themen widmen, b) eine universelle, schwerpunktübergreifende und überregional ausgerichtete Berichterstattung aufweisen, c) eine hohe Reichweite erlangen, d) hohe journalistische Qualitätsstandards haben und e) bei Journalisten, anderen Medien und gesellschaftlichen Eliten eine hohe Reputation als Meinungsführer genießen (vgl. Wilke 1999). Das Zutreffen dieser Kriterien auf die von uns ausgewählten Medien wurde durch Recherchen in einschlägigen Quellen (z. B. in Hans-Bredow-Institut 2009) überprüft.

Die Grundgesamtheit der Analyse bilden alle Zeitungsbeiträge ab 1996 (einem Jahr, ab dem die meisten Zeitungen elektronisch archiviert sind), die innerhalb dieser Medien einen expliziten Bezug zum Klimawandel aufweisen (auch ohne dass dieses Thema den Artikel dominieren muss). Ein solcher Bezug ist für uns gegeben, wenn a) das Schlagwort „Klima" in Kombination mit Schlagworten auftritt, die auf eine Veränderung hindeuten (z. B. Wandel, Entwicklung, Erwärmung, Abkühlung), b) Synonyme des Klimawandels wie der Treibhauseffekt oder die globale Erwärmung erwähnt werden oder c) eine globale resp. weltweite Veränderung der Temperatur thematisiert wird. Die Erhebung erfolgte durch eine Volltextsuche in elektronischen Datenbanken mittels eines komplexen, aber vergleichsweise weit gefassten Such-Strings, der es uns ermöglichte, ein umfassenderes Artikelsample aus den Datenbanken zu extrahieren, als dies bei vielen anderen Studien der Fall ist (Grundmann 2006: 86; Krosnick u. a. 2000: 258; Boykoff & Boykoff 2007: 1194; Olausson 2009: 434).[4] Die gefundenen Zeitungsbeiträge wurden herunterge-

4 Der Suchstring wurde mit der Hilfe von Muttersprachlern für die folgenden Sprachen entwickelt: Chinesisch, Deutsch, Englisch, Französisch, Niederländisch, Portugiesisch, Russisch und Spanisch. Im Englischen lautet er wie folgt: „(climat* W/5 (chang* OR catastroph* OR disaster* OR transform* OR adjust* OR trend* OR world* OR earth* OR warm* OR heat* OR cool* OR variab*)) OR ((greenhouse* W/3 effect*) OR ((global* OR earth* OR world* OR international* OR hemisphere*) W/5 (warm* OR heat* OR cool* OR chill*)) OR ((temperature* W/5 (global* OR earth* OR world* OR international* OR hemisphere*) W/8 (increas* OR rising* OR rise* OR decreas*))".

laden und durch korpusstatistische Verfahren, automatisierte Dublettenabgleiche und manuelle Relevanzkontrollen bereinigt. Das finale Sample umfasst 95 756 Artikel.

Um die Vergleichbarkeit über Zeit und die einbezogenen Länder zu gewährleisten, wurde zusätzlich die Gesamtzahl der in jedem Monat des Untersuchungszeitraums erschienenen Artikel der jeweiligen Zeitungen erhoben. Die Anzahl der Artikel mit Bezug zum Klimawandel wurde dann hierzu relationiert. Wir weisen entsprechend den Anteil der Klimaberichterstattung am Gesamtumfang der untersuchten Medien in Prozent als Maß für Medienaufmerksamkeit aus.

3 Deskriptive Ergebnisse

Im ersten Teil der Ergebnispräsentation möchten wir die Aufmerksamkeit für das Thema Klimawandel im Ländervergleich nachzeichnen. Hierbei sehen wir zunächst für alle Länder gewisse Parallelen in den Berichterstattungsverläufen.

Erstens stellt der Klimawandel in allen Ländern ein relevantes Medienthema dar. Dies ist besonders deutlich in Australien, wo zwischen 1996 und 2010 13 906 Artikel zum Thema erschienen sind, was einem Anteil von 1,4 % an der gesamten Berichterstattung entspricht (vgl. Tab. 2). Dies mag zunächst wenig erscheinen – aber ein Vergleich mit einem anderen Thema verdeutlicht den Stellenwert dieses Umfangs an Medienaufmerksamkeit:

In verschiedenen Ländern vieldiskutierte Themen wie die Stammzellforschung bzw. die Entschlüsselung des menschlichen Erbguts – zu denen die einschlägige Berichterstattung teils als „Hype“ (Racine u. a. 2006) beschrieben wurde – machten über ihre Medienkarriere in Deutschland, Frankreich und den USA hinweg durchschnittlich einen geringeren Anteil an der Berichterstattung aus.[5]

Zweitens zeigt sich, dass der Umfang der Berichterstattung zwischen 1996 und 2010 ebenfalls in allen Ländern, und teils deutlich, ansteigt (vgl. Boykoff 2010: 22; Carvalho & Burgess 2005: 1462; Liu u. a. 2008: 383; für Japan auch Sampei & Aoyagi-Usui 2009: 205). Der Vergleich der Zeiträume 1997 bis 2000 und 2006 bis 2009 zeigt durchweg eine Intensivierung der Aufmerksamkeit für das Thema. Das Aufmerksamkeitsniveau verschiebt sich in den meisten Ländern Ende 2006 bzw. Anfang 2007 und verbleibt dann zumindest bis Ende 2009 auf einem deutlich höheren Level.[6] Dies korrespondiert mit

5 Das Thema Stammzellforschung erhielt ca. 0,12 % der Medienaufmerksamkeit in Deutschland (Süddeutsche Zeitung 1997–2003), Humangenomforschung bekam ca. 0,06 % in Deutschland (Süddeutsche Zeitung 1993–2003), 0,08 % in Frankreich (Le Figaro 1999–2001) und 0,1 % in den USA (New York Times 1999–2001; eigene Berechnung auf Basis der Daten aus Gerhards & Schäfer 2006: 93 ff.; Schäfer 2007: 88).

6 Reusswig, der einen ähnlichen Befund vorlegt, argumentiert, dass diese quantitative Niveauverschiebung auch mit einem qualitativen „discourse shift“ verbunden war. Klimawandel sei dabei zum prioritären gesellschaftlichem Problem und gleichzeitig durch populärkulturelle Ereignisse Teil des alltäglichen Lebens geworden (Reusswig 2010: 43).

Abbildung 1 Länderspezifische Verläufe der Medienaufmerksamkeit

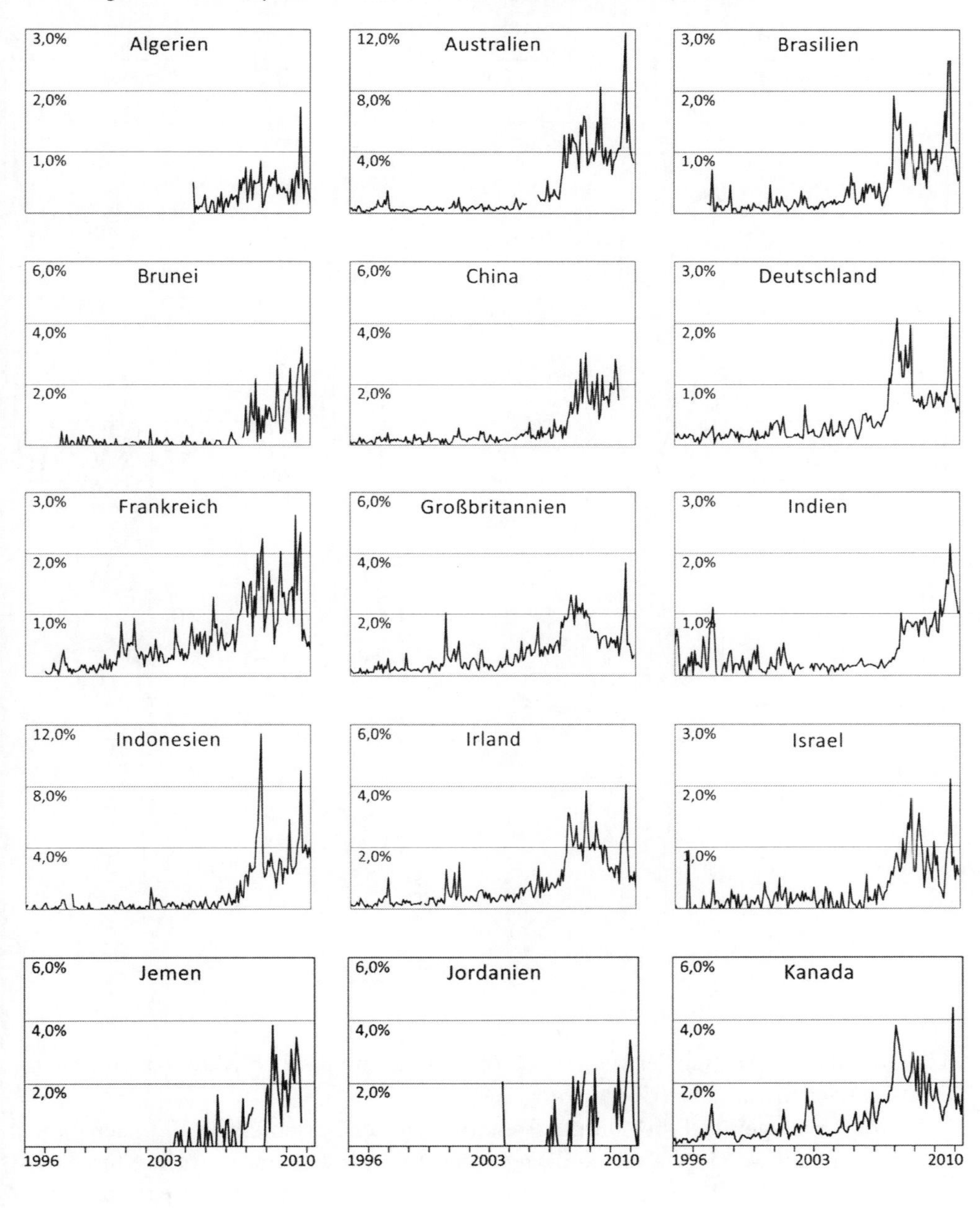

Abbildung 1 Fortsetzung

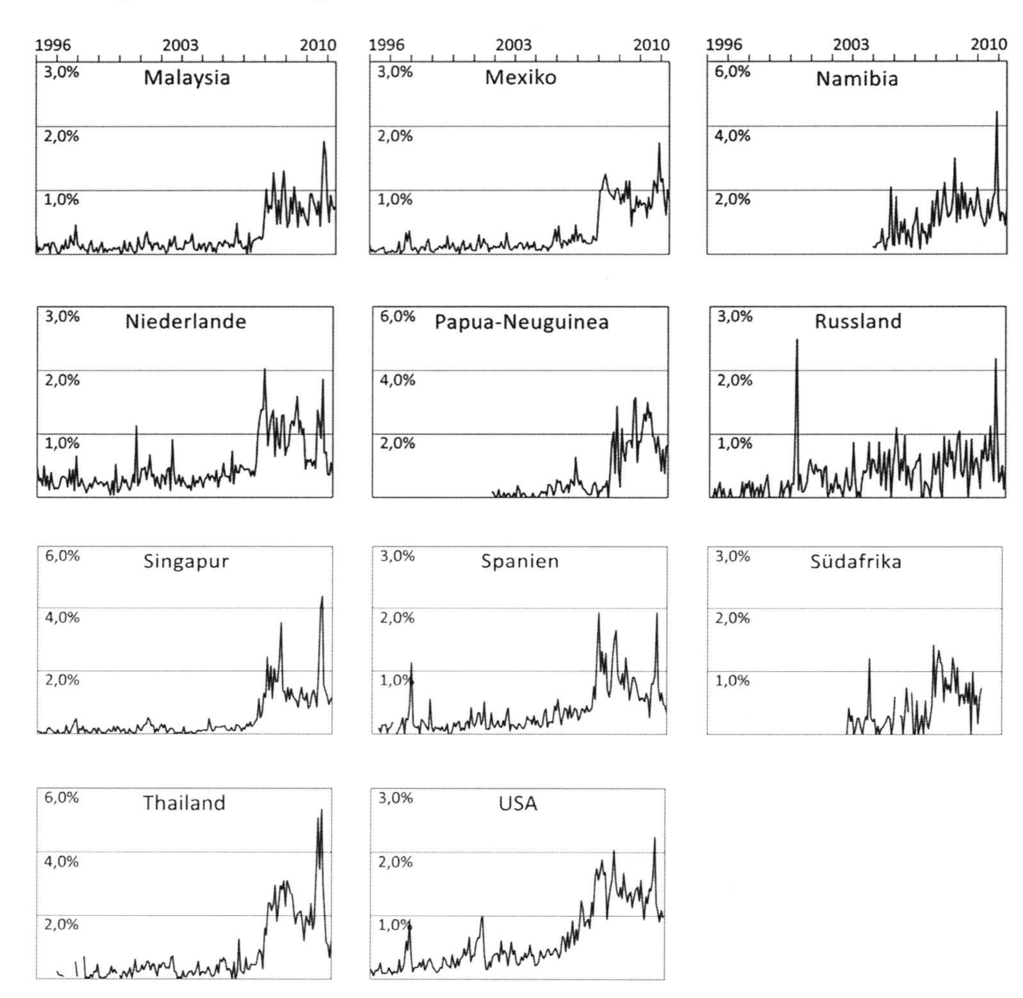

einem deutlichen Anstieg der wissenschaftlichen und politischen Aktivität zum Thema in verschiedenen Ländern (Gupta 2010: 646).

Drittens schlagen sich bestimmte Ereignisse in der Berichterstattung aller Länder nieder: So finden wir in vielen Ländern Gipfel rund um bestimmte Welt-Klimakonferenzen, die durch die Beteiligung prominenter Akteure und durch ihre potenziell weitreichenden Folgen einen hohen Nachrichtenwert haben. Das deutlichste Beispiel ist die Klimakonferenz im Dezember 2009 in Kopenhagen (COP 15), die in allen untersuchten Ländern mit dem (oder einem der) höchsten Aufmerksamkeitsgipfel während der

Analysephase koinzidiert (vgl. dazu auch die Länderstudien in Eide u.a. 2010). Ähnliche, ebenfalls länderübergreifende Ausschläge zeigen sich bei ausgewählten anderen COPs – etwa COP 3 in Kyoto, COP 6 in Den Haag bzw. Bonn sowie COP 13 in Bali. Weitere Aufmerksamkeitsgipfel finden sich zu den Veröffentlichungsterminen der Sachstandsberichte des Zwischenstaatlichen Ausschusses für Klimaänderungen (IPCC, zur Berichterstattung über IPCC-Reports in Großbritannien vgl. Hulme 2009). Bei diesen Ereignissen handelt es sich – naturgemäß, da wir nach länderübergreifenden Gemeinsamkeiten suchen – um internationale Ereignisse. Es ist jedoch auffällig, dass es sich dabei nicht nur, nicht einmal vornehmlich, um wissenschaftliche, sondern eher um politische Ereignisse zu handeln scheint. Zu einem ähnlichen Ergebnis kommen Rick und KollegInnen (2011) für die britische und US-amerikanische Berichterstattung zu prognostizierten Meeresspielanstiegen[7], und ein relativ größerer Einfluss politischer gegenüber wissenschaftlicher Ereignisse auf die Medienaufmerksamkeit wird in der Literatur unter anderem auch für die Schweiz (Besio & Pronzini 2010: 290), Indien (Billett 2010: 5), die USA (Boykoff & Boykoff 2007: 1195) und Japan (Sampei & Aoyagi-Usui 2009: 205) berichtet.

Abgesehen von diesen Parallelen bestehen jedoch auch erhebliche Länderunterschiede. So variiert das Aufmerksamkeitsniveau insgesamt, wie auch für die in Tabelle 2 dargestellten Zeiträume, deutlich. Das geringste Maß an Medienaufmerksamkeit über den gesamten Analysezeitraum hinweg erhält das Thema in Ländern wie Malaysia, Israel, Mexiko, Brunei und Indien, wo es zwischen einem viertel und einem drittel Prozent der gesamten Medienberichterstattung dieses Zeitraums ausmacht. Eine besonders hohe Aufmerksamkeit für den Klimawandel finden wir hingegen in Australien (1,4 %), Kanada (0,9 %), Indonesien (0,9 %) und Irland (0,8 %).

Zudem sind die Anstiege der Berichterstattung zwar in allen Ländern zu finden, aber unterschiedlich ausgeprägt. So steigt die Medienaufmerksamkeit in den meisten Ländern in der zweiten Hälfte der 2000er Jahre im Vergleich zum Zeitraum zwischen 1997 und 2000 um den Faktor 4 bis 8. Jedoch ist die Spannweite beträchtlich: In Australien und Indonesien ist die Zunahme sehr stark (um den Faktor 11 bzw. 15), während sie in Russland und Indien (Faktor 2,5) vergleichsweise niedrig bleibt (s. Tab. 2).

Verbunden damit fallen auch die Ausschläge zu den oben angesprochenen Ereignissen unterschiedlich stark aus, die Abweichung vom „Normalmaß" der Aufmerksamkeit variiert also. So liegt die Aufmerksamkeit für das Thema Klimawandel in der indonesischen Zeitung rund um die Klimakonferenz in Bali ca. 3,4 mal höher als in den sechs Monaten vor und nach dem Ereignis; in den anderen Länder hingegen befindet sich die Aufmerksamkeit zum gleichen Zeitpunkt im Durchschnitt nur auf dem 1,5-fachen Ni-

7 Die Medienaufmerksamkeit für dieses Thema erhöht sich, so der Befund der Autoren, insbesondere zu den Zeitpunkten internationaler Klimaverhandlungen und der Veröffentlichung von IPCC-Berichten – weniger jedoch durch die Publikation neuer Forschungsergebnisse in Fachzeitschriften.

Tabelle 2 Niveau der Aufmerksamkeit für das Thema Klimawandel (in %)

Land	1997–2000	2001–2005	2006–2009	Insgesamt
Algerien		0,15 %	0,38 %	0,31 %
Australien	0,33 %	0,48 %	3,64 %	1,40 %
Brasilien	0,13 %	0,21 %	0,80 %	0,37 %
Brunei	0,10 %	0,07 %	0,83 %	0,31 %
China	0,17 %	0,27 %	1,36 %	0,55 %
Deutschland	0,16 %	0,27 %	0,89 %	0,42 %
Frankreich	0,17 %	0,47 %	1,12 %	0,56 %
Großbritannien	0,30 %	0,57 %	1,49 %	0,75 %
Indien	0,24 %	0,17 %	0,61 %	0,32 %
Indonesien	0,17 %	0,30 %	2,53 %	0,91 %
Irland	0,27 %	0,51 %	1,74 %	0,79 %
Israel	0,11 %	0,15 %	0,67 %	0,29 %
Jemen		0,26 %	1,40 %	0,87 %
Jordanien		0,11 %	0,86 %	0,56 %
Kanada	0,37 %	0,65 %	1,90 %	0,92 %
Malaysia	0,11 %	0,15 %	0,60 %	0,27 %
Mexiko	0,11 %	0,15 %	0,70 %	0,30 %
Namibia		0,61 %	1,32 %	1,07 %
Niederlande	0,25 %	0,33 %	0,90 %	0,47 %
Papua-Neuguinea		0,19 %	1,20 %	0,66 %
Russland	0,20 %	0,39 %	0,50 %	0,36 %
Singapur	0,12 %	0,17 %	1,13 %	0,43 %
Spanien	0,17 %	0,23 %	0,77 %	0,37 %
Südafrika		0,23 %	0,62 %	0,44 %
Thailand	0,19 %	0,32 %	1,66 %	0,70 %
USA	0,26 %	0,43 %	1,29 %	0,63 %

Ausgewiesen ist der durchschnittliche Anteil der klimawandelbezogenen Berichterstattung an der Anzahl aller erschienen Artikel, berechnet auf Monatsbasis. Aufgrund von fehlenden Daten für die Jahre 1996 (Brunei, Frankreich, Thailand) und 2010 (China, Jemen, Südafrika) wurden nur die Jahre 1997–2009 berücksichtigt. Für Papua-Neuguinea stehen erst ab 2001, für Südafrika ab 2002, für Jemen und Jordanien ab 2003, für Algerien und Namibia ab 2004 Daten zur Verfügung.

veau. Ähnliches gilt bei einigen anderen internationalen klimapolitischen Ereignissen für die Aufmerksamkeit in Irland im Vergleich zu den Ausschlägen in anderen Ländern.

Ein einfacher Zusammenhang zwischen der Themenaufmerksamkeit einerseits und dem Ausmaß der Ursachenverantwortung oder der Betroffenheit der jeweiligen Länder andererseits scheint nicht gegeben. Weder ist in stark betroffenen Ländern das Niveau der Medienaufmerksamkeit durchgehend hoch, noch zeichnen sich alle Länder mit einem überdurchschnittlichen Pro-Kopf-Ausstoß von Treibhausgasen durch eine hohe Aufmerksamkeit für den Klimawandel aus.

Dessen ungeachtet ist es denkbar, dass Ursachenverantwortung und Betroffenheit im Zusammenspiel mit bzw. unter Kontrolle von anderen Faktoren einen Einfluss auf die Medienaufmerksamkeit ausüben, was aber mit multivariaten Korrelationsanalysen geprüft werden müsste. So könnten die finanziellen Ressourcen der Medienorganisationen und das Ausmaß der nationalen Domestizierung des Themas eine Rolle spielen. Eskjaer (2010) legt in seiner Studie bspw. nahe, dass die relativ geringe Medienaufmerksamkeit im Nahen Osten unter anderem auf fehlende finanzielle Ressourcen für eine eigene internationale Berichterstattung zurückzuführen ist. Gleichzeitig stellt sich der Klimawandel in diesen und anderen Ländern in erster Linie als Thema der internationalen Politik dar, bei dem kaum subnationale Kontroversen bestehen und somit nationale Berichterstattungsanlässe fehlen (vgl. zu Indien Billett 2010).

4 Erklärung der Themenaufmerksamkeit in Deutschland

In der Folge versuchen wir, die Medienaufmerksamkeit für den Klimawandel zu erklären. Da dafür eine Vielzahl von Einflussgrößen zu berücksichtigen ist, die für eine Reihe der von uns untersuchten Länder nicht oder kaum zu beschaffen sind, werden wir uns auf nur einen Fall – Deutschland – konzentrieren.

Bei der Zusammenstellung potenziell relevanter Einflussgrößen folgen wir einem Vorschlag von Liu und Kollegen (2011: 406 f.), den wir jedoch erweitern. So unterscheiden wir angesichts des deskriptiven Befundes, dass internationale Ereignisse in besonderem Maße Länderähnlichkeiten nach sich ziehen, dezidiert nationale vs. internationale Ereignisse und Aktivitäten (vgl. Tab. 3).

Liu und Kollegen ziehen in ihrer Analyse der Klimaberichterstattung der „New York Times“ von 1969 bis 2005 drei Faktoren-Gruppen zur Erklärung klimabezogener Medienaufmerksamkeit heran, die sie der kommunikationswissenschaftlichen Agenda-Setting-Literatur entnehmen:[8]

8 Da Liu u. a. (2011: 416) nicht nur die mediale, sondern auch die politische Agenda unterscheiden, spielt zusätzlich ein vierter Variablenkomplex eine Rolle, der aber vornehmlich die Wechselwirkungen zwischen medialer und politischer Kommunikation betrifft und hier entsprechend nicht gesondert aufgeführt wird. Politische Aktivitäten werden von uns unter „Feedback“ mit aufgenommen.

1. *Problemindikatoren:* Hierunter verstehen Liu und Kollegen (2011: 406) die „factual indicators surrounding the problem", zu denen sie neben der CO_2-Konzentration in der Atmosphäre v. a. extreme Wetterbedingungen zählen. Derartige Anomalien besitzen aufgrund ihres Schadenspotenzials einen hohen Nachrichtenwert und werden in Medien oft mit dem Klimawandel in Verbindung gebracht (z. B. Neverla & Schäfer 2010: 10 f.; Ungar 1992), auch wenn es sich nicht um klimatische, sondern um Wetterphänomene handelt (vgl. Claussen 2003), deren Zusammenhang mit dem Klimawandel alltagsweltlich oft angenommen wird, aber kaum wissenschaftlich nachweisbar ist (z. B. Stehr & von Storch 1999: 17 ff.). Entsprechend haben wir Temperatur-, Wind- und Niederschlagsanomalien in unsere Analyse aufgenommen.[9]
2. Unter *internationalen Schlüsselereignissen* verstehen Liu und Kollegen (2011: 407–415) „high profile international events" wie die Veröffentlichung der bisherigen vier Sachstandsberichte des „Intergovernmental Panel on Climate Change" (IPCC) oder die Welt-Klimakonferenzen. Die Autoren zeigen den Einfluss dieser Events auf die Klimaberichterstattung in den USA. Auch wir haben sie daher in die Analyse aufgenommen, ergänzen sie jedoch um weitere Ereignisse, deren Wirkung auf die Berichterstattung ebenfalls denkbar oder bereits gezeigt worden ist (vgl. Hart & Leiserowitz 2009; Lofgren & Nordblom 2010; Rick u. a. 2011): diejenigen politischen Gipfel der G8 und der EU, die sich schwerpunktmäßig mit dem Klimawandel beschäftigten, die Veröffentlichung des „Stern-Review" (Stern 2007) zu ökonomischen Folgen des Klimawandels sowie ausgewählte kulturelle Ereignisse wie die Oscar-Verleihung für den Film „An Inconvenient Truth".
3. Zudem lässt sich Liu und Kollegen (2011: 415 f.) entnehmen, dass das gesellschaftliche „*Feedback*" einen relevanten Einflussfaktor auf die Medienberichterstattung darstellt. Die Autoren beschränken sich dabei auf wissenschaftliche und politische Aktivitäten. Da sich aber auch themenbezogene Aktivitäten anderer extramedialer Akteure auf Berichterstattung niederschlagen (vgl. Schäfer 2007: 190 ff.; themenspezifisch zudem Amenta u. a. 2009; Boykoff & Rajan 2007; Gavin 2010; Ihlen 2009), haben wir dies erweitert und in unsere Analyse neben klimabezogenen politischen und wissenschaftlichen Aktivitäten auch Aktivitäten von NGOs und Unternehmen der Energie- und Automobilbranche aufgenommen.

9 *Hitzeanomalien* liegen vor, wenn in Sommermonaten auffällig hohe Temperaturen über einen längeren Zeitraum herrschen. Statistisch gesehen sollte die Durchschnittstemperatur dieser Monate sehr stark vom langfristigen Monatsmittelwert abweichen. Dabei werden nur Abweichungen berücksichtigt, die in den obersten 10 Prozent ihrer Verteilung liegen, da es sich dabei um seltene Extremereignisse handelt. Ähnlich gehen wir bei der *Windgeschwindigkeit* vor. Da bei Stürmen v. a. die Höchstgeschwindigkeit bedeutsam ist und sie zeitlich begrenzt sind, messen wir untypische Winderscheinungen mit den jeweiligen Maximalwerten und ihrem langfristigen Durchschnitt.

Tabelle 3 Verwendete Variablen im Modell

Verwendete Variablen	Transformation/Codierung	ARIMA-Struktur
Themenaufmerksamkeit: Anteil klimabezogener Artikel der Süddeutschen Zeitung an deren Gesamtberichterstattung pro Monat	Quadratwurzel; Differenzbildung (I = 1)	(0,1,1) (0,0,0)
Hitzeanomalien: Monate, deren Durchschnittstemperatur am weitesten über dem langfristigen Monatsmittelwert liegt (extremste 10 % der Verteilung, jeweils Mittelwerte der Messorte Berlin, München, Nordseeküste, Quelle: Reanalyse der National Center for Atmospheric Prediction/National Center for Atmospheric Research, vgl. Kalnay u. a. 1996).	Ereignisvariable/Stärke der Abweichung; 0 = keine Anomalie	–
Windanomalien: Monate mit der stärksten Abweichung der maximalen Windgeschwindigkeit (an einem der Messorte) vom langfristigen Durchschnitt der Messorte (extremste 10 % der Verteilung, Quelle: s. Hitzeanomalien).	Ereignisvariable/ Stärke der Abweichung; 0 = keine Anomalie	–
Hochwasser: maximale Abweichung der Pegelstände der bedeutendsten deutschen Hochwasserereignisse (lt. NaDiNe 2011) vom Durchschnitt (Quellen: Hochwassernachrichtendienst Bayern 2011; Landesumweltamt Brandenburg 1997; 2002; Wasser- und Schifffahrtsverwaltung des Bundes 2011).	Ereignisvariable/ Stärke der Abweichung; 0 = keine Anomalie	–
Veröffentlichungen IPCC/Veröffentlichung Stern-Review/G8-Gipfel/EU-Gipfel	Ereignisvariablen/1 = Ereignis; 0 = kein Ereignis	–
Klimakonferenzen (COP)	Ereignisvariable/Anteil der COP-Tage pro Monat	–
Internationale kulturelle Ereignisse: Erscheinungstermine und Preisverleihungen der Filme „An Incovenient Truth", „The Day after Tomorrow", „The Great Global Warming Swindle"	Ereignisvariable/1 = Ereignis; 0 = kein Ereignis	–
Kulturelle Ereignisse in Deutschland: dt. Erstausstrahlung der o. g. Filme; Live-Earth-Konzert 2007; Ausstellungen „Cape Farewell", „Klimakapseln"	Ereignisvariable/1 = Ereignis; 0 = kein Ereignis	–
Wissenschaftliche Aktivität in Deutschland: Zahl der Publikationen dt. Forscher pro Monat, die die Suchbegriffe „global warming" oder „climate change" enthalten (Quelle: ISI Web of Knowledge)	Quadratwurzel; Differenzbildung (I = 1)	(0,1,1) (0,0,0)
Internationale wissenschaftliche Aktivität: Zahl der Publikationen in „Nature" pro Monat, die die Suchbegriffe „global warming" oder „climate change" enthalten	Quadratwurzel; Differenzbildung (I = 1)	(0,1,1) (0,0,0)
Politische Aktivität in Deutschland: Zahl der Plenarprotokolle/Drucksachen des Bundestags pro Monat, die einen der Suchbegriffe „Klima", „Klimaschutz", „Klimawandel", „Klimaerwärmung", „Klimaabkommen", „Klimakatastrophe", „Klimaveränderung", „Klimakonferenz", „Klimadesaster", „CO_2", „Kohlendioxid" enthalten (Quelle: http://drucksachen.bundestag.de/drucksachen/index.php)	Quadratwurzel; Differenzbildung (I = 1)	(0,1,1) (1,0,0)
Aktivitäten von NGOs in Deutschland: Zahl klimabezogener Pressemitteilungen von Greenpeace und BUND pro Monat (Quellen: www.greenpeace.de, www.bund.net)	Quadratwurzel; Differenzbildung (I = 1)	(0,1,1) (0,0,0)
Aktivitäten von Unternehmen in Deutschland: Zahl klimabezogener Pressemitteilungen von e.on, RWE, EnBW, Vattenfall sowie des Bundesverbands erneuerbaren Energien und des Verbands deutscher Automobilindustrie (Quellen: unternehmenseigene Internetseite)	Quadratwurzel; Differenzbildung (I = 1)	(0,1,1) (0,0,0)

Die Erklärungskraft dieser Variablen für die klimabezogene Medienaufmerksamkeit in Deutschland haben wir mit einer Zeitreihenanalyse (Box-Jenkings-ARIMA-Methode, vgl. Box u. a. 2008) ermittelt.[10] Diese Methode besteht aus mehreren Schritten:

1. *Univariate ARIMA:* Voraussetzung der Methode ist, dass die verwendeten Variablen mindestens schwach-stationär sind, d. h. einen konstanten Mittelwert und Varianzhomogenität im Zeitverlauf aufweisen (vgl. Thome 2005: 78 ff.). Um dies zu erreichen, wurden einige Variablen transformiert (s. Tab. 4, zum Verfahren Thome 2005: 28 ff., 50 ff.). Alle kontinuierlichen Variablen weisen eine ARIMA (0,1,1)-Struktur auf – eine laut McCleary (1980: 63) für soziale Prozesse typische Zeitstruktur.[11]
2. *Beziehungsspezifikation:* Die Spezifikation der Beziehung(sdynamik)en zwischen den Variablen kann durch theoretische Annahmen und/oder empirisch erfolgen, indem sogenannte Transferfunktionen zwischen abhängigen und jeder der unabhängigen Variablen geschätzt werden. Theoretisch plausibel wären bei Daten auf Monatsbasis zeitgleiche oder höchstens um einen Monat verzögerte Zusammenhänge zwischen medienexternen Variablen und der Berichterstattung, da tagesaktuelle Medien vergleichsweise kurzfristig auf berichtenswerte Ereignisse reagieren. Theoretisch sind allerdings unterschiedliche Annahmen über Dauer und Dynamik dieser Effekte denkbar: Je nach Tragweite eines Ereignisses wären sowohl ein sofortiges Abklingen als auch allmählichere Veränderungen der Berichterstattung denkbar. Dies wurde daher nicht theoretisch entschieden, sondern empirisch geprüft (zum Verfahren vgl. McCleary & Hay 1980: 243 ff.). Die Kreuzkorrelationen[12] zwischen den ‚vorgeweißten' unabhängigen und abhängigen Variablen deuten bei fast allen Variablen auf eine Transferfunktion 0ter-Ordnung zum Zeitpunkt $t = 0$ hin, d. h. sie zeigen, dass Ereignisse auf die Berichterstattung wirken, diese Wirkung aber noch im gleichen Monat abklingt (vgl. McCleary & Hay 1980: 146 ff.). Lediglich die IPCC-Ereignisvariable wirkt um einen Monat verzögert.
3. *Modellschätzung und -diagnose:* Zunächst wurde die abhängige Variable univariat analysiert (Modell 0) und anschließend die Problemindikatoren bzw. Wetterextremereignisse eingefügt (Modell 1). Modell 2 beinhaltet zusätzlich die internationalen

10 Die ARIMA (autoregressive integrated moving average)-Methode wurde verwendet, weil die die meisten Variablen auf Zeitreihendaten basieren und die üblicherweise verwendete OLS-Schätzung in diesem Fall verzerrte Ergebnisse produzieren würde (vgl. Thome 2005: 69 ff.; 205 f.).

11 Diese ist durch einen linearen Trend ($I = 1$) und eine Moving-Average-Komponente erster Ordnung ($MA = 1$) repräsentiert – Zufallsschocks im System (Berichterstattung) wirken also auch im nächsten Monat systematisch nach (vgl. McCleary & Hay 1980: 61 ff.). Zusätzlich ist die bundespolitische Aktivität durch eine saisonale autoregressive Komponente erster Ordnung – SARIMA-Modell (0,1,1)(1,0,0) – gekennzeichnet, was die systematische Abhängigkeit der gegenwärtigen Aktivitäten von diesen im Vorjahresmonat zum Ausdruck bringt.

12 Da wir im Modell mit der differenzierten abhängigen Variable arbeiten, wurde der Differenz-Operator auch auf die Ereignisvariablen angewendet, damit die Zusammenhänge korrekt spezifiziert und geschätzt werden konnten (vgl. Thome 2005: 187 ff.).

Tabelle 4 Multivariate Zeitreihenanalyse zur deutschen Berichterstattung[1]

	Modell 0	Modell 1	Modell 2	Modell 3
Konstante	(,002)	(,002)	(,003)	(,003)
Moving Average-Komponente	,432***	,416***	,419***	,431***
Wetterdaten				
Hitze		(,024)	(,076)	(,109)
Starkwind		(–,047)	(,022)	(,042)
Hochwasser		,223***	,238***	,243***
Soziale Faktoren: International				
Wissenschaftliche Publikationen			,148**	,157**
Veröffentlichungen des IPCC (t-1)			(,143*)	(,134*)
Veröffentlichung des „Stern Review"			(–,009)	(–,001)
Klimakonferenzen (COP)			,460***	,419***
G8-Gipfel			(,108)	(,077)
EU-Gipfel			(,043)	(,032)
Kulturelle Ereignisse			(,077)	(,059)
Soziale Faktoren: Deutschland				
Publikationen dt. Wissenschaftler				(,126)
Bundespolitische Aktivitäten				(,007)
Pressemitteilungen von NGOs				(,112)
Pressemitteilungen von Unternehmen				(,086)
Kulturelle Ereignisse				(,089)
R-Quadrat für den stationären Teil (korr.[2])	12,4 %	14,9 %	33,0 %	34,7 %
Mittlere quadrierte Residualsumme (RMSE)	,201	,200	,168	,166
Ljung-Box-Q-Statistik (17 Freiheitsgrade, p-Werte in Klammern)	9,220 (,933)	9,435 (,926)	12,741 (,753)	8,851 (,945)

[1] Verwendet wurde PASW Statistics 18, n = 174 (Monate). Zu einer besseren Vergleichbarkeit sind die standardisierten Omega-Gewichte ausgewiesen. Diese geben wie bei einer OLS-Schätzung an, um wie viele Standardabweichungen sich der stationäre Teil der abhängigen Variable ändert, wenn unter Konstanthaltung der restlichen Faktoren der stationäre Teil der jeweiligen unabhängige Variable um eine Standardabweichung verändert wird. Die Berechnung erfolgt durch Multiplikation des geschätzten Koeffizienten mit der Standardabweichung der entsprechenden unabhängigen Variable und anschließende Division durch die Standardabweichung der abhängigen Variable (jeweils nach Stationaritätstransformationen).

[2] Das korrigierte R-Quadrat wurde nach der Formel $R^2-(1-R^2)*p/(n-1-p)$ ermittelt (p – Anzahl der Prädiktoren; n – Fallzahl)

*** $p< 0{,}01$; ** $p<0{,}05$; * $p< 0{,}1$

Erklärungsfaktoren. Das Endmodell 3 enthält zudem die nationalen Faktoren. Die Ergebnisse der Schätzung sind Tabelle 4 zu entnehmen. Die Modelldiagnose zeigt akzeptable Parameterwerte und keine Autokorrelationen der Residuen.

Insgesamt erklärt das Endmodell 35 Prozent der Varianz der deutschen Klimawandelberichterstattung, wobei das Gros der erklärten Varianz auf die von uns eingeführten unabhängigen Variablen (und nicht auf die Moving-Average-Komponente) zurückzuführen ist.

Dabei haben die von uns eingeführten Wetterextremereignisse eine vergleichsweise geringe Erklärungskraft; sie verbessern die erklärte Varianz im Vergleich zum Modell 0 um nur drei Prozent. Zudem haben weder Hitze noch starke Winde einen signifikanten Effekt auf die Berichterstattung. Lediglich Hochwasserereignisse wirken sich signifikant positiv aus – nach einem solchen Ereignis ist die Berichterstattung systematisch höher als in einem durchschnittlichen Monat.[13]

Viel wesentlicher als Wetteranomalien beeinflussen soziale Faktoren resp. gesellschaftliche Aktivitäten den Verlauf der Klimaberichterstattung. Dabei spielen fast ausschließlich internationale Ereignisse und Entwicklungen eine Rolle – führt man diese in die Analyse ein (Modell 2), steigt der Anteil der erklärten Varianz auf mehr als das Doppelte. Dagegen wirkt sich keiner der nationalen Faktoren zusätzlich signifikant auf die Medienberichterstattung aus (Modell 3).

Bei einer Betrachtung nach gesellschaftlichen Teilbereichen erweist sich die Aktivität der internationalen Wissenschaftsgemeinschaft als bedeutsam für die mediale Aufmerksamkeit – ein Ergebnis, dass Liu und Kollegen (2011) ebenfalls finden. Bei den Veröffentlichungsterminen der IPCC-Sachstandsberichte gibt es Anzeichen für zeitverzögerte positive Effekte, der Zusammenhang ist jedoch schwach und lediglich bei einem Sicherheitsniveau von 90 Prozent signifikant. Mit Abstand den stärksten Effekt auf die Berichterstattung haben aber internationale politische Aktivitäten, v. a. die Welt-Klimakonferenzen. Sie bewirken durchschnittlich einen Anstieg der Medienaufmerksamkeit um 0,42 Standardabweichungen im Vergleich zu anderen Monaten. Somit findet sich eine (neue) empirische Bestätigung für die in der Literatur geäußerte Annahme, dass

13 Die Befunde von Gavin und KollegInnen (2011: 428) zur Berichterstattung über Hochwasserereignisse in britischen Zeitungen deuten in eine ähnliche Richtung: Zwar werde ausführlich über Überflutungen berichtet, so die Autoren, doch eher selten ein expliziter Zusammenhang zum Klimawandel hergestellt. Liu und Kollegen (2011) finden keine signifikanten Zusammenhänge zwischen dem in ihrer Studie verwendeten Extremereignisindex und der Klimawandelberichterstattung. Dies mag daran liegen, dass der Index verschiedene Extremereignistypen in einem Maß zusammenfasst oder daran, dass die Autoren eine recht grobe Analyseeinheit (Jahre) verwenden. Shanahan und Good (2000) wiederum können in ihrer Studie teilweise signifikante Zusammenhänge zwischen der lokalen Temperatur und dem Umfang der Berichterstattung über Klimawandel zeigen. So wird entsprechend ihrer Untersuchung in der New York Times an heißen Tagen deutlich mehr über Klimawandel geschrieben. Für die Washington Post können die Autoren diesen Einfluss der Temperatur auf die Medienaufmerksamkeit jedoch nicht bestätigen.

Klimakonferenzen als Schlüsselereignisse hohe politische, zivilgesellschaftliche und auch mediale Aufmerksamkeit auf sich ziehen (Eide & Kunelius 2010: 13 ff.).

5 Zusammenfassung und Ausblick

Für die Medienberichterstattung über das Thema Klimawandel scheint uns eine ländervergleichende Analyse unter systematischer Berücksichtigung nicht-westlicher Länder besonders instruktiv. Wie beschrieben, gibt es zum einen kaum komparative Studien und die Befunde der vielen existierenden Länderfallstudien lassen sich nur eingeschränkt vergleichen. Zum anderen konzentrieren sich Studien zur medialen Repräsentation des Klimawandels bisher fast ausschließlich auf westliche Länder. Daher haben wir hier eine eigene Analyse vorgelegt und, wo es möglich war, zu existierenden Studien ins Verhältnis gesetzt.

Wir konnten zeigen, dass der Klimawandel auf allen Kontinenten, in Industrie-, Schwellen- und Entwicklungsländern und sowohl bei eher Betroffenen als auch bei Verursachern ein relevantes Medienthema ist und zudem im Zeitverlauf (v. a. in der zweiten Hälfte der 2000er Jahre) deutlich an Aufmerksamkeit gewonnen hat. Die Medienaufmerksamkeit konzentriert sich dabei stark auf internationale Ereignisse und Entwicklungen, was sich auch mit dem globalen Charakter des Phänomens vereinbaren lässt.

Wir haben am Beispiel Deutschlands des Weiteren analysiert, welche Einflussfaktoren die entsprechende Berichterstattung erklären können. Auf Basis einer Zeitreihenanalyse haben wir gezeigt, dass unter den extremen Wetterphänomenen nur Hochwasserereignisse einen Einfluss auf den Berichterstattungsumfang zeigen. Viel stärker wirken sich soziale Ereignisse auf die Berichterstattung aus. Hierbei sind insbesondere internationale Ereignisse und unter diesen politische Ereignisse – allen voran die Welt-Klimakonferenzen – Auslöser für Berichterstattung.

Der große Einfluss internationaler Ereignisse deutet bereits an, dass die Berichterstattung über Klimawandel – zumindest was die Themenaufmerksamkeit angeht – stark international getrieben zu sein scheint. Die von uns in die Analyse eingespielten nationalen Aktivitäten schlagen sich hingegen nicht signifikant in der Themenaufmerksamkeit nieder – was unterschiedliche Gründe haben kann. Zum einen könnte es daran liegen, dass nationale Aktivitäten für den gesellschaftlichen Umgang mit dem Klimawandel vergleichsweise wenig Bedeutung haben bzw. diesen von Medien wenig Beachtung geschenkt wird. Zum anderen werden auch Aktivitäten nationaler Akteure häufig erst von internationalen Ereignissen initiiert. Insbesondere die Weltklimakonferenzen scheinen sowohl Auslöser für die Beschäftigung nationaler Akteure mit dem Thema als auch für Medienberichterstattung zu sein. Diese eher internationale Steuerung der Debatte erklärt vermutlich auch, dass sich die Aufmerksamkeitsverläufe in hohem Maße ähneln.

Das Beispiel Australien zeigt aber, dass auch nationale Agenden einen großen Einfluss haben können. Dort wurde das Thema Mitte der 2000er angesichts einer starken nationalen Abhängigkeit von fossilen Energieträgern zum zentralen Wahlkampfthema (vgl. McGaurr & Lester 2009; Speck 2010). Die Medienaufmerksamkeit stieg analog dazu dramatisch an und koppelte sich von den sehr ähnlich verlaufenden Kurven in Europa und den USA zunehmend ab (Schäfer u. a. 2011).

Wohlgemerkt: Wir haben unsere Analyse auf einen Aspekt der massenmedialen Darstellung des Klimawandels, der Medienaufmerksamkeit, beschränkt. Künftig wäre es wünschenswert, dieses basale Maß für die Problemwahrnehmung durch tiefer gehende Untersuchungen bspw. zu Akteuren und Akteursnetzwerken, Verantwortungsattributionen und Lösungsvorschlägen zu ergänzen. Hierfür würden sich klassische Inhaltsanalysen zu ausgewählten Ländern oder Zeiträumen eignen, für deren Festlegung die vorgelegte Untersuchung Anhaltspunkte geben kann.

Bibliographie

Amenta, Edwin, Neal Caren, Sheera Joy Olasky & James E. Stobaugh (2009): All the Movements Fit to Print: Who, What, When, Where, and Why SMO Families Appeared in the New York Times in the Twentieth Century. In: American Sociological Review, Jg. 74. S. 636–656.

Antilla, Liisa (2005): Climate of scepticism: US newspaper coverage of the science of climate change. In: Global Environmental Change-Human and Policy Dimensions, Jg. 15. S. 338–352.

Aram, I. Arul (2011): Indian media coverage of climate change. In: Current Science, Jg. 100. S. 1477–1478.

Beck, Ulrich (2008): World at Risk. Cambridge: Polity.

Bell, Allan (1994): Climate of Opinion – Public and Media Discourse on the Global Environment. In: Discourse & Society, Jg. 5. S. 33–64.

Besio, Cristina & Andrea Pronzini (2010): Unruhe und Stabilität als Form der massenmedialen Kommunikation über Klimawandel. In: Voss, Martin (Hg.): Der Klimawandel. Wiesbaden: Verlag für Sozialwissenschaften. S. 283–299.

Billett, Simon (2010): Dividing climate change: global warming in the Indian mass media. In: Climatic Change, Jg. 99. S. 1–16.

Box, George E. P., Gwilym M. Jenkins & Gregory C. Reinsel (2008): Time series analysis. Forecasting and control. New Jersey: Wiley.

Boykoff, Maxwell T. (2007a): From convergence to contention: United States mass media representations of anthropogenic climate change science. In: Transactions of the Institute of British Geographers, Jg. 32. S. 477–489.

Boykoff, Maxwell T. (2007b): Flogging a dead norm? Newspaper coverage of anthropogenic climate change in the United States and United Kingdom from 2003 to 2006. In: Area, Jg. 39. S. 470–481.

Boykoff, Maxwell T. (2008): The cultural politics of climate change discourse in UK tabloids. In: Political Geography, Jg. 27. S. 549–569.

Boykoff, Maxwell T. (2010): Indian media representations of climate change in a threatened journalistic ecosystem. In: Climatic Change, Jg. 99. S. 17–25.

Boykoff, Maxwell T. & Jules M. Boykoff (2002): Balance as bias: global warming and the US prestige press. Tagung „Conference on the Human Dimensions of Global Environmental Change", Berlin, 6.–7.12.2002.

Boykoff, Maxwell T. & Jules M. Boykoff (2007): Climate change and journalistic norms: A case-study of US mass-media coverage. In: Geoforum, Jg. 38. S. 1190–1204.

Boykoff, Maxwell T. & Maria Mansfield (2008): ‚Ye Olde Hot Aire': reporting on human contributions to climate change in the UK tabloid press. In: Environmental Research Letters, Jg. 3. S. 8.

Boykoff, Maxwell T. & S. Ravi Rajan (2007): Signals and noise. Mass-media coverage of climate change in the USA and the UK. In: EMBO reports, Jg. 2007. S. 207–211.

Brossard, D., J. Shanahan & K. McComas (2004): Are issue-cycles culturally constructed? A Comparison of French and American coverage of global climate change. In: Mass Communication and Society, Jg. 7. S. 359–377.

Carvalho, Anabela (2007): Ideological cultures and media discourses on scientific knowledge: re-reading news on climate change. In: Public Understanding of Science, Jg. 16. S. 223–243.

Carvalho, Anabela & Jacquelin Burgess (2005): Cultural circuits of climate change in UK broadsheet newspapers, 1985–2003. In: Risk Analysis, Jg. 25. S. 1457–1469.

Claussen, Martin (2003): Klimaänderungen: Mögliche Ursachen in Vergangenheit und Zukunft. In: UWSF – Umweltchem Ökotox, Jg. 15. S. 21–30.

DARA & Climate Vulnerable Forum (2010): Climate Vulnerability Monitor 2010: The State of the Climate Crisis. Madrid

Eide, Elisabeth & Risto Kunelius (2010): Domesticating Global Moments. A transnational study on the coverage of the Bali and Copenhagen Climate Summits. In: Eide, Elisabeth, Risto Kunelius & Ville Kumpu (Hg.): Global Climate – local journalisms. Bochum: projektverlag. S. 11–50.

Eide, Elisabeth, Risto Kunelius & Ville Kumpu (Hg.) (2010): Global Climate – local journalisms. Bochum: projektverlag.

Eskjaer, Mikkel (2010): The regional dimension: How regional media systems condition global climate change communication. Hamburg: Tagung „ECREA pre-conference „Communicating Climate Change"

Eskjaer, Mikkel (2009): Communicating climate change in regional news media. In: International Journal of Climate Change Strategies and Management, Jg. 1. S. 356–367.

Esser, Frank (2010): Komparative Kommunikationswissenschaft: National Centre of Competence in Research (NCCR) Challenges to Democracy in the 21st Century.

Gavin, Neil T. (2010): Pressure Group Direct Action on Climate Change: The Role of the Media and the Web in Britain – A Case Study. In: The British Journal of Politics & International Relations, Jg. 12. S. 459–475.

Gavin, Neil T., Liam Leonard-Milsom & Jessica Montgomery (2011): Climate change, flooding and the media in Britain. In: Public Understanding of Science, Jg. 20. S. 422–438.

Gerhards, Jürgen & Mike S. Schäfer (2006): Die Herstellung einer öffentlichen Hegemonie. Humangenomforschung in der deutschen und der US-amerikanischen Presse. Wiesbaden: Verlag für Sozialwissenschaften.

Gordon, Joye C., Tina Deines & Jacqueline Havice (2010): Global Warming Coverage in the Media: Trends in a Mexico City Newspaper. In: Science Communication, Jg. 32. S. 143–170.

Grundmann, Reiner (2006): Ozone and Climate: Scientific Consensus and Leadership. In: Science, Technology Human Values, Jg. 31. S. 73–101.

Gupta, Joyeeta (2010): A history of international climate change policy. In: Wiley Interdisciplinary Reviews: Climate Change, Jg. 1. S. 636–653.
Hans-Bredow-Institut (Hg.) (2009): Internationales Handbuch Medien. Baden-Baden: Nomos.
Harmeling, Sven (2010): Global Climate Risk Index 2011: Who Suffers Most From Extreme Weather Events? Weather-related Loss Events in 2009 and 1990 to 2009. Bonn: Germanwatch.
Hart, Philip Solomon & Anthony A. Leiserowitz (2009): Finding the Teachable Moment: An Analysis of Information-Seeking Behavior on Global Warming Related Websites during the of The Day After Tomorrow. In: Environmental Communication – a Journal of Nature and Culture, Jg. 3. S. 355–366.
Hochwassernachrichtendienst Bayern (2011): Hochwassernachrichtendienst (www.hnd.bayern.de, Zugriff am 23.1.2011).
Hulme, Mike (2009): Mediated Messages about Climate Change: Reporting the IPCC Fourth Assessment in the UK Print Media. In: Boyce, Tammy & Justin Lewis (Hg.): Climate change and the media. New York: Lang. S. 117–128.
Ihlen, Øyvind (2009): Business and Climate Change: The Climate Response of the World's 30 Largest Corporations. In: Environmental Communication: A Journal of Nature and Culture, Jg. 3. S. 244–262.
IPCC (2007): Klimaänderung 2007. Zusammenfassungen für politische Entscheidungsträger. Berlin: Umweltbundesamt.
Kalnay, Eugenia (1996): The NCEP/NCAR 40-Year Reanalysis Project. In: Bulletin of the American Meteorological Society, Jg. 77. S. 437–471.
Krosnick, Jon A., Allyson L. Holbrook & Penny S. Visser (2000): The impact of the fall 1997 debate about global warming on American public opinion. In: Public Understanding of Science, Jg. 9. S. 239–260.
Landesumweltamt Brandenburg (1997): Das Sommerhochwasser an der Oder 1997 Magdeburg: Landesumweltamt Brandenburg.
Landesumweltamt Brandenburg (2002): Das Elbehochwasser im Sommer 2002. Bericht des Landesumweltamtes Brandenburg. Magdeburg: Landesumweltamt Brandenburg.
Liu, Xinsheng, Arnold Vedlitz & Letitia Alston (2008): Regional news portrayals of global warming and climate change. In: Environmental Science & Policy, Jg. 11. S. 379–393.
Liu, Xinsheng, Eric Lindquist & Arnold Vedlitz (2011): Explaining Media and Congressional Attention to Global Climate Change, 1969–2005: An Empirical Test of Agenda-Setting Theory. In: Political Research Quarterly, Jg. 64. S. 405–419.
Lofgren, A. & K. Nordblom (2010): Attitudes towards CO_2 taxation – is there an Al Gore effect? In: Applied Economics Letters, Jg. 17. S. 845–848.
McCleary, Richard & Richard A. Hay (1980): Applied Time Series Analysis for the Social Sciences. Beverly Hills, London: Sage.
McGaurr, Lyn & Libby Lester (2009): Complementary Problems, Competing Risks: Climate Change, Nuclear Energy, and the Australian. In: Boyce, Tammy & Justin Lewis (Hg.): Climate change and the media. New York: Lang. S. 174–185.
NaDiNe (2011): Natural Disasters Networking Platform der Helmholtz Gesellschaft (http://nadine.helmholtz-eos.de/risks/flood/info/fl_history_de.html, Zugriff am 30.1.2011).
Neverla, Irene & Mike S. Schäfer (2010): Das Medienklima. Relevanz und Spezifika der Medienberichterstattung über den anthropogenen Klimawandel. In: Mitteilungen der Deutschen Meteorologischen Gesellschaft, Jg. 2010. S. 9–12.

Olausson, Ulrika (2009): Global warming – global responsibility? Media frames of collective action and scientific certainty. In: Public Understanding of Science, Jg. 18. S. 421–436.
Racine, Eric, Isabelle Gareau, Hubert Doucet, Danielle Laudy, Guy Jobin & Pamela Schraedley-Desmond (2006): Hyped biomedical science or uncritical reporting? Press coverage of genomics (1992–2001) in Québec. In: Social Science & Medicine, Jg. 62. S. 1278–1290.
Reusswig, Fritz (2010): The New Climate Change Discourse: A Challenge for Environmental Sociology. In: Gross, Matthias & Harald Heinrichs (Hg.): Environmental Sociology. Dordrecht: Springer Netherlands. S. 39–57.
Rick, Ursula K., Maxwell T. Boykoff & Roger A. Pielke Jr. (2011): Effective media reporting of sea level rise projections: 1989–2009. In: Environmental Research Letters, Jg. 6. Online First Article.
Sampei, Yuki & Midori Aoyagi-Usui (2009): Mass-media coverage, its influence on public awareness of climate-change issues, and implications for Japan's national campaign to reduce greenhouse gas emissions. In: Global Environmental Change, Jg. 19. S. 203–212.
Schäfer, Mike S. (2007): Wissenschaft in den Medien. Die Medialisierung naturwissenschaftlicher Themen. Wiesbaden: Verlag für Sozialwissenschaften.
Schäfer, Mike S., Ana Ivanova & Andreas Schmidt (2011): Globaler Klimawandel, globale Öffentlichkeit? Medienaufmerksamkeit für den Klimawandel in 16 Ländern. In: Studies in Communication|Media, Jg. 1. S. 133–148.
Shanahan, James & Jennifer Good (2000): Heat and hot air: influence of local temperature on journalists' coverage of global warming. In: Public Understanding of Science, Jg. 9. S. 285–295.
Shanahan, Mike (2009): Time to Adapt?: Media Coverage of Climate Change in Nonindustrialised Countries. In: Boyce, Tammy & Justin Lewis (Hg.): Climate change and the media. New York: Lang. S. 145–157.
Speck, Desley Louise (2010): A hot topic?: Climate change mitigation policies, politics, and the media in Australia. In: Research in Human Ecology, Jg. 17. S. 125–134.
Stehr, Nico & Hans von Storch (1999): Klima, Wetter, Mensch. München: C. H. Beck.
Stern, Nicholas (2007): The Economics of Climate Change. The Stern Review. Cambridge: Cambridge University Press.
Thome, Helmut (2005): Zeitreihenanalyse: Eine Einführung für Sozialwissenschaftler und Historiker. München: Oldenbourg.
Ungar, Sheldon (1992): The Rise and (Relative) Decline of Global Warming as a Social Problem. In: The Sociological Quarterly, Jg. 33. S. 483–501.
Wasser- und Schifffahrtsverwaltung des Bundes (2011): PegelOnline (www.pegelonline.wsv.de, Zugriff am 1. 2. 2011).
Watkins, Kevin (2007): Human Development Report 2007/2008. Figthing climate change: Human solidarity in a divided world. Houndmills: United Nations Development Programme.
WBGU (2008): Climate Change as a Security Risk. London & Sterling: earthscan.
Weingart, Peter, Anita Engels & Petra Pansegrau (2000): Risks of communication: discourses on climate change in science, politics, and the mass media. In: Public Understanding of Science, Jg. 9. S. 261–283.
Wiesweg, Maik (2008): Klimapolitik zwischen Effizienz- und Verteilungszielen. In: Loerwald, Dirk & Gerd-Jan Krol (Hg.): Ökonomik und Gesellschaft. Wiesbaden: Verlag für Sozialwissenschaften. S. 67–84.

Wilke, Jürgen (1999): Leitmedien und Zielgruppenorgane. In: Wilke, Jürgen (Hg.): Mediengeschichte der Bundesrepublik Deutschland. Bonn: Bundeszentrale für politische Bildung. S. 302–329.

Young, Nathan & Eric Dugas (2011): Representations of Climate Change in Canadian National Print Media: The Banalization of Global Warming. In: Canadian Review of Sociology, Jg. 48. S. 1–22.

Wissen, Diskurse, Erzählungen im Kontext von Mediatisierung. Konzeptionelle Überlegungen zur sozialen Konstruktion von Klimawandel

Corinna Lüthje & Irene Neverla

Ich weiß, dass ich nichts weiß.
Deshalb höre ich auf mein Daimonion.
(Sokrates)

Sokrates' Aphorismus über das Wissen und die ergänzende innere Stimme verweist auf die Erkenntnis des Menschen, dass er nicht in der Lage ist, die absolute Wahrheit über sich selbst und die Welt zu erkennen, ja dass es eine solche Wahrheit womöglich gar nicht gibt. Was zunächst wie die Bankrotterklärung eines Philosophen daherkommt, der doch v. a. nach Wahrheit strebt, mündet in die Einsicht, dass diese Wahrheit stets nur relativ, vorläufig und fragil ist und niemals absolut und auf Dauer richtig sein kann. Der weise Mensch wird bei Entscheidungen also nicht nur auf dieses relative Wissen zurückgreifen, sondern auch auf sein ‚Daimonion', seine innere Stimme oder Intuition hören. Sokrates reflektiert in seiner Aussage nur das eigene individuelle Wissen. Heute sehen wir sehr viel stärker die soziale Eingebundenheit von individuellem Wissen. Die erkenntnistheoretischen Einsichten des Konstruktivismus oder des symbolischen Interaktionismus haben zumindest in den Sozialwissenschaften den Status allgemein anerkannter Prämissen erlangt. Sokrates' Wissen ist nicht vom Himmel gefallen, sondern entstand im Bedingungsgefüge seiner Epoche und in der Gemengelage seiner Lebensumstände und die innere Stimme und Intuition sehen wir heute ergänzt durch Kritik, Reflexion und Distanz gegenüber dem, was als anerkanntes und herrschendes Wissen erscheint.

Was hat dieser knappe philosophische Rekurs auf die Antike und die Epistemologie der Moderne mit dem ‚Klimawandel' heute zu tun? Wir wollen damit den Ausgangspunkt der sozial- und kommunikationswissenschaftlichen Klimaforschung umreißen – der durchaus auch in der Kernzone der Klimaforschung, in den naturwissenschaftlichen Disziplinen akzeptiert wird: Klima und Klimawandel stellen ‚Naturphänomene' in dem Sinn dar, dass hier beobachtbare und messbare Daten und Statistiken zu Grunde liegen, über deren Deutung und die daraus folgenden Konsequenzen jedoch in der Gesellschaft erst Übereinkunft hergestellt werden muss. Über den Klimawandel scheint es heute erstens die weit verbreitete Übereinkunft zu geben, dass die angesprochenen

Phänomenbündel zumindest wichtig genug sind, um sie zum öffentlichen Thema zu machen; und dass zweitens Klimawandel, operationalisiert als globale Erwärmung, seit dem 19. Jahrhundert stattfindet. Drittens gibt es einen gewissen Konsens, dass diese globale Erwärmung, zumindest zum Teil, anthropogen induziert ist. Doch über präzise Ursachen und konkrete Folgen diskutieren die Wissenschaftler weiterhin und über notwendige und angemessene Schritte sowohl der Politik wie auch des individuellen Handelns sind die Sichtweisen geteilt – zwischen Armen und Reichen, zwischen den nationalen Regierungen der Industrieländer, Entwicklungsländer und Schwellenländer, aber auch quer zu den nationalen Grenzen zwischen den Interessensgruppen und sogenannten Stakeholdern.

Klima und Klimawandel sind soziale Konstrukte. Diese Aussage findet sich in etlichen einschlägigen wissenschaftlichen Publikationen (vgl. Stehr & von Storch 1995) und sie bildet die Grundlage umfangreicher Forschungsprojekte, unter anderem der Projekte, an denen die Herausgeber und die meisten Autoren des vorliegenden Bandes beteiligt sind. Es erscheint überfällig, sich mit diesem Sachverhalt theoretisch näher auseinander zu setzen. Dabei wollen wir nicht Entstehung und Entwicklung der naturwissenschaftlichen Forschungen zum Klimawandel inhaltlich rekonstruieren, wie sie von Ende des 19. Jahrhunderts bis heute immer intensiver stattfanden. Wir wollen vielmehr einen Beitrag zum Verständnis der Frage leisten, welchen Mechanismen und welcher Logik die gesellschaftliche Verbreitung und Deutung dieses Wissens zum Klimawandel folgt, im Zeitverlauf, über die sozialen Felder hinweg, und in den unterschiedlichen Regionen.

Unsere Argumentation ist wie folgt aufgebaut: Wir verstehen Klimawandel als eine soziale Konstruktion, die auf naturwissenschaftlichen Daten aufbaut, und die in bestimmten kommunikativen Formen generiert und verarbeitet wird, primär innerhalb des wissenschaftlichen Feldes, aber auch weit über das wissenschaftliche Feld hinaus. Uns erscheinen insbesondere die kommunikativen Formen der Wissensgenerierung, der Diskurse und der Erzählungen von Bedeutung, daher stellen wir diese drei Formen bzw. begrifflichen Konzepte ins Zentrum unserer Ausführungen. Daran anschließend werden wir auf den Kontext für die Herstellung von Wissen, Diskursen und Erzählungen eingehen, nämlich die in Mediengesellschaften gängigen Konstruktionsprozesse, wie sie in der Wissenschaftskommunikation bereits ablaufen. Unser Blickwinkel entstammt primär der Kommunikationswissenschaft; weitere Ausarbeitungen zur Vertiefung der erkenntnistheoretischen, wissenssoziologischen und wahrnehmungspsychologischen Aspekte müssen zukünftigen Beiträgen, nicht zuletzt von Experten aus den jeweiligen Forschungsgebieten, vorbehalten bleiben.

Auch in anderen Beiträgen des vorliegenden Bandes werden Deutungen im Prozess der sozialen Konstruktion von Klimawandel thematisiert, allerdings jeweils mit einem bestimmten Fokus, sei es auf die sozialen Felder Politik (Oels & Carvalho), Wissenschaft (Schäfer u. a.) Ökonomie (Schlichting) oder Teile der Zivilgesellschaft (Schmidt), sei es bezogen auf bestimmte Medienformate wie Journalismus (Neverla & Trümper) oder Spielfilme (Bleicher) oder Pressefotografie (Grittmann), sowie last not least aus dem

Blickwinkel der Mediennutzer (Taddicken & Neverla) – alle mit dem Schwerpunkt auf empirische Befunde. Demgegenüber versuchen wir im folgenden Beitrag die theoretische Konzeptionierung dieser sozialen Konstruktions- und Deutungsprozesse im Hinblick auf ihre kommunikativen Strukturen und Mechanismen zu vertiefen.

1 Zur sozialen Konstruktion von Wissen

Für Immanuel Kant (1800)[1] war Wissen eng mit Wahrheit verbunden. Die Existenz von Wahrheit stellte er nicht in Frage, sie war für ihn eine Eigenschaft aller Objekte. Die Erkenntnis von Wahrheit ist jedoch problematisch. Kant benennt drei grundsätzliche Modi des Fürwahrhaltens: Meinung, Glaube und Wissen. Meinung und Glaube sind dabei von Zweifel und Ungewissheit geprägt. Eine Meinung ist sowohl für das meinende Individuum wie für die Gemeinschaft problematisch, weil es sich um ein vorläufiges Urteil handelt. Auch das Individuum ist sich der Vorläufigkeit bewusst und ist bereit, bei neuen Informationen seine Meinung zu ändern. Der Glaube hingegen wird von dem glaubenden Individuum als zureichend betrachtet, denn es hat subjektiv die Gewissheit, dass das Gegenteil nie bewiesen werden könne. Objektiv betrachtet allerdings ist mit dem Glauben Ungewissheit verbunden, denn er ist nicht beweisbar. Wissen schließlich ist die für alle verbindliche Gewissheit und doch nur die kollektiv geteilte *Vorstellung* von Wahrheit. Wenn im modernen Verständnis von Wissen auch nicht mehr der Bezug zur Wahrheit, sondern zur Wirklichkeit hergestellt wird, so zeigt sich doch bei näherer Betrachtung, dass der Kantianische vom modernen Wissensbegriff nicht weit entfernt ist. Schon bei Kant ist Wissen ein Begriff der kollektiven und nicht der individuellen Erkenntnis. Zudem ist Wissen nicht zwingend mit der Wahrheit identisch, sondern Wissen bildet nur die Vorstellung der Wahrheit ab und ist damit mehr mit dem Erkenntnissubjekt als dem Erkenntnisobjekt verbunden. Wichtig ist jedoch, dass diese Vorstellung der Wahrheit rational (zumindest gegenwärtig) nicht widerlegt werden kann und insoweit als ‚bewiesen' gilt.

Im modernen sozialwissenschaftlichen Verständnis entsteht und formt sich jedes Wissen generell durch soziale Konstruktion, dies jedenfalls ist unstrittig die Übereinkunft und der Ausgangspunkt der Wissenssoziologie (vgl. Knoblauch 2005; Maasen 2009; Stehr 1994; Weingart 2003). Dieses Verständnis geht auf das Schlüsselwerk des Sozialkonstruktivismus „Die gesellschaftliche Konstruktion der Wirklichkeit" von Peter Berger und Thomas Luckmann (1969) zurück. Wissen definieren die beiden Soziologen als „die Gewißheit, daß Phänomene wirklich sind und bestimmte Eigenschaften haben." (Ebd.: 1) Wirklichkeit ist die „Qualität von Phänomenen [...], die ungeachtet unseres

1 Einleitung, Abschnitt IX.D: Logische Vollkommenheit des Erkenntnisses der Modalität nach. In der von Gottlob Benjamin Jäsche herausgegebenen und 1800 bei Friedrich Nicolovius erschienenen Ausgabe auf den Seiten 98 bis 116.

Wollens vorhanden ist." (Ebd.) Auch für Berger und Luckmann ist Wissen ein Kollektivbegriff, auch hier geht es um die Vorstellung von Wirklichkeit. Jedoch stellen sie, anders als Kant, nicht die allgemeine Gültigkeit des Wissens in den Mittelpunkt. Sie sehen Gesellschaft als aktive Produzentin von Wissen und fokussieren, weil in verschiedenen Gesellschaften unterschiedliche Wirklichkeiten Gültigkeit haben, sowohl auf Vorläufigkeit und Relativität dieses Wissens als auch auf die sozialen Konstruktionsprozesse. Für Diethard Sawicki ist Wissen „etwas Hybrides, das erst aus Diskursen, Praktiken und den Dispositionen dessen, der es beschreiben will, entsteht." (2002: 370) Achim Landwehr schreibt dazu: „Die Wirklichkeit, in der wir uns bewegen, erscheint uns als real, weil sie sich aus Wissensbeständen speist, die sie mit Bedeutung erfüllen. Wissen lässt sich daher als ein Ensemble von Ideen begreifen, das Objekte mit bestimmten Eigenschaften versieht und von einer sozialen Gruppe als gültig und real anerkannt wird." (2002: 7)

Diese Gültigkeit wird nach Claus Zittel v. a. von Begründungspraktiken bestimmt. „Damit unsere Überzeugungen als Wissen gelten, müssen sie auf die richtige Weise zustandegekommen sein." (2002a: 15) Dies ist ja auch Sinn und Zweck von Methodologien der empirischen Wissenschaften. Begründungen legitimieren Wissensansprüche. Als „Wissen gilt, woran im Moment keine Zweifel angebracht erscheinen, auch wenn Zweifel sinnvoll sind." (Ebd.: 20) Zittel beobachtet aber auch, dass heute nicht immer die Qualität von Begründungen Überzeugungen zu Wissen werden lässt, sondern oft auch „ein diffuses Gemenge aus Interessen, Hintergrundannahmen und Konventionen, die zu einer Stabilisierung der Überzeugung führen: Wissen als ‚fixation of belief'. (2002b: 101) Wissen ist in diesem Fall „konventionell fixierte Meinung; d. h. aus traditioneller Sicht: Wissen ist schlecht fixierte Meinung." (Ebd.: 104) Womit sich schließlich der Kreis zu Kant schließen lässt: Wissen kann auch wieder zu Glauben und Meinung degenerieren.

Für die weiteren Überlegungen gehen wir von folgenden Voraussetzungen aus: Wissen wird konstituiert – nicht nur, aber wesentlich – durch Kommunikation. Wissen muss in der Gesellschaft Verbreitung finden, damit es allgemeine Gültigkeit erlangt. Für die Verbreitung des Wissens sind v. a. Medien zuständig. Diese Verarbeitung gesellschaftlicher Themen durch die Medien lässt sich grob charakterisieren durch die Mechanismen des ‚Agenda Setting' und des ‚Framing'. Im Agenda Setting werden Themen und damit auch die Akteure selektiert (Eichhorn 2005; Rössler 1997); und im Prozess des – sich zum Teil mit dem Agenda Setting überschneidenden – ‚Framing' werden Themen gedeutet und dabei nach medialen bzw. journalistischen, d. h. feldinternen, Regeln aufbereitet und transformiert (Matthes 2007).

Doch gilt das Gesagte – zur sozialen Konstruktion von Wissen und zur Rolle der Medien in diesem Prozess – auch für naturwissenschaftliches Wissen? Für Wissen, das in den sogenannten ‚exakten Wissenschaften' generiert wird? Mitte der 1990er Jahre formulierte ein Autorenduo, der Kultursoziologe Nico Stehr und der Mathematiker und Klimaforscher Hans von Storch (Stehr & von Storch 1995), erstmals die These, Klima und Klimawandel wären gesellschaftliche Konstrukte, und vertreten sie auch bis heute

(Stehr & von Storch 2010). Gesellschaftliche Konstruktion bezog sich hier auf die öffentliche Wahrnehmung von natürlichen, unbestrittenen Phänomenen. Dabei können die Expertenwahrnehmungen von den öffentlichen Wahrnehmungen stark abweichen. Diese Differenz erklären Stehr und von Storch durch Medialisierung und die damit verbundene Transformation des Expertenwissens: „The public never obtains a perspective of climate as elaborated by the physical experts in an unmediated fashion but only a filtered image of it, namely the social construct of climate." (Ebd.: 101) Klima und Klimawandel erlangen somit Hybridcharakter, nämlich einerseits als Produkt des interdisziplinären Zusammenwirkens (positivistischer) Naturwissenschaften und der von ihnen hergestellten mess- und rekonstruierbaren Phänomene, und andererseits als soziale Konstruktionen in weiteren gesellschaftlichen Feldern außerhalb der Wissenschaft (vgl. Reusswig 2010: 75). Allen voran ist hier an Medien und Politik zu denken.

Bleiben wir noch einen Moment beim Wissenschaftsfeld. Nach Auffassung der konstruktivistischen Wissenschaftssoziologie werden Naturphänomene und ihre Erkenntnis nicht beobachtet, sondern im Labor durch interaktive Interpretation kommunikativ als artifizielle Tatsachen „fabriziert" (vgl. Knorr Cetina 1984, auch: Hitzler & Honer 1984; Müller 2011). Dies unterstreicht auch Martin Voss: „‚Den Klimawandel als eine vom Menschen unabhängige Positivität, die sich mit den Methoden und Instrumenten der Naturwissenschaften in der Welt ‚dort draußen' nachweisen ließe, kann es aus Sicht der Sozialwissenschaften nicht geben. Keine Tatsache in der klimawissenschaftlichen Diskussion besitzt eine Aussagekraft unabhängig von sozial-diskursiven Bezügen." (2010: 26) Diese – radikale – Sicht gilt besonders für die komplexen Klimamodelle, in denen umfangreiche Daten mit Hilfe von Computerprogrammen kombiniert und mögliche Szenarien für die Zukunft errechnet werden. Auch wenn die Klimaforscher selbst betonen, dass es sich um ‚bedingte Prognosen' und um Simulationen handle, so werden diese Simulationen doch oft – zumindest außerhalb des Wissenschaftsfeldes – als Tatsachen gesehen. Als solche können sie wirkungsmächtig und schließlich politisch und gesellschaftlich folgenreich werden. Gesellschaft und Entscheidungsträger fordern von den ‚Hohepriestern der Wissensgesellschaft' oft noch mehr: radikale Reduktion von Komplexität in der Vermittlung von wissenschaftlichen Erkenntnissen, exakte Vorhersagen, Quantifizierung, Problemlösungen und verlässliches Eintreffen der Prognosen.

So gesehen sind Wahrheit und Wirklichkeit „Konsequenzen, nicht etwa Ursachen der technischen Ausstattung moderner Naturwissenschaften" (Hitzler & Honer 1984: 29) und auch das Expertenwissen bzw. der Experten*glaube* oder die Experten*meinung* stellen sich (wie die ‚öffentliche Meinung') als soziokulturelle Konstruktionen heraus (vgl. Zittel 2002b: 101). Dabei sind „epistemic cultures" (also *Wissenschafts*kulturen: „cultures of creating and warranting knowledge", Knorr-Cetina 2007: 363) gleichzeitig Teil und konstituierende Bedingung, gleichzeitig Determinante und determiniert und damit auf jeden Fall abhängig von gesellschaftlich übergreifenden „knowledge cultures" (*Wissens*kulturen: „an ‚epistementality' that may shape the way expert knowledge is embedded in legal frameworks, schemes of citizen-participation and the like", ebd.: 370). Überdies ist die „Klima-Wissenschaft"[2] keinesfalls als homogen anzusehen. Denn die diversen beteiligten Disziplinen – von der Meteorologie bis zur Sozialgeographie, von der Bodenkunde über die Meeresforschung bis zu den Modellierungen der Mathematik, um hier nur einige beteiligte Disziplinen zu nennen – bilden jeweils unterschiedliche „epistemic cultures" (Knorr Cetina 2007), verbunden mit unterschiedlichen Deutungsschemata (wie Theorien) und Praktiken (wie Methoden), deren Integration durchaus konfliktbehaftet ist.

Erkenntnistheoretisch ist für den Menschen, und damit auch für Wissenschaftler, nur erkennbar, was in seine Wahrnehmungs- und Deutungsmuster fällt. In diesem Sinne sind denn auch Klima und Klimawandel menschliche Zuschreibungen auf Phänomene, die in die Gestalt eines ganzheitlichen Bildes gebracht werden. Klimawandel ist Gegenstand des interdisziplinären Forschungsbereichs ‚Klimaforschung' oder ‚Klimawissenschaft(en)', die sich seit Ende des 19. Jahrhunderts entwickelt haben. Als solche lässt sich Klimawandel als eine wissenschaftliche Invention betrachten (vgl. Neverla u. a. 2011) – eine neue Kernidee, um die herum vielfältige Ausformungen, Daten und Deutungen generiert werden.[3] Das wissenschaftliche Wissen um Klimawandel ist gekennzeichnet durch einen hohen Grad an Komplexität. Durch die ständig anwachsende Menge an empirischen Daten, die zudem immer neu kombiniert werden müssen und Wechselwirkungen implizieren, verändert sich das (relative) Wissen permanent. Es unterliegt einer ständigen Fortschreibung und einem permanenten Wandel nicht nur im Zuge der Akkumulation und Kombinierung von neuen Daten, sondern auch im Zuge von (wissenschaftsinternen) Kommunikations- und Aushandlungsprozessen.

Neben der allgemeinen Epistemologie von Wissen und der speziellen Epistemologie von wissenschaftlichem Wissen sind drittens nun die noch spezielleren gesellschaftlichen und damit epistemologischen Rahmenbedingungen der Naturwissenschaften heute zu bedenken. Das wissenschaftlich generierte Wissen zum Problembereich Klimawandel kann nicht mehr als reines Expertenwissen angesehen werden. Klimaforschung ist Teil einer „postnormalen Wissenschaft". Das Konzept der postnormalen Wissenschaft (Funtowicz & Ravetz 1993) beschreibt einen speziellen Prozess der Produktion von neuem Wissen und der (zumindest temporären) Schaffung von Institutionen, die dieses Wissen produzieren. Im Gegensatz zur „Wissenschaftsrevolution", die als eine Art Mutation in Folge wissenschafts*interner* Zusammenhänge zu verstehen ist

2 Streng genommen handelt es sich um keine eigenständige Disziplin, sondern um ein interdisziplinär bearbeitetes Forschungsfeld. Die korrekte Bezeichnung müsste dementsprechend Klimaforschung bzw. im Plural Klimawissenschaften lauten.

3 Der Begriff der Invention (von lat. *invenire:* entdecken oder *inventio:* Einfall, engl. *invention:* Erfindung) ist im deutschen Sprachgebrauch z. B. als musikwissenschaftlicher Fachbegriff gebräuchlich. Er bezeichnet Stücke, deren „ideenreiche Einfälle oder deren völlige Neuartigkeit, für die eine eigene Gattung noch nicht existiert, betont werden soll." (Reimann 1959: 1384). „Die Neuartigkeit der Kompos. [...] besteht in organisch-motivischer Entwicklung aus einem Keim. [...] darüber hinaus geben die Komp. unerschöpflichen Anlass zu den divergentesten Deutungen in Bezug auf Form und Inh., die ihren vielfältigen Reichtum erst bekräftigen." (Ebd.: 1388)

(Kuhn 1967), wird für die postnormale Wissenschaft der Ursprung für Erkenntnisfortschritt wissenschafts*extern* verortet. Postnormale Wissenschaft ist eng verbunden mit gesellschaftlichen Krisensituationen, die charakterisiert sind durch einen hohen Grad an Komplexität, durch große Unsicherheit, durch starke Interessen von verschiedenen Gruppen; sie sind intensiv mit Werten aufgeladen und erzeugen einen hohen Entscheidungs- bzw. Handlungsdruck, auch im politischen Feld. Solche Krisensituationen lassen sich nicht mehr innerhalb des wissenschaftlichen Feldes bearbeiten. Es werden daher transdisziplinäre Institutionen mit der Aufgabe betraut, problemlösende Strategien zu entwickeln, die gleichzeitig auch ein neues Wissen hervorbringen. Diese Institutionen bilden ein neues soziales Feld, in dem sich Vertreter aus Wissenschaft, Politik und Interessengruppen treffen. Ein typisches Beispiel für eine solche postnormale Konstellation ist in der Klimawandel-Diskursformation gegeben und eine typische postnormale Wissenschaftsinstitution ist der UNO-Weltklimarat IPCC (Intergovernmental Panel on Climate Change), der im Jahr 1988 gegründet wurde mit dem Auftrag, wissenschaftlich fundierte Grundlagen für politische Entscheidungen zur Klimapolitik zu erstellen (IPCC 2010). Alle postnormalen Wissenschaftsfelder (neben Klimawandel z. B. auch Technikfolgenschätzung, Gentechnik, Energietechnik u. a.) sind zugleich auch Politikfelder, in denen dringende und weitreichende Entscheidungen auf der Grundlage des wissenschaftlichen Wissens, aber unter Berücksichtigung der Interessen von Stakeholdern getroffen werden müssen.

Trotz oder gerade wegen der gesellschaftlichen Einbettung der Klimaforschung erfolgt eine Transformation des von ihr produzierten Wissens auf dem Weg in die Öffentlichkeit. In den Entscheidungsprozessen werden teils erbitterte Kämpfe ausgetragen zwischen den verschiedenen Interessengruppen, aber auch zwischen den wissenschaftlichen Experten selbst. Gutachten werden von Interessenvertretern in Auftrag gegeben und widersprechen sich teilweise, trotz zweifellos guter wissenschaftlich-handwerklicher Arbeit. Expertengruppen bzw. „epistemic communities" (Haas 2004) mit ihren differierenden „epistemic cultures" fechten Verteilungskämpfe aus. Alle konkurrieren um die Deutungshoheit bzw. symbolische Macht. Wissenschafts*interne* Diskussionen tragen zum Erkenntnisfortschritt, zur Qualitätssicherung und zur Findung eines Konsenses bei. Sie sind Teil der wissenschaftlichen Praxis der Produktion von Wissen. Da diese Debatten wissenschaftsintern verlaufen und im Regelfall einigermaßen gesichertes, d. h. konsensuales, Wissen in die Gesellschaft transferiert wird, helfen sie, die gesellschaftliche Anerkennung der Deutungsmacht des wissenschaftlichen Systems insgesamt zu befördern. Bei einem in der Öffentlichkeit ausgetragenen wissenschaftlichen Dissens jedoch besteht die Gefahr, dass dieser Disput von Medien und Politik aufgegriffen wird, die daraus eine je eigene gesellschaftliche Realität formen und eventuell den wissenschaftlichen Disput für ihre eigenen Zwecke instrumentalisieren können (vgl. Haas 2004: 575). Die Folgen dieses Prozesses wären für die Wissenschaft Autoritätsverlust und damit auch der Verlust der Legitimation, gesellschaftlich allgemein anerkanntes Wissen zu schaffen, mithin eine deutliche Schwächung ihrer gesellschaftlichen Funktion. Ein

Beispiel hierfür war der Fall „Climategate", bei dem kurz vor der 15. UN-Klimakonferenz in Kopenhagen 2009 Konkurrenzlagen innerhalb der Klimaforschung (und auch Grauzonen von Konkurrenzstrategien der Wissenschaftler) durch Hacker an die Öffentlichkeit gebracht wurden. (Viehöver 2011; Neverla & von Storch 2010; Taddicken & Trümper *in Vorbereitung*)

Postnormale Wissenschaft hat generell einen starken Bezug zur Öffentlichkeit und so spricht z. B. Peter Weingart (1997) von einer *Mediatisierung* bzw. nach der Jahrtausendwende von Medialisierung (2001; 2005) der neuen Beziehung zwischen Politik und Wissenschaft. In demokratischen Gesellschaften müssen die jeweiligen Entscheidungen öffentlich gerechtfertigt und legitimiert werden. In der Diskursformation ‚Klimawandel' wetteifern die verschiedenen Klimadiskurse um die Konstitution bzw. Definition des Phänomens (vgl. Keller 2005: 229) und die Kämpfe in dieser Arena werden von den Massenmedien zu einem öffentlichen Diskurs gemacht.[4] Damit kommen wir zu einem zweiten wichtigen Begriff in der gesellschaftlichen Auseinandersetzung um Klimawandel – dem Diskurs.

2 Diskurse als gesellschaftliche Auseinandersetzungen um Wissen und Macht

Wenn Wissen das Ergebnis dessen ist, was in einer Gesellschaft als Vorstellung von Wahrheit ausgehandelt wird, so ist der Diskurs der Weg dahin: Diskurse sind zu verstehen als komplexe soziale und kommunikative Manifestationen sowie die zugehörigen Aushandlungsprozesse zu dem, was als Wissen akzeptiert wird. Im Alltagsverständnis wird unter Diskurs meist eine Art von kritischem Gespräch verstanden, das sich in einem Hin und Her zwischen Kommunikationspartnern vollzieht. In den Sozialwissenschaften gehört der Diskursbegriff zu den ‚shooting stars' der zeitgenössischen wissenschaftlichen Debatte. Auch konkret im Kontext der Klimadebatte ist häufig von ‚Klimadiskursen" die Rede, sei es auf dem Feld der Politik (so spricht die Regierungskommission Klimaschutz in Niedersachsen von „Klimadiskurs", Niedersächsische Regierungskommission Klimaschutz), aus dem Blickwinkel der Zivilgesellschaft (etwa „Klima der Gerechtigkeit – den Klimadiskurs anders denken" als Einleitung zu einem Kongressbericht, herausgegeben von Attac, BUND u. a., vgl. Khor u. a. 2007) oder seitens der wissenschaftlichen Beobachter (etwa „Der Klimadiskurs im Lichte der narrativen Diskursanalyse", vgl. Viehöver 2008: 233).

4 Die Wechselwirkungen zwischen gesellschaftlicher Transformation und Wissenschaftswandel werden nicht nur im Konzept der postnormalen Wissenschaft von Funtowicz und Ravetz (1993) beschrieben, sondern z. B. auch thematisiert von Lyotard (2005) als Teil der Post-Moderne oder von Nowotny und Kollegen (2004) als „Modus 2". Weingart (2001 & 2005) und seine Co-Autoren (Weingart u. a. 2007) verzichten auf eine eigene Begriffsschöpfung und analysieren das Phänomen ganz allgemein unter dem Label „Transdisziplinarität".

Mit Diskursen allgemein sind Manifestationen und Aushandlungsprozesse von Sinndeutungen gemeint, die in der Gesellschaft notwendigerweise ablaufen. Doch liegen durchaus unterschiedliche theoretische Konzeptionen und empirische Operationalisierungen zum Diskursbegriff vor. An dieser Stelle können wir nur ausgewählte Konzepte knapp umreissen, um deren Bandbreite zu zeigen und zugleich jene Aspekte hervorzuheben, die für das Verständnis der gegenwärtigen Diskussion über Klimawandel u. E. besondere Erklärungskraft bieten.

Ein pointiertes, herrschaftskritisches Verständnis von Diskurs formulierte der französische Sozialphilosoph und Psychologe Michel Foucault (1977). Foucaults Theoriearbeit hat die soziologische Debatte zum Diskurs und zur Diskursanalyse wohl am nachhaltigsten geprägt, jedenfalls findet sich kaum ein Konzept von Diskurs und kaum eine Praxis von Diskursanalyse ohne Referenz auf Foucault. Vor allem die Praxis der Diskursanalyse zeigt sich allerdings sehr dispers, was nicht verwunderlich ist, da Foucault gar nicht den Anspruch hatte und sich auch kaum interessiert zeigte an Methodologie im Sinne ausgewiesener Instrumente, schon gar nicht Instrumente zur Analyse von Inhalten der Massenkommunikation. Foucault versteht unter Diskurs einen sprachlich produzierten Sinnzusammenhang in Form von Aussagen, die verstreut an verschiedenen Stellen auftauchen – gesprochen, geschrieben, in visueller Form, als soziales Handeln praktiziert, in Form von kulturellen Manifestationen wie etwa Architektur – anders gesagt: geronnene Praxis, die einer bestimmten Ordnung bzw. einem Regelsystem folgt. Die Diskursanalyse hat die Aufgabe, die Regelsysteme der Diskurse zu rekonstruieren und dadurch Machtverhältnisse aufzudecken (vgl. Keller 2011: 46). Foucault befasste sich in seinen Arbeiten intensiv mit dem Zusammenhang von Macht und Diskurs. Jegliches Wissen ist zugleich Voraussetzung wie auch Konstitutionsbedingung von Macht, und umgekehrt konstituiert Macht spezifische Wissensfelder.

Dieser Prozess des wechselseitigen Geflechts zwischen Wissen und Macht wurde für die Klimadebatte bereits vielfach bestätigt, wenngleich nicht unbedingt im Kontext Foucaultschen Analyse, sondern eher im Kontext der Critical Discourse Analysis, auf die wir noch näher eingehen (vgl. Bacon & Nash 2012; Billett 2010; Berglez u. a. 2010; Olausson 2009; Weingart u. a. 2008; Carvalho 2007). Von besonderer Bedeutung für die Klimadebatte erscheint uns Foucaults Betonung auch der nicht-sprachlichen und perfomativen Diskursformen, wie sie in fotographischen und filmischen Bildern zu finden sind, sei es als Teil der journalistisch-faktenbezogenen Berichterstattung (Grittmann 2010; und Grittmann in diesem Band), oder in fiktionaler Form in Spiel- und Dokumentarfilmen (Bleicher in diesem Band). Im weitesten Sinn handelt es sich aber auch bei medialen Großereignissen wie den internationalen UN-Klimakonferenzen (COP), die seit der ersten Konferenz in Berlin 1995 jährlich stattfinden, um stark visuell getragene Inszenierungen. Besonders deutlich wurde dieser Charakter der öffentlichen Inszenierung mit hohen, dramaturgisch aufgebauten Erwartungen bei der COP 15 in Kopenhagen (Doyle 2011).

Ebenfalls in der Tradition der philosophischen Herrschaftskritik steht der französische Philosoph und Literaturwissenschaftler Jean-Francois Lyotard (1989; 2005). Auch er sieht Diskurse als Mittel der Legitimierung und Durchsetzung von Herrschaft und unterscheidet im Wesentlichen vier Diskurstypen: den naturwissenschaftlichen Diskurs, den ökonomischen, den philosophischen und den narrativen Diskurs. Lyotard sieht diese Diskurse prinzipiell im Widerstreit zueinander. Als Kennzeichen der Moderne betrachtet er den Niedergang von Meta-Diskursen mit Ansprüchen auf Allgemeingültigkeit – das ‚Ende der großen Erzählungen' wie jene vom Fortschritt oder von der Emanzipation des Menschen – und an ihrer Stelle das Aufkommen einer Pluralität von Diskursen, die unterschiedlichen narrativen Regeln folgen mögen, jedoch im Prinzip nicht in einem hierarchischen Verhältnis zueinander stehen. Zwischen diesen Diskursen erfolgen ‚Brückenschläge' und die Individuen verkehren zwischen den ‚Inseln' dieser Diskurse. Lyotards Analyse fordert zu der Überlegung heraus, ob es heute das soziale Feld Wissenschaft ist, das mit der Klimadebatte eine solche – womöglich doch ‚große' – Erzählung mit dem Anspruch auf Allgemeingültigkeit hervorbringt, oder ob die Klimadebatte ein Diskurs unter vielen ist. Auch im Hinblick auf Anschlussfähigkeit als grundlegender Eigenschaft von Kommunikation generell, sowie als besonderes Merkmal von journalistischer Berichterstattung, bietet Lyotards Konzeption weiterführende Überlegungen darüber, wie weit die Klimadebatte ein Thema mit hoher Anschlussfähigkeit und somit hohem Verbreitungsgrad und Integrationsfähigkeit darstellt (vgl. Reusswig 2010; sowie Neverla & Trümper in diesem Band).

Während Foucault selbst keine klare wissenschaftliche Methodik der Diskursanalyse hervorgebracht hat, gibt es zahlreiche Bemühungen insbesondere in den Sozialwissenschaften sowie in der Linguistik, die Foucault weiterführen und entwickeln wollen, sei es in den theoretischen Modellierungen, oder sei es durch Ausarbeitung der Methode der Diskursanalyse. Auffallend ist indes, dass nur wenige Soziologen einen Anschluss zur kommunikationswissenschaftlichen Methodik der qualitativen Inhaltsanalyse herstellen bzw. kaum systematischen Bezug nehmen zu Medieninhalten (vgl. Diaz-Bone 2002; 2006). Einmal abgesehen von solchen Leerstellen in Nachbarschaft zur Kommunikationswissenschaft gilt, dass der Diskursbegriff gerne mit Konzepten aus verschiedenen Wissenschaftsdisziplinen kombiniert wird, sehr oft aus der Linguistik, der Soziologie oder den Geschichtswissenschaften. So verknüpft van Dijk (2011), der ‚discourse studies' als eine neue ‚Querschnittsdisziplin' betrachtet, Linguistik mit Kognitionsforschung. In der Diskurslinguistik hingegen (z. B. Landwehr 2001) wird auf die Geschichtswissenschaften zurückgegriffen, um diskursiven Wandel zu untersuchen. Dies steht durchaus in Bezug zu Foucault, der Diskursforschung als ‚Archäologie des Wissens' betrachtet hat und ihre Aufgabe darin sah, die historische Bedingtheit von scheinbar objektiven und positiven Wissensbeständen und -ordnungen aufzudecken (vgl. 1992: 33–37).

Im Folgenden wollen wir zwei transdisziplinäre Ansätze aus dem Spektrum der Diskursforschung hervorheben, denen wir für kommunikationswissenschaftliche Fragestellungen und deren Methodentraditionen außergewöhnliche Potenziale zurechnen. Es sind dies die Critical Discourse Analysis, die aus der britischen Wissenschaftstradition kommt, und das Diskurskonzept des deutschen Soziologen Reiner Keller.[5]

Die Critical Discourse Analysis (CDA) (z. B. Fairclough 1995; Wodak 2004; van Dijk 2011) ist linguistisch fundiert und verknüpft Foucaults Diskurstheorie mit marxistischen Philosophietraditionen (etwa nach Althusser und Gramsci, vgl. Keller 2011: 28), greift aber auch auf normative Erwägungen von Jürgen Habermas zurück. Die Critial Discourse Analysis versteht Diskurs als Fluss von Rede und Texten, in dem sich Wissen erkennen lässt, im Sinn von institutionalisierten gesellschaftlichen Redeweisen. Der Diskurs ist eine soziale Praxis, der sich auf sogenannte diskursive Ereignisse bezieht, aber auch auf reale Situationen, Institutionen und Strukturen. Ideologien werden als Formen gesellschaftlichen Wissens verstanden, die besonders drastischen Ausdruck finden und besonders stark normativ geladen sind, und zugleich als Mittel der Verbreitung dieses Wissens dienen. In der CDA ist somit die linguistische Fundierung eng verknüpft mit der sozialwissenschaftlichen Perspektive. Insoweit bietet die CDA ein Spektrum brauchbarer konzeptioneller Werkzeuge zur Analyse sowohl von sprachlichen Texten, wie auch ihrer institutionellen Hintergründe und ihrer Einbindung in Machtkonstellationen. Damit ist hier ein beachtliches Potenzial gegeben, das u. E. sehr fruchtbar auf die Klimadebatte angewendet werden kann.

Daneben sehen wir im Diskurskonzept des Soziologen Reiner Keller (2005) einen auch für die Medien- und Kommunikationsforschung vielversprechenden Ansatz, weil hier Komponenten und Mechanismen des Diskurses analytisch herausgearbeiet sind. Kellers Ausgangspunkt ist die Wissenschaftssoziologie, von wo aus er den Bogen zum Diskursbegriff von Foucault schlägt. Im Sinne des Sozialkonstruktivismus nach Berger und Luckmann sind der Ausgangspunkt jene: „Bestandteile des kollektiven Wissensvorrats, z. B. symbolischen Ordnungen, die in Diskursen als adäquate Bestimmung von ‚Wirklichkeit' behauptet werden." (Ebd.: 230) Als *Diskurs* bezeichnet Keller sowohl eine Aussagepraxis als auch einen Aussagenzusammenhang, der „institutionell stabilisierte gemeinsame Strukturmuster, Praktiken, Regeln und Ressourcen der Bedeutungserzeugung" (ebd.: 229) aufweist. Zusammenhängende Diskurse, beteiligte Akteure und Praktiken sind in klar identifizierbaren *Diskursformationen* zusammengefasst. Das *Diskursfeld* ist die Arena, in der die verschiedenen Akteure um die Durchsetzung und Etablierung ihrer Diskurse, also ihrer Definition eines Phänomens, kämpfen. Diskurs und Narration sind eng miteinander verbunden. So weist jeder Diskurs eine *Story Line* (einen „roten Faden") auf. An einer Diskursformation beteiligte Akteure können eine *Diskurskoalition* eingehen. Dieser Zusammenschluss kann strategischer Natur oder auch inhaltlich begründet sein, z. B. durch Benutzung der gleichen Story Line (vgl. ebd.). In diesem Sinne

5 Einen Sonderweg im deutschen Sprachraum beschreitet Siegfried Jäger (2009) mit der Kritischen Diskursanalyse, die ebenfalls primär sprachwissenschaftlich fundiert ist und auf Foucault zurückgreift, aber zusätzlich literaturwissenschaftliche Arbeiten von Jürgen Link (1997) und die marxistisch-psychologische Tätigkeitstheorie (Leontjew) integriert (vgl. Keller 2011: 32).

kann Klimawandel als Diskursformation angesehen werden, in der verschiedene (Teil-) Diskurse und Akteure um die Gültigkeit ihrer Interpretation konkurrieren. Konsequenterweise wird heute in vielen Publikationen auch nicht mehr von ‚dem Klimadiskurs' geredet (denn die damit suggerierte Einigkeit gibt es nicht), sondern von der „climate change debate" (Kitcher 2010), also einer Klimadebatte, in der sich mehrere Diskurse überlappen können.

Als Zwischenfazit seien drei Punkte festgehalten. Erstens sehen wir in der Critical Discourse Analysis, ebenso wie im Diskurskonzept von Reiner Keller, Varianten, die aus dem Blick der sozialwissenschaftlichen Kommunikationswissenschaft das größte Potenzial generell und insbesondere für die Analyse der Klimadebatte bieten. Diese Traditionen im Schnittfeld der linguistischen und soziologischen Diskursanalyse haben analytische Kategorien entwickelt und Repertoires an Untersuchungsinstrumenten, die es ermöglichen, konkrete öffentliche Debatten in ihren Inhalten, Formen und Verläufen empirisch zu untersuchen. Der Begriff des Diskurses bleibt allerdings – das kann man als Stärke oder als Schwäche betrachten – in sehr verschiedenen Größendimensionen. Diskurse kann man somit nach der Art des Matrjoschka-Holzpuppen-Prinzips in unterschiedlichen Größendimensionen betrachten: Jeder Diskurs in einer Diskursformation kann auch selbst ein diskursives Feld sein, wenn hier verschiedene Positionen auf einer übergeordneten Ebene koalieren, aber in Details voneinander abweichen.

Zweitens muss auf die beträchtliche Gesprächslücke hingewiesen werden, die sich auftut zwischen der kommunikationswissenschaftlichen Inhaltsanalyse – nicht nur in ihrer standardisierten Variante, sondern auch in der qualitativen Variante – und der linguistischen bzw. soziologischen Diskursanalyse. Immerhin aber bietet die kommunikationswissenschaftliche Klimaforschung schon einige Beispiele für ein einträchtiges Nebeneinander von Inhalts- und Diskursanalyse (z. B. Carvalho 2007; Billett 2010; Olausson 2009; Berglez u. a. 2010).

Drittens – und sicherlich nicht zuletzt – drängt sich spätestens an dieser Stelle der Bedarf auch an normativen Konzepten auf, worauf wir bisher gar nicht eingegangen sind. In jeder Gesellschaft werden normative Postulate entwickelt, wie Rede und Meinungsbildung idealerweise erfolgen sollten. Für moderne Gesellschaften, die dem Demokratieanspruch folgen, hat Jürgen Habermas die wohl für Wissenschaft und politische Öffentlichkeit wirkmächtigsten Überlegungen angestellt. Trotz seines hohen Abstraktionsgrades ist das Habermas'sche Verständnis von Diskurs, wie er es in der „Theorie des kommunikativen Handelns" (1995b) ausgearbeitet hat, relativ nahe am Alltagsverständnis. Für Habermas ist der Diskurs „die durch Argumentation gekennzeichnete Form des Kommunizierens (…), in der problematisch gewordene Geltungsansprüche zum Thema gemacht und auf ihre Berechtigung hin untersucht werden" (Habermas 1995a: 131). Der Diskurs bildet eine Komponente im normativen Konzept verständigungsorientierten Handelns und sollte einer bestimmten „Diskursethik" folgen. Er findet in herrschaftsfreier Form statt, beruhend auf dem Prinzip der Gleichheit der Teilnehmer, der Problematisierung der Meinungen, der prinzipiellen Unabgeschlossenheit der Teilnehmerschaft. Habermas' Konzept ist normativ und der Aufklärung verpflichtet – seine Anwendung auf die Klimadebatte wäre in diesem Sinn als Prüfung normativer Forderungen zu verstehen, wie Gesellschaften, national oder global, mit den Herausforderungen des Themas Klimawandel umgehen und ob und inwieweit die idealtypischen Geltungsansprüche der Diskursethik realisiert sind.

3 Erzählungen als Form von Aushandlungsprozessen

Wenn Wissen das Ergebnis dessen ist, was in einer Gesellschaft als Vorstellung von Wahrheit ausgehandelt wird, und der Diskurs den Aushandlungsprozess auf dem Weg zur Konstituierung von Wissen und damit zur Macht darstellt, so bilden Erzählungen eine weit verbreitete und wichtige kommunikative Form, in der solche Aushandlungsprozesse stattfinden.

Die Erzählforschung wird auch unter dem Begriff der „Narratologie" gefasst (Hühn u. a. 2009). Deutlicher noch als ‚das' Diskurskonzept nährt sich der Begriff der Erzählung aus den Sprach- und Literaturwissenschaften. Mit Erzählung ist per se ein kommunikativer Akt gemeint, nämlich „eine Art der mündlichen oder schriftlichen Rede, in der jemand jemandem etwas Besonderes mitteilt" (Martinez & Scheffel 1999: 9), bezogen auf ein zeitlich vorausliegendes Geschehnis. Wesentliche Merkmale einer Erzählung sind Personalisierung und Ausgestaltungspotenziale. Mit Personalisierung ist gemeint, dass im „Zentrum eine oder mehrere Erzählfiguren anthropomorpher Prägung stehen, die in zeitlicher und räumlicher Hinsicht existenziell verankert sind und (zumeist) zielgerichtete Handlungen ausführen (Handlungs- oder Plotstruktur)." (Fludernik 2006: 15) Neben diesem Personenset sind Potenziale zur Ausgestaltung der Begebenheiten von zentraler Bedeutung: „Der Erzähltext gestaltet die erzählte Welt auf der Darstellungs- bzw. (Text-)Ebene kreativ und individuell um, was insbesondere durch die (Um-)Ordnung der zeitlichen Abfolge in der Präsentation und durch die Auswahl der Fokalisierungen (Perspektive) geschieht." (Fludernik 2006: 15). Die Begebenheit, auf die sich eine Erzählung bezieht, kann real oder fiktiv, also erfunden sein; und die Art der Rede kann in Alltagsform oder in dichterischen Formen stattfinden (vgl. Martinez & Scheffel 1999: 10). Für mediale Erzählungen können wir unterscheiden zwischen faktenbezogenen Formen (wie sie im Journalismus in verschiedenen Varianten angeboten werden) und fiktionalen Formen (wie sie etwa in Spielfilmen angeboten werden). Dabei folgen Erzählungen im Journalismus jeweils den medien- bzw. professionstypischen Regeln, etwa den Meldungs- und Berichtsformen des Nachrichtenjournalismus oder den anschaulicheren, stärker subjektiv gefärbten Formen des Reportagejournalismus (Weischenberg 2001).

Auf dieser allgemeinen Ebene lässt sich zunächst feststellen, dass Journalismus Erzählungen zum Klimawandel hervorbringt, indem Berichterstattung in einer großen erzählerischen Bandbreite von Genres und Formaten angeboten wird, die von der eher nüchtern-sachlichen Form des Nachrichtenjournalismus über die farbigere und anschaulichere Form der Reportage oder des Features bis zur moralisch-wertenden Form der Meinungen und Kommentare reichen (vgl. Neverla & Trümper in diesem Band). Auch die Schlagzeilen und Titelseiten von Zeitungen und Zeitschriften lassen sich als ‚Kurzgeschichten' verstehen: *Unser Planet stirbt* titelte die Bild-Zeitung vor dem Hintergrund eines Bildes vom blauen Planeten (Bild, 3. 2. 2007) und führte so in bewährter Boulevardmanier Emotionalisierung, Personalisierung und Dramatisierung zusammen, um schon zwei Wochen die nächste dramatische Folge der Geschichte zu liefern: *Wir haben nur noch 13 Jahre…um die Erde zu retten* (Bild, 23. 2. 2007). Aber auch als Qualitätsmedien eingestufte Blätter scheuen vor solchen dramatischen Kurzgeschichten nicht zurück, wie sich an Titeln und Blättern wie *Achtung Weltuntergang* (Der Spiegel, 6. 11. 2006), *Der zerbrechliche Planet* (Der Spiegel, 10. 1. 2005) oder *The Heat is On* (Time Magazine, 19. 10. 1987) zeigen lässt. Dass schließlich auch Spiel- und Dokumentarfilme das Thema Klimawandel erzählerisch aufgreifen, wie etwa im Film *The Day After Tomorrow* ist schon ganz offensichtlich (vgl. Bleicher in diesem Band). Doch abgesehen von solchen exemplarischen Analysen sind mediale Formen und Verläufe der ‚großen Erzählung' zum Klimawandel noch kaum untersucht.

Für die Ausgestaltung von Erzählungen sind Merkmale wie Modus, Rolle der erzählenden Person, aber auch Zeitformen von Bedeutung (vgl. Genette 1994; Stanzel 1995). Der Modus der Erzählung kann changieren zwischen Distanz und Nähe, hier drückt sich die Mittelbarkeit oder Perspektivität des Blicks auf die Geschichte aus. Der Erzähler selbst kann eine Rolle als Beteiligter oder als Außenstehender einnehmen. Die Zeit der Erzählung bietet eine Ordnung (erzählte Zeit versus erzählende Zeit), eine Dauer (Zeitspannen des Erzählten) und eine Frequenz (nämlich singulativ, repetitiv und iterativ). Diese Aspekte der Zeit sind v. a. für die Medienberichte über Klimawandel von besonderer Bedeutung, weil ja unbestritten die extremen Zeithorizonte der Vergangenheit und Zukunft, auf die sich die Klimaforscher beziehen, von den Zeithorizonten des Alltags und der Normalbiographie völlig abweichen. Hier entstehen extreme Spannungskräfte zwischen der ‚Klima-Zeit' der Wissenschaft gegenüber der ‚Normal-Zeit' der Bevölkerung und damit der Mediennutzer oder User, aber auch gegenüber der Planungszeit der Politik, die sehr stark auf Wahlperioden fokussiert ist (vgl. Taddicken & Neverla 2011).

Die soziale Konstruktion der Erzählung wird noch stärker gewürdigt in den soziologischen Ansätzen der Erzählforschung. Hier wird Erzählung als ein Modus der Erfahrung von Welt begriffen, der eine komplexe Handlungstheorie zugrunde liegt (vgl. Bude 1993: 412 ff.). Im Mittelpunkt steht ein Subjekt – eine konkrete Person, der generalisierte Mensch – im Kontext bestimmter Umstände, die in Bewegung geraten. Erzählungen weisen also eine Dynamik auf, aber letztlich geht es darum, in und mit dieser Dynamik auch gesellschaftliche Kontinuität herzustellen. „Erzählend machen sich die Gesellschaftsmitglieder deutlich, dass Vergangenes sowohl vergangen als auch gegenwärtig ist" (Bude 1993: 412). Hier wiederum liegen die Anknüpfungspunkte zum Forschungsfeld über soziales Gedächtnis und Erinnerung generell, für die in der Mediengesellschaft eben die Medien eine herausragende Rolle spielen (Zierold 2006; Donk 2009, Reinhardt & Jäckel 2005, Zelizer 2008); speziell aber auch für die Deutung und das Verständnis von Gefahren wie regionalen Geohazards und konkreten Extremwetterereignissen und ihren möglicherweise katastrophalen Folgen (Pfister 2009; Robinson 2008; Lüthje & Neverla 2009). Wie denn überhaupt der Zusammenhang zwischen globalem Klimawandel und regionalen Extremwetterereignissen oder sogar sogenannten Naturkatastrophen – der klimawissenschaftlich betrachtet allenfalls indirekt und ungewiss ist – in der journalistischen Darstellung gerne erzählerisch in den Vordergrund gerückt wird (Mazur 1998; Shanahan & Good 2000; Smith 2005; Hofman 2009; Garz 2008).

Die medialen Darstellungen von Klima und Klimawandel lassen sich narrationstheoretisch gut interpretieren, insbesondere die journalistische Berichterstattung über den Klimawandel ist erzähltheoretisch deutbar. Die journalistische Klimaberichterstattung bietet eine serielle Erzählung, die dauerhaft und ortsübergreifend, medienübergreifend aber auch vielfältig in verschiedenen erzählerischen Unterformen stattfindet. Sie stellt genretheoretisch eine medial komplexe, vielfältig gegliederte Rede dar mit Bezug zu einem besonderen Geschehen, in dessen Mittelpunkt der Mensch bzw. die Menschheit (als Verallgemeinerung) steht, die in einen Handlungsrahmen eingebunden ist. Auch der Aspekt der Kontinuität im Wandel trifft auf die journalistische Klimaberichterstattung zu. Vordergründig wird ‚aktuelles' Geschehen dargestellt, also über neues und sozial relevantes Faktengeschehen berichtet, in der Präsentation des Neuen jedoch immer wieder auf Altes zurückgegriffen (Neverla 2010; Neverla & Lohner 2012). Der Journalismus ist eine „Erzählmaschine" (Hickethier 1994: 305) – wir könnten umfassender auch sagen: Der Journalismus ist eine Erzählmaschine und ein Diskursgenerator, der die Komplexität der Welt, in diesem Fall des Klimawandels, reduziert, indem komplexes und fragiles Wissen in Geschehnisse umgeformt wird, die in ihren Abläufen und Zusammenhängen überschaubarer und damit vordergründig verstehbarer und letztlich handhabbarer erscheinen.

Als Fazit lässt sich sagen, dass sich für die kommunikationswissenschaftliche Klimaforschung in der Narratologie, verbunden mit der Diskursforschung, Erklärungsmodelle anbieten, wie die Themen Klima und Klimawandel über lange Zeitstrecken und in vielfältigen Anschlusskommunikationen zu nachhaltigen Deutungsmustern entwickelt werden, die sich tendenziell zu einer ‚großen Erzählung' entwickeln könnten. Dieses Erklärungspotenzial halten wir für fruchtbar v.a. in der kommunikationswissenschaftlichen Teildisziplin der Journalistikwissenschaft und für dessen Forschungsgegenstand Journalismus. Ein Beginn wurde bereits in neueren kulturwissenschaftlich orientierten Ansätzen der Journalismustheorie gemacht (vgl. Lünenborg 2005). Die Journalistikwissenschaft, die überwiegend sozialwissenschaftlich verankert ist, könnte für ihre auf den Journalismus bezogene Genretheorie von der geisteswissenschaftlichen und soziologischen Narratologie profitieren. Eine Ausarbeitung und Übertragung der Narratologie auf journalistische Darstellungsformen allgemein könnte z. B. den scheinbaren Widerspruch zwischen Information und Unterhaltung unter ein konzeptionelles Dach bringen

(Klaus 1996). Ähnliches gilt auch für die ‚Karrieren' von Themen über Ressorts hinweg. Dies trifft generell zu wie auch speziell für das Themenfeld Klima und Klimawandel, das im Verlauf der Jahrzehnte von den Qualitätsmedien in die Boulevardmedien, von Wissenschafts- und Politikressorts hinein in die Ressorts Vermischtes, Human Interest und Lokales wanderte (Döring 2005; Neverla 2008). Doch diese Aussagen beruhen bislang noch eher auf explorativen Einzelbeobachtungen und harren näherer empirischer Untersuchungen.

4 Mediatisierte Klimakommunikation

Wissen, Diskurse und Erzählungen sind kommunikativ konstruiert bzw. ‚produziert' und stehen deshalb generell in einem Zusammenhang mit Medien im engeren und weiteren Sinne. Wissen, Diskurse und Erzählungen zum Klimawandel, kurz: Klimakommunikation der gegenwärtigen Mediengesellschaft (in Zusammenhang mit anderen Gegenwartsdiagnosen wie Wissens-, Informations- und Weltrisikogesellschaft) ist jedoch in einem besonders hohen Maß von Mediatisierung betroffen. Denn, so unsere These, die beiden Kernfelder, die an der Wissenskonstruktion zum Klimawandel in besonderem Maße beteiligt sind – Wissenschaft als wissenschaftliches Wissen generierendes Feld und Journalismus als dieses Wissen aufgreifendes und neu verarbeitendes Feld – unterliegen auch in ausgeprägtem Maße der Mediatisierung. Dieser Zusammenhang soll im Folgenden abschließend näher erläutert werden.

Der Begriff der Mediatisierung ist stark kontingent, was sicher daran liegt, dass das Phänomen, das er fassen soll, seinerseits einem steten Wandel unterworfen ist. Bis zur Jahrtausendwende wurde unter Mediatisierung v. a. die Beeinflussung anderer sozialer Felder (wie Politik oder Wissenschaft) durch das Medienfeld (v. a. Journalismus) verstanden. Im Zuge des technologischen und institutionellen Medienwandels v. a. durch Digitalisierung und Verbreitung des Internet entstand ein breiteres Verständnis von Mediatisierung. Gegenwärtig gibt es (zumindest im englischsprachigen, skandinavischen und deutschsprachigen Raum, vgl. z. B. Couldry 2008; Hjarvard 2008; Krotz 2007a; Lundby 2009; Schulz 2004) einen erstaunlichen Konsens über Sprachgrenzen und nationale Wissenschaftstraditionen hinweg, was sicher auf den anhaltenden internationalen Diskurs bei der sukzessiven Begriffsbildung zu einem hochaktuellen und kontingenten Phänomen zurückzuführen ist. Es wird unterschieden zwischen Medialisierung und Mediatisierung (bzw. medialization und mediated communication, vgl. Couldry 2008; Meyen 2009; Imhof 2006) unterschieden, wobei beide Prozesse aufeinander aufbauen. Folge dieser Kontingenz ist, dass Autoren die Begriffe Medialisierung und Mediatisierung in ihren Publikationen unterschiedlich verwenden. So spricht Weingart in früheren Aufsätzen (vgl. 1997) von Mediatisierung, wenn er das Verhältnis von Wissenschaft, Medien und Öffentlichkeit thematisiert, nach der Jahrtausendwende benutzt er jedoch für dieses Phänomen den Begriff der Medialisierung (2001; 2005; sowie Weingart u. a. 2007).

Unter Medialisierung sind – etwas verknappt dargelegt – alle Formen von Kommunikation zu verstehen, in die technische Medien bzw. Maschinen eingebunden sind (vgl. Krotz 2009b: 24). Gegenwärtig werden drei Formen der Medialisierung unterschieden: (a) medialisierte, interpersonale Kommunikation (z. B. Email-Kommunikation), (b) interaktive Kommunikation (damit ist Mensch-Maschinen-Kommunikation gemeint) und (c) die üblicherweise als ‚Massenkommunikation' bezeichnete Form der Produktion und Rezeption von allgemein adressierten Inhalten. Die Folgen von medialisierter Kommunikation wirken sich aus auf Alltag, Arbeit und Freizeit, auf soziale Beziehungen, Gruppen und Identität, auf Unternehmen und Institutionen, auf Politik und Wirtschaft, auf Sozialisation, Kultur und Gesellschaft (vgl. Krotz 2009b: 24) – kurz, die nachhaltige und tiefgreifende Folge von medialisierter Kommunikation ist Mediatisierung. Dies gilt es nun näher zu erläutern.

Mediatisierung meint heute den Einfluss des (technologischen wie institutionellen) Medienwandels (vgl. Krotz 2007a) auf menschliche Kommunikation und Interaktion (vgl. Hjarvard 2008: 108), aber auch generell auf soziale und kulturelle Realität und damit auf jedes soziale und kulturelle Phänomen (vgl. Krotz 2009a). Medien sind dabei nicht nur neutrale Technologien und Institutionen, sondern mittels ihrer Regeln (wie z. B. Regeln des Journalismus) auch Institutionen oder gleichsam ‚Maschinen', mit deren Hilfe Inhalte der Kommunikation und Erfahrungsräume der Rezipienten organisiert werden (vgl. Krotz 2009b: 23). Damit rückt das wissenskonstruktive Potential der Medien in den Fokus der Mediatisierungsforschung. Mediatisierung ist ein historisch bedingter, permanent fortschreitender Meta-Prozess des sozialen und kulturellen Wandels, in dem stetig mehr Medien erscheinen und institutionalisiert werden (ebd.). Nach Krotz ist der Mensch ein „Bewohner einer kommunikativ konstituierten symbolischen Welt" (2007b: 51), was sich mit den Befunden der sozialkonstruktivistischen Wissenschaftssoziologie (vgl. Knorr Cetina 1984) im Einklang befindet und auch für das soziale Konstrukt des Klimawandels Gültigkeit hat.

Im Mittelpunkt des Mediatisierungskonzeptes steht also der Wandel von Kommunikation als Folge des technologischen und institutionellen Medienwandels sowie die sozialen und kulturellen Folgen dieses Wandels. Dies wird als Meta-Prozess angesehen, weil sich diesem Wandel niemand entziehen kann. Der Meta-Prozess der Mediatisierung folgt ähnlichen Abläufen wie die Meta-Prozesse der Globalisierung und Ökonomisierung, die alle miteinander verflochten sind. Daher müssen z. B. die Gegenwartsdiagnosen von Mediengesellschaft, Informationsgesellschaft oder Wissensgesellschaft auch verbunden werden mit ihrer Ökonomisierung (vgl. Imhof 2006). Jedoch sind unterschiedliche Gesellschaften und soziale Felder von Mediatisierung qualitativ und quantitativ unterschiedlich betroffen. Wissenschaft und Journalismus, so unsere These, sind aufgrund ihrer Vorreiterfunktion bei der Ausbreitung von neuen Technologien zugleich auch die Avantgarde im Prozess der Mediatisierung.

Woran erkennen wir nun Mediatisierung und was sind ihre Folgen im Bereich der sozialen Konstruktion von Klima und Klimawandel? Eine Reihe von vorliegenden Studien hat sich bereits mit der engen Verzahnung der Kommunikation zwischen dem Mediensystem und dem Wissenschaftssystem befasst (Peters & Heinrichs 2005; Post 2009; Bray & von Storch 2010; vgl. zusammenfassend auch Schäfer u. a. in diesem Band). Im Folgenden soll dieser Frage weniger empirisch, sondern eher konzeptionell nachgegangen werden.

Wissenschaft als Feld der Wissensproduktion ist generell hochgradig mediatisiert. Neue Medientechnologien werden zumeist im wissenschaftlichen Feld entwickelt und erprobt, außerdem sind Wissenschaftler häufig *early adopters* von Medieninnovationen, sodass Wissenschaft als *Schrittmacher von Mediatisierung* angesehen werden kann. Vor allem medialisierte, interpersonale und interaktive Wissenschaftskommunikation sind für die Transformation der wissenschaftsinternen Wissensproduktion von Bedeutung, z. B. über neue Praktiken der Produktion, Publikation und Distribution von Texten.[6] So erlaubt Digitalisierung den Einbau von interaktiven Elementen in die Texte und hebt damit die herkömmliche Linearität des Schreibens auf. Online-Recherche und Open Access verändern die Informationssuche. Kommunikation über neue Medien optimiert wissenschaftliche Organisation über regionale Begrenzungen hinweg. Präsentationspraktiken verändern sich durch Medieneinsatz, auch virtuelle Konferenzen sind inzwischen üblich. Online können Daten gesammelt, gespeichert, ausgewertet und ausgetauscht werden. Interaktive Kommunikation mit Programmen wie SPSS oder MaxQDA (aus dem sozialwissenschaftlichen Bereich) erweitern das analytische Leistungsvermögen des Forschers. Speziell ist die Klimaforschung von der Entwicklung der Großcomputer vorangebracht worden, denn nur mit ihrer Hilfe (also mit interaktiver Kommunikation) ist es möglich, riesige Datenmengen aus unterschiedlichen Disziplinen zu komplexen Klimamodellen zu verdichten und Szenarien zu berechnen. Die Entwicklung der Klimaforschung ist, so gesehen, ein Produkt der voranschreitenden Medientechnologie, ein Prototyp der Mediatisierung.

Was lässt sich zu den Mediatisierungsprozessen im Journalismus als der zentralen Institution des Medienfeldes sagen? Einerseits unterliegt der Journalismus selbst der Mediatisierung, d. h. den Folgen des technischen Wandels im Zuge der Digitalisierung und der damit verbundenen Zunahme der dezentralen, interaktiven Online-Kommunikation, wie auch den Folgen des institutionellen Wandels, insbesondere der Ökonomisierung des Mediensystems. Andererseits verändert sich mit der Digitalisierung auch die kommunikative Umwelt des Journalismus und damit seine Funktion in der Gesellschaft.

6 Schulz (vgl. 2004) hat diesem Meta-Prozess vier Sub-Prozesse zugeordnet. Medien heben natürliche Kommunikationsbegrenzungen durch Zeit und Raum auf und führen dadurch zu einer *Extension* bzw. Erweitung der menschlichen Kommunikationsmöglichkeiten. Darüber hinaus kommt es zu einer *Substitution* bzw. einem Ersetzen von ehemaligen nichtmedialen, interpersonalen Aktivitäten und sozialen Institutionen. In der *Amalgamation* können jedoch auch ehemalige nichtmediale mit medialen Aktivitäten verschmelzen. *Accomodation* schließlich meint die Anpassung an Medienregeln wie Werte, Formate und Routinen.

Im Social Web und in den Blogs kommen – inmitten zahlreicher auch trivialer Thematiken – Diskurse mit enormer Schubkraft in Gang und finden ihren Weg in die herkömmlichen kommerziellen und öffentlich-rechtlichen Medien. Früher von massenmedialen Regeln bestimmte Erzähl- und Diskursverläufe werden nun gebrochen, Informationen werden ohne Umwege über Redaktionen veröffentlicht und in einer breiteren Öffentlichkeit diskutiert. Das geht so weit, dass diese öffentlichen Diskussionen ihrerseits wieder Neuigkeitscharakter bekommen und journalistisch weiterverarbeitet werden. Das Informationsmonopol des Journalismus und die Linearität des Informationsflusses sind also im Zuge der Mediatisierung aufgeweicht. Gleichzeitig sind die journalistischen Massenmedien immer noch wichtige Gatekeeper und Agenda-Setter. Unter den Bedingungen der digitalisierten Onlinekommunikation bleibt der professionelle Journalismus eine der zentralen gesellschaftlichen Deutungsmächte, seine bisherige Alleinanbieterposition und damit dominante Deutungsposition verliert er jedoch.

Dieses neue kommunikative Funktionsgefüge zwischen Journalismus und zivilgesellschaftlicher Öffentlichkeit – ob face to face oder digital im Social Web – gilt generell und lässt sich in ersten empirischen Studien auch für die Klimadebatte belegen. So zeigen Repräsentativstudien in Deutschland, dass im Zuge herkömmlicher Mediennutzung offenbar Wissen über den Klimawandel vermittelt wird, dass jedoch Einstellungen und Verhaltensdispositionen aus anderen Informationsquellen und Kommunikationsformen gespeist werden (Taddicken & Neverla 2011). Dies sind möglicherweise herausragende Medienereignisse wie Spielfilme, oder eben auch die digitale mediatisierte Form der interpersonalen Kommunikation, das Social Web.

Zur Medialisierung von Wissenschaft durch Massenkommunikation haben Schäfer (2008) sowie Rödder & Schäfer (2010) bereits Studien vorgelegt. Ebenso gibt es bereits einige Veröffentlichungen zum Verhältnis von Journalismus und Klimawissenschaftlern (vgl. Peters & Heinrichs 2005; Weingart u. a. 2008; Post 2009; Schäfer 2008 oder auch der Beitrag von Schäfer u. a. in diesem Band). Darüber hinaus liegen noch weitere Erkenntnisse vor. So lässt sich mit Blick auf das Zusammenwirken der Mediatisierung von Klimawissenschaften und über Klimawandel berichtenden Journalismus postulieren: Hier ist eine dichte Form von Mediatisierung zu beobachten. Zugespitzt lässt sich von einer radikalen Mediatisierung sprechen, denn die Klimadebatte umfasst mehr und mehr nicht nur Klimawissenschaften und Journalismus, sondern darüber hinaus Teile der Zivilgesellschaft. In der traditionellen Wissenschaft ist – jedenfalls idealtypisch – nur die interne „relevant peer-community" an den Produktionsprozessen von wissenschaftlichem Wissen beteiligt. Durch das spezielle Verhältnis zur Öffentlichkeit wird jedoch in der postnormalen Wissenschaft neben Politik und institutionalisiertem Journalismus auch die Zivilgesellschaft – Bürger als Individuen wie auch ihre organisierten Vertreter – an Verhandlungs- und Begutachtungsprozessen beteiligt. Die „relevant peer-community" wurde ausgeweitet zu einer „extended peer-community" (Funtowicz & Ravetz 2003). Die für Partizipation notwendigen Informationen werden normalerweise von den Massenmedien bereitgestellt. Doch im Zuge des Medienwandels ist es den wissenschaftlichen Akteuren möglich, sich z. B. in Wissenschaftsblogs direkt (also ohne den redaktionellen Filter der Massenmedien) an die Öffentlichkeit zu wenden. Auch ist es problemlos möglich, Laien über neue Medien Einsichtnahme in wissenschaftliche Primärdaten zu geben. Andererseits bekommen die „extended peer-communities" durch das Internet eine sehr viel größere Reichweite und Kraft (z. B. durch Social Media). Verhandlungs- und Review-Prozesse sind in die neuen Medien abgewandert, sodass die „extended peer-communities" inzwischen in hohem Maß als Online-Communities zu betrachten sind. Diesem Mediatisierungstrend folgend, haben Wissenschaftsblogs gerade in der Klimaforschung einen großen Stellenwert. Wenn Klimaforscher mit der Qualität der journalistischen Aufbereitung ihres Themas unzufrieden sind, können sie auf Blogs ausweichen. Beispiele für Klimaforschungsblogs sind die Klimazwiebel (http://klimazwiebel.blogspot.com/) oder der Blog von Roger Pielke jr. (http://rogerpielkejr.blogspot.com/).[7] Einen parallel ablaufenden Prozess können wir auch im Journalismus beobachten, wo professionelle Journalisten, aber auch engagierte Bürgerinnen und Bürger den Diskurs in den Blogs praktizieren (Netzwerk Recherche 2005; Neuberger 2009).

5 Fazit

‚Das Klimathema' oder ‚die Klimadebatte' hält die Gesellschaft auf Trab, individuell und in der Gesamtformation, lokal und regional und global. In unserem Beitrag haben wir versucht, näher zu analysieren, in welchen kommunikativen Formen die Herstellung und Verbreitung von Wissen um die Themen Klima und Klimawandel vollzogen wird. Dafür haben wir die Konzepte des sozial konstruierten Wissens und insbesondere des wissenschaftlichen Wissens, des Diskurses und der Erzählung und schließlich den in Mediengesellschaften vorherrschenden Kontext dieser kommunikativen Formen, nämlich die Mediatisierung, näher beleuchtet.

Wir schlagen vor, Wissen als Ergebnis dessen zu sehen, was in einer Gesellschaft als Vorstellung von Wahrheit ausgehandelt wird; Diskurse als den Weg dahin, nämlich als soziale und kommunikative Aushandlungsprozesse von Wissen; schließlich Erzählung als weit verbreitete kommunikative Form, in der solche Aushandlungsprozesse stattfinden. Alle drei Komponenten – (wissenschaftliche) Wissensproduktion und Wissensdistribution, Diskurse, Erzählungen – finden in der modernen Gesellschaft in mediatisierter Form statt. Mediatisierung ist wiederum zu verstehen als Meta-Prozess, dem

7 Dass Mediatisierung aber auch gewisse Risiken mit sich bringt, haben nicht nur die Protagonisten von Climategate erfahren. Im November 2011 wurde Stefan Rahmsdorf, einer der profiliertesten Klimawissenschaftler vom Potsdam-Institut für Klimafolgenforschung (PIK) und Leitautor der Weltklimaberichte des Weltklimarates (IPCC), vom Kölner Landgericht verurteilt. Die Wissenschaftsjournalistin Irene Meichsner hatte Rahmstorf auf Unterlassung verklagt, denn dieser hätte auf seinem Blog „Klimalounge" (www.scilogs.de/wblogs/blog/klimalounge) Unwahrheiten über Meichsner verbreitet, die geeignet waren, ihren Ruf zu beschädigen (vgl. Lehmkuhl 2011).

in der Mediengesellschaft jegliche Vorgänge der Wahrnehmung und Kommunikation unterliegen. Dies geschieht heute insbesondere unter den Vorzeichen der Digitalisierung, die ihrerseits Interaktivität und die scheinbare Auflösung von Zeit und Raum befördert. In all diesen Komponenten spielt der Journalismus eine tragende Rolle als Erzähl- und Diskursgenerator, der die verschiedenen Felder der Gesellschaft – allen voran Öffentlichkeit generell, Wissenschaft, Politik – maßgeblich mit thematischem Stoff und mit Deutungsmustern versorgt. Wir vermuten, dass diese Leitfunktion des Journalismus aufrecht bleibt, wenngleich dessen Einfluss als zentrale gesellschaftliche Deutungsmacht sinken wird oder schon im Sinkflug befindlich ist. Sokrates' Daimonion ist auch in der Mediengesellschaft nicht überflüssig geworden, sondern hat vielmehr einen neuen Platz und eine neue Form im Gefüge der Öffentlichkeit gefunden.

Die Kommunikationsforschung konnte schon zahlreiche Befunde zur Rekonstruktion der laufenden Klimadebatte vorlegen, wie nicht zuletzt die einzelnen Beiträge im vorliegenden Band zeigen. Diese Befunde beruhen überwiegend auf Untersuchungen mittels Inhaltsanalysen der Medienberichterstattung und beziehen sich überwiegend auf die journalistische Berichterstattung. Der vorliegende Beitrag sollte durch seine theoretischen und methodologischen Überlegungen auch weiterführende Forschungsperspektiven für die Kommunikationsforschung aufzeigen.

In der Mediengesellschaft, zumal unter den Bedingungen des engen Ineinandergreifens von herkömmlicher Massenkommunikation und interaktiver und digitalisierter Sozialkommunikation (Social Media), sieht sich die Kommunikationsforschung Herausforderungen gegenüber, die neuer, theoretisch anspruchsvoller und methodisch komplexer Settings bedürfen, um eben dieses Ineinandergreifen der Medien und Kommunikationsmodi, der gesellschaftlichen Akteure und ihrer unterschiedlichen Wirkungsmacht analytisch zu erfassen und zu erklären. Die Komplexität des Wirkungsgefüges von Journalismus und Öffentlichkeitsarbeit, von Politik und gesellschaftlichen Stakeholdern, aber auch die Widerständigkeit des Publikums ist nur in theoretisch und methodischen komplexen Analysen abbildbar – was aus forschungsökonomischen Gründen meist nur Schritt für Schritt in Form von empirischen Teilstudien abarbeitbar ist, die immer wieder synoptischer Zusammenführungen bedürfen. Eng verbunden mit einem solchen konzeptionellen Verständnis wären auch Methodendesigns, die sowohl das Konzept der Triangulation – des Nachvollzugs verschiedener Perspektiven durch Methodenkombinationen – verfolgen, als auch auf Methodenkombinationen von kommunikationswissenschaftlich tradierten Inhaltsanalysen mit geisteswissenschaftlich inspirierten, stärker hermeneutisch getragenen Diskursanalysen beruhen.

Bibliographie

Bacon, Wendy & Chris Nash (2012): Playing the media game: the relative (in)visibility of coal industry interests in media reporting of coal as a climate change issue in Australia. In: Journalism Studies, Jg. 13. (im Erscheinen).

Berger, Peter & Thomas Luckmann (1969): Die gesellschaftliche Konstruktion der Wirklichkeit. Eine Theorie der Wissenssoziologie. Frankfurt a. M.: Fischer.

Berglez, Peter, Brigitta Höijer & Ulrika Olausson (2010): Individualization and Nationalization of the Climate Change Issue: Two Ideological Horizons in Swedish News Media. In: Boyce, Tammy, Justin Lewis (Hrsg.) Climate Change and the Media. New York u. a.: Peter Lang. S. 211–223.

Bild (2007a): Unser Planet stirbt. 3. 2. 2007.

Bild (2007b): Wir haben nur noch 13 Jahre … um die Erde zu retten. 23. 2. 2007.

Billett, Simon (2010): Dividing climate change: global warming in the Indian mass media. In: Climatic Change, Jg. 99. S. 1–16.

Bray, Dennis & Hans von Storch (2010): CliSci2008: A Survey of the Perspectives of Climate Scientists Concerning Climate Science and Climate Change. Geesthacht: GKSS-Forschungszentrum Geesthacht (GKSS Working Paper 2010/9).

Bude, Heinz (1993): Die soziologische Erzählung. In: Jung, Thomas & Stefan Müller-Doohm (Hg.), ‚Wirklichkeit' im Deutungsprozeß. Verstehen und Methoden in den Kultur- und Sozialwissenschaften, Frankfurt a. M.: Suhrkamp. S. 409–429.

Carvalho, Anabela (2007): Ideological Cultures and media discourses on scientific knowledge: re-reading news on climate change. In: Public Understanding of Science, Jg. 16. S. 223–243.

Couldry, Nick (2008). Mediatization or mediation? Alternative understandings of the emergent space of digital storytelling. New Media & Society, Jg. 10. S. 373–391.

Der Spiegel (2005): Der zerbrechliche Planet. 10. 1. 2005.

Der Spiegel (2006): Achtung Weltuntergang. 6. 11. 2006.

Diaz-Bone, Reiner (2002): Kulturwelt, Diskurs und Lebensstil. Opladen: Leske + Budrich.

Diaz-Bone, Reiner (2006): Operative Anschlüsse: Zur Entstehung der Foucaultschen Diskursanalyse in der Bundesrepublik. In: Forum Qualitative Sozialforschung, Jg. 7 (http://www.qualitative-research.net/fqs, Zugriff am 4. 8. 2011).

Donk, Andreas (2009): Kommunikation über Vergangenheit – Soziales Gedächtnis in kommunikationswissenschaftlicher Perspektive. In: Merten, Klaus (Hg.): Konstruktion von Kommunikation in der Mediengesellschaft. Wiesbaden: Verlag für Sozialwissenschaften. S. 13–29.

Döring, Martin (2005): ‚Wir sind der Deich': Zur metaphorisch-diskursiven Konstruktion von Natur und Nation. Hamburg: Verlag Dr. Kovac.

Doyle, Julie (2011): Mediating Climate Change. Burlington: Ashgate.

Eichhorn, Wolfgang (2005): Agenda-Setting-Prozesse. Eine theoretische Analyse individueller und gesellschaftlicher Themenstrukturierung. 2. Aufl.. München (http://epub.ub.uni-muenchen.de/archive/00000734/, Zugriff am 23. 11. 2011).

Fairclough, Norman (1995): Critical Discourse Analysis. London: Pearson.

Fludernik, Monika (2006): Einführung in die Erzähltheorie. Darmstadt: Wissenschaftliche Buchgesellschaft.

Foucault, Michel (1977): Die Ordnung des Diskurses. Inauguralvorlesung am Collège des France, 2. Dezember 1970. Frankfurt a. M.: Ullstein.

Foucault, Michel (1992): Was ist Kritik? Berlin: Merve-Verlag.
Funtowicz, Silvio & Jerome Ravetz, (1993): The Emergence of Post-Normal Science. In: Schomburg, René von (Hg.): Science, Politics, and Morality. Scientific Uncertainty and Decisionmaking. Dordrecht u. a.: Kluver Academic Publishers.
Funtowicz, Silvio & Jerome Ravetz (2003): Post-normal Science. Report to International Society for Ecological Economics (http://www.ecoeco.org/pdf/pstnormsc.pdf, Zugriff am 15. 9. 2011).
Garz, Verena (2008): Der Klimawandel in den Medien. Eine Analyse der Berichterstattung im Nachrichtenmagazin „Der Spiegel". Magisterarbeit im Fach Journalistik und Kommunikationswissenschaft an der Universität Hamburg.
Genette, Gérard (1994): Die Erzählung. München: Fink.
Grittmann, Elke (2010): „The Iconography of Climate Change. How Media Cover Global Warming visually", Vortrag, Deutsche Welle Global Media Forum 2010, 21. 6. 2010, Bonn.
Haas, Peter M. (2004): When does power listen to truth? A constructivists approach to the policy process. In: Journal of European Public Policy, Jg. 11. S. 569–592.
Habermas, Jürgen (1995a): Vorstudien und Ergänzungen zur Theorie des kommunikativen Handelns. Frankfurt a. M. S. 127–186.
Habermas, Jürgen (1995b): Theorie des kommunikativen Handelns, Band 1 + 2. Frankfurt a. M.: Suhrkamp.
Hickethier, Knut (1994): Das Fernsehspiel oder Der Kunstanspruch der Erzählmaschine Fernsehen. In: Schanze, Helmut & Bernhard Zimmermann (Hg.): Das Fernsehen und die Künste. München: Fink. S. 303–348.
Hitzler, Ronald & Anne Honer (1984): Vom Alltag der Forschung. Bemerkungen zu Knorr Cetinas wissenschaftssoziologischem Ansatz. In: Österreichische Zeitschrift für Soziologie ÖZS, Jg. 14. S. 26–33.
Hjarvard, Stig (2008): The mediatization of society. A theory of the media as agents of social and cultural change. Nordicom Review, Jg. 29. S. 105–134.
Hofman, Marlene (2009): Stürme über Nordeuropa. Eine vergleichende Inhaltsanalyse der Berichterstattung in der dänischen Tageszeitung *Jyllands-Posten* und den deutschen Tageszeitungen *Süddeutsche Zeitung* und *Hamburger Abendblatt*. Magisterarbeit im Fach Journalistik und Kommunikationswissenschaft an der Universität Hamburg.
Hühn, Peter, John Pier, Wolf Schmid & Jörg Schönert (2009) (Hg.): Handbook of narratology. Berlin u. a.: de Gruyter.
Imhof, Kurt (2006): Mediengesellschaft und Medialisierung. In: Medien und Kommunikationswissenschaft M&K, Jg. 54. S. 191–215.
IPCC (2010): Understanding climate change. 22 years of IPCC assessment (http://www.ipcc.ch/pdf/press/ipcc_leaflets_2010/ipcc-brochure_understanding.pdf, Zugriff am 23. 11. 2011).
Jäger, Siegfried (2009): Kritische Diskursanalyse: eine Einführung. Münster: Unrast-Verlag.
Kant, Immanuel (1800): Logik. Ein Handbuch zu Vorlesungen. Königsberg: bey Friedrich Nicolovius (http://emedien.sub.uni-hamburg.de/han/DeutscheLiteraturdes18JahrhundertsOnline/db.saur.de/DLO/advancedFullCitationView.jsf, Zugriff am 24. 8. 2011).
Keller, Reiner (2005): Wissenssoziologische Diskursanalyse. Grundlegung eines Forschungsprogramms. Wiesbaden: Verlag für Sozialwissenschaften.
Keller, Reiner (2011): Diskursforschung. Eine Einführung für SozialwissenschaftlerInnen. 4. Auflage. Wiesbaden: Verlag für Sozialwissenschaften.
Khor, Martin, Sven Giegold, Meena Raman, Ailun Yang u. a. (2007): Klima der Gerechtigkeit. Das Buch zum dritten Kongress von Attac, BUND, EED, Greenpeace, Heinrich Böll Stif-

tung, in Kooperation mit dem Wuppertal Institut für Klima, Umwelt, Energie (hg. von Stefanie Hundsdorfer und Elias Perabo). Berlin: McPlanet.com.
Kitcher, Philip (2010): The climate change debates. In: Science, Jg. 328. S. 1230–1234.
Klaus, Elisabeth (1996): Der Gegensatz von Information ist Desinformation, der Gegensatz von Unterhaltung ist Langeweile. In: Rundfunk und Fernsehen, Jg. 44. S. 402–417.
Knoblauch, Hubert (2005): Wissenssoziologie. Konstanz : UVK.
Knorr Cetina, Karin (1984): Die Fabrikation von Erkenntnis. Zur Anthropologie der Naturwissenschaft. Frankfurt a. M.: Suhrkamp.
Knorr Cetina, Karin (2007): Culture in global knowledge societies: knowledge cultures and epistemic cultures. In: Interdisciplinary Science Reviews, Jg. 32. S. 361–375.
Krotz, Friedrich (2007a): The meta-process of ‚mediatization' as a conceptual frame. Global Media and Communication, Jg. 3. S. 256–260.
Krotz, Friedrich (2007b): Mediatisierung: Fallstudien zum Wandel von Kommunikation. Wiesbaden: Verlag für Sozialwissenschaften.
Krotz, Friedrich (2009a): Mediatisierung: Fallstudien zum Wandel von Kommunikation. Wiesbaden: Verlag für Sozialwissenschaften.
Krotz, Friedrich (2009b): Mediatization: A concept with which to grasp media and societal change, in: Lundby, Knut (Hg.): Mediatization. Concept, Changes, Consequences. New York: Peter Lang. S. 21–40.
Kuhn, Thomas (1967): Die Struktur wissenschaftlicher Revolutionen. Frankfurt a. M.: Suhrkamp.
Landwehr, Achim (2001): Geschichte des Sagbaren. Einführung in die historische Diskursanalyse. Tübingen: ed. discord.
Landwehr, Achim (2002): Einleitung. In: Landwehr, Achim (Hg): Geschichten(n) der Wirklichkeit. Beiträge zur Sozial- und Kulturgeschichte des Wissens. Augsburg: Wißner. S. 9–30.
Lehmkuhl, Markus (2011): Ideologie und Klimawandel oder: Wie man Journalisten mundtot macht. In: WPK Quarterly, Jg. 2011. S. 4–8.
Link, Jürgen (1997): Versuch über den Normalismus. Wie Normalität produziert wird. Opladen: Westdeutscher Verlag.
Lundby, Knut (Hg.) (2009): Mediatization. Concept, Changes, Consequences. New York: Peter Lang.
Lünenborg, Margreth (2005): Journalismus als kultureller Prozess . Zur Bedeutung des Journalismus in der Mediengesellschaft. Wiesbaden: Verlag für Sozialwissenschaften.
Lüthje, Corinna & Irene Neverla (2009): Conceptualizing the interconnected agents of collective memory between mediated discourse and conversation. Vortrag bei der ECREA Philosophy of Communication Conference Communication and Memory in London am 10. Dezember. Manuskript abrufbar unter http://www.wiso.uni-hamburg.de/fileadmin/sowi/journalistik/PDFs/CLuethje-London-021209.pdf .
Lüthje, Corinna (2008): Das Medium als symbolische Macht. Untersuchung zur soziokulturellen Wirkung von Medien am Beispiel von Klassik Radio. Norderstedt: BoD.
Lyotard, Jean F. (1989): Der Widerstreit, München: Fink.
Lyotard, Jean F. (2005): Das postmoderne Wissen: ein Bericht. 5., unveränd. Aufl. Wien: Passagen.
Maasen, Sabine (2009): Wissenssoziologie. 2., komplett überarb. Aufl. Bielefeld: Transcript.
Martinez, Matias & Michael Scheffel (2009): Einführung in die Erzähltheorie. München: Beck.
Matthes, Jörg (2007): Framing-Effekte: zum Einfluss der Politikberichterstattung die Einstellungen der Rezipienten. München: Fischer.

Mazur, Allan (1998): Global Environmental Change in the News: 1987–90 vs. 1992–6. In: International Sociology, Jg.13. S. 457–472.
Meyen, Michael (2009): Medialisierung. In: Medien & Kommunikationswissenschaft M&K, Jg. 57. S. 23–38.
Müller, Karl H. (2011): Beobachtungen im Labor. In: Pörksen, Bernhard (Hg): Schlüsselwerke des Konstruktivismus. Wiesbaden: Verlag für Sozialwissenschaften. S. 239–253.
Neverla, Irene & Judith Lohner (2012): Gegenwärtige Vergangenheit im Journalismus: Erinnerung als Element in der Konstruktion von Aktualität. In: Eichhorn, Wolfgang (Hg.): Festschrift für Heinz Pürer (Im Erscheinen).
Neverla, Irene, Judith Lohner & Corinna Lüthje (2011): Das IAT-Modell der Invention-Adaption-Transformation. Themendiffusion am Beispiel der medialen Konstruktion von Klimawandel (Eingereicht).
Neverla, Irene & Hans von Storch (2010): Wer den Hype braucht. Klimawandel – zur Karriere eines Begriffes. In: Die Presse. Wien: Spectrum, 24. 7. 2010.
Neverla, Irene (2008): The IPCC-Reports 1990–2007 in the media. A case study on the dialiectics between Journalism an natural sciences. Beitrag zur jährlichen ICA-Konferenz „Global Communication and Social Change“, Montreal 2008.
Neverla, Irene (2010): Journalismus in der Zeit – Zeit im Journalismus. Über Aktualität als Leitkategorie. In: Hackel-de Latour, Renate, Christian Klenk, Michael Schmolke & Ute Stenert (Hg.): Vom Vorwort zum Friedhofsgespräch. Randlinien gesellschaftlicher Kommunikation. Festschrift für Walter Hömberg. Eichstätt: Grünewald. S. 83–94.
Netzwerk Recherche (2005): Online-Journalismus: Chancen, Risiken und Nebenwirkungen der Internetkommunikation. Ergebnisse der Kommunikations-Fachtagung des netzwerk recherche e. V. in Zusammenarbeit mit der Bundeszentrale für politische Bildung Wiesbaden, 7./8. Mai 2005 (http://www.netzwerkrecherche.de/files/nr-werkstatt-02-online-journalismus.pdf, Zugriff am 11. 1. 2012).
Neuberger, Christoph, Christian Nuernbergk & Melanie Rischke (2009): Journalismus im Internet: Zwischen Profession, Partizipation und Technisierung. In: Media Perspektiven, Jg. 2009. S. 174–188.
Niedersächsische Regierungskommission Klimaschutz: Regierungskommission Klimaschutz (https://regierungskommission-klimaschutz.de/Klimaschutz/KommissionPublic, Zugriff am 23. 11. 2011).
Nowotny, Helga, Peter Scott & Michael Gibbons (2004): Wissenschaft neu denken. Wissen und Öffentlichkeit in einem Zeitalter der Ungewissheit. Weilerswist: Velbrück Wissenschaft.
Olausson, Ulrika (2009): Global warming-global responsibility? Media frames of collective action and scientific certainty. In: Public Understanding of Science, Jg. 18, S. 421–436.
Peters, Hans Peter & Harald Heinrichs (2005): Öffentliche Kommunikation über Klimawandel und Sturmflutrisiken. Bedeutungskonstruktion durch Experten, Journalisten und Bürger. Jülich: Schriften des Forschungszentrums Jülich.
Pfister, Christian (2009): The „disaster gap“ of the 20th century and the loss of traditional disaster memory. In: GAIA, Jg. 18. S. 239–246.
Post, Senja (2009): Klimakatastrophe oder Katastrophenklima? Die Berichterstattung über den Klimawandel aus Sicht der Klimaforscher. Baden-Baden: Nomos.
Reimann, Margarete (1959): Invention. In: MGG – Die Musik in Geschichte und Gegenwart, Bd. 6: Head – Jenny. Kassel: Bärenreiter. S. 1384–1389.
Reinhardt, Jan D. & Michael Jäckel (2005): Massenmedien als Gedächtnis- und Erinnerungs‚generatoren‘. Mythos und Realität einer ‚Mediengesellschaft‘. In: Rössler,

Patrick & Friedrich Krotz (Hg.): Mythen der Mediengesellschaft. Konstanz: UVK. S. 93–112.
Reusswig, Fritz (2010): Klimawandel und Gesellschaft. Vom Katastrophen- zum Gestaltungsdiskurs im Horizont der postkarbonen Gesellschaft. In: Voss, Martin (Hg): Der Klimawandel. Sozialwissenschaftliche Perspektiven. Wiesbaden: Verlag für Sozialwissenschaften. S. 75–97.
Robinson, Sue (2009): „We all were there"; Remembering America in the anniversary coverage of Hurricane Katrina. In: Memory Studies, Jg. 2. S. 235–253.
Rödder, Sabine & Mike S. Schäfer (2010): Repercussion and resistance. An empirical study on the interrelation between science and mass media. In: Communications, Jg. 35. S. 249–267.
Rössler, Patrick (1997): Agenda-Setting. Theoretische Annahmen und empirische Evidenzen einer Medienwirkungshypothese. Opladen: Westdeutscher Verlag.
Sawicki, Diethard (2002): Geisterglauben im Europa der Neuzeit. Grabungshinweise für Archäolgen des Wissens. In: Landwehr, Achim (Hg): Geschichten(n) der Wirklichkeit. Beiträge zur Sozial- und Kulturgeschichte des Wissens. Augsburg: Wißner. S. 349–370.
Schäfer, Mike S. (2008): Medialisierung der Wissenschaft? Empirische Untersuchung eines wissenschaftssoziologischen Konzepts. In: Zeitschrift für Soziologie, Jg. 37. S. 206–225.
Schulz, Winfried (2004): Reconstructing mediatization as an analytical concept. European Journal of Communication, Jg. 19. S. 87–101.
Shanahan, James & Jennifer Good (2000): Heat and hot air: influence of local temperature on journalists' coverage of global warming. In: Public Understanding of Science, Jg. 9. S. 285–295.
Smith, Joe (2005): Dangerous news: media decision making about climate change risk. In: Risk Analysis, Jg. 25. S. 1471–1482.
Stanzel, Franz Karl (1995): Theorie des Erzählens. Göttingen: Vandenhoeck & Ruprecht.
Stehr, Nico & Hans von Storch (1995): The social construct of climate and climate change. In: Climate Research, Jg. 5. S. 99–105.
Stehr, Nico & Hans von Storch (2010): Climate and society. Climate as resource, climate as risk. Singapur: World Scientific Publishing.
Stehr, Nico (1994): Knowledge Societies. London u. a.: Sage.
Taddicken, Monika & Irene Neverla (2011): Klimawandel aus Sicht der Mediennutzer. Multifaktorielles Wirkungsmodell der Medienerfahrung zur komplexen Wissensdomäne Klimawandel. In: Medien & Kommunikationswissenschaft, Jg. 59. S. 505–525.
Taddicken, Monika & Stefanie Trümper (in Vorbereitung): Blogosphäre versus Online-Journalismus: Eine vergleichende Analyse der Themenkarrieren und Bewertungsmuster der ‚Climategate'-Affäre.
Time Magazine (19.10.1987): The Heat is On. 19.10.1987.
van Dijk, Teun A. (2011): Discourse Studies: a multidisciplinary introduction. London: Sage.
Viehöver, Willy (2008): Klimawandel im Lichte der narrativen Diskursanalyse. In: Keller, Reiner, Andreas Hirseland, Werner Schneider & Willy Viehöver (Hg.): Handbuch sozialwissenschaftliche Diskursanalyse 2: Forschungspraxis. Wiesbaden: Verlag für Sozialwissenschaften. S. 233–265.
Viehöver, Willy (2011): Die Politisierung des globalen Klimawandels und die Konstitution des transnationalen Klimaregimes. In: Groß, Matthias (Hg.): Handbuch Umweltsoziologie. Wiesbaden: Verlag für Sozialwissenschaften. S. 671–691.

Voss, Martin (2010): Einleitung: Perspektiven sozialwissenschaftlicher Klimaforschung. In: Voss, Martin (Hg): Der Klimawandel. Sozialwissenschaftliche Perspektiven. Wiesbaden: Verlag für Sozialwissenschaften. S. 9–40.
Weingart, Peter, Anita Engels & Petra Pansegrau (2008): Von der Hypothese zur Katastrophe: der anthropogene Klimawandel im Diskurs zwischen Wissenschaft, Politik und Massenmedien. 2. leicht veränd. Aufl. Opladen u. a.: Budrich.
Weingart, Peter, Martin Carrier & Wolfgang Krohn (2007): Nachrichten aus der Wissensgesellschaft. Analysen zur Veränderung der Wissenschaft. Weilerswist: Velbrück Wissenschaft.
Weingart, Peter (1997): Neue Formen der Wissensproduktion: Fakt, Fiktion und Mode. IWT-Papier 15 (http://www.uni-bielefeld.de/iwt/publikationen/iwtpapers/paper15.pdf, Zugriff am 9.7.2011).
Weingart, Peter (2001): Die Stunde der Wahrheit? Zum Verhältnis der Wissenschaft zu Politik, Wirtschaft und Medien in der Wissensgesellschaft. Weilerswist: Velbrück Wissenschaft.
Weingart, Peter (2003): Wissenschaftssoziologie. Bielefeld: Transcript.
Weingart, Peter (2005): Die Wissenschaft der Öffentlichkeit. Essays zum Verhältnis von Wissenschaft, Medien und Öffentlichkeit. Weilerswist: Velbrück Wissenschaft.
Weischenberg, Siegfried (2001): Nachrichten-Journalismus: Anleitungen und Qualitäts-Standards für die Medienpraxis. Wiesbaden: Westdeutscher Verlag.
Wodak, Ruth (2004): Critical discourse analysis. In: Seale, Clice, Gianfranco Gobo, Jay F. Gubiurm & David Siverman (Hg.): Qualitative research practice. London: Sage. S. 197–213.
Zelizer, Barbie (2008): Why memory's work on journalism does not reflect journalism's work on memory. In: Memory Studies, Jg. 1. S. 79–87.
Zierold, Martin (2006): Gesellschaftliche Erinnerung. Eine medienkulturwissenschaftliche Perspektive. Berlin: de Gruyter.
Zittel, Claus (2002a): Einleitung: Wissen und soziale Konstruktion in Kultur, Wissenschaft und Geschichte. In: Zittel, Claus (Hg.): Wissen und soziale Konstruktion. Berlin: Akademie-Verlag. S. 7–12.
Zittel, Claus (2002b): Konstruktionsprobleme des Sozialkonstruktivismus. In: Zittel, Claus (Hg.): Wissen und soziale Konstruktion. Berlin: Akademie-Verlag, S. 87–108.

Visuelle Konstruktionen von Klima und Klimawandel in den Medien. Ein Forschungsüberblick

Elke Grittmann

Im September 2011 berichtet der *Spiegel* über die kleine Nordseeinsel Hallig Gröde – ein mit insgesamt elf Bewohnern nicht unbedingt nachrichtenträchtiger Ort. Doch die kleine Insel, so der Tenor des Beitrags, könne möglicherweise existentiell vom Klimawandel betroffen werden. Sollte der Meeresspiegel steigen, wäre das der Untergang der Insel: Es droht das „Tonga in der Nordsee" (Der Spiegel 2011: 40). Um diese mögliche Folge auch konkret vor Augen zu führen, eröffnet eine fotografische Aufnahme der Hallig Gröde bei Hochwasser den Artikel (s. Abb. 1)[1]. Solche Bilder von Hochwasserkatastrophen im eigenen Land begleiten die Klimaberichterstattung des *Spiegel* seit das Nachrichtenmagazin die „Klimakatastrophe" 1986 auf den Titel setzte (s. Abb. 1, vgl. Weingart u. a. 2008): Das Titelbild der Ausgabe zeigt eine Fotomontage[2] vom Kölner Dom, dessen Fundamente in der Vergangenheit immer wieder einmal von Hochwasser umspült worden waren[3]. Nur noch Teile des Schiffs und die Türme ragen aus einer einzigen, unendlich erscheinenden Wasserfläche heraus. Die Symbolik ist eindeutig: Der Untergang des christlichen Abendlandes und seiner Kultur steht bevor.

Diese Visualisierungen stellen in der Klimaberichterstattung keine Ausnahme dar: Überschwemmungen, Fluten und Hochwasser gehören inzwischen ebenso zu den populären Bildmotiven der Klimaberichterstattung in den Medien wie schmelzende Glet-

1 Weitere Motive finden sich in einer Bildergalerie auf *Spiegel Online* (2011).

2 Diese Angabe beruht auf der Auskunft der Titelbildredaktion des *Spiegel* vom 21. 9. 2011.

3 Der *Spiegel* musste das Titelmotiv nicht eigens erfinden. Vielmehr handelt es sich um eine aus einer bekannten Ikonografie schöpfenden Projektion in die Zukunft. Drei Jahre zuvor, im April 1983, war der Rhein aufgrund starken Regens in Bonn und Köln über die Ufer getreten, auch die Mosel führte Hochwasser. Das Magazin berichtete über die Fluten, betonte das Naturphänomen der beiden Flüsse, das nur „alle tausend Jahre" gleichzeitig aufträte (Der Spiegel 1983: 123) und zeigte dazu eine Aufnahme der überfluteten Kölner Altstadt mit dem Dom im Hintergrund. Zumindest dieses konkrete „Vorbild" war im Spiegel bekannt und könnte als Anregung für den Titel gedient haben. Über frühere Überschwemmungen von Flüssen oder Sturmfluten an der Nordsee in Deutschland war aber auch die Jahre zuvor in Wort und Bild in den Medien berichtet worden (vgl. z. B. zur Hamburger Sturmflut 1962: Lüthje & Neverla 2009). Hochwasser und die Folgen hat vermutlich auch ein großer Teil der Bürgerinnen und Bürger schon selbst erlebt. Das abstrakte Thema Klima schloss damit an die Lebenserfahrung der Leserinnen und Leser an. Klimawandel wurde konkret vorstellbar.

Abbildung 1 „Tonga in der Nordsee" (Der Spiegel 2011: 40 f.) und „ Die Klimakatastrophe" (Der Spiegel 1986, Titelseite)

Deutschland

TREIBHAUSEFFEKT

Tonga in der Nordsee

Kühlanlagen in überhitzten Städten, Wasserspender auf trockenen Feldern – Deutschland bereitet sich auf den Klimawandel vor. Doch es fehlt ein klares Konzept für den Umbau.

scher und Eisberge, einsame Eisbären auf Eisschollen oder ausgetrocknete Felder, um (mögliche) Folgen des Klimawandels zu visualisieren.

Die zunehmende Visualisierung hat im vergangenen Jahrzehnt zu einer verstärkten Erforschung der Rolle der Bilder im medialen Klimadiskurs geführt. Die Bildforschung knüpft dabei zum einen an Fragestellungen und Ansätze zur öffentlichen Kommunikation über Klimawandel an. Sie kann damit als Teilbereich der Medien- und Kommunikationswissenschaft beschrieben werden, der Klimawandel als Thema in Hinblick auf die Medienproduktion, -inhalte und Medienrezeption bzw. -wirkung untersucht. Die Erforschung der Visualisierung des Themas Klimawandel ist zum anderen aber auch stark beeinflusst durch die aus den Kulturwissenschaften hervorgegangenen Theorien der Bildwissenschaften und den Visual Studies sowie den sozialwissenschaftlichen Ansätzen der Visuellen Kommunikationsforschung.[4] Sie tragen maßgeblich zum Verständnis der bildspezifischen Leistung in der öffentlichen Kommunikation bei.

Das Ziel dieses Beitrags ist es, in dieses sich entwickelnde Forschungsfeld einzuführen und einen Überblick über die zentralen Ansätze und empirischen Ergebnisse zu bieten. In der Forschung über die öffentliche Klimakommunikation lassen sich drei zentrale Forschungsperspektiven unterscheiden. Im Fokus stehen:

4 Zu den beiden Kulturen vgl. Lobinger & Grittmann 2010. Insgesamt ist das Forschungsfeld durch Multidisziplinarität gekennzeichnet. So werden Bildtheorien und Fragestellungen, wie im Folgenden gezeigt wird, bspw. auch in der Wissenschafts- und Technikgeschichte (vgl. z. B. Nikolow & Bluma 2009) aufgegriffen.

1. Der epistemologische Status von Wissenschaftsbildern und die Frage nach der bildlichen Eigenlogik im Prozess der Wissens- und Sinngenerierung sowie den Transformationsprozessen in der Medienproduktion (Kontext der Produktion).
2. Der Produktionskontext und die kulturelle oder ideologische Bedeutung der Bilder im Rahmen von (Medien-)Diskursen (Produktion und Inhalte).
3. Die Rezeption und Wirkung unterschiedlicher Visualisierungen von Klima(folgen) auf Einstellungen und Verhaltensweisen von Laien (Rezeptionskontext).

Die Forschung bezieht sich dabei auch auf übergreifende Diskussionen der Klimadebatte (vgl. die Einleitung in diesem Band), die sich auf drei zentrale wissenschaftliche Begriffe bringen lassen: Evidenz(erzeugung), Risiko und Unsicherheit sowie Ideologie und Kultur.

Der Beitrag will jedoch nicht einfach nur die bisherige Forschung nachzeichnen. Grundlegend stellt sich die Frage, welche Rolle den Bildern innerhalb des Diskurses über den Klimawandel in den Medien zukommt und *wie* sie Sinn erzeugen. Die Frage nach dem „wie" führt damit auch zur Frage nach den sozialen und kulturellen Voraussetzungen und Bedingungen, unter denen diese Bilder produziert, aber auch rezipiert werden. Deshalb soll zunächst ein modellhafter Rahmen entwickelt werden, in dem die Zusammenhänge der zentralen Akteure, Prozesse und Bedingungen skizziert werden. Diese Bilder sind im Kontext eines Visualisierungsprozesses zu betrachten, der sich in allen gesellschaftlichen Bereichen abzeichnet.

Vor diesem Hintergrund lassen sich die bisherigen Arbeiten zur visuellen Klimakommunikation in der Öffentlichkeit einordnen. Dazu bietet der Beitrag einen Überblick über die zentralen Ansätze und Ergebnisse, auf deren Basis abschließend Desiderate und Entwicklungsperspektiven aufgezeigt werden.

1 Von der Illustration zur Visualisierung – Klimabilder in den Medien zwischen Wissenschaft und Öffentlichkeit

Schon die beiden eingangs beschriebenen Bilder der Hallig Gröde bzw. des Kölner Doms werfen eine Vielzahl von Fragen auf: Welche Bilder des abstrakten Phänomens Klimawandel, dessen Prognose doch auch mit Unsicherheit verbunden ist, werden in den Medien eigentlich gezeigt? Wie kann die Zukunft visuell überhaupt vergegenwärtigt werden? Welche Bilder, Bildgattungen und Bildmotive werden dafür produziert, ausgewählt und publiziert? An welche Bilddiskurse, an welche Symbolik knüpfen die Bilder ästhetisch und inhaltlich an, um Bedeutung zu erzeugen? Welche Gemeinsamkeiten und Unterschiede gibt es in den Deutungsangeboten zwischen den Medien? Und was wissen wir über die Herkunft der Bilder und ihre Rezeption oder Wirkung?

Die eigenständige Behandlung von Bildern in der Forschung setzt zunächst voraus, dass Bildern ein besonderer Status zugeschrieben wird, der sie von sprachlichen/textbasierten Kommunikationsformen unterscheidet. Bis in die 1990er Jahre wurden Bilder in den Medien als nachgeordnete Kommunikationsform betrachtet. Gerade in Bezug auf die Wissensvermittlung und Wissensdiskurse wurde allein der Sprache in Text oder Wort eine wesentliche Informationsleistung zugeschrieben. Dies gilt im Übrigen nicht nur für massenmediale Bilder (vgl. Grittmann 2007), sondern auch für Bilder, die die (Natur-)Wissenschaften selbst hergestellt haben und von den Medien rezipiert werden (vgl. Nikolow & Bluma 2009: 50 f.). Bilder galten als Illustrationen und als entsprechend vernachlässigbar.

Die zunehmende Verwendung von Bildern in allen gesellschaftlichen Bereichen hat zu Beginn der 1990er Jahre aber zu einer stärkeren wissenschaftlichen Beachtung geführt. Die Theoriedebatte, die sich in dieser Zeit über den Status des Bildes entwickelt hat, kann hier nicht ausführlich nachgezeichnet werden (vgl. z. B. Boehm 1994; Mitchell 1992). Im Ergebnis läutete sie jedoch eine Abkehr von der Vorstellung einer reinen Abbildung und Illustration nicht-künstlerischer Bilder ein, wie sie wissenschaftliche Bilder (z. B. Diagramme, Grafiken) oder fotojournalistische Bilder darstellen. Vielmehr wird davon ausgegangen, dass Bilder eine Eigenlogik besitzen und nicht einfach ontologisch definiert werden können; sie lassen sich als Bilder allenfalls – auf den kleinsten gemeinsamen Nenner gebracht – als „bedeutende Flächen" (Flusser 1997: 8) bestimmen.

Ihre spezifische Bildlichkeit hängt von einer Vielzahl von Faktoren ab, wie bspw. den Verfahren ihrer Herstellung oder der Bildgattung, aber v. a. ihrer sozialen Gebrauchsweise. Bilder sind, so ließe sich in Anlehnung an Bourdieu (2006: 85) formulieren, gesellschaftlich definiert. In der Konsequenz sind auch technisch erzeugte bzw. digitale Bilder, seien dies Fotografien, Filme oder eben Computersimulationen von Klimamodellen und Grafiken der Klimaveränderung, als Konstruktionen zu begreifen. Sie stellen nicht dar und bilden nicht ab, sondern sie erzeugen eine eigene Bedeutung. Diese Bedeutung ist gleichermaßen kulturell codiert.

Diesen sozialen und kulturellen Kontext gilt es zunächst für die Visualisierung des Meta-Themas „Klimawandel" zu skizzieren, um die grundlegenden theoretischen Prämissen der derzeitigen Forschung zu verstehen und die einzelnen Arbeiten gleichzeitig einzuordnen.

In der öffentlichen Kommunikation über den Klimawandel spielen Massenmedien als Informationssystem zwischen den unterschiedlichen gesellschaftlichen Bereichen und Bürgerinnen und Bürgern nach wie vor eine wichtige Rolle. Die Herstellung, Auswahl und Verbreitung von Bildern des Klima-Themas in den Medien liegt maßgeblich in der Verantwortung des Journalismus. Journalismus kann unterschiedlichen theoretischen Ansätzen zufolge als eigenständiger gesellschaftlicher Bereich aufgefasst werden, der durch eine eigene Logik gekennzeichnet ist (vgl. als Überblick Löffelholz 2004). Auch in Bezug auf die Bilder soll Journalismus zunächst als eigenständiges System umschrieben werden, das für die Herstellung, Auswahl und Präsentation der Bilder ebenso Regeln und Strukturen ausgebildet hat wie für die Textberichterstattung (vgl. Grittmann u.a. 2008). Die Bildherstellung oder -auswahl sowie Bildpräsentation orientiert sich damit ebenso an der journalistischen Systemlogik, die unter dem Begriff der „Aktualität" gefasst werden kann. Dieser Aktualitätsanspruch beinhaltet drei zentrale Dimensionen: Neuigkeitswert, Faktenbezug und soziale Relevanz (Grittmann u.a. 2008: 11; Scholl & Weischenberg 1998: 75). Gerade das im Journalismus zentrale Medium Fotografie hat die Funktion, den Wirklichkeitsbezug, die Faktizität, zu beglaubigen (vgl. Grittmann 2003). Diese Funktion steht jedoch bereits in einem Spannungsverhältnis zur möglichen Sichtbarmachung des Klimawandels: Fotos zeigen nur das Wetter, nicht das Klima – Fotografie richtet sich auf die Gegenwart. Zudem ist sie im Moment ihres Zeigens bereits ein Medium der Vergangenheit. Diese Zeitlichkeit ist ein wesentliches Moment ihrer Verwendungsweise im Journalismus. Die journalistische Fotografie kann Vergangenheit vergegenwärtigen, nicht jedoch die Zukunft, wenn sie ihrem Wirklichkeitsanspruch treu bleiben will. Doch gerade die Zukunftsszenarien sind ein wesentliches Moment des wissenschaftlichen, politischen und gesellschaftlichen Klimadiskurses.

An den beiden eingangs genannten Beispielen können bereits exemplarisch Strategien beobachtet werden, wie die Medien dieses Problem zu lösen suchen: einmal durch die Verwendung einer künstlerischen Technik beim Titelbild des *Spiegel*, der Fotomontage, die somit weniger Ergebnis einer Beobachtung, sondern vielmehr der Imagination ist. Zweitens werden mögliche Folgen durch eine Fotografie gezeigt, die sich auf eine gegenwärtige Beobachtung bezieht und erst durch einen Blick in den Beitrag als Anschauungsobjekt eines möglichen Zukunftsszenarios verständlich wird.

Darüber hinaus werden mediale Bilder zum Klimadiskurs nicht allein, wie die eingangs beschriebenen Bilder des *Spiegel*, von den Redaktionen oder Fotojournalisten produziert. Der Journalismus als zentrale Institution arbeitet zwar nach eigenen Regeln der „Sichtbarmachung", bezieht jedoch auch unterschiedliche Quellen aus anderen Entstehungskontexten mit ein, die anderen Logiken folgen. Wenngleich Fotografien das zentrale Medium in der visuellen Berichterstattung sind, so greift der Journalismus auch auf andere Bildgattungen wie Diagramme, Grafiken, Karten oder Bilder der Klimamodelle zurück. Diese Bildgattungen sind in besonderem Maß von wissenschaftlichem Wissen abhängig. Auch dazu sei ein letztes Mal auf die *Spiegel*-Titelgeschichte verwiesen: Ergänzt wurden die Aufnahmen um Schaubilder im Artikel, die bspw. die wissenschaftlichen Befunde zur Bewegung von Treibhausgasen in der Atmosphäre oder zur Ausbreitung des Ozonlochs über der Antarktis visualisieren sollten (Der Spiegel 1986: 126). Inzwischen stellt die Wissenschaft selbst Bilder für die Öffentlichkeit bereit. Prominentes und wohl einflussreichstes Beispiel sind die Bilder aus den Sachstandsberichten des IPCC, die für politische Entscheidungsträger und Öffentlichkeit publiziert und auch in Medien veröffentlicht werden. Aber auch Akteure wie NGOs oder Politiker kommunizieren mittels Bildern. Der Forschung zur Wissenschaftspopularisierung wurde berechtigterweise der Vorwurf gemacht, sie betrachte Wissenschaft als Zentrum und die mediale Öffentlichkeit als Peripherie (u.a. Borck 2009: 318; vgl. Weingart 2011: 233 ff.)

und verliere damit die mediale Perspektive aus dem Blick.[5] Diese Engführung sollte aber auch umgekehrt nicht fortgeführt werden. Gerade die Verwendung von Klimamodellen und wissenschaftlichen Bildern in den Medien verlangt, deren Entstehungskontext mit zu berücksichtigen.

Somit muss die visuelle massenmediale Kommunikation über Klimawandel im Kontext des gesamten Klimadiskurses und der daran beteiligten Akteure und gesellschaftlichen Teilsysteme betrachtet werden. Um Klimabilder zu verstehen, ist es notwendig, die Wechselbeziehungen und „Viskurse" (d. h. „visuelle Diskurse", Knorr Cetina 2001) zwischen den einzelnen Bereichen, Akteuren und Systemen zu untersuchen. Die Visualisierung des Klimawandels ist als Meta-Prozess zu verstehen, der sich in allen Bereichen abzeichnet, die mit dem Thema befasst sind. Über die sozialen Praxen allein lassen sich die Klimabilder allerdings nicht begreifen. Bilder entstehen in unterschiedlichen Diskursen. Gerade „neue" Phänomene werden dadurch verständlich, dass sie an eingeführte, bekannte Bilddiskurse und spezifische ikonografische Traditionen anknüpfen. Als Konstruktionen artikulieren sie Bedeutungen und Weltanschauungen (vgl. Grittmann 2007). Sowohl diese Bedeutungen, aber auch die Art und Weise, wie es zu diesen Bedeutungen kommt, gilt es zu analysieren.

Darüber hinaus stellen Bilder Bedeutungsangebote dar, die im Kreislauf von Produktion auf der einen Seite und Rezeption auf der anderen zirkulieren (vgl. Grittmann u. a. 2008). Es stellt sich somit des Weiteren die Frage, wie diese visuellen Bedeutungsangebote vom Medienpublikum rezipiert werden.

Der Blick dieser Forschungssynopse richtet sich somit nicht nur auf die Fragestellungen, Ansätze und Erkenntnisse über *Bildinhalte in den Medien*, sondern auch auf die sozialen Praxen, aus denen sie hervorgehen, die kulturellen Bedeutungen, die sie artikulieren, und schließlich ihre Rezeptions- und Wirkungsweisen in der Öffentlichkeit.

2 Bildliche Eigenlogik im Prozess der Wissensgenerierung und öffentlicher Wissenskommunikation

Klimawandel hat sich zu einem gesellschaftlichen Metathema entwickelt, das in zahlreichen gesellschaftlichen Gebieten bearbeitet wird. Die Medien beobachten daher eine Vielzahl von Akteuren und deren Diskurse. Eine zentrale Informationsquelle zum Klima(wandel) selbst ist jedoch nach wie vor die Wissenschaft. Nach Rolf Nohr sind Wissenschaftsbilder in den Medien deshalb relevant, weil sie als „nützliche Bilder" (Nohr 2004: 1 f.) wieder aufgegriffen, neu kontextualisiert werden und neue Bedeutungen entfalten. Als prominentes Beispiel für den Erfolg von wissenschaftlichen Bildern führen Nikolow und Bluma die Aufnahme des 1953 präsentierten Modells der Doppel-

5 Zum Paradigma der „Wissenschaftspopularisierung" vgl. Kohring 2005: 63 ff. Er weist darauf hin, dass die Perspektive der Wissenschaftspopularisierung die der Wissenschaft ist (Kohring 2005: 73).

helixstruktur von James Watson und Francis Crick an, das als Visualisierung der DNA-Struktur zu einer Ikone wurde (Nikolow & Bluma 2009: 45 f.). Der wissenschaftliche Entstehungskontext spielt für die Bedeutung der Bilder eine entscheidende Rolle. Rolf Nohr hält es daher für notwendig, diese „Prägung“ der Bilder mit zu berücksichtigen (2004: 12).

Einflussreich, auch für die aktuelle Forschung über die wissenschaftlichen Bilder des Klimawandels, sind zwei Konzepte: Der „Pictorial Turn“ (Mitchell 1992) steht für den Wandel zum Bildlichen in der Gesellschaft und verweist zudem grundlegend auf das Denken in Bildern und durch Bilder. Mitchell hat diese Überlegungen schon früh auf Wissenschaftsbilder bezogen und eine wissenschaftliche Auseinandersetzung mit diesen Bildern gefordert. Gottfried Boehm (1994: 13) prägte dagegen den Begriff des „Iconic Turn“. Boehms Konzept entstand aus seinen Erkenntnissen der Kunstgeschichte und wendete sich gegen die Annahme des „Linguistic Turn“, dass alle Erkenntnis von der Sprache ausginge. Nach Boehm sind Bilder nicht nur Mittel, sondern erzeugen selbst Erkenntnis und Sinn (Boehm 1994). Die „ikonische Differenz“ der Bilder markiere die „zugleich visuelle und logische Mächtigkeit, welche die Eigenart des Bildes kennzeichnet“ (Boehm 1994: 30). Diese theoretischen Neukonzeptionen waren und sind auch deshalb so grundlegend, weil sie sich maßgeblich auf nicht-künstlerische Bilder beziehen (lassen). Bilder sind als eigenständige Objekte zu begreifen. Insbesondere durch den Einfluss von Boehm und Mitchell hat sich in den Kulturwissenschaften und der Wissenschaftsgeschichte ein breites Forschungsfeld zur Visualisierung der Naturwissenschaften entwickelt,[6] in dem auch die aktuelle Forschung zur wissenschaftlichen Visualisierung des Klimathemas anzusiedeln ist.

Das erkenntnistheoretische Interesse richtet sich auf die Eigenlogik wissenschaftlicher Bilder und auf die Konsequenzen des zunehmenden Einsatzes technischer Bilder und insbesondere der bildgebenden Verfahren für die Wissensproduktion (vgl. Nikolow & Bluma 2009: 53).[7] Martina Heßler, aber auch Bernd Hüppauf und Peter Weingart haben eine Zäsur in der visuellen Wissenskommunikation festgestellt, die durch die Digitalisierung bedingt ist (vgl. Heßler 2006d; Hüppauf & Weingart 2009: 28). Die Digitalisierung hat eine neue Form der Visualisierung hervorgebracht, die erstens zu immateriellen Bildern führt; zweitens zeigen diese Bilder selbst Unsichtbares (Heßler 2006b; 2006c; 2006d; vgl. Mersch 2009). Die Frage bildlicher Evidenz stellt sich somit neu:

6 Dazu zählt bspw. der von dem Kunsthistoriker Horst Bredekamp im Jahr 2000 gegründete Schwerpunkt „Das technische Bild“ am Hermann von Helmholtz-Zentrum für Kulturtechnik (HZK) an der Humboldt-Universität in Berlin oder das von Martina Heßler, Jochen Hennig und Dieter Mersch initiierte Projekt „Visualisierungen in der Wissenskommunikation“ (u. a. Explorationsstudie im Rahmen der BMBF-Förderinitative „Wissen für Entscheidungsprozesse“, 2004) und weiteren Publikationen (vgl. Heßler 2006a; Heßler & Mersch 2009).

7 Inzwischen gibt es eine ganze Reihe an Sammelbänden, die einzelne Studien zu unterschiedlichen Wissenschaftsgebieten umfassen, vgl. den Überblick von Heßler 2006b und Nikolow & Bluma 2009; z. B. die Bände von Heintz & Huber 2001; Heßler 2006a; Hüppauf & Weingart 2009; Heßler & Mersch 2009.

„Digitale Bilder in den Naturwissenschaften visualisieren damit ein zweifach Unsichtbares: die unsichtbaren Phänomene einerseits, die zumeist gemessen werden, sowie die Algorithmen und unsichtbaren Datensätze, die den digitalen Bildern zugrunde liegen, andererseits." (Heßler 2006d) Angesichts der enormen Datenmengen, die über Computer verarbeitet werden, sind Visualisierungen zentral, um überhaupt Ergebnisse sichtbar machen zu können (Heßler 2006d: 10). Nach Hüppauf und Weingart bieten die digitalen Bilder keine endgültigen Fassungen mehr, sie können ohne Ende verändert werden (Hüppauf & Weingart 2009: 29).

Visualisierung in den Naturwissenschaften bedeutet demnach, dass Bilder etwas „sichtbar machen, was ohne sie unbenannt bliebe oder nicht existierte. Das Visualisieren ist in eine Neudefinition des Wissens [...] eng verwickelt." (Hüppauf & Weingart 2009: 29, vgl. ähnlich Geimer 2007: 102). Geimer sieht in ihnen nicht nur „Verdichtungen oder Materialisierungen der zu untersuchenden Phänomene", sie können „unter Umständen sogar der einzige Ort sein, an dem diese Phänomene überhaupt in Erscheinung treten". (Geimer 2007: 102)

2.1 Die Visualisierung von Klimamodellen durch Simulation

Diese hier skizzierten theoretischen Annahmen sind auch für die Frage grundlegend, wie wissenschaftliches Wissen über Klimaveränderung generiert wird und wie Bilder dabei Sinn erzeugen. Besonders aufschlussreich ist in diesem Zusammenhang die Studie von Gabriele Gramelsberger (2008). Sie hat in ihrer Untersuchung zur Entstehung von Klimamodellen festgestellt, dass gerade die Visualisierung der Zukunftsmodelle in der Klimaforschung in keinem direkten Verhältnis zur Realität steht: Klimabilder basieren auf computergenerierten Simulationen, die mit Unschärfen arbeiten; sie dienen der Modellbildung. Die Computertechnologie ist somit ein entscheidender Faktor in der Produktion dieser Wissensbilder. Sie ist jedoch weniger als Ursache denn als geeignetes Instrument für die Wissensgenerierung zu betrachten. Die Naturwissenschaften selbst stehen, so Gramelsberger (2008: 75), seit den 1980er Jahren zunehmend vor der Anforderung, Problemorientierung und verwertbares Forschungswissen zu bieten, sodass handlungsleitende Prognosen an Bedeutung gewinnen.

Erst durch Hochleistungscomputer ist es möglich geworden, komplexe Klimamodelle zu entwickeln. An die Stelle der Berechnung monokausaler, linearer Zusammenhänge ist in der Klimaforschung die Erforschung komplexer Prozesse getreten, die mit unsicherem Wissen verbunden ist. Die „Idealisierung exakten Wissens selbst [wird] dekonstruiert" (Gramelsberger 2008: 77). Unsicherheit wird zu einer mitreflektierten Größe. In der Folge könnten zwar komplexe Zusammenhänge beschrieben werden, „ihre Wirkung aufeinander [ist] nicht mehr exakt vorhersagbar" (Gramelsberger 2008: 79 f.). Die Forschung weiß um diese Unschärfen und nimmt sie in Kauf (Neidhardt u. a. 2008: 23).

Das Sprechen über Bilder in größeren Forschungsgemeinschaften erhält dabei einen eigenen epistemischen Status. Karin Knorr Cetina (2001) hat einen solchen „Viskurs" in einer ethnographischen Studie in der Physik untersucht. Bilder erhalten innerhalb der Viskurse einen höheren Status als das Sprechen, weil sie sichtbare Ergebnisse darstellen (Knorr Cetina 2001: 308).

2.2 Sinnerzeugung und Wissenskommunikation am Beispiel von Grafiken der Klimaentwicklung

Die bildliche Eigenlogik zeigt sich nach Heßler (2004: 26 ff.) in der Logik des Kontrastes, der Möglichkeit ihres Zeigens (Bilder können bspw. nicht verneinen) und ihrer Räumlichkeit. Die Art und Weise, wie Bilder Sinn erzeugen, beruht somit nach Heßler (2006b: 20) auf drei wesentlichen Aspekten: die Anknüpfung an Bildtraditionen und Konventionen, ihre spezifische bildliche Struktur und Logik und das „ästhetische Handeln'". Die von Heßler differenzierten Ebenen der Sinnerzeugung der Wissensbilder und die wechselseitige Durchdringung von Wissenschaft und Medien hat Birgit Schneider (2009) anhand des einflussreichen „Hockey-Stick-Graphen" und einer in Al Gores Film „An Inconvenient Truth" eingesetzten Grafik untersucht.

Die Hockey-Stick-Grafik zeigt den Temperaturverlauf der Erde über die letzten 1000 Jahre (s. Abb. 2).[8] Die drastische Aussage der Grafik, dass nach einem relativ linearen Verlauf der Temperatur ab ca. 1850 ein deutlich abweichender Temperaturanstieg auf der Erde zu beobachten ist, wird, so Schneider (2009: 46 ff.), durch unterschiedliche (ästhetische) Darstellungsstrategien erzeugt: erstens durch den gewählten Maßstab, sodass der Ausschlag dramatisch erscheint; zweitens durch die Wahl der Farbsymbolik – der Ausschlag wird rot eingefärbt und steht damit für Hitze –, drittens durch die Verbindung dieser Farbe mit der Phase der Industrialisierung und instrumentellen Messung der Temperatur und viertens durch die Betonung bzw. Abschwächung von Einzelkurven und schließlich durch das Prinzip des „Überlaufs"; der Kurvenverlauf suggeriert, dass die Temperatur auch in Zukunft weiter steigt. Auf diese Weise erzeugt die Grafik Evidenz. Ähnliche Strategien kann Schneider auch im Film „An Inconvenient Truth" nachweisen. Al Gore präsentiert eine Grafik mit übereinander gelegten Kurven, um Zusammenhänge zu erzeugen (Schneider 2009: 49 ff.). Während der Hockey-Stick-Graph in veränderter Form in öffentlichen Darstellungen rezipiert wurde, zeigt Schneider am zweiten Beispiel,

8 Den Namen „Hockey-Stick" hat sie aufgrund ihrer Form erhalten: Die Kurve sieht aus wie ein Hockeyschläger. Der Paleoklimatologie Michael E. Mann und Kollegen hatten sie 1998 erstmals in einem Beitrag veröffentlicht, 2001 wurde sie in den IPCC-Report aufgenommen und als Beleg für den anthropogenen Klimawandel in der Öffentlichkeit aufgegriffen (vgl. Schneider 2009: 45).

Abbildung 2 Grafik der Klimaentwicklung über die letzten 1000 Jahre, IPCC Third Assessment Report (2001: 3, Fig. 1)

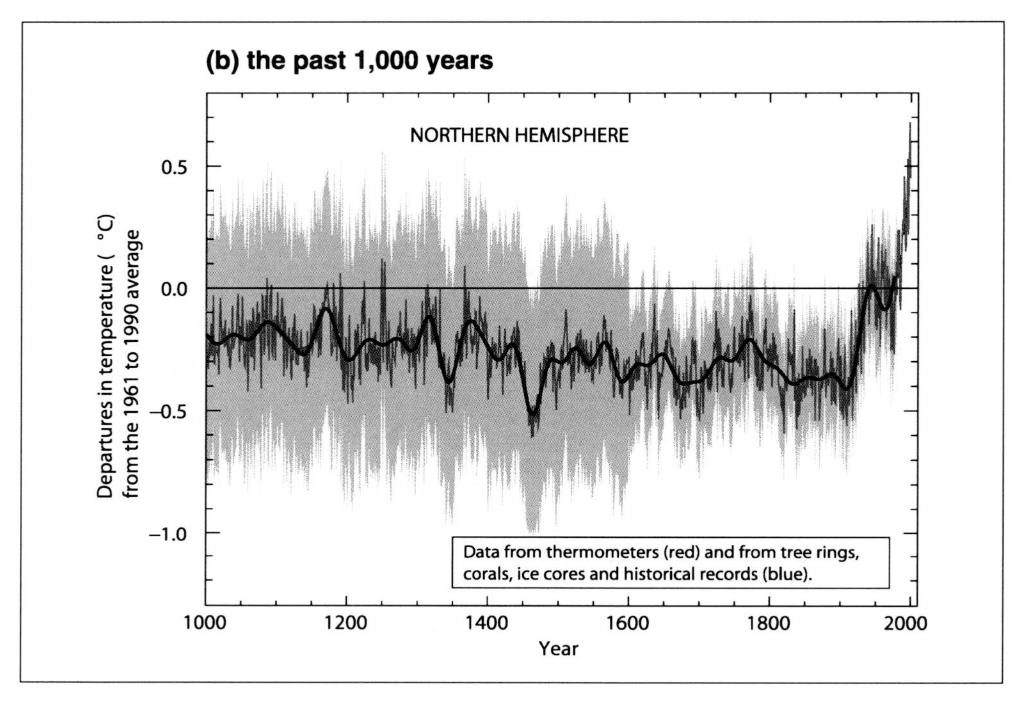

wie Al Gore's plakative Darstellung wiederum in der Wissenschaft aufgegriffen wurde. Wissenschaft und Medien stehen somit in einer wechselseitigen Beziehung.

Insgesamt ist festzuhalten, dass die kulturwissenschaftliche Bildforschung durch bildtheoretische, wissenschaftshistorische und analytische Forschung zu einem neuen Verständnis von Bildern im Prozess wissenschaftlicher Wissenserzeugung geführt hat. Wenngleich die Forschung proklamiert, die „Popularisierung" der Wissenschafts- und Klimabilder gleichermaßen mit zu berücksichtigen, so konzentriert sie sich stärker auf die Entstehung und Sinngenerierung von Bildern im wissenschaftlichen Kontext. Daraus folgt auch eine Konzentration auf eine ganz bestimmte Bildgattung, die aus Messungen und Simulationen generierte Diagramme, Grafiken und Modelle umfasst. Bislang konnte nur ein kleiner Teil dieser „Klimabilder" untersucht werden. Die Studien belegen jedoch eindrücklich, wie die Bilder in wissenschaftliche Modelle „verstrickt" (Hüppauf & Weingart 2009: 29) sind und wie die vermeintliche Evidenz durch die Art und Weise der Visualisierung erzeugt wird.

3 Bedeutungen, Diskurse und Ideologien visueller Klimaberichterstattung in den Medien

Angesichts der Relevanz des Klimathemas in der Gesellschaft und der zentralen Rolle des Journalismus bei der Setzung von Themen sowie der Verbreitung von Informationen hat sich die visuelle Kommunikationsforschung insbesondere der Frage zugewendet, welches Wissen über Bilder in der Berichterstattung der Medien überhaupt vermittelt wird. Anabela Carvalho hat 2007 konstatiert, „[the] role of ideology in media representations of science is still blatantly under-researched" (Carvalho 2007: 225). Für das junge Feld der Klimabildforschung lässt sich dies nicht behaupten. In der Forschung zu den Bildinhalten der visuellen Klimaberichterstattung steht die Frage nach der Bildbedeutung, nach hegemonialen Deutungsangeboten und diskursiven Lesarten im Mittelpunkt. Von besonderem Interesse ist, wie ein abstraktes Thema wie Klima und Klimaveränderung überhaupt konkret sichtbar gemacht werden kann.

Visuelle Diskursanalysen gehen davon aus, dass Bilder Bestandteil größerer Diskursformationen sind, die historisch gewachsen sein können. Die Rekonstruktion der Diskurse als auch die Eigenleistung der Bilder stehen im Mittelpunkt. Die einzelnen Studien richten ihr Erkenntnisinteresse nicht nur auf das konkrete Bildmotiv, sondern gerade auf (kulturspezifische) Deutungen und Deutungsrahmen. Die Forschung bezieht sich dabei auf unterschiedliche kultursoziologische Theorien und ebenso auf unterschiedliche Perspektiven: auf ökonomische Kontextfaktoren, die die Bildinhalte beeinflussen, oder Fragen des Risikos oder der Unsicherheit, die sich in den Diskursen entfalten.

3.1 Klimabilder als „Marketing Opportunity" – die Ideologie der globalen Bildagenturen

Die „immateriellen Bilder" der Wissenschaft stellen zwar eine bedeutende, jedoch nicht die zentrale Quelle der visuellen Klimaberichterstattung dar. In den Redaktionen werden mehrheitlich Fotografien eingesetzt, die aus unterschiedlichen Quellen stammen. Dabei weist der bildliche Produktionsprozess im Vergleich zu textbasierten Bereichen eine Besonderheit auf: Bilder werden selten von den Redaktionen selbst produziert oder in Auftrag gegeben; die Mehrheit der Bilder stammt von externen professionellen Quellen wie Nachrichtenagenturen, freien Bildagenturen, -archiven und FotografInnen (vgl. Grittmann u. a. 2008).

Dieser Markt arbeitet aber nicht allein nach einer journalistischen Zielsetzung. Anders Hansen und David Machin (2008) haben mittels einer kritischen Bilddiskursanalyse von rund 600 Bildern nachgewiesen, wie das Bildangebot zu Klimawandel und Umwelt einer der wichtigsten freien und globalen Nachrichtenagenturen, Getty Images, von ökonomischen Erwägungen durchdrungen ist. Wie die Autoren zeigen, zielt die Kollektion von Umweltbildern der Agentur vor allen Dingen darauf, ein populäres

Abbildung 3 5 von 12 573 Bildern zum Schlagwort „Umwelt" im Getty Images Online-Katalog (Zugriff am 14.11.2011)

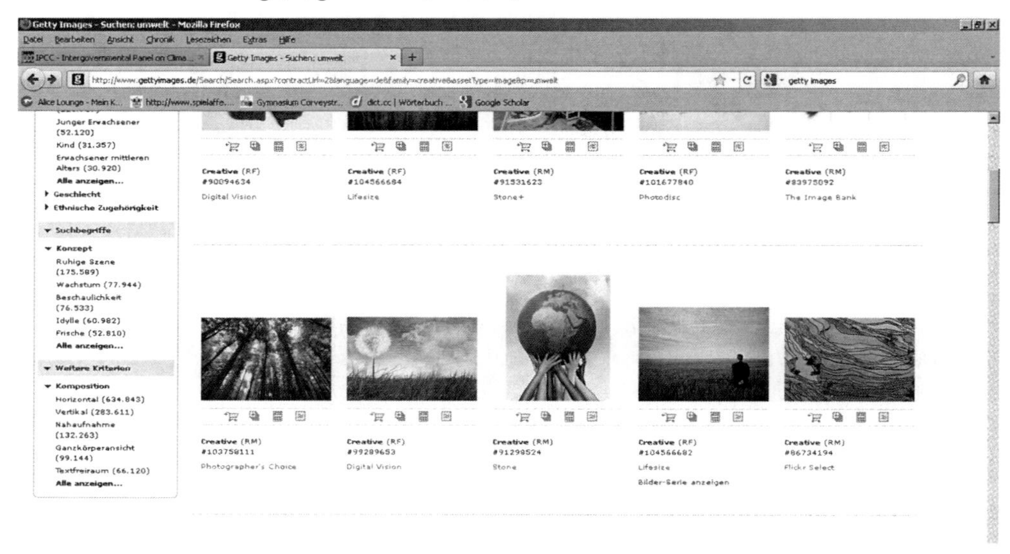

Thema möglichst ökonomisch erfolgreich auszuschöpfen – die „marketing opportunity" steht im Vordergrund. Die Bilder zielen nicht auf eine aktuelle, dokumentarische visuelle Berichterstattung; es handelt sich um Symbolbilder, die sich vielfältig vermarkten lassen. Sie verzichten auf eine Individualisierung von Personen, Orten und Situationen zugunsten einer starken Typisierung und Verallgemeinerung, um sie möglichst global verbreiten zu können. An die Stelle konkreter Momentaufnahmen treten Klischeebilder wie das Motiv des in der Sonne wogenden Getreides. Das bestätigt sich auch durch die Analyse der Verschlagwortung, die unspezifisch bleibt und lediglich allgemeine Begriffe umfasst, z.B bei den Orten („mountain rage", „pack ice" oder „factory"), Handlungen („recycling") oder damit verbundenen Werten („friendship", „innovation", „protection"; Hansen & Machin 2008: 790 f.).

Hier werden ausschließlich positive Leitbegriffe individueller Lebensführung und auch emotionale Attribute verknüpft, hinter der eine auf Produktmarketing fokussierte Strategie deutlich wird (Hansen & Machin 2008: 793). Die Autoren weisen nach, dass solche Symbolbilder teils auch in Zeitungen eingesetzt werden – allerdings fehlt eine systematische Analyse, in welchem Maß sie tatsächlich in der journalistischen Klimaberichterstattung publiziert werden.[9]

9 Getty hat inzwischen auch ein weltweites Netz an Fotojournalisten aufgebaut, die aktuell berichten, so dass hier ein weiterer Markt existiert. Damit ist Getty im aktuellen Zeitungsmarkt, zumindest in Deutschland, sehr erfolgreich (vgl. Wilke 2008).

3.2 Die Ikonografie des Risikos Klimawandel

In der Debatte über den Klimawandel hat sich die Frage des Risikos zu einer Leitfrage entwickelt. Auf Basis der Theorie der Risikogesellschaft von Ulrich Beck beschäftigen sich Libby Lester und Simon Cottle (2009) mit den Deutungsmustern von Bildern des Klimawandels aus der Risikoperspektive. Wenn Klimawandel als globales Krisen- und Risikothema gilt, dann stellt sich für sie die Frage, wie ein (Welt-)Bürgertum mobilisiert werden kann, aktiv zu werden, um diese Risiken zu verhindern, kurz: Wie ist „ecological citizenship" möglich? (Lester & Cottle 2009: 922) Lester und Cottle bewerten das Fernsehen als dasjenige Leitmedium, das zum einen eine globale Öffentlichkeit, zum anderen Empathie der Einzelnen herstellen kann. In der Studie wurde die visuelle Berichterstattung über den Klimawandel in nationalen und internationalen Fernsehnachrichten[10] in einem zweiwöchigen Erhebungszeitraum aus dem Jahr 2004 untersucht. Die Bilder wurden zunächst nach ihrer symbolischen, spektakulären oder darstellenden Funktion quantitativ analysiert und anschließend nach ihrer Ikonografie klassifiziert und interpretiert. Generell lassen sich in der Berichterstattung zwei Dimensionen unterscheiden:

Erstens werden spektakuläre oder symbolische Bilder eingesetzt, wie bspw. Aufnahmen des Planeten, einer gefährdeten Natur, von überwältigenden Landschaften oder Bilder von konkreten Orten und Regionen. Klimawandel wird somit als globales und lokales Thema konstruiert. Visuelle Berichterstattung konzentriert sich aber besonders darauf, die durch Menschen produzierten Ursachen (s. Abb. 4)[11], aber auch die Folgen für Natur und Mensch sichtbar zu machen (Lester & Cottle 2009: 928). Motive von Flüchtenden knüpfen ebenso an bekannte Bildthemen an wie bspw. überwältigende Landschaftsaufnahmen. Eine Beobachtung ist dabei besonders interessant, weil sie auf die Zirkulation der Bilder und der Diskurse über die Themen hinweg hindeutet. Lester und Cottle bezeichnen sie nach Roland Barthes' Bildtheorie als „relaying" (Lester & Cottle 2009: 928): Die Naturkatastrophenberichterstattung selbst wird nicht in Zusammenhang mit dem Klimawandel gebracht. Da vergleichbare, einzelne Bildmotive aus dieser Berichterstattung dann aber wiederum in der Berichterstattung über den Klimawandel auftauchen, werden implizit Verbindungen über die Bilder hergestellt. Dabei setzen die Medien sowohl ikonische Bilder ein, die Aussagen im Beitrag repräsentieren, als auch stärker abstrahierende, symbolische und spektakuläre Bilder.

Die zweite Dimension umfasst die Akteursebene, die in die Diskussion und Problemlösung involviert ist: Politik, Wissenschaft und NGOs. Die visuelle Berichterstattung ist dabei stark nationalstaatlich ausgerichtet, selbst wenn über internationale

10 Das Sample umfasste alle Nachrichtenbeiträge über Klimawandel in einer zweiwöchigen Untersuchungsperiode in sechs Ländern (Vereinigtes Königreich, USA, Australien, Südafrika, Indien, Singapur) und vier internationalen Sendern (BBC World, CNN International, Fox News, Sky News Australia). Insgesamt wurden 27 Beiträge analysiert (vgl. Lester & Cottle 2009: 924 f.).

11 Diese und folgende Bildzitate stammen aus der Untersuchung Grittmann 2010.

Abbildung 4 Ursachen des Klimawandels: Industrie, Der Spiegel 2009b: 90; Fleischproduktion, GEO 2009: 32–33

Ereignisse berichtet wird (Lester & Cottle 2009: 932). Diese nationalstaatliche Perspektive konterkariert damit die globale Anschauung. Das Potential von Bildern, ein weltweites Mitgefühl zu erzeugen, kann, so Lester und Cottle (2009: 932), durch diese nationale Sichtweise eingeschränkt werden.

Ähnliche Bildmotivgruppen wurden auch in der visuellen Klimaberichterstattung britischer Sonntagszeitungen ermittelt. Die Studie von Smith und Joffe (2009) über einen Untersuchungszeitraum von 2000 bis 2006 klassifizierte die Bilder nach den Kategorien Ursachen, Folgen und Lösungen und deren Ortsbezug.[12] Die Untersuchung ergab, dass sich die mediale Sichtbarmachung des Klimawandels v. a. auf die Auswirkungen („Impacts") bezieht. Eisbären, schmelzende Gletscher, Überschwemmungen und

12 Diese Kategorien werden nur exemplarisch erwähnt, die weiteren Kategorien aber nicht vorgestellt. Dadurch bleibt die Analyse sehr intransparent.

Betroffene sind die zentralen Motive möglicher Folgen für Natur und Mensch (Smith & Joffe 2009: 652 f.). Ebenso spielen politische Akteure und Prominente eine zentrale Rolle. Smith und Joffe stellen darüber hinaus fest, dass auch Grafiken häufig eingesetzt werden. Über Entwicklungen im Untersuchungszeitraum erfährt man leider nichts.

Auch eine qualitative ikonografische Untersuchung der Autorin zur Visualisierung des Klimawandels in deutschen Tages-, Wochenzeitungen und Magazinen erbrachte ähnliche Bildmotivgruppen (Grittmann 2010). Die Untersuchung konzentrierte sich auf die fotografische Berichterstattung im Vorfeld und während des Klimagipfels in Kopenhagen 2009. Wie in der internationalen Fernsehberichterstattung (vgl. Lester & Cottle 2009) werden auch in den nationalen Printmedien Akteure, Ursachen und Auswirkungen für Mensch und Natur visualisiert (s. Abb. 4 & 5). Durch eine systematische Bildtypenbildung wurden darüber hinaus weitere Motive identifiziert, wie bspw. Aufnahmen industrieller Massentierhaltung oder Nahrungsmittelproduktion zur Visualisierung von Ursachen (s. Abb. 4). Auch Problemlösungen werden bspw. in Form von Aufnahmen von Solaranlagen oder Windkrafträdern gezeigt, ebenso werden Anpassungsstrategien visuell thematisiert.

Die bisherigen Erkenntnisse deuten auf zwei Phänomene hin: Erstens werden die Bildmotive durch den Kontext der Berichterstattung erst geframt. Zweitens scheinen die Themenschwerpunkte des wissenschaftlichen Klimadiskurses, wie sie vom IPCC vertreten werden, auch die Bildthemen der Medien zu bestimmen: „Causes", „Impacts", „Solutions" sowie „Mitigation" und „Adaption" gehören zu den Schlüsselbegriffen des IPCC.

In diese Richtung deuten auch die Befunde zur Entwicklung der visuellen Kommunikation der Umweltschutzorganisation Greenpeace von Julie Doyle (2007). Doyle un-

Abbildung 5 Folgen des Klimawandels, Stern 2009; Flutkatastrophe in Indonesien, Der Spiegel 2009a: 54

tersuchte die Visualisierung über den Klimawandel in Greenpeace-Publikationen von 1994 bis 2007. Nach ersten symbolischen Visualisierungen zukünftiger Katastrophen bis 1997 – damit fällt diese Art der Visualisierung in dieselbe Kategorie wie das vergleichbare *Spiegel*-Titelbild des untergehenden Kölner Doms – konzentrierte sich Greenpeace in den folgenden Jahren auf mögliche Ursachen und Folgen und insbesondere auf die fotografische Dokumentation der Auswirkungen des Klimawandels in Arktis und Antarktis, dem Abschmelzen der Eisberge und den Folgen für Eisbären. Durch die fotografische Strategie konnte Greenpeace Evidenz erzeugen und damit Aufmerksamkeit für das Thema schaffen. Nach einer Kampagnenphase gegen Ölkonzerne und Atomenergie beobachtete Doyle eine stärkere Visualisierung lokaler Lösungen am Ende des Untersuchungszeitraums (Doyle 2007: 147).

Offenbar steht die Visualisierung von Medien, NGOs und Wissenschaft in einem engeren Zusammenhang als bislang vermutet.

3.3 *Die Ikonografie der Verletzlichkeit*

Die Bilder sind in ihrer Bedeutung aber auch keineswegs eindeutig, darauf weist die Studie von Chaseten Remillard (2011) hin über die Art und Weise, wie Umweltrisiken visuell kommuniziert werden. Er behandelt zwar ein etwas anders gelagertes Thema; konkret geht es um eine Bildreportage in *National Geographic* über die kanadischen Ölsand-Gebiete und ihre Bedrohung durch eine mögliche Nutzung der dort lagernden Ressourcen. Das Motiv der unberührten, weiten und überwältigenden Natur spielt auch in der Reportage eine zentrale Rolle. In der qualitativen, diskursanalytischen Studie, die sich besonders auf die diskursiven Traditionen konzentriert, zeigt Remillard, dass diese Vorstellung einer unberührten, erhabenen Natur bereits im 19. Jahrhundert entwickelt und über die Landschaftsfotografie als Vorstellung des Erhabenen weiter tradiert wurde.[13] Im Kontext von Umweltrisikothemen evozieren diese Bilder nun nicht nur diese Erhabenheit, sondern gleichzeitig auch deren Schutzbedürftigkeit vor menschlicher Zerstörung (Remillard 2011: 131).

Verletzlichkeit wird als eine weitere wesentliche Bedeutungsdimension der visuellen Klimakommunikation gewertet (vgl. Manzo 2010a; Linder 2006). Schutzbedürftigkeit und Verletzlichkeit werden in der visuellen Kommunikation über den Klimawandel durch unterschiedliche Bildmotive thematisiert. So hat Stephen H. Linder festgestellt, dass auch die Titelbilder der dritten IPPC-Reports aus dem Jahr 2001 auf das Motiv der unberührten, erhabenen, aber auch romantisch verklärten Natur rekurrieren (s. Abb. 6).

Das vom IPCC verwendete Motiv des „blauen Planeten“ symbolisiert, so Linder, ebenfalls eine zerbrechliche globale Welt, das „Raumschiff Erde“, seine Fragilität, Kom-

13 Stefan Brönnimann hat für das Motiv der schmelzenden Gletscher eine lange bildliche Tradition rekonstruiert. Vgl. Brönnimann 2002.

Abbildung 6 Unberührte, überwältigende Natur: Amazonas, Süddeutsche Zeitung 2009: 9; sowie unberührte Natur im IPCC Third Assessment Report 2001, Titelbild

POLITIK

50 Reais, wenn die Bäume stehen bleiben

'ür Brasilien, den Regenwald zu schützen – am Amazonas werden die Bürger nun dafür bezahlt, die Natur in Ruhe zu lassen

Lehrer unterrichten via Internet, doch viele Schüler kommen nach wie vor mit dem Boot

plexität und Ästhetik (Linder 2006: 112). Durch diese Visualisierung wird nach Ansicht von Stephen H. Linder das Klimawandelthema versinnlicht: „While the narrative itself may be cast in impersonal terms to convey objectivity, the design and deployment of imagery appeal to our senses and imaginations" (Linder 2006: 112). Dieses Motiv ist jedoch noch anders konnotiert: Die Aufnahmen sind historisch mit den Apollo-Raumfahrtprogrammen verknüpft, der Mondlandung und der US-Technologie, aus der diese Motive ursprünglich hervorgegangen sind (Linder 2006: 112, vgl. auch Abb. Titelbild *Focus* in der Einleitung). Sie stehen selbst für den technischen Fortschritt bildlicher Verfahren der Kontrolle (Linder 2006: 112). Auch in Kampagnen wird das Motiv eingesetzt (vgl. Manzo 2010a).[14]

Verletzlichkeit wird gerade in Kampagnen auch durch personalisierte Bildmotive thematisiert. Die Gefährdung von Menschen durch den Klimawandel hat Kate Manzo (2010a) als zentrales Bildmotiv in einer britischen Kampagne von Oxfam ermittelt. Dazu werden einzelne Personen, z. B. afrikanische Frauen, frontal und mit direktem Blick in die Kamera (und damit zu den Betrachtenden des Bildes) in ihrer Umwelt porträtiert. Auch hierbei handelt es sich um einen verbreiteten Bildtypus, das – mit wechselnden Akteuren und Orten – auch in der Berichterstattung eingesetzt wird (s. Abb. 5, vgl. Grittmann 2010).

Es stellt sich die Frage, ob solche Bildmotive und Deutungsmuster nicht letztlich stark durch den IPPC inspiriert werden, die den Begriff der Verletzlichkeit prominent

14 Zu einer ausführlichen Studie dieser Bilder aus einzelnen Apollo-Missionen der NASA vgl. Jasanoff 2001.

im Titel des Arbeitsgruppenthemas „Impacts, Adaptation and Vulnerability“ (IPCC Working Group II Report 2007) verwendet.

3.4 Visuelle Emotionen

Sowohl bei der Katastrophenmetaphorik als auch bei den positiven Zukunftsszenarien geht es nicht nur um die kulturelle Bedeutungszuschreibung und darum, wie durch Bilder konkreter Sinn erzeugt wird. Der Klimadiskurs ist visuell (aber auch sprachlich) von einer stark emotionalen Komponente geprägt.

Kate Manzo hat die bekannten Bilder aus Kampagnen und den Medien unterschieden nach Angst erzeugenden Motiven, wie bspw. Stürmen, Überschwemmungen und Dürre, und „inspirational“, positiven Motiven, wie bspw. erneuerbaren Energien (vgl. Manzo 2010b).

Sowohl die Erzeugung von Mitgefühl (Lester & Cottle 2009) als auch von Angst (Manzo 2010a) spielen eine Rolle. Birgitta Höijer (2010) hat darüber hinaus noch andere emotionale Ebenen im Rahmen einer qualitativen Analyse von Text- und Bild-Beiträgen in schwedischen Zeitungen und Fernsehnachrichten ermittelt: „In short we may regard climate change as something to collectively fear, but there is hope if we behave in a climate friendly fashion. If we do not, we should feel guilt. The media further invite us to feel compassion for endangered species and nostalgia for the idyllic past we are about to lose.“ (Höijer 2010: 727).

3.5 Der Promifaktor des Klimawandels: Celebrities und die Personalisierung in der visuellen Wissenskommunikation

Die Personalisierung möglicher Klimafolgen zählt zu den wesentlichen Visualisierungsstrategien öffentlicher Klima-Kommunikation: Dabei stehen mögliche oder direkt von Katastrophen betroffene Menschen im Mittelpunkt. Aber auch Akteure aus Politik oder Wissenschaft und von NGOs sind, wie Lester und Cottle (2009) festgestellt haben, häufig sichtbar.[15] Das erbrachte auch die Studie von Smith und Joffe (2009) über die Berichterstattung in der britischen Presse. Als neue Akteursgruppe werden jedoch auch Celebrities ins Bild gesetzt, die sich für den Klimaschutz engagieren (Smith & Joffe 2009: 656). Dadurch wird Klimawandel zum Teil der Populärkultur. Zu diesem Ergebnis kommt auch die von der Autorin durchgeführte, qualitative Studie zur Bildberichterstattung über den Kopenhagener Klimagipfel 2009 in deutschen Tages- und Wochenzeitungen

15 Die Autoren haben den Anteil jedoch nicht ausgewiesen. Es geht auch nicht klar hervor, ob die Akteurskategorien überhaupt quantitativ untersucht wurden.

sowie Magazinen (vgl. Grittmann 2010). Auch hier werden Prominente als Agenten des Klimaschutzes visualisiert.

4 Die Visualisierung von Klima(folgen) in der Rezeption

Über die Rezeption von Bildern des Klimawandels durch das Publikum liegen bislang wenige Erkenntnisse vor.[16] Höijer (2010) hat zu Recht bemerkt, dass die Vorstellung eines abstrakten Themas wie Klimawandel gerade durch die Bilder begreifbar und vorstellbar wird. Solche Vorstellungen werden auch in Umfragen der Bevölkerung erhoben.

Die affektive Dimension visueller Klimakommunikation hat Anthony Leiserowitz (2006) anhand der „affective image analysis" methodisch untersucht, um Vorstellungen (images) über das Risiko des Klimawandels zu analysieren. Die Methode arbeitet mit der Erfassung von Assoziationen der Befragten mit einem Risikothema und berücksichtigt dabei den Zusammenhang persönlicher Wertvorstellungen und Weltanschauungen (Leiserowitz 2006: 50). So stellte Leiserowitz anhand einer schriftlichen Befragung in den USA fest, dass das Risiko für die Weltbevölkerung größer eingeschätzt wird als das im eigenen Land. Interessanterweise nehmen die Bürgerinnen und Bürger jene Szenarien als besondere Bedrohung wahr, die auch in den Bildern eine zentrale Rolle spielen: schmelzende Eisberge, Naturkatastrophen, Hitze, Überschwemmungen oder das Ozonloch (Leiserowitz 2006: 50). Da sich jedoch „mentale Bilder" aus allen möglichen visuellen und sprachlichen Quellen speisen, lassen sich diese Bilder nicht mehr eindeutig auf die eine oder andere Kommunikationsform zurückführen.

Wie schon beim Überblick über die Forschung zu den veröffentlichten Bildern erwähnt, haben sich britische WissenschaftlerInnen auch mit Sozialmarketingkampagnen beschäftigt. Hierzu liegen jedoch nicht nur Studien zur Angebotsseite vor, sondern auch Arbeiten, die sich mit der Frage beschäftigen, welche Bilder bei den Rezipienten als besonders eindringlich wahrgenommen werden. Die Fragestellung entspringt einem stark anwendungsorientierten Erkenntnisinteresse. Es geht letztlich darum, über welche Bilder am effektivsten ein öffentliches Bewusstsein und persönliches „Engagement" (O'Neill & Nicholson-Cole 2009) geweckt werden kann, d. h. welche möglicherweise zu einer Verhaltensänderung und damit zu einem individuellen Beitrag zum Klimaschutz führen. Beispielhaft sei hier die Studie von O'Neill und Nicholson-Cole (2009) vorgestellt (vgl. Nicholson-Cole 2005; O'Neill & Hulme 2009). Sie konzentriert sich auf die Frage, ob Angstszenarien, wie sie in den Medien verbreitet werden, eine effektive und geeignete Methode sind, um ein Bewusstsein für den Klimawandel zu erzeugen (O'Neill & Nicholson-Cole 2009: 365). Die qualitative Befragung zu mentalen Bildern ergab, dass die Befragten eine Vielzahl von Vorstellungen über mögliche Klimafolgen haben, die

16 Studien, die Bilder im Rahmen allgemeiner Wirkungs- und Rezeptionsstudien möglicherweise mit erfassen oder am Rande thematisieren, konnten hier nicht berücksichtigt werden.

Angst erzeugend und negativ sind und sich mit den medialen Bildern decken. Weitere Fokusgruppendiskussionen, bei denen die bekannten Bilder als Stimulusmaterial benutzt wurden, zeigen, dass Klimawandel persönlich für die Einzelnen v. a. wohl deshalb als nicht so bedeutend empfunden wird, weil das Thema als weit weg vom eigenen Alltag wahrgenommen wird. Die Studie ist auch deshalb aufschlussreich, weil sich zeigt, wie stark die dominanten medialen „Ikonen" oder Bildtypen inzwischen in das öffentliche Wissen über den Klimawandel eingegangen sind.

5 Zusammenfassung und Ausblick

Die Forschung zur Visualisierung des Klimawandels steht noch am Anfang. Sie ist zurzeit durch zwei Kulturen geprägt: die „Visual Culture" mit ihren stark auf die Wissenschaftsbilder ausgerichteten Analysen und die „Visual Communication", die die Bilder im Medienkontext und in der Rezeption untersucht.

Das abstrakte Thema Klima(wandel) wird durch unterschiedliche Strategien sichtbar gemacht, die vom sozialen Feld abhängen. Aus den Studien zu Wissenschaftsbildern geht hervor, dass besonders Grafiken, Schaubilder, Modelle und Diagramme als spezifische Bildgattung eine wichtige Rolle im Forschungsprozess spielen. Sie illustrieren nicht, sondern sind selbst Teil der Wissenserzeugung in der Klimaforschung. Ästhetik und visuelle Symbolik tragen als bildspezifische Kriterien zur Evidenzerzeugung im wissenschaftlichen Kontext bei. Die Unsicherheit wissenschaftlichen Wissens wird auch in den Bildern sichtbar (vgl. Schneider 2009). Wissenschaftsbilder werden in den Medien aufgegriffen, das hat die Studie von Smith und Joffe (2009) gezeigt. Doch hier scheint der Unsicherheitsfaktor zugunsten einer auf Eindeutigkeit ausgerichteten Berichterstattung vernachlässigt zu werden. Hierzu wären weitere Untersuchungen zum Umgang mit den wissenschaftlichen Klimabildern notwendig.

Im öffentlichen Klimadiskurs in den Medien wird dagegen ein breiteres Spektrum von Bildgattungen – dokumentarische Fotografie (bzw. dokumentarischer Film), Grafiken, Diagramme, Montagen, Zeichnungen, u. a. – eingesetzt, um Klimawandel zu veranschaulichen. Gerade durch die Fotografie wird das abstrakte Thema sichtbar gemacht, die Visualisierung erzeugt aber auch neue Bedeutungen auf sowohl kognitiver als auch emotionaler Ebene. Fasst man die Befunde zusammen, so lässt sich erstens feststellen, dass wissenschaftlich und politisch diskutierte Themenschwerpunkte hier visuell konkretisiert werden. Das betrifft die Ursachen, Entwicklungen, die Folgen für Mensch und Natur, mögliche Problemlösungen durch Vermeidung oder Anpassung. In diesem Zusammenhang geraten auch die beteiligten Akteure, Wissenschaft, Politik und NGOs, in den Blick. Das ist zunächst wenig überraschend, da es sich beim Klimawandel um eine wissenschaftliche These und nicht um ein direkt wahrnehmbares Phänomen handelt. Von Interesse ist jedoch, wie diese Themenschwerpunkte visualisiert werden. Es hat sich eine Ikonografie des Klimawandels ausgebildet, die sich aus einzelnen Bildtraditionen speist und damit an andere Diskurse, wie bspw. über Naturkatastrophen, anknüpft. Gleichzeitig erzeugen die Medien durch ihre eigenen fotografischen Beobachtungen und die Anknüpfung an besondere Bildtraditionen, wie bspw. die Landschaftsfotografie, neue Bedeutungen, die grundsätzliche Wertefragen berühren. Diese Bilder zirkulieren innerhalb der Gesellschaft in unterschiedlichen Bereichen, bspw. auch in politischen Umweltkampagnen oder Kampagnen von NGOs. Die Visualisierung des Klima-Wandels lässt sich somit als Meta-Prozess beschreiben, der über einzelne Teilsysteme als auch nationale Rahmen hinaus geht.

Gerade aus dieser Perspektive wird jedoch auch deutlich, dass in der Forschung wesentliche Fragen zu folgenden Aspekten nach wie vor unbeantwortet geblieben sind:

- *Die Geografie und soziale Ungleichheit in der Konstruktion des Klimawandels:* Aus allen Studien geht hervor, dass die Motive nicht nur symbolische Bedeutung haben, sondern Ursachen, Folgen, Landschaften, Betroffene oder Adaptionen anhand konkreter Situationen sichtbar gemacht werden. Klimawandel wird als globales Phänomen visualisiert. Es stellt sich allerdings die Frage, ob hier nicht nur Bildtraditionen, sondern auch alte Selektionsmuster fortgeführt werden, die dieses Welt-Bild bestimmen, d. h. welche Regionen, welche Verursacher und welche Betroffenen dies konkret sind. Werden hier alte Dichotomien zwischen westlichen Industriestaaten und Entwicklungsländern fortgeführt? Spielen Geschlechterkonstruktionen und Konstruktionen sozialer Ungleichheit auch hier eine Rolle?
- *Framing:* In der Titelgeschichte zur Klimakatastrophe im *Spiegel* (s. o.) wurden zudem neben dem Titelmotiv des Kölner Doms – das an das Wissen und die Lebenswelt der Leserinnen und Leser anschloss – Aufnahmen eingesetzt, die auf der einen Seite Brandrodung in Brasilien, Spraydosen, Kühe und Flugzeugabgase, des Weiteren ausgetrocknete Felder in den USA und schließlich einen Deichbau an der Nordsee zeigten (vgl. Der Spiegel 1986: 123 ff.). Ähnlich wie bei dem inzwischen zur Ikone gewordenen Bild des Eisbären auf der Scholle werden diese Bilder textlich gerahmt und in einen weiteren Deutungsrahmen gestellt: Sie werden zu Exempla für mögliche Ursachen, Folgen und Präventionen. Diese Motive sind keine Klimabilder per se, sie werden erst durch Framing, Betonung und Wiederholung dazu. Diese Diskurse der journalistischen Textberichterstattung sind somit hochgradig konstruiert. Der Zusammenhang von Text und Bild ist noch kaum untersucht. Darüber hinaus fehlt es an diachronen Studien, die diese Entwicklung über einen längeren Zeitraum im Zeitvergleich untersuchen.
- *Journalismen statt Journalismus:* Journalismus kann zwar als eigenständiges System beschrieben werden, doch innerhalb dieses Systems konkurrieren unterschiedliche Journalismuskulturen (vgl. Hanitzsch 2010). Auch die unterschiedlichen Berichterstattungsmuster, Informationsjournalismus, investigativer Journalismus, Ratgeber- und Boulevardjournalismus, führen vermutlich zu unterschiedlichen Visualisierungsstrategien des Klimawandels und zu unterschiedlichen Einsatz von Bildgenres.

Hier könnten Untersuchungen einen differenzierteren Einblick in die Produktionslogik bieten.

- *Bildermarkt:* Wie Hansen und Machin (2008) gezeigt haben, bieten gerade die kommerziell ausgerichteten Bildagenturen wie Getty Images dekontextualisierte Symbolbilder, die eher verklären als aufklären. Da die journalistischen Medien in Deutschland kaum eigene Bilder in Auftrag geben, sondern vorrangig von Nachrichtenagenturen und freien Fotografen bzw. Fotoagenturen beziehen, sollten diese Produzenten stärker in den Blick genommen werden. Auch bei den Wissenschaftsbildern selbst steht die Forschung erst am Anfang. Systematische Studien zu Rezeption und Transformation von wissenschaftlichen Klimabildern, bspw. der IPCC-Reports, fehlen bislang. Sie könnten Aufschluss über die wechselseitige diskursive Bedeutungszuschreibung geben.
- *Die Bilder im Diskurs der Arenen der Öffentlichkeit:* Bereits anhand der Studien von Schneider wurde deutlich, dass die Bildzirkulation zwischen Wissenschaft und Journalismus noch nicht systematisch verfolgt wurde. Dies gilt auch für alle anderen Bereiche wie Politik oder Wirtschaft.
- *Entwicklung der Visualisierung im Zeitvergleich:* Ebenso zeichnet sich die bisherige Forschung durch punktuelle Studien aus. Die Studie von Julie Doyle (2007) hat hier exemplarisch gezeigt, wie sich die Visualisierungsstrategien von Greenpeace gewandelt haben. Für die Massenmedien stehen Untersuchungen noch aus, die die Entwicklung der visuellen Klima-Berichterstattung über einen längeren Zeitraum im Vergleich analysieren.
- *Kulturell vergleichende und transnationale Studie zu Produktion, Inhalten und Rezeption:* Die meisten der Studien konzentrieren sich auf einzelne Medien und einzelne Länder. Wenn sich die Textberichterstattung bereits zwischen Ländern unterscheidet (vgl. z. B. Boykoff & Boykoff 2007; Carvalho 2007), dann stellt sich die Frage, ob die Bilder diese Deutungsmuster mit unterstützen oder ob sich hier eine transnationale Bildsprache des Klimawandels entwickelt, die dann ebenso erklärungsbedürftig wäre wie mögliche länderspezifische Differenzen. Vermutlich spielen die internationalen Nachrichtenagenturen als zentrale Bildproduzenten und -lieferanten der Medien eine entscheidende Rolle für die Verbreitung der Bilder. Ebenso stellt sich die Frage, ob die globalen Bilder regional unterschiedlich rezipiert werden.

Bibliographie

Boehm, Gottfried (1994): Die Wiederkehr der Bilder. In: Boehm, Gottfried (Hg.): Was ist ein Bild? München: Fink. S. 11–38.

Borck, Cornelius (2009): Bild der Wissenschaft. Neuere Sammelbände zum Thema Visualisierung und Öffentlichkeit. In: Zeitschrift für Geschichte der Wissenschaften, Technik und Medizin, Jg. 17. S. 317–327.

Bourdieu, Pierre (2006): Die gesellschaftliche Definition der Photographie. In: Bourdieu, Pierre, Luc Boltanski, Robert Castel, Jean-Claude Chamboredon, Gerard Lagneau & Dominique Schnapper (Hg.): Eine illegitime Kunst. Die sozialen Gebrauchsweisen der Photographie. [Neuaufl. von 1981] Hamburg: Europäische Verlagsanstalt. S. 85–110.

Boykoff, Maxwell T. & Jules M. Boykoff (2007): Climate change and journalistic norms: A case-study of US mass-media coverage. In: Geoforum, Jg. 38. S. 1190–1204.

Brönnimann, Stefan (2002): Picturing Climate Change. In: Climate Research, Jg. 22. S. 87–95.

Carvalho, Anabela (2007): Ideological Cutures and Media Discourse on Scientific Knowledge. Re-reading News on Climate Change. In: Public Understanding of Science, Jg. 16. S. 223–243.

Cottle, Simon (2000): TV News, Lay Voices and the Visualization of Environmental Risks. In: Allan, Stuart, Barbara Adam & Cynthia Carter (Hg.): Environmental Risks and the Media. London: Routledge. S. 29–44.

Daston, Lorraine & Peter Galison (2002): Das Bild der Objektivität. In: Geimer, Peter (Hg.): Ordnungen der Sichtbarkeit. Die Fotografie in Wissenschaft, Kunst und Technologie, Frankfurt a. M.: Suhrkamp. S. 29–99.

Der Spiegel (1983): Alle tausend Jahre. 18. 4. 1983, S. 123–124.

Der Spiegel (1986): Die Klimakatastrophe. 11. 8. 86. S. 122–134.

Der Spiegel (2009a): Das Zwei-Grad-Leben. 30. 11. 2009. S. 54.

Der Spiegel (2009b): Die Klima-Mafia. 7. 12. 2009. S. 90.

Der Spiegel (2011): Tonga in der Nordsee. 5. 9. 2011. S. 40–42.

Dockerty, Trudie, Andrew Lovett, Gilla Sünnenberg, Katy Appleton & Martin Parry (2005): Visualising the potential impacts of climate change on rural landscapes. In: Computers, Environment and Urban Systems, Jg. 29. S. 297–320.

Doyle, Judith (2007): Picturing the Clima(c)tic: Greenpeace and the Representational Politics of Climate Change Communication. In: Science as Culture, Jg. 16. S. 129–150.

Flusser, Vilém (1997): Für eine Philosophie der Fotografie. 8. durchges. Aufl. Göttingen: European Photography.

Geimer, Peter (2007): Das Unvorhersehbare. In: Belting, Hans (Hg.): Bilderfragen. Die Bildwissenschaften im Aufbruch. München, Paderborn: Fink. S. 101–117.

Gramelsberger, Gabriele (2008): Computersimulation – Neue Instrumente der Wissensproduktion. In: Mayntz, Renate, Friedhelm Neidhardt, Peter Weingart & Ulrich Wengenroth (Hg.) (2008): Wissensproduktion und Wissenstransfer. Wissen im Spannungsfeld von Wissenschaft, Politik und Öffentlichkeit. Bielefeld: transcript. S. 75–96.

Grittmann, Elke (2003): Die Konstruktion von Authentizität. Was ist echt an Pressefotos im Informationsjournalismus? In: Knieper, Thomas & Marion G. Müller (Hg.): Authentizität und Inszenierung von Bilderwelten, Köln: Halem. S. 123–149.

Grittmann, Elke (2007). Das politische Bild. Fotojournalismus und Pressefotografie in Theorie und Empirie. Köln: von Halem.

Grittmann, Elke (2010): „The Iconography of Climate Change. How Media Cover Global Warming visually“, Vortrag, Deutsche Welle Global Media Forum 2010, 21. Juni 2010, Bonn.

Grittmann, Elke, Irene Neverla & Ilona Ammann (2008): Global, lokal, digital – Strukturen und Tendenzen im Fotojournalismus. In: Grittmann, Elke, Irene Neverla & Ilona Ammann (Hg.): Global, lokal, digital – Strukturen und Trends des Fotojournalismus. Köln: Halem. S. 8–35.

Hanitzsch, Thomas (2010): Professionelle Milieus im journalistischen Feld. Befunde aus einer internationalen Vergleichsstudie. In: Hepp, Andreas, Marco Höhn & Jeffrey Wimmer (Hg.): Medienkultur im Wandel. Konstanz: UVK. S. 229–244.

Hansen, Anders (2002): Discourses of Nature in Advertising. Communications, Jg. 27. S. 499–511.
Hansen, Anders & David Machin (2008): Visually Branding the Environment: Climate change as a Marketing Opportunity. In: Discourse Studies, Jg. 10. S. 777–794.
Heintz, Bettina & Jörg Huber (2001): Der verführerische Blick. Formen und Folgen wissenschaftlicher Visualisierungsstrategien. In: Heintz, Bettina & Jörg Huber (Hg.): Mit dem Augen denken. Strategien der Sichtbarmachung in wissenschaftlichen und virtuellen Welten. Zürich: Edition Voldemeer. Wien,New York: Springer. S. 9–40.
Heßler, Martina (2004): Visualisierungen in der Wissenskommunikation. Explorationsstudie im Rahmen der BMBF-Förderinitiative „Wissen für Entscheidungsprozesse (http://www.sciencepolicystudies.de/dok/explorationsstudie-hessler.pdf, Zugriff am 30. 8. 11).
Heßler, Martina (2006a) (Hg.): Konstruierte Sichtbarkeiten. Wissenschafts- und Technikbilder seit der Frühen Neuzeit. München: Fink.
Heßler, Martina (2006b): Einleitung. Annäherung an Wissenschaftsbilder. In: Heßler, Martina (Hg.): Konstruierte Sichtbarkeiten. Wissenschafts- und Technikbilder seit der Frühen Neuzeit. München: Fink. S. 11–37.
Heßler, Martina (2006c): Der Imperativ der Sichtbarmachung. Zu einer Bildgeschichte der Unsichtbarkeit. In: Bildwelten des Wissens, Kunsthistorisches Jahrbuch für Bildkritik, Jg. 4. S. 69–79.
Heßler, Martina (2006d): Von der doppelten Unsichtbarkeit digitaler Bilder. In: zeitenblicke, Jg. 5. (http://www.zeitenblicke.de/2006/3/Hessler/index_html, Zugriff am 30. 8. 11).
Heßler, Martina & Dieter Mersch (Hg.) (2009): Logik des Bildlichen. Zur Kritik der ikonischen Vernunft. Bielefeld: transcript.
Höijer, Birgitta (2010): Emotional Anchoring and Objectification in the Media reporting of Climate Change. In: Public Unterstanding of Science, Jg. 19. S. 717–731.
Hüppauf, Bernd & Peter Weingart (2009): Wissenschaftsbilder – Bilder der Wissenschaft. In: Hüppauf, Bernd & Peter Weingart (Hg): Frosch und Frankenstein. Bilder als Medium der Popularisierung von Wissenschaft. Bielefeld: transcript. S. 11–44.
IPCC Working Group II Report (2007): Impact, Adaptation and Vulnerability. Hg. von Parry, Martin L., Osvaldo F. Canziani, Jean P. Palutikof, Paul J. van der Linden & Clair E. Hanson. Cambridge: Cambridge University Press (http://www.ipcc.ch/publications_and_data/ar4/wg2/en/contents.html, Zugriff am 18. 9. 2011).
Jasanoff, Sheila (2001): Image and Imagination. The Formation of Global Environmental Consciousness. In: Miller, Clark & Paul Edwards (Hg.): Changing the Atmosphere. Expert Knowledge and Environmental Governance. New York: MIT Press. S. 309–337.
Knorr Cetina, Karin (2001): „Viskurse“ der Physik. Konsensbildung und wissenschaftliche Darstellung. In: Heintz, Bettina & Jörg Huber (Hg.): Mit dem Augen denken. Strategien der Sichtbarmachung in wissenschaftlichen und virtuellen Welten. Zürich: Edition Voldemeer, Wien, New York: Springer. S 305–320.
Kohring, Matthias (2005): Wissenschaftsjournalismus. Forschungsüberblick und Theorieentwurf. Überarb. u. erweit. Neuaufl. Konstanz: UVK.
Leiserowitz, Anthony (2006): Climatic Change Risk Perception and Policy Preferences. The Role of Affect, Imagery and Values. In: Climatic Change, Jg. 77. S. 45–72.
Lester, Libby & Simon Cottle (2009): Visualizing Climate Change. Television News and Ecological Citizenship. In: International Journal of Communication, Jg. 2009. S. 920–936.
Linder, Stephen H. (2006): Cashing-in on Risk Claims. On the For-profit Inversion of Signifiers for ‚Global Warming‘. In: Social Semiotics, Jg. 16. S. 103–132.

Lobinger, Katharina & Elke Grittmann (2010): 20 Years of Visual Studies in Communication. Trends and Developments in International, European and German Visual Communication Research. Vortrag, IAMCR Annual Conference. Braga, 19.–23. Juli 2010.

Löffelholz, Martin (2004): Theorien des Journalismus. Ein diskursives Handbuch. 2. vollst. überarb. u. erw. Aufl. Wiesbaden: Verlag für Sozialwissenschaften.

Lüthje, Corinna & Irene Neverla (2009): Sharing and shaping collective memory. The transforming perception of storm surges as regional geohazards in the mediated discourse on global warming. Vortrag bei der Global Dialogue Conference „Responsibility across borders? Climate Change as Challenge for Intercultural Inquiry on Values" in Aarhus (Dänemark), 4. November 2009 (http://www.wiso.uni-hamburg.de/fileadmin/sowi/journalistik/PDFs/AarhusEnglish2009.pdf, Zugriff am 10. 1. 2012).

Manzo, Kate (2010a): Imaging Vulnerability. The Iconography of Climate Change. In: Area, Jg. 42. S. 96–107.

Manzo, Kate (2010b): Beyond the Polar-bear? Re-Envisioning Climate Change. In: Meteorological Applications, Jg. 17. S. 196–208.

Mersch, Dieter (2009): Wissen in Bildern. Zur visuellen Epistemik in Naturwissenschaft und Mathematik. In: Hüppauf, Bernd & Peter Weingart (Hg): Frosch und Frankenstein. Bilder als Medium der Popularisierung von Wissenschaft. Bielefeld: transcript. S. 107–134.

Mitchell, William J. T. (1992): The Pictorial Turn. In: Art Forum International, Jg. 30. S. 89–94.

Neidhardt, Friedhelm, Renate Mayntz, Peter Weingart & Ulrich Wengenroth (2008): Wissensproduktion und Wissenstransfer. Zur Einleitung. In: Neidhardt, Friedhelm, Renate Mayntz, Peter Weingart & Ulrich Wengenroth (Hg): Wissensproduktion und Wissenstransfer. Wissen im Spannungsfeld von Wissenschaft, Politik und Öffentlichkeit. Bielefeld: transcript. S. 19–40.

Nikolow, Sybilla (2005): Kurven, Diagramme, Zahlen- und Mengenbilder. Die Wiener Methode der Bildstatistik als statistische Bildform: In: Bildwelten des Wissens. Kunsthistorisches Jahrbuch für Bildkritik, Jg. 3. S. 20–53, 59.

Nikolow, Sybilla & Lars Bluma (2009): Die Zirkulation der Bilder zwischen Wissenschaft und Öffentlichkeit. Ein historiographischer Essay. In: Hüppauf, Bernd & Peter Weingart (Hg): Frosch und Frankenstein. Bilder als Medium der Popularisierung von Wissenschaft. Bielefeld: transcript. S. 45–78.

Nohr, Rolf F. (2004): Nützliche Bilder – Vom Labor zur Evidenz (http://www.nuetzliche-bilder.de/NuetzlicheBilder.pdf, Zugriff am 30. 8. 2011).

O'Neill, Saffron J. & Mike Hulme (2009): An iconic approach for representing climate change. In: Global Environmental Change, Jg. 19 S. 402–410.

O'Neill, Saffron J. & Sophie Nicholson-Cole (2009): Fear won't do it: promoting positive engagement with climate change through imagery and icons. In: Science Communication, Jg. 30. S. 355–379.

Remillard, Chaseten (2011): Picturing Environmental Risk: The Canadian Oil Sands and the National Geographic. In: The International Communication Gazette, Jg. 73. S. 127–143.

Schneider, Birgit (2009): Die Kurve als Evidenzerzeuger des klimatischen Wandels am Beispiel des „Hockey-Stick-Graphen". In: Harrasser, Karin, Helmut Lethen, Elisabeth Timm(Hg.): Sehnsucht nach Evidenz. Zeitschrift für Kulturwissenschaften, Jg. 2009. Bielefeld: transcript. S. 41–55.

Schneider, Birgit (2010): Ein Darstellungsproblem des klimatischen Wandels. Zur Analyse und Kritik wissenschaftlicher Expertenbilder und ihrer Grenzen. In: Kritische Berichte, Jg. 38. S. 72–90.

Scholl, Armin & Siegfried J. Weischenberg (1998): Journalismus in der Gesellschaft. Theorie, Methodologie und Empirie. Opladen/Wiesbaden: Westdeutscher Verlag.
Sheppard, Stephen R. J. u. a. (2011): Future visioning of local climate change: A framework for community engagement and planning with scenarios and visualisation. In: Futures, Jg. 43. S. 400–412.
Smith, N. W. & Helene Joffe (2009): Climate Change in the British Press. The Role of the Visual. In: Journal of Risk Research, Jg. 12. S. 647–663.
Spiegel Online (2011): Treibhauseffekt. Die Nordsee schwillt an. (Fotostrecke) (http://www.spiegel.de/fotostrecke/fotostrecke-72510-3.html, Zugriff am 11. 9. 2011).
Weingart, Peter (2011): Die Stunde der Wahrheit? Zum Verhältnis der Wissenschaft zu Politik, Wirtschaft und Medien in der Wissensgesellschaft. Weilerswist: Velbrück Wissenschaft.
Weingart, Peter, Anita Engels & Petra Pansegrau (2008): Von der Hypothese zur Katastrophe. Der anthropogene Klimawandel im Diskurs zwischen Wissenschaft, Politik und Massenmedien. 2. leicht veränd. Aufl., Opladen: Leske + Budrich.
Wilke, Jürgen (2008): Der Bildermarkt in Deutschland – Akteure, Vermarktungswege, Handelsgebräuche, Markttendenzen. In: Grittmann, Elke, Irene Neverla & Ilona Ammann (Hrsg.): Global, lokal, digital – Strukturen und Trends des Fotojournalismus. Köln: Halem. 36–50.

Bildquellen

Der Spiegel (1986): Die Klimakatastrophe. 11. 8. 86. S. 122–134.
Der Spiegel (2009a): Das Zwei-Grad-Leben. 30. 11. 2009. S. 54.
Der Spiegel (2009b): Die Klima-Mafia. 7. 12. 2009. S. 90.
Der Spiegel (2011): Tonga in der Nordsee. 5. 9. 2011. S. 40–42.
GEO (2009): Wer ernährt die Welt [Beitrag von Harald Willenbrock, Ruedi Leuthold & Hanne Tügel], 1. 10. 2009, Heft 10, S. 28–50.
Getty Images (2011): Umwelt. http://www.gettyimages.de/Search/Search.aspx?contractUrl=2&assetType=image&family=creative&phrase=umwelt (Screenshot, Zugriff: 14. 11. 2009)
IPCC, 2001: Climate Change 2001: The Scientific Basis. Contribution of Working Group I to the Third Assessment Report of the Intergovernmental Panel on Climate Change. Hg. von J. T. Houghton u.a.. Cambridge University Press, Cambridge, United Kingdom & New York, NY, USA. http://www.grida.no/climate/ipcc_tar/wg1/pdf/WG1_TAR-FRONT.pdf (Zugriff 14. 11. 2009)
Stern (2009): Das Gesicht des Wandels [Beitrag von Mathias Braschler und Monika Fischer], 10. 12. 2009, Heft 51. S. 112–128.
Süddeutsche Zeitung (2009): 50 Reais, wenn die Bäume stehen. [Beitrag von Peter Burghardt], 28. 11. 2009, S. 9.

Klimawandel als Apokalypse. Ein Streifzug durch populäre Kinofilme und TV-Movies

Joan Kristin Bleicher

Im Prozess der medialen Vermittlung stehen vor Medienwirkung und Nutzung die Angebote. Im Verlauf der Medienentwicklung etablierten sich unterschiedliche Angebotsformen der Thematisierung von Wirklichkeit: die aktuelle Information des Journalismus, die Beobachtung von Ereignissen im Dokumentarfilm und die Umwandlung von Fakten in Erzählungen in der Fiktion. Kollektive Vorstellungen von Wirklichkeit in der Gesellschaft basieren auf der massenmedialen Vermittlung (vgl. Merten u. a. 1994). Die von der Gesellschaft an die Massenmedien gerichtete Aufgabe lautet „so vollständig, sachlich und verständlich wie möglich informieren, damit die Staatsbürger in der Lage sind, mit kritischem Bewusstsein öffentliche Geschehen zu verfolgen.“ (Meyn 1996: 25)

Darüber hinaus zielen jedoch unterschiedliche Arten der Persuasionskommunikation darauf ab, dass aktive Veränderung durch menschliches Handeln erst einmal ein Bewusstsein für die Notwendigkeit von Veränderungen braucht. Dabei erweist sich insbesondere die Dramaturgie als zentrale Quelle spezifischer Erlebnisdimensionen. So gilt etwa die Angsterzeugung als traditionelle Wirkungsdimension, mit der sich Verhaltensänderung erreichen lässt.

1 Kontingenzreduktion durch narrative Strategien

Alle Massenmedien enthalten fiktionale Angebote. Zeitungsromane etwa bilden eine Form des seriellen Erzählens in Printmedien. Radio-Hörspiele fungieren als akustisches Theater. Eine besondere Bandbreite der thematischen und erlebnisorientierten Ausdifferenzierung der Erzählformen findet sich in audiovisuellen Medien wie Kino und Fernsehen. Spielfilme, Fernsehserien, -filme und TV-Movies erzählen von Ereignissen in fernen Ländern ebenso wie Geschichten aus dem privaten Lebensumfeld der Menschen. Das Internet ermöglicht Produktion und Verbreitung intermedialer fiktionaler Angebote.

Diese fiktionalen Angebotsformen der Medien sind von kulturellen Ausdrucksformen aus den Bereichen Epik und Dramatik beeinflusst. In der bisherigen Kulturgeschichte etablierten sich Epik und Dramatik als auf die Vermittlung von Erzählungen ausgerichtete Ausdrucksformen, die Veranschaulichung von Wissensbeständen Kontingenzreduktion leisten. Zentral für diese Funktion ist die Verdichtung von Phänomenen auf beispielhafte Erzählungen. Sie reduzieren Komplexität u. a. durch einfache Kausalstrukturen von Erzählungen, die auf dem intentionalen Handeln von Personen basieren. Diese unterschiedlichen narrativen Strategien der Kontingenzreduktion ermöglichen es den RezipientInnen komplexe Zusammenhänge zu verstehen.

2 Das Genre des Katastrophenfilms

Genres als thematische und formale Spezialisierung innerhalb fiktionaler Vermittlungsformen signalisieren bestimmte Formen des Weltbezugs. Während Melodramen schicksalhafte Ereignisse im Leben von Menschen thematisieren, setzen Actionfilme auf eine visuell attraktive Vermittlung von handlungsorientierten Erzählungen. Als zentrale Produktion des actionorientierten Genres Katastrophenfilm in den frühen 1970er Jahren gilt bei Filmhistorikern *Die Höllenfahrt der Poseidon* (Ronald Neame, 1972) (vgl. Distelmeyer 2006). Zunächst bringt eine Riesenwelle ein Schiff zum Kentern, dann kämpft eine Gruppe von Crewmitgliedern und Passagieren ums Überleben. Als zusätzlicher visueller Effekt bediente die nasse Kleidung der Frauen die erotischen Interessen der Zielgruppe. Im US-Kino stieg die Bedeutung des Genres Katastrophenfilm seit den frühen 1970er Jahren weiter an. Thematische Schwerpunkte von Katastrophenfilmen bilden seit dieser Zeit Darstellungen von Naturkatastrophen (Vulkanausbrüche, Erdbeben) und technisch basierte Unglücke (Flugzeugabstürze, Hochhausbrände). Diese Blockbuster-Filme des New Hollywood fungierten als strategische Reaktion der Filmstudios auf immer weiter sinkende Kinobesucherzahlen. Mit der Produktion visuell attraktiver, handlungsorientierter Filme verfolgten die Studioverantwortlichen die Strategie der Adressierung eines jungen Zielpublikums, das bislang den Fernsehkonsum vorzog.

Das Genre Katastrophenfilm kennzeichnet eine gleichbleibende stereotype Handlungsstruktur. Zunächst werden mit dem Ziel der Empathiekonstruktion bei den ZuschauerInnen eine Gruppe von Personen sowie ihre jeweiligen Wünsche und Konflikte vorgestellt. Nur einzelne Mitglieder dieses Figurenensembles nehmen die frühen Zeichen der sich ankündigenden Katastrophe wahr, doch glaubt niemand in den zuständigen gesellschaftlichen Institutionen ihren Warnungen. Die ersten Anzeichen für die Katastrophe nehmen zu und steigern sich schrittweise bis zum Höhepunkt. Die der ZuschauerIn mittlerweile vertraute Gruppe von Personen kämpft um ihre Rettung. Dabei treten Einzelne als Helden hervor und opfern sich für die Gruppe. Nur wenigen gelingt es zu überleben.

Charakteristisch für das Genre sind neben diesen gleichbleibenden Erzählstrukturen auch ähnliche Figurenkonstellationen (skrupellose Unternehmer oder Politiker, ungehört bleibende Warner, Helden wider Willen) und Motive (Explosionen, Pseudowissenschaft mit Computern, technischen Geräten, Zahlen und Simulationen). Fernsehnachrichten und Live-Übertragungen fungieren als Realitätspartikel in der Fiktion. Auch eine durch bekannte Gebäude oder Landschaften wieder erkennbare Lokalisierung der Ereignisse steigert die Realitätseffekte der filmischen Handlung. Der Filmwissenschaftler Jan Distelmeyer konstatiert im Rückblick:

> „Vor allem die belebten Symbole des modernen Amerikas sahen sich hier ihrer Zerstörung ausgesetzt, um jene, die von und in ihnen lebten, vor neue Herausforderungen zu stellen: Flugzeuge waren es in der *Airport*-Serie (1970–1980), in *Earthquake* (*Erdbeben,* 1974) brach die Metropole L. A. zusammen, der höchste Wolkenkratzer der Welt geriet in *The Towering Inferno* (*Flammendes Inferno,* USA 1974) in Brand." (Distelmeyer 2006)

Das Genre kennzeichnet in Filmen wie *Erdbeben* eine erlebnisorientierte Kombination aus Katastrophen, Action, Erotik und Melodram. Als zentrale Formen des Kinos der Effekte (Gunning 2000) tritt eine Kette visueller Attraktionen (häufig digital erzeugte Special Effects) an die Stelle komplexer narrativer Zusammenhänge. Schicksalhafte Ereignisse und persönliche Verantwortung ersetzen komplexe Erklärungsmuster von Ursache und Wirkung. Dennoch bewegen sich Katastrophenfilme aus Sicht von Georg Seeßlen im Spannungsfeld von populärem Erzählen und Gesellschaftskritik. Er betont, dass im Genre des Katastrophenfilms gesellschaftliche Missstände und die Schwächen technischer Systeme aufgedeckt werden (Seeßlen 2001: 26). Der Katastrophenfilm stelle das Vertrauen in den Staat und in gesellschaftliche Institutionen in Frage.

3 Implizite Ideologien und Moralvorstellungen populärer Erzählungen

Populäre Erzählungen besitzen durch ihre hohe Reichweite ein besonderes Wirkungspotenzial bei der Konstruktion kollektiver Wirklichkeitsvorstellungen. Diverse Studien der Cultural Studies zeigen, auf welche Weise implizite Bedeutung in populäre Erzählungen, Filme und Fernsehsendungen integriert werden, die sich auch auf jeweils aktuelle gesellschaftliche Veränderungen beziehen. So illustrierte etwa Douglas Kellner am Beispiel der Rambo-Filmreihe, wie die Ideologien der Reagan-Ära in der Filmhandlung vermittelt werden (Kellner 1995). Kombiniert werden verschiedene Funktionspotenziale der Emotionalisierung wie etwa die Angsterzeugung als traditionelle Wirkungsdimension, die eng mit moralischen Implikationen verknüpft sind und die Botschaft „Du musst dein Leben ändern" an die RezipientInnen richten. Einen ihrer kulturhistorischen Ursprünge findet die Angsterzeugung in religiösen Weltuntergangsszenarien wie etwa der christlichen Apokalypse, die Naturkatastrophen mit bildhaften transzendentalen Weltuntergangsvisionen kombiniert (vgl. Vondung 1988). Göttliches Planen und Handeln bildet den sinnhaften Gegenentwurf zur tatsächlichen Kontingenz der Naturereignisse. Während der Weltuntergang als Strafe Gottes thematisiert wird, betonen die biblischen Erzählungen auch das richtige Handeln als Voraussetzung für die menschliche Zukunft im Paradies. Bereits im 16. Jahrhundert ist eine Instrumentalisierung der Angsterzeugung visueller Medien im Bereich der Religion erkennbar. Die Laterna Magica wurde von katholischen Priestern eingesetzt, um mit Teufels- und Dämonendarstellungen die Angst der Menschen zu schüren und sie zum Glauben zu motivieren (Prokop 2001: 115).

Die in religiösen Darstellungen der Apokalypse enthaltenen Motive finden sich v. a. in Darstellungen des Klimawandels in dem Genre Katastrophenfilm wieder. Die moralische Botschaft der Filme lässt jedoch einen aktuellen Zeitbezug erkennen. Die Personalisierung der Ursachen beinhaltet Kritik an ökonomisch ausgerichteten Werten. Die Komplexitätsreduktion durch personengebundene Kausalkonstruktion besitzt zwar besondere Potenziale im Bereich der Emotionalisierung und Erlebnisoptimierung, begrenzt aber auch die Möglichkeiten der Faktenvermittlung. In Dialogen oder Deskriptionen vermittelte Fakten fungieren häufig nur als Authentisierung, als Realitätsanbindung der Fiktion. Häufig wird jedoch auf die Vermittlung von Kontextinformation, wie etwa die Darstellung komplexer ökonomischer und naturwissenschaftlicher Zusammenhänge, ganz verzichtet.

4 Darstellung des Klimawandels in Katastrophenfilmen

Die in diesem Beitrag untersuchten filmischen Darstellungen des Klimawandels schließen an kultur- und filmhistorische Traditionslinien an. Dazu zählen neben der Integration apokalyptischer Motive auch die narrativen und visuellen Strategien der Angsterzeugung, Dramaturgien der Spannungssteigerung und der Emotionalisierung.

Insbesondere Peter Weirs *The Last Wave* (1977) kombiniert mystische religiöse Motive des Weltuntergangs durch eine Flutwelle mit Konventionen des Katastrophenfilmgenres. Dieser Kontrast zwischen Mystik und Moderne setzt sich in der Struktur der filmischen Erzählung fort. Der thematischen Kontrastierung zwischen Stadt und Land, Zivilisation und Naturvolk entsprechen visuelle Kontraste zwischen Wüste und Eis, weißer und schwarzer Hautfarbe, heller und dunkler Ausleuchtung der Filmszenen.

Die apokalyptischen Visionen des Protagonisten David Burton (Richard Chamberlain) sind Teil seiner inneren Heldenreise (vgl. Vogler 2007), die ihn von dem entfremdeten Leben in der Großstadt zurück zu seinen natürlichen mystischen Wurzeln führt. Rechtsanwalt Burton soll die Verteidigung eines wegen Mordes verurteilten Aborigines übernehmen. Gleichzeitig häufen sich in seiner Umgebung diverse mysteriöse Ereignisse wie ein Regen auf der Treppe in seinem Haus. Burton empfängt Visionen einer gigantischen Welle als zweites Gesicht. Er erweist sich im Verlauf der Filmhandlung, trotz seiner weißen Hautfarbe, als so genannter Mulkol, als Sehender in der Kultur der Aborigines. In einer additiven Reihung steigern sich die Ereignisse von plötzlich hereinbrechendem Regen und Hagelschauern in der Wüste als visuelle Vorboten der Apokalypse bis zur Bedrohung der Welt von einer riesigen Flutwelle.

Die Welle als Kollektivsymbol des Films umfasst eine Reihe von kulturhistorisch etablierten Bedeutungsfeldern. Den religiösen Kontext bildet die Bildquelle Sintflut, die die absolute Vernichtung des Lebens als Bedeutungsgehalt vermittelt. Aus der Perspektive von Jürgen Links Normalisierungstheorie (2009) impliziert die Welle aktuelle Diskursschwerpunkte wie etwa das Hereinbrechen einer scheinbar übermächtigen Bedrohung. Den RezipientInnen wird suggeriert: Wir werden von Entwicklungen überrollt, bestehende Ordnungen werden zerstört, die Veränderung lässt sich nicht mehr aufhalten. Visionäres und mystisches Naturwissen tritt in *The Last Wave* an die Stelle naturwissenschaftlicher Erklärungen. Mit Formeln ‚Fantasy statt Science' oder ‚Emotion statt Reflexion' lässt sich die spezifische Wirkungsdimension des Films kurz charakterisieren.

Aus der Perspektive des filmhistorischen Rückblicks markiert *Twister* (Jan de Bont, 1996) einen Wechsel in der Unterhaltungsorientierung des Genres Katastrophenfilm:

> „Der Tornado-Thriller wirbelte halb Oklahoma durch die Lüfte und machte aus Dächern und Türen fliegende Teppiche, auf denen kreischende Menschen in rasender Geschwindigkeit meterhoch über die Dörfer flogen. Und im Rückblick wissen wir, dass dies der letzte Film war, bei dem wir tiefe Genugtuung verspürten, als der Sturm – hochaufragend fotogen und düsterer und zerstörerischer als alles, was bis dahin aus den digitalen Speichern kam – Einkaufszentren dem Erdboden gleichmachte und Häuser, Autos und Lastwagen zerbröseln ließ. Danach war der Spaß vorbei." (Klimawandel im Kino 2007)

Die Diagnose vom Ende der Unterhaltungsorientierung ist geknüpft an die zunehmende Thematisierung ökologischer Kontexte von Naturkatastrophen, die die Realitätsnähe des Genres steigerte.

5 Klimawandel im Blockbuster Film: The Day After Tomorrow

Mit *The Day After Tomorrow* schließt der deutsche Regisseur Roland Emmerich 2004 explizit und implizit an die Tradition der US-Katastrophenfilme seit den 1970er Jahren an, um einen nahezu idealtypischen Beitrag des Genres zu produzieren. Emmerich dokumentierte bereits mit Produktionen wie *Joey* (1985) oder *Independence Day* (1996) seine Kompetenzen im Bereich populäre Erzählweisen. *The Day After Tomorrow* folgt der für das populäre Kino klassischen Drei-Akt-Dramaturgie: Ankündigung der Katastrophe – Steigerung der Katastrophe – Ende der Katastrophe. Die Vielfalt der Handlungsorte signalisiert die globale Ausweitung der Ereignisse, die am Ende des Films in den „Blick Gottes" aus dem All auf den gefrorenen Globus mündet.

The Day After Tomorrow beinhaltet eine Vielzahl von selbstreferentiellen Anspielungen auf filmhistorische Vorbilder wie etwa Science Fiction (die Gestaltung des Vorspanns erinnert z. B. in der Schriftgestaltung an *Star Wars*) und die vielen Flugzeugkatastrophenfilme der 1970er und 1980er Jahre. Die Genrekonventionen des Katastrophenfilms werden in verschiedenen Teilbereichen wie Figurenkonstellationen, Handlungs- und Konfliktstruktur und visuelle Effekte bedient.

In der Filmhandlung dominieren polare Konfliktstrukturen, die die Komplexität der Thematik in überschaubare Erlebniseinheiten münden lassen. Folgende Pole werden kontrastiert: Vater – Sohn, Ehemann – Ehefrau, Wissenschaft – Politik, Reich – Arm, Erste – Dritte Welt, Natur – Technik. Diese Konfliktstruktur umfasst nicht nur den abstrakten Widerstreit zwischen Politik und Wissenschaft, sondern auch erlebnisorientierte Beziehungskonflikte und familiäre Spannungen zwischen den Generationen. In einer ironischen Umkehrung realer politischer und ökonomischer Verhältnisse liegt die Rettung der Menschheit in den Ländern der Dritten Welt. Amerikaner versuchen nach Mexiko zu flüchten, doch werden dort die Grenzen geschlossen. Die Flüchtlinge schneiden den Zaun auf und fliehen über den Rio Grande in Richtung Süden. Roland Emmerich bemerkt hierzu:

> „Das ist wirklich eine andere Katastrophe, weil die ist hausgemacht. Und es ist auch interessant, dass der Hauptumweltverschmutzer die westliche industrialisierte Welt ist. Und die wird am härtesten getroffen. Die schlimmsten Umweltverschmutzer müssen ihr Land verlassen. Da ist so eine gewisse soziale Gerechtigkeit." (Emmerich in: Podak 2004)

Neben der schrittweisen Steigerung von Effekten der Katastrophe dient die gleichzeitige Begrenzung von Zeit – das Spektrum der Dauer des Klimawandels reicht von mehreren tausend Jahren über acht Monate zu acht Wochen und schließlich zu 48 Stunden – der Optimierung des Spannungsaufbaus. Innerhalb der Filmdramaturgie wechselt die globale, themenorientierte Perspektive wissenschaftlicher Beobachtung und Reflexion mit der subjektiven Perspektive des Erlebens der katastrophalen Folgen, die etwa die Jugendlichen in New York City durchleiden. Dieser Wechsel visuell illustrierter Modelle und Prognosen der Wissenschaft mit den Special Effects der Katastrophe selbst bestimmt die Handlungsstruktur.

Zunächst etabliert der Handlungsaufbau die Kernfiguren des Films, die von Szene zu Szene in ihren Charaktereigenschaften und zentralen Aktivitäten vorgestellt werden. Der Protagonist des Films, der junge Klimatologe Jack Hall (Dennis Quaid), wird Augenzeuge der ersten Störung des Gleichgewichts der Natur, die bereits der Vorspann visualisiert. In einer Detaileinstellung zeigen sich erste Risse im Eis. Im Wechsel der Kameraperspektive zur Totale am Szenenende kündigen diese Risse in ihrer Reichweite bis zum Horizont die globale Bedrohung an und fungieren somit als Cliffhanger für die weitere Filmhandlung. Mit dem Wechsel der Kameraperspektive geht ein Wechsel der Informationsebenen einher.

Die Charakterisierung des Protagonisten orientiert sich an Konventionen populärer Filme. In der aus *Indiana Jones* bekannten Kombination aus Wissenschaftler und Actionheld rettet der Protagonist Jack Hall am Anfang einem Arbeiter das Leben, um durch zwei wagemutige Sprünge auch noch wissenschaftliche Daten zu sichern. In einer anderen Szene charakterisieren ihn seine Kollegen bestehenden Figurenstereotypen entsprechend als „Mad Scientist", der unermüdlich für die Forschung arbeitet und dabei natürlich seine eigene Familie vernachlässigt.

Ein kontinuierlicher Wechsel von Kameraperspektiven, Informationsebenen und Erlebnisdimensionen charakterisiert die Filmdramaturgie. In schnell montierten Detailaufnahmen wird der Zuschauer zum direkten Beobachter und Teilhaber der Ereignisse, die Totale wiederum vermittelt einen scheinbar objektiven Überblick des Geschehens. Wenn Astronauten aus dem All die Wolkenkonstellationen der irdischen Unwetter bemerken, nehmen sie die auktoriale Beobachterperspektive eines gottähnlichen Blickes ein. Nach einem harten Schnitt vollzieht sich der Handlungsortwechsel vom Raumschiff in das Flugzeug, in dem der von Flugangst geplagte Sohn von Jack Hall, Sam (Jake Gyllenhaal), mit seinen Schulkameraden in Turbulenzen gerät und abzustürzen droht. Die Innenaufnahmen der Flugzeugturbulenzen entsprechen den Flugzeugkatastrophenfilmen der 1970er und 1980er Jahre. Ebenfalls angelehnt an die Erzählstruktur populärer Filme wird die Flugangst Sams mit dem Ziel veranschaulicht, seinen Status als Held durch die Überwindung dieser Ängste zu steigern.

Jack Hall fungiert innerhalb des Figurenensembles des Genres Katastrophenfilm als ungehört bleibender Warner vor der kommenden Bedrohung. Jack tritt als Warner der Politik in Erscheinung und prognostiziert: „Wenn das Unwetter vorbei ist, leben wir in einer neuen Eiszeit." Sein Rettungsvorschlag stößt auf den Widerstand des Vizepräsidenten. „Evakuieren sie den Süden, für den Norden kommt jede Hilfe zu spät." Als Wissenschaftler ist er Urheber eines Modells des Klimawandels, was zunächst im Rückblick bisherige Klimaphänomene wie Eiszeiten erfasste. Andere Wissenschaftler nutzen sein Modell um den aktuellen Klimawandel zu berechnen und aus diesen Berechnungen weitere Entwicklungen zu prognostizieren.

Sam wird als Identifikationsfigur für das Publikum im Teenageralter über einen traditionellen Vater-Sohn-Konflikt eingeführt, der an das subjektive Erleben der ZuschauerInnen angelehnt ist. Als hochbegabter Wissenschaftlersohn errechnete Sam eine schwierige Mathematikaufgabe im Kopf. Da die ausführliche Darstellung des Lösungswegs in seiner Klausur fehlte, wurde sie mit ungenügend bewertet. Vater Jack muss erkennen, dass sein Sohn die Standpauke wegen der schlechten Note nicht verdiente und dass sein Misstrauen als Vertrauensbruch gewertet wird. Diese Szene lässt die Figurenmotivation Jacks, seinen Sohn aus dem Zufluchtsort der New Yorker Bibliothek zu retten, an späterer Stelle des Films glaubwürdig erscheinen. Gemeinsam mit seiner Frau erinnert sich Jack nostalgisch an frühere Familientage. Traditionelle Beziehungen scheinen eine Zuflucht in der Krisensituation zu sein.

Differenzen zwischen den Generationen bilden den Ausgangspunkt für die allgemeine Spiegelstruktur der Filmhandlung (vgl. Bleicher 2002). Bereits zu Beginn des Filmes bildet sich in New Delhi eine Kooperation zwischen Jack als jungem und einem alten Wissenschaftler, dem noch die Perspektive der Weisheit zugewiesen wird. Er versorgt Jack mit so weise anmutenden Tipps wie „Retten Sie so viele sie können." Vater Jack kämpft gegen den Vizepräsidenten, Sohn Sam streitet in der New Yorker Bibliothek mit einem Polizisten um die Frage nach der richtigen Rettungsstrategie.

Der Film wechselt zwischen dem Zeigen des Klimawandels und der sprachlichen Erläuterung der Ereignisse und ihrer ökologischen Kontexte. Die Form der sprachlichen Vermittlung sind Monologe als Vorträge während Krisensitzungen oder Gespräche zwischen Wissenschaftlern. Ergänzt werden diese Reflexionen durch visuelle Bildeffekte wie blinkende Punkte und Zahlen auf Monitoren, die den Objektivitätsanspruch von empirisch gemessenen Zahlen des Temperatursturzes mit optischen Warnsignalen kombinieren. Diese visuelle Perspektive der technikorientierten Wissenschaft wird in einigen Szenen mit religiösen Bildwelten von Weltuntergängen u. a. aus dem Bereich Natur kontrastiert. Vögel verlassen in Scharen das bedrohte New York, selbst die Tiere scheinen das Unheil mehr zu spüren als die Menschen. Und ein als Obdachloser erscheinender schwarzer Engel prognostiziert, wie in der Offenbarung des Johannes, den nahenden Weltuntergang.

Nach den ersten Anzeichen der Bedrohung durch das Abbrechen einer gigantischen Eisscholle in der Antarktis findet eine Anhörung mit Politikern statt, in dem in der Vortragsstruktur als traditioneller Form der Bildungsvermittlung wissenschaftlich anmutende Informationen zum Klimawandel transportiert werden. Sie wiederholen sich im weiteren Verlauf des Films in ähnlicher Form. Der Unglaube der Politik personalisiert und manifestiert sich in der Reaktion des Vizepräsidenten, der die Warnungen ungläubig zurückweist und später genau wegen dieser Reaktion in einer Krisensitzung angeklagt wird. Jack Halls Chef kritisiert den Auftritt, weil er eine Streichung der Forschungsgelder durch den Vizepräsidenten fürchtet. Dieser Dialog impliziert eine Kritik an der fehlenden Unabhängigkeit der wissenschaftlichen Forschung.

Direkt nach der Reflexionsphase des Vortrags Halls bei dem Politiker-Hearing folgt eine Reihe von Szenen mit visuellen Illustrationen der Folgen des Klimawandels. In unter anderem durch Wahrzeichen und Personen identifizierbaren Handlungsorten wie Indien oder Japan ereignen sich paradoxe Wetterphänomene wie Schnee (Indien) oder ballgroße Hagelkörner (Japan). In den USA trifft es zunächst die Metropole des Films, Los Angeles, mit einer ganzen Reihe von Tornados, die die bisherigen Effekte multiplizieren. Um auch dem unbedarftesten Zuschauer die Orientierung zu ermöglichen, wird der Hollywood-Schriftzug von einem Tornado verwüstet. Von der bekannten Skyline bleiben nur Ruinen übrig. Es folgt die Zerstörung New Yorks, die ebenfalls sinnbildlich von der Freiheitsstatue eingeleitet wird, die in einer Flutwelle versinkt. Leider kommt die Flutwelle in den Straßen aus der falschen Richtung, nämlich vom Land und nicht vom Meer – ein von New Yorker ZuschauerInnen häufig kritisierter Fehler Emmerichs. Verfremdete Perspektiven wie die Flutwelle im Rückspiegel eines Busses, steigern die Effekte der mittlerweile sattsam wiederholten Katastrophen. Auch diese Verfremdung bekannter Bildmotive steigert sich. Surreal wirkt etwa ein russisches Schiff, das sich durch die überfluteten Straßen Manhattans schiebt oder die Menschen, die in Scharen die Stadt verlassen.

Die globale Reichweite dieser katastrophalen Wetterphänomene wird durch ihre mediale Vermittlung in Fernsehnachrichten illustriert. Newsbreaks beobachten, authentisieren und kommentieren die Ereignisse gleichermaßen. Die Fernsehvermittlung bildet als zusätzliche Bildebene eine Simulation möglicher Ereignisse im Framing der Information. Neben dieser Authentisierung durch Medienberichterstattung erfolgt die wissenschaftlich ausgerichtete Authentisierung durch Technik und Zahlen, durch Expertenstatements und die Authentisierung der direkten Beobachtung durch Augenzeugen.

Als zentrales Mittel der Krisenkommunikation fungiert das Telefon. Dabei ist eine ironische Nostalgisierung erkennbar. Sam riskiert in der New Yorker Bibliothek sein Leben, um seinen Vater Jack durch ein altes Münztelefon zu erreichen, da die modernen Handys mittlerweile ihren Dienst einstellen. Sams Wunsch „Wir müssen nach Hause" erinnert an eine vergleichbare Wunschkonstellation aus Steven Spielbergs Blockbusterfilm *ET – Der Außerirdische* (1982), die sich in dem bekannten Zitat „Nach Hause telefonieren" äußert.

Die Filmdramaturgie von *The Day After Tomorrow* ist von einer schrittweisen Steigerung des Katastrophischen ebenso gekennzeichnet wie von dem auf die Optimierung der Erlebnisdimensionen ausgerichteten Wechsel aus Handlung, Emotion, Reflexion, Lautstärke und Ruhe. Insbesondere lässt sich ein kontinuierlicher Wechsel von Action (Folgen der Klimakatastrophe) und Reflexion (Ursachensuche) beobachten: Die Klimakatastrophe und ihre Folgen werden immer wieder auf Tagungen, in Krisensitzungen und in Dialogen von Wissenschaftlern erläutert. Dieses Wiederholungsprinzip soll die Orientierung der Zuschauer gewährleisten und zum Verständnis der Fakten beitragen.

In den Film sind neben der sachorientierten Erläuterung des Klimawandels auch implizite moralische Botschaften integriert. So erörtern zwei Wissenschaftler in einem nächtlichen Dialog, wobei die Dunkelheit den düsteren Charakter ihrer Prognosen unterstützt: „Was soll aus uns werden?": „Entscheidend ist, dass wir aus unseren Fehlern lernen. Ich würde aus meinen gerne lernen." Weitere Dialoge beinhalten Reflexionen über Herkunft und Zukunft der Zivilisation. Diese konservativ ausgerichtete Moral bleibt abstrakt und wird nicht direkt auf den Klimawandel bezogen. Nach der Katastrophe erfolgt eine moralische Ansprache des Präsidenten, die gleichzeitig eine gesellschaftskritische Funktion übernimmt: Man habe gedacht Ressourcen ohne Folgen ausbeuten zu können. Man habe sich geirrt. „Ich habe mich geirrt." Diese Beschränkung der filmischen Schuldzuweisung auf die Politik klammert die individuelle Verantwortung aller Menschen aus.

Vielschichtige filmische Emotionalisierungsstrategien sichern die Wirkung der an das Erleben von Figuren geknüpften personalisierten Erzählweise: Eine Mutter bangt um ihren Sohn, sein Vater wiederum bereut die Vernachlässigung des Kindes. Der Sohn verliebt sich und versucht seiner Freundin das Leben zu retten. Ein kleiner, krebskranker Junge wartet im Krankenhaus auf Hilfe. Ein Obdachloser versucht seinen Hund zu retten. Ein Wissenschaftler opfert sich selbst, um das Überleben seiner Kollegen zu sichern.

Diese Emotionalisierungsstrategien sind an Figurenklischees geknüpft, die der Kritiker Wolfgang Huang wie folgt beschreibt:

> „Vater will Sohn retten, um damit seine Versäumnisse bei der Erziehung wieder gutzumachen, der schüchterne Sohn wächst über sich hinaus und rettet nicht nur alle seine Freunde sondern erobert auch noch seine Angebetete, und die grundgute Mutter kümmert sich selbstlos um die kranken Kinder ihres Hospitals." (Huang 2004)

Auch die Genderrollen der Figuren bleiben etablierten filmischen Klischees verhaftet und lassen wenig innovatives Potenzial erkennen. Frauen fungieren als potenzielle Opfer oder fürsorgliche Helfer in Notlagen. Eine junge Mutter verlässt mit ihrem Kind die Forschungsstation, um ihre Mutter zu besuchen. Ein krebskrankes Kind wird fürsorglich von einer Ärztin behandelt. Eine Mutter, die sich um ihren Sohn sorgt, eine begabte Schülerin, die dabei hilft eine Familie aus dem Taxi zu befreien und die für die Bergung der Handtasche (!) der gerade geretteten Mutter ihr Leben riskiert. Eine Wissenschaftlerin fungiert als Assistentin des Protagonisten. Somit wird ihre fachliche Kompetenz in der Filmhandlung nicht genutzt, sondern die Figur bleibt auf die Ebene privater Beziehungen beschränkt.

6 Die Darstellung des Klimawandels im Animationsfilm

In Dokumentationen wie *Coalition of the Willing* (2010) werden visuelle Animationen des Klimawandels mit dem Ziel der sachorientierten Aufklärung eingesetzt. In internationalen Koproduktionen wie etwa der Initiative des britischen Trickfilmers Simon Robson finden auch neue Verbreitungswege wie Videoplattformen Berücksichtigung. Die etablierten medialen Verwertungsketten von Themen mit ihrer Abfolge – Nachrichten, Magazine, Dokumentationen, Spielfilme – integriert auch das Genre des narrativen Animationsfilms. Die US-amerikanisch-australische Koproduktion *Happy Feet* (2006) des US-Regisseurs George Miller veranschaulichte den Klimawandel aus der Perspektive von betroffenen Tieren, in diesem Fall den Pinguinen. Klimawandel fungiert in diesem Film jedoch nur als Kulisse fiktionaler Konflikte, zwischen Tradition, Gruppenzwang und den Interessen eigener Identitätskonstruktion.

> „Miller erzählt die Geschichte des Kaiserpinguins Mumbles. Der kann – anders als alle anderen seiner Art – nicht singen, das ist tragisch. Er ist dafür der beste Stepptänzer der Pinguin-Welt; das ist ein Dilemma, denn er gilt als Sonderling. Wie ein schwarzweißer Troubadix hockt er einmal verlassen auf seiner Eisscholle. Der blauäugige Mumbles geht einen archetypischen Weg: durch alle Widerstände hindurch zum glücklichen Ende. Er ist ein Held und ein gewitzter Politiker; Mumbles sichert seinen Artgenossen nach Verhandlungen mit den ‚Aliens' (= Menschen) die Futterversorgung, den schier endlosen Fischstrom." (Kanthak 2006)

Durch die Zuweisung menschlicher Eigenschaften und Charakterprofile für die in einer Familienstruktur lebenden ProtagonistInnen erhöht das Identifikationspotenzial gleichzeitig die Betroffenheit der ZuschauerInnen. Außerdem werden Musik und Animation als Comic Relief eingesetzt, was den allgemeinen Unterhaltungscharakter unterstützt. „Nur über ‚Happy Feet' lachen wir noch, obwohl die Polkappen schmelzen, während die Pinguine tanzen." (Klimawandel im Kino 2007)

Filmkritiker Georg Seeßlen sieht in den zeitgenössischen Animationsfilmen Tierfabeln, die zeitgenössische Probleme aufgreifen.

> „In den neunziger Jahren standen in den Kinofabeln Konflikte wie die zwischen dem Individuum und dem Kollektiv im Vordergrund (etwa in den Ameisenfilmen *Antz oder Das große Krabbeln*), zwischen Bestimmung und Freiheit (*Shrek 1* bis 3) oder zwischen Fortschritt und Tradition (*Toy Story 1* bis 3). Inzwischen tritt aber ein tieferer Widerspruch zwischen Gesellschaft und Natur in den Vordergrund. Die vermeintlich gezähmte Natur wird wieder wild: Der kleine Doktorfisch in *Findet Nemo* verletzt sich, und der Blutgeruch erinnert den Hai daran, dass sein Freund zugleich Beute ist. In *Madagascar* bildet dieses Zurück zur Natur den dramatischen Kern: Zootiere, die in die Wildnis geflüchtet sind, müssen damit fertig werden, dass dabei auch ihre alten Instinkte wieder erwachen und der Löwe in seinem Freund, dem Zebra, die Fressbeute wittert. *Jagdfieber*, der erste große Film der neuen Sony Pictures Animation-Studio, handelt vom Grizzlybären Boog, der von der Rangerin Beth adoptiert und zur Attraktion der Wild-Life Show geworden ist. Ein Hirsch führt den Problembären zurück in die Natur, wo er nur überleben kann, wenn er auch zu seiner Bestialität zurückfindet. Der Waschbär-Held in *Ab durch die Hecke* wiederum hat sich als kleiner Dieb vom Futter der Menschen abhängig gemacht (von Menschen, die den ganzen Tag nichts anderes machen als futtern, Abfall produzieren und hysterisch auf alle wilden Tiere reagieren)." (Seeßlen 2006)

Diese Animationsfilme aktualisieren die Traditionslinie der Doppelung aus Erzählung und Moral in der Fabel. Humanisierte Tiere verfremden die bekannten Darstellungen des Konflikts zwischen Mensch und Natur und steigern so das Wirkungspotenzial der filmischen Vermittlung.

7 Darstellung des Klimawandels im TV-Movie

Als TV-Movies werden eigenproduzierte Filme der kommerziellen Sendeanstalten bezeichnet. Die Ursprünge dieser Filme liegen in den Made-For-TV-Movies in den USA, die als Reaktion auf den Kostenanstieg für Spielfilmlizenzen im Fernsehmarkt der 1970er Jahre entstanden. Der Fernsehsender ABC begann seine Eigenproduktionen unter dem Reihentitel „Movie of the Week" auszustrahlen. Aufgrund der hohen erzielten Einschaltquoten wurden vergleichbare Eigenproduktionen auch von anderen Sendeanstalten ausgestrahlt. 1978/79 waren im US-Fernsehen erstmals mehr TV-Movies als Kinospielfilme zu sehen. TV-Movies fungierten als „Geheimrezept" amerikanischer Sendeanstalten, um gegen die Vielzahl gleichartiger Serienangebote Quoten zu erzielen und durch Programmereignisse das eigene Senderimage zu fördern. (Vgl. Bleicher 2000)

Im deutschen Fernsehen haben sich, bedingt durch vergleichbare Entwicklungen wie in den USA, in den 1990er Jahren Genreschwerpunkte des TV-Movies herausgebildet, die von ihren Produzenten nach den unterschiedlichen Themenschwerpunkten wie folgt benannt wurden: Schlagzeilenfilme, Krankheit der Woche, Frau in Gefahr, Mamifilme, Biopics, History Pics (vgl. Davis 2000), aber auch Adaptionen bestehender Genres wie Liebesfilme, Komödien, Thriller und Katastrophenfilme. (Vgl. Buß 2005; 2006a)

Der Handlungsaufbau von TV-Movies passt sich den Sehgewohnheiten der ZuschauerInnen an. In den ersten drei Minuten müssen Thema und Geschichte erkennbar werden, um einen Programmwechsel zu verhindern. Im weiteren Handlungsverlauf werden mit dem Ziel der Zuschauerbindung lange Zwischenszenen vermieden. Vor den Werbeblöcken sind Handlungshöhepunkte platziert, die erst nach der Werbung aufgelöst werden. Da in Deutschland drei Werbeblöcke erlaubt sind, hat sich eine Vier-Akt-Dramaturgie entwickelt.

Aus den Kinofilmen bekannte Genrekonventionen werden in die Handlung der TV-Movies integriert. In dem Katastrophenfilm *Tornado – Der Zorn des Himmels* (Pro Sieben, 2006) finden sich etwa folgende Figuren- und Handlungsmuster wieder:

> „Auch im Zentrum des jüngsten Trash-Gewitters steht ein juveniler Profi, der sich gegen verbohrte Alte durchzusetzen hat: Jan Berger ist eine Art meteorologischer Profiler, der nach vier Jahren Hurrikanforschung gerade aus Oklahoma ins unheilvoll schwüle Berlin zurückgekehrt ist. Er betrachtet das Wetterphänomen wie einen Serienkiller, dessen mysteriöses Wesen es zu durchleuchten gilt, um den nächsten Einschlag vorherzusehen." (Buß 2006b)

Eigenproduzierte Katastrophenfilme avancierten zu Exportartikeln deutscher Sendeanstalten, insbesondere Pro Sieben verkauft eigenproduzierte Katastrophenfilme ins Ausland; SAT.1 produzierte Katastrophenfilme als internationale Koproduktionen. Christian Buß konstatiert ironisch:

> „Der hiesige Fernseh-Katastrophenschocker findet überall auf der Welt reißenden Absatz. Man darf es in diesem Zusammenhang ruhig so formulieren: Keiner zerstört so patent, schnell und kostengünstig wie die Deutschen. Halbe Sachen gibt's bei uns nicht. Hier wird Sylt gleich komplett unter Wasser gesetzt oder Berlin als Ganzes in Schutt und Asche gelegt, und das eben konstant zu Niedrigpreisen. Der deutsche Produzent gilt deshalb inzwischen weltweit als zuverlässiger Master of Desaster." (Buß 2007)

Im Unterschied zu den Kinospielfilmen streben viele Fernsehproduktionen eine besondere Authentizität ihrer Darstellung an. In Filmen mit großer Starbesetzung (u. a. Jan Josef Liefers, Nadja Uhl, Benno Führmann) wie *Die Sturmflut* (RTL, 2006) werden pünktlich zum Jubiläum der Ereignisse historische Naturkatastrophen als persönliche Einzelschicksale präsentiert und emotionalisiert. Christian Buß kritisiert in seinem Beitrag „Wasser marsch für die Quote“:

> „Acht Millionen Euro soll der Film gekostet haben, damit ist ‚Die Sturmflut‘ die bislang teuerste Produktion eines deutschen Privatsenders. Es wurden riesige Bassins mit Millionen Litern von Wasser gefüllt, Studioräume bis an die Decke geflutet, Modellhäuschen ertränkt. Das optimale Spielfeld also, um den Helden all jene sportliche Betätigungen abzuverlangen, die das Action-Kino fürs feuchte Element bereithält. Männer müssen auf Motorrädern zeitlupenhaft heranrollenden Monsterwellen davon knattern, angehende Liebespaare sind gezwungen 50-Meter-Strecken tauchend zurückzulegen, Menschen rufen einander warme Schwüre im eiskalten Nass zu.“ (Buß 2006a)

Erst nach einer langen Figurenexposition, die die Einfühlung des Zuschauers in die drohenden Figurenschicksale zum Ziel hat, kann die Katastrophe in einer Reihe von Special Effects inszeniert werden. Zur Optimierung der Erlebnispotenziale wechseln dokumentarische Aufnahmen, inszenierte zwischenmenschliche Beziehungen, Special Effects und emotionale Szenen („Emotion Dressing“). Eine wissenschaftliche Reflexion der Ereignisse bleibt meistens aus. Im Gegenteil verweist RTL mit der angekauften Dokumentation *Der Klimaschwindel* (Ausstrahlung: 11. 6. 2007) auf die Sonnenenergie als Ursache für den Klimawandel und schließt menschliches Fehlverhalten aus.

Einen pseudowissenschaftlichen Kontrast zu Peter Weirs mystischer Erzählweise bildet der kanadische Fernsehfilm *Weltuntergang – Das Gewitterinferno* (Brenton Spencer, 2003). Er bildet eine Kombination aus Genrekonventionen des Katastrophen- und des Familienfilms. Die ökologische Katastrophe des Klimawandels und ihre Folgen werden in Form persönlicher Schicksale veranschaulicht, aber auch durch Beziehungs- und Eltern-Kind-Konflikte ergänzt. So durchlebt der Zuschauer vielfältige Erlebniswelten, deren Spektrum von Angst und Schrecken bis hin zur Freude über die Rettung der Welt und die am Ende wiederhergestellte glückliche „heilige“ Familie reicht. Das in die Handlung integrierte Faktenwissen zum Klimawandel wird durch Statements von Wissenschaftlern vermittelt. Wissenschaftliche Strategien setzen sich im Konflikt mit fehlerhaften politischen Entscheidungen und militärischen Befehlen durch. Aus dem ebenfalls thematisierten Generationenkonflikt geht die Jugend siegreich als Retter der Welt hervor, indem das Experiment eines Schulprojektes auf die Wissenschaft übertragen wird. Das globale Unwetter wird von dem Team aus Jugendlichen und Wissenschaftlern technisch aufwändig durch eine energetische Umpolung der Weltkugel beendet.

Das Thema Klimawandel wird als Realitätspartikel auch in TV-Movies integriert, die sich etwa dem Genre Liebesfilm zuordnen lassen. So richtet ein Wetteransager in *Gefühlte XXS – Vollschlank und frisch verliebt* (SAT.1, 2008) einen moralischen Appell an seine ZuschauerInnen. Sie alle könnten zur Verhinderung des Klimawandels beitragen, indem sie etwa auf das tägliche Autofahren verzichten würden. Diese Appelle aus populären Filmen ironisiert Simon Verhoeven in seinem Liebesfilm *Männerherzen* (2008) in einem Musikvideo des fiktiven Sängers Bruce Berger, das alle Klischees bisheriger moralischer Botschaften und Emotionalisierungsstrategien populärer Filme in sich vereint. In dem Songtext heißt es u. a.:

> „Wir erwärmen unser Klima / und die Tiere sterben aus
> Das ist wirklich nicht so prima / Misch dich ein, halt dich nicht raus
> Unsere Waffe ist die Liebe / Unser Herz die Munition."

Der Liedtext parodiert das bisherige filmische Angebotsspektrum von Figureninszenierung, Plotkonstruktion und den vielfältigen Verknüpfungen populärer Erzählweisen, Moral und Emotion.

8 Fazit

In der Darstellung in populären Kino- und Fernsehfilmen wird der Klimawandel häufig durch Naturkatastrophen veranschaulicht, was eine Unveränderbarkeit der Lage suggeriert. Den Genrekonventionen des Katastrophenfilms angepasst werden die ökologischen Auswirkungen auf schicksalshafte Ereignisse im Leben der Filmfiguren verdichtet und visuell effektvoll dargestellt. Diese Art der Präsentation zielt v. a. auf den Erlebniswert der Rezeption. Eine umfassende Reflexion der Ursachen des Klimawandels findet sich innerhalb der Filmhandlung eher selten und bleibt spezifischen Funktionsträgern wie etwa Wissenschaftlern vorbehalten. Sie erläutern etwa in *The Day After Tomorrow* Politikern stellvertretend für die Zuschauer bisherige Entwicklungen und vermitteln Prognosen möglicher weiterer Ereignisse. Durch beschwichtigende Entgegnungen der Politiker auf die Warnungen der Wissenschaftler wie etwa in Emmerichs Film lassen sich in den Dialogen verschiedene Sichtweisen auf das Phänomen miteinander kombinieren. Im Vergleich zu diesen informierenden und erläuternden Dialogsequenzen dominieren in Katastrophenfilmen aber erlebnisorientierte Special Effects und emotionalisierende Elemente wie hilflose Kinder, die auf Rettung warten. Es ist auch bei den untersuchten TV-Movie-Beispielen ein weitgehender Verzicht auf die Dimensionen Information und Aufklärung zu beobachten. Stattdessen finden sich moralische Appelle für eine Veränderung des menschlichen Verhaltens.

Nur in Einzelfällen, wie etwa in *The Day After Tomorrow*, konzentriert sich die gesellschaftliche Kritik auf Unternehmen, Institutionen und ihre Vertreter. Roland Emmerich bemerkt selbst in einem moralisch ausgerichteten Statement zur Botschaft seines Films:

> „Wir haben immer gedacht, wir können so weiter machen und wir denken immer noch so. Dass dann aber irgendwann mal Schluss ist und die Natur zurückschlägt, das ist für mich ab-

solut sicher. Es ist nur die Frage wann. Es kann in tausend Jahren passieren oder in 50 Jahren – es wird auf jeden Fall passieren." (Emmerich in: Podak 2004)

Innerhalb des Medienensembles fungieren Filme ergänzend zur Faktenvermittlung in den Bereichen Print und Onlinemedien als eindrucksvolle Visionen möglicher Ereignisse. Sie bilden mit ihrer visuellen Vermittlung die erlebnisorientierte Basis des Interesses an einer weitergehenden Information und reflexiven Auseinandersetzung.

Bibliographie

Bleicher, Joan Kristin (2000): Das kleine Kino. TV Movies im deutschen Fernsehen der neunziger Jahre. In: ZMM News. Universität Hamburg, WS 1999/2000, S. 3–8.

Bleicher, Joan Kristin (2002): Zwischen Horror und Komödie. „Das Leben ist schön" von Roberto Benigni und „Zug des Lebens" von Radu Mihaileanu. In: Wende, Waltraud Wara (Hg.): Geschichte im Film. Mediale Inszenierungen des Holocaust und kulturelles Gedächtnis. Stuttgart: Metzler. S. 181–199.

Buß, Christian (2005): „Tsunami" auf ProSieben. Mit Trash die Welle machen. In: Spiegel Online, 29. 9. 2005 (www.spiegel.de/kultur/gesellschaft/0,1518,377247,00.html, Zugriff am 8. 6. 2010).

Buß, Christian (2006a): „Die Sturmflut". Wasser marsch für die Quote. In: Spiegel Online, 19. 2. 2006 (www.spiegel.de/kultur/gesellschaft/0,1518,401589,00.html, Zugriff am 8. 6. 2010).

Buß, Christian (2006b): Katastrophenfilm „Tornado". Der will doch nur spielen. In: Spiegel Online, 4. 9. 2006 (www.spiegel.de/kultur/gesellschaft/0,1518,434942,00.html, Zugriff am 8. 6. 2010).

Buß, Christian (2007): Katastrophenfilm „Das Inferno". Selterswasser marsch! In: Spiegel Online, 21. 5. 2007 (www.spiegel.de/kultur/gesellschaft/0,1518,483908,00.html, Zugriff am 8. 6. 2010).

Davis, Sam. (2000): Quotenfieber. Das Geheimnis erfolgreicher TV-Movies. Bergisch Gladbach: Bastei Lübbe.

Distelmeyer, Jan (2006): Schiffbrüche und andere Kleinigkeiten. Der Katastrophenfilm und die Geburt des Blockbusterkinos. In: epd Film, Jg. 2006. S. 20–24.

Gunning, Tom (2000): The Cinema of Attraction. Early Film, Its Spectator and the Avant-Garde. In: Stam, Robert & Toby Miller (Hg.): Film and Theory. An Anthology. Malden, MA: Blackwell. S. 229–235.

Huang, Wolfgang (2004): „Ich hol dich da raus!". In: filmspiegel.de (www.filmspiegel.de/filme/filme.php?id=1959, Zugriff am 8. 6. 2010).

Kanthak, Dietmar (2006): Happy Feet. In: General-Anzeiger Online, 30. 11. 2006 (www.general-anzeiger-bonn.de/index.php?k=frei&itemid=10217&detailid=249551, Zugriff am 8. 6. 2010).

Kellner, Douglas (1995): Media Culture. Cultural Studies, Identity and Politics between the Modern and the Postmodern. London: Routledge.

Klimawandel im Kino. Kein Spaß mehr an der Katastrophe (2007). In: Frankfurter Allgemeine Zeitung, 2. 3. 2007, S. 46 (www.faz.net/-0007yj, Zugriff am 8. 6. 2010).

Link, Jürgen (2009): Versuch über den Normalismus. Wie Normalität produziert wird. 4. Aufl. Göttingen: Vandenhoeck & Ruprecht.

Meyn, Hermann (1996): Massenmedien in der Bundesrepublik Deutschland. Überarb. und aktualisierte Neuaufl. Berlin: Ed. Colloquium.

Podak, Achim (2004): Öko-Armageddon. „The Day After Tomorrow" von Roland Emmerich. In: HR Online (www.hr-online.de/website/rubriken/kultur/index.jsp?rubrik=9610&key=standard_document_1108076, veröffentlicht: 24.5.2004, Zugriff am 8.6.2010).

Prokop, Dieter (2001): Der Kampf um die Medien. Das Geschichtsbuch der neuen kritischen Medienforschung. Hamburg: VSA-Verlag.

Seeßlen, Georg (2001): Das Kino und die Katastrophe. Filmische Schreckensphantasien und die mediale Wirklichkeit. In: epd Film, Jg. 2001. S. 16–27.

Seeßlen, Georg (2006): Ratten retten die Welt. Trickfilme mit Tieren haben Konjunktur: Sie sind knallbunt, lustig und sehr hellsichtig. In: Die Zeit, 14.12.2006, Nr. 51 (www.zeit.de/2006/51/Rattenretten_die_Welt, Zugriff am 8.6.2010).

Merten, Klaus, Siegfried J. Schmidt & Siegfried Weischenberg (Hg.) (1994): Die Wirklichkeit der Medien. Eine Einführung in die Kommunikationswissenschaft. Opladen: Westdeutscher Verlag.

Vogler, Christopher (2007): Die Odyssee des Drehbuchschreibers. Über die mythologischen Grundmuster des amerikanischen Erfolgskinos. Frankfurt am Main: Zweitausendeins.

Vondung, Klaus. (1988): Die Apokalypse in Deutschland. München: Deutscher Taschenbuch-Verlag.

Rezeption und Wirkungen medialer Konstruktionen des Klimawandels

Der Klimawandel aus Rezipientensicht: Relevanz und Forschungsstand

Irene Neverla & Monika Taddicken

Die kommunikationswissenschaftliche Klimaforschung richtete bislang sehr viel mehr Aufmerksamkeit auf die Medieninhalte als auf die Seite des Publikums bzw. der Mediennutzer.[1] Der folgende Beitrag widmet sich deshalb speziell der Publikumsseite, wofür sich denn doch einiges Material findet, wenn man den Blickwinkel und die betrachteten Forschungsfelder etwas weitet.

Zunächst werden die Ausgangslage und die Relevanz der Rezipientenperspektive im speziellen thematischen Feld von Klimawandel umrissen. Anschließend erfolgt die Darstellung des Forschungsstandes in drei Forschungsgebieten: Es werden erstens kommunikationswissenschaftliche Studien zur Rezeption und Wirkung massenmedialer Inhalte zum Klimawandel ausführlich referiert, sowohl aus dem deutschsprachigen wie aus dem englischsprachigen Raum. Da dieses Forschungsfeld überschaubar und begrenzt ist, werden ergänzend zwei Nachbarfelder einbezogen: zum einen kommunikationswissenschaftliche Studien zum Zusammenhang zwischen Mediennutzung und Umweltbewusstsein, zum anderen Studien aus dem Gebiet der Umweltwissenschaft, welche in ihrer Hauptfragestellung zur Bevölkerungssicht gelegentlich auch Variablen zur Mediennutzung mit einbeziehen. Ein Überblicksschema zu den vorliegenden Studien und zum Forschungsstand schließt die Aufarbeitung ab.

1 Relevanz der Rezipientenperspektive

Wie stellt sich die Thematik Klimawandel für Mediennutzer generell dar? Knapp zusammengefasst: Klimawandel – bzw. globale Erwärmung mit ihren regional differenzierten Folgen – ist als wissenschaftlich generierte Hypothese mit ihren extrem langfristigen und weiträumigen Perspektiven für Menschen nicht wahrnehmbar und in deren Alltagsdenken schlecht integrierbar. Insoweit können wir von vornherein vermuten, dass die Art der Aufbereitung der Thematik durch die Medien einerseits und die Wissens- und Motivationslage der Rezipienten andererseits von überaus großer Bedeutung sein

1 Für eine bessere Lesbarkeit des Textes wird ausschließlich die maskuline Form verwendet, angesprochen sind jedoch stets beide Geschlechter.

müssen. Die jeder (massenmedialen) Kommunikation inhärente Komplexität ist im Umgang mit dem Thema Klimawandel sicher besonders ausgeprägt.

Hinsichtlich der Wirkungen auf Einstellungen und faktisches Verhalten bedarf es noch weiterer Vorbemerkungen. Klimawandel ist ein globales Phänomen, das prinzipiell jeden betrifft, wenn auch aus geographischen und kulturellen Gründen nicht alle Menschen in allen Regionen im selben Ausmaß. Hinzu kommt, dass Ursache und Wirkung von Klimawandel raum-zeitlich weit auseinander fallen. Die Verursacher von Klimawandel (als Individuen betrachtet, als Kohorten oder auch in der Formation der ‚alten' Industrieländer) sind nicht identisch mit jenen Menschen und Menschengruppen, die heute und zukünftig mit den Folgen des Klimawandels zurechtkommen müssen bzw. heute oder zukünftig eine entsprechende Politik der Adaption und Mitigation mittragen werden oder sollen.

Während also die Folgen des Klimawandels in der Zukunft zu verorten sind, stehen Maßnahmen zur Vermeidung bzw. Minderung des Klimawandels (Mitigation) sowie zur Anpassung an diesen (Adaption) schon in der Gegenwart an. Die Perspektive des Einzelnen ist dabei bedeutsam, weil zum einen individuelles Tun und Handeln in der Summe große Wirksamkeit erzielen können, und weil zum anderen auch Handlungen auf übergeordneter Ebene, nämlich Entscheidungen der Politik und Wirtschaft, letztlich vom einzelnen Bürger akzeptiert werden müssen. Aus diesen Gründen darf die individuelle Perspektive der Bürger nicht vernachlässigt werden.

Bürger sind zugleich Medienrezipienten. Im Falle des Klimawandels ist dies besonders bedeutsam, da es sich bei ‚Klima' und ‚Klimawandel' um ein Themenfeld handelt, zu dem es kaum individuelle und sinnlich erfahrbare Anschauung geben kann (im Gegensatz zum Wetter, das individuell beobachtet und gefühlt werden kann). Klima bzw. Klimawandel sind vielmehr wissenschaftliche Konstrukte, die auf theoretischen Modellberechnungen beruhen und mit statistischen Mittelwerten und Extremwerten arbeiten, die sich auf so große Räume und derart weite Zeitspannen beziehen, dass sie außerhalb der individuellen Erfahrungswelt liegen (Böhner & Ratter 2010). Insofern können Informationen über den Klimawandel nicht direkt über persönliche Erfahrungen gesammelt werden, sondern lediglich indirekt über Informationsquellen, die statistische Beschreibungen über Raum und Zeit hinweg beinhalten (Weber 2010). Die Vermittlung der wissenschaftlichen Erkenntnisse im Sinne einer Übersetzung für die breite Öffentlichkeit kommt dabei den Massenmedien zu. Sie machen „Nicht-Wahrnehmbares" verständlich (Kruse 2007). Insofern treten Klima und insbesondere Klimawandel vielen Menschen als soziale Konstrukte im doppelten Sinne entgegen: als von der Wissenschaft generierte, hypothetische Konstrukte, die von den Medien noch einmal, nach deren eigenen Regeln, re-konstruiert werden.

Für Medienrezipienten – in der Regel Laien in Bezug auf Wissen über Klimawandel – stellt sich dabei das Problem, dass Klimawandel ein Themenfeld mit besonders komplexem und zugleich fragilem und unsicherem Wissen darstellt. Klimawissen entsteht aus theoretisch anspruchsvollen und empirisch interdisziplinär erarbeiteten Daten aus den verschiedensten naturwissenschaftlichen Disziplinen (Stehr & von Storch 1997). Dabei ist Klimawissen als wissenschaftlich generiertes Wissen doppelbödig im Hinblick auf die angebotene ‚Sicherheit': Es ist hoch komplexes Fachwissen, das zwar mit wissenschaftlichen, systematischen, intersubjektiv prüfbaren Methoden generiert wird. Dennoch bleibt es ‚fragiles' Wissen, da es immer unter dem Vorbehalt der Vorläufigkeit steht. Trotz dieser strukturellen ‚Unsicherheit' von wissenschaftlichem Wissen haben einige Klimaforscher und hat die Politik den Anspruch, dieses Wissen handlungsrelevant umzusetzen, sei es im individuellen Alltagshandeln, sei es in politischen Entscheidungen.

Dieser Charakter von Klimawissen als fragilem und konfligierendem sowie wissenschaftlich und medial konstruiertem Wissen macht den besonderen Reiz der Fragestellung aus, wie dieses Wissen Verbreitung in der Gesellschaft findet und welche Rolle die Medien dabei spielen.

2 Forschungsstand Rezeptions- und Wirkungsforschung

Wer nach Forschungsergebnissen zur Publikumsperspektive sucht, findet auf den ersten Blick nur wenige kommunikationswissenschaftliche Studien und muss sich folglich mit der Frage auseinandersetzen, wie breit eine erfolgreiche Suchstrategie angelegt sein sollte. Dabei gilt es erstens zu entscheiden, wie weit man Nachbardisziplinen der Kommunikationswissenschaft einbezieht, also das Netz der Transdisziplinarität spannt, v. a. bezüglich Studien aus den soziologischen und sozialpsychologischen Forschungsfeldern, und zweitens, inwieweit innerhalb der Disziplin verwandte Themenbereiche, insbesondere das Thema Umwelt, berücksichtigt werden.

Die in diesem Beitrag vorgenommene Darlegung des Forschungsstandes schöpft das Material aus drei Forschungsfeldern: Erstens handelt es sich um (kommunikationswissenschaftliche) Studien, die direkt nach der Mediennutzung von Klimathemen und ihren Wirkungen auf die Rezipienten fragen; zweitens um (kommunikationswissenschaftliche) Studien, die nach der Mediennutzung und ihren Wirkungen auf das Umweltbewusstsein des Publikums fragen; und drittens um Studien aus der interdisziplinären Umweltwissenschaft, die Mediennutzung oder auch allgemein Informationsbedingungen nicht zentral, sondern allenfalls als eine Variable neben anderen untersucht.

Für alle drei Felder, auch für die kommunikationswissenschaftlichen Studien, die sich mit Mediennutzung und deren Wirkung im Zusammenhang mit der Thematik Klimawandel befassen, gilt, dass sie fast durchgängig gesteuert sind von pragmatischen Fragestellungen und kaum eingebettet in theoretische Konzeptionen.

2.1 Kommunikationswissenschaftliche Studien zu Mediennutzung und Klimawandel

Einige der ersten Studien auf diesem Feld überhaupt und zugleich bis heute eine der wenigen kommunikationswissenschaftlichen Studien, die direkt den Zusammenhang zwischen klimabezogenen Medieninhalten und Wahrnehmung seitens der Rezipienten fokussieren, stammt von Peters und Heinrichs (2005). Sie ist auch singulär, weil sie als eine der wenigen Untersuchungen auf diesem Forschungsfeld (auch außerhalb Deutschlands) eine Triangulation der Forschungsperspektive methodisch umgesetzt hat. So führten Peters und Heinrichs neben einer Medienanalyse (Inhaltsanalyse regionaler und überregionaler Medienberichterstattung) und einer Interaktionsstudie (Befragung von Experten und Journalisten) auch eine Rezeptionsstudie durch. Dazu befragten die Forscher 183 Anwohner der deutschen Nordseeküste und legten ihnen jeweils sechs relevante Zeitungsartikel zum Thema Küstenrisiken und Küstenschutz vor, zu denen sie Bewertungen, Einschätzungen und Gedankenprotokolle erhoben. Ihr zentrales Ergebnis lautet, dass Medieninhalte nicht einfach übernommen werden, sondern anhand vorhandener Erfahrungen, Einstellungen, politisch-kultureller Orientierungen und Präferenzen kritisch bewertet werden. Bei Widersprüchen generieren die Mediennutzer Gegenargumente, stellen die Glaubwürdigkeit der Quelle in Frage oder beides. Der persuasive Einfluss der ausgewählten Zeitungsartikel erwies sich als minimal; es konnten nur für bestimmte Typen von Reaktionen persuasive Effekte auf die Risikoeinschätzung identifiziert werden (v. a.: beruhigende Reaktionen mindern die wahrgenommene Bedrohung durch den Klimawandel allgemein). Es wurde außerdem deutlich, dass die Probanden die Sachverhalte in den Stimuli in Bezug setzten zur eigenen Person, entweder zur eigenen Biographie bzw. eigenen Einstellungen oder zu einer (emotionalen) Wirkung auf sich selbst, vermutlich um das sehr abstrakte Phänomen Klimawandel besser ‚fassbar' zu machen. Weiterhin fanden Peters und Heinrichs signifikante Unterschiede bei der Einschätzung der vorgelegten Zeitungsartikel entlang soziodemographischer Merkmale (Geschlecht, Alter und Bildung) und hinsichtlich des Umweltbewusstseins. So nahmen Probanden mit einem hohen Umweltbewusstsein in der Nachbefragung signifikant weniger Bezug auf die Aussagen der Zeitungsartikel als Probanden mit einem niedrigen Umweltbewusstsein. Insgesamt lässt sich folgern, dass die *Rezeption relevanter Medienberichterstattung stark von individuellen Rezeptionsvoraussetzungen abhängt.*

Eine zweite größere deutsche Untersuchung wurde einige Jahre später von Arlt und Kollegen (2010) durchgeführt. Mit ihrer Studie untersuchten sie den Einfluss der Medien auf das klimabezogene Umweltbewusstsein und entsprechende Verhaltensabsichten. In Anlehnung an die Umweltbewusstseinsforschung wurde hier das klimabezogene Problembewusstsein als Einstellungskonstrukt zu Grunde gelegt (vgl. Kap. 3.3). Nach der Drei-Komponenten-Theorie der Einstellungsforschung wird zwischen der affektiven, der kognitiven und der konativen Komponente unterschieden. Die affektive Komponente erfasst die erlebte Gefährdung. Die kognitive Komponente wurde operationalisiert, indem fünf Items herangezogen und zu einer Komponente ‚klimabezogenes Problembewusstsein' zusammengefasst wurden. Schließlich wurde die konative Komponente, also die Verhaltenskomponente, über Handlungsabsichten auf drei unterschiedlichen Dimensionen operationalisiert: das Tätigen von Investitionen (z. B. Energiesparlampen), das Ändern des Lebensstils (z. B. die Wohnung weniger heizen) und die politische Einflussnahme (im Text auch ‚gesellschaftlich aktiv werden' genannt). Problematisch an der Erhebung von Verhaltensabsichten ist zum einen, dass es sich hierbei um selbstberichtete Absichten handelt, die mit dem tatsächlichen Verhalten oftmals wenig korrelieren. Zum anderen bleibt unklar, aus welcher Motivation heraus diese Verhaltensabsichten berichtet werden: Denkbar sind Motive aus Klimaschutzgründen, wegen finanzieller Einsparungen oder aus sozialem Normendenken heraus. Dabei kann es sich bei den Ergebnissen leicht um methodische Artefakte handeln, die Effekten sozialer Erwünschtheit unterliegen. Arlt und Kollegen beziehen sich in ihrer Untersuchung explizit auf die politische und informationsorientierte Mediennutzung (Fernsehen: Nutzung von politischen TV-Magazinen sowie von TV-Nachrichtensendungen; Printmedien: Nutzungshäufigkeiten von Tageszeitungen und Interesse am Politik- und Wirtschaftsteil als Indikator für die politikbezogene Tageszeitungsnutzung, ergänzt um die Nutzung der Wochenzeitungen Spiegel, Focus, Die Zeit). Für die informationsbezogene Onlinenutzung wurde ein Index über die Nutzung verschiedener Internetangebote von Offlinemedien (Tageszeitungen sowie ARD und ZDF) berechnet. Die Ergebnisse zeigen, *dass Medieneinflüsse auf das klimabezogene Problembewusstsein erkennbar* sind, jedoch auf einem *vergleichsweise geringen Niveau und variierend in Abhängigkeit von Mediengenre und Anbieter*. Beispielsweise hatten diejenigen Befragten, die sich durch öffentlich-rechtliche Nachrichtensendungen informierten, ein höheres klimabezogenes Problembewusstsein als diejenigen, die keine Nachrichtensendungen rezipierten oder privatrechtliche vorzogen. Printmediennutzung dagegen zeigte leichte negative Effekte auf das Problembewusstsein (Arlt u. a. 2010: 18 f.). Die Erklärungskraft der durchgeführten statistischen Regressionsanalysen ist jedoch insgesamt als gering zu bewerten. Bezüglich der Relevanz der Medien auf die Handlungsabsichten zeigt sich ebenfalls ein uneinheitliches Bild. Die beabsichtigten, klimarelevanten Investitionsentscheidungen hängen kaum von der Mediennutzung ab, während die Absichten, den Lebensstil zu ändern und gesellschaftlich aktiv werden zu wollen, besser durch die Mediennutzung vorhergesagt werden konnte. Dies gilt v. a. dann, wenn die Handlung eine kurzfristig wahrnehmbare Wirkung hat. Im Hinblick auf die dauerhafte Umstellung individueller Verhaltensweisen, deren Wirkung auf den Klimawandel sich eher langfristig entfaltet, zeigt sich kein positiver Effekt der Mediennutzung. Hier sind eher die Kontrollüberzeugungen und das klimabezogene Problembewusstsein relevant (Arlt u. a. 2010: 22). Es ist aus dieser Studie zu schließen, dass zum einen die Operationalisierung der klimawandelbezogenen Einstellungen sehr umsichtig vorgenommen werden muss und zum anderen die *Effekte der Mediennutzung in sehr unterschiedliche Richtungen gehen können*.

Einen ganz anderen konzeptionellen Ansatz und eine andere Methodik wählte Wild (2008). Sie beschäftigte sich in ihrer Magisterarbeit mit dem Klimawandel aus Rezipientensicht, indem sie untersuchte, ob es zu einem Third-Person-Effect (TPE) kommt. Mit Hilfe einer telefonischen Repräsentativbefragung untersuchte sie, ob die Befragten stärkere negative Wirkungen (in diesem Fall Angst) der Medienberichterstattung auf andere Personen annehmen, aber auch, ob sie stärkere positive Wirkungen (Lernen) für sich selbst annehmen (sog. First-Person-Effect, FPE). In beiden Fällen wurde der erwartete Effekt bestätigt. Dass Medienberichte anderen Personen stärker Angst machen, wurde umso stärker angenommen, je mehr die Berichterstattung als ‚übertrieben' eingestuft wurde. Dabei waren Ältere eher der Meinung, dass sie selbst mehr lernen als andere. Ob man jedoch durch die Medienberichterstattung über den Klimawandel Angst bekommt, scheint altersunabhängig zu sein. Auch die Variablen Geschlecht und Bildungsstand zeigten keinen nennenswerten Einfluss. Bezüglich des Wissens über den Klimawandel ergab sich das überraschende Bild, dass Personen, die angeben, viel darüber zu wissen, kaum einem TPE unterliegen: Sie geben an, dass ihnen negative Berichterstattung ebenso viel Angst macht wie anderen Personen. Hier kann vermutet werden, dass ein hoher Wissensstand zum Thema Klimawandel ‚empfänglich' macht für weitere Negativmeldungen.[2] Es bestätigt sich wiederum, wie schon in der Studie von Peters und Heinrichs (2005), dass bei der Rezeption von Medienberichten zum Klimawandel der Kenntnisstand vorab eine wichtige Voraussetzung darstellt und die Wahrnehmung und Deutung des Rezipierten beeinflusst. Das *Wissen über den Klimawandel bildet also offenbar einen wegweisenden Einflussfaktor für die Mediennutzung.*

Neben deutschsprachigen Untersuchungen liegen auch englischsprachige Studien vor, die interessante Ergebnisse für die Rezeptionsforschung im Bereich Klimawandel liefern. Beispielsweise befragten Stamm und Kollegen (2000) 512 US-Amerikaner in Washington zu ihrem Verständnis von Klimawandel und ihrer Mediennutzung. Dabei versuchten sie, einen Zusammenhang herzustellen zwischen dem Problembewusstsein, der Kenntnis von Folgen und Lösungsmöglichkeiten und der Häufigkeit, mit der die Befragten in den Massenmedien sowie von Verwandten und Freunden etwas über den Klimawandel erfahren haben. Die Ergebnisse zeigen einige signifikante Auffälligkeiten, aus denen Stamm und Kollegen schließen, dass Medien Einfluss auf bestimmtes Detailwissen (z. B. Verwendung fossiler Brennstoffe als Ursache) sowie bestimmte Verhaltensoptionen (z. B. Energiesparen in Privathaushalten) haben. Gleiches folgern sie für die interpersonale Kommunikation, die allerdings andere Aspekte zu beeinflussen scheint (z. B. die Nicht-Verwendung von Spraydosen als Lösung). Interessanterweise

2 Interessant ist zudem, dass Wild (2008) zusätzlich eine Verhaltenskomponente erhob, die aus einem Index über fünf verschiedene, klimafreundliche Verhaltensweisen bestand (z. B. die Benutzung von Energiesparlampen). Dabei lassen die Ergebnisse vermuten, dass die Erfassung nicht einwandfrei funktioniert hat, was auch dadurch bekräftigt wird, dass einige Befragte selbst darauf hinweisen, dass hier Verhalten erfasst wird, das nicht als ‚klimafreundliches Verhalten' klassifiziert werden kann. So sagten Probanden aus, dass sie Energiesparlampen verwenden würden, um Geld zu sparen und nicht, um sich klimafreundlich zu verhalten. Dies bekräftigt die obige Schlussfolgerung, dass die Operationalisierung der klimawandelrelevanten Einstellungen und Verhaltensweisen kein einfaches Unterfangen ist.

zeigt sich in den Befunden, dass die interpersonale Kommunikation bei der Bewertung von möglichen Ursachen für den Klimawandel und der Wirksamkeit von Verhaltensoptionen gegen den Klimawandel an Relevanz zunimmt. Dagegen scheint das Fernsehen für eine Einschätzung möglicher Folgen des Klimawandels besonders bedeutsam zu sein (Stamm u. a. 2000: 231 f.). Es zeigen sich also *unterschiedliche Effekte von Mediennutzung, auch im Vergleich zu Effekten der interpersonalen Kommunikation.*

Eine weitere wichtige Untersuchung aus dem US-amerikanischen Raum stammt von Zhao (2009). Hier wird die generelle und themenunspezifische Mediennutzung erfasst und damit anders vorgegangen als bei Stamm und Kollegen (2000), wo die Klimawandel-bezogene und damit themenspezifische Mediennutzung untersucht wird. Zhao fragt nach dem Effekt der Nutzung von Fernsehen, Zeitungen und Internet auf den wahrgenommenen Wissensstand und die Besorgnis aufgrund des Klimawandels sowie nach der Übereinstimmung von Aussagen wissenschaftlicher Klima-Experten. Dabei lassen sich auf dieser allgemeinen Ebene keine signifikanten Effekte des Fernsehens nachweisen, wohl aber Einflüsse der Nutzung von Tageszeitung und Internet auf das Wissen, jedenfalls in der Selbsteinschätzung: Je häufiger die Befragten diese Medien nutzten, desto höher schätzten sie ihren Kenntnisstand ein. Daneben konnte Zhao indirekte Medieneffekte zeigen: So moderierte die Nutzung von Zeitungen und Internet die Einflüsse, die Alter, ethnische Herkunft und Bildung auf den Stand des Wissens über den Klimawandel haben. Diese Ergebnisse bestätigen wiederum, dass *die Medien ihre Rezipienten unterschiedlich beeinflussen,* aber auch, *dass sogar auf genereller Ebene Medienwirkungen feststellbar sind.*

Eine weitere erwähnenswerte Studie führte Leiserowitz *(2004)* durch. Er untersuchte die Wirkungen eines spezifischen fiktionalen Angebots, nämlich des Kinofilms „The Day after Tomorrow". Damit untersucht die Studie – im Gegensatz zu Stamm u. a. (2000) oder Arlt u. a. (2010) – den Einfluss, den ein einzelnes Medienangebot auf Wahrnehmung und Verhalten haben kann, sowie – anders als Peters & Heinrichs (2005) – ein fiktionales Angebot, das nicht der Information, sondern vorrangig der Unterhaltung dient. Leiserowitz folgert aus dem Vergleich von Filmsehern und -Nichtsehern, dass dieser Film einen erheblichen Einfluss auf die Wahrnehmung des Klimawandels als Risiko sowie auf entsprechende Verhaltensweisen gehabt habe. Allerdings wird auch darauf hingewiesen, dass sich die Zahlen im Vergleich zu vor dem Kinostart durchgeführten, repräsentativen Befragungen nicht wesentlich geändert haben. Dies führt er auf den – im Vergleich zur Gesamtbevölkerung – kleinen Anteil an Filmsehern zurück (Leiserowitz 2004: 34 f.). Diese Studie betont damit die *Relevanz sowohl fiktionaler Medienangebote als auch einzelner Inhalte für die Wahrnehmung des Klimawandels.*

Mit einem anderen methodischen Design versuchen Lowe und Kollegen (2006) herauszufinden, welchen Einfluss der Film „The Day after Tomorrow" auf seine Rezipienten gehabt hat. Direkt vor und nach dem Kinobesuch wurden 301 Personen in Norwich, England befragt. Um neben den kurzfristigen Effekten längerfristige Effekte festzustellen zu können, wurden die Probanden weiterhin zu Gruppendiskussionen einen

Monat später eingeladen. Dieser Einladung folgten allerdings nur elf Personen. Die Befragungsergebnisse zeigen, dass der überwiegende Teil der Befragten nach dem Film ein größeres Problembewusstsein aufweist als vorher. Etwa die Hälfte der Probanden gab an, zukünftig stärker auf ihr klimarelevantes Alltagshandeln achten zu wollen. Diese Aussage bestätigten die Teilnehmer der Gruppendiskussionen einen Monat später, die wahrgenommene Dringlichkeit hatte in dieser Zeit jedoch wieder merklich abgenommen. Weiterhin wurden deutliche Zweifel an der Glaubwürdigkeit der im Film genannten wissenschaftlichen Angaben sowie der gezeigten Auswirkungen des Klimawandels formuliert. Aus dieser Untersuchung lässt sich schließen, dass die *Medienwirkungen im Zeitablauf zu betrachten sind* und dass sich der Einfluss spezifischer Medieninhalte wieder deutlich abschwächen kann.

Als Zwischenfazit zu den bislang vorgestellten kommunikationswissenschaftlichen Untersuchungen ergibt sich somit ein recht inkonsistentes Gesamtbild. Die verschiedenen Studien haben unterschiedliche Medieninhalte (themenspezifische und themenunspezifische Mediennutzung, Nutzung der Medien insgesamt und Nutzung spezifischer Medieninhalte, fiktionale und informationsorientierte Medieninhalte) auf unterschiedliche Wirkungen (emotionale Wahrnehmung, z. B. Problembewusstsein, kognitive Komponenten des Wissens, Verhaltensabsichten sowie tatsächliches Verhalten) mit unterschiedlichen zeitlichen Dimensionen (kurzfristig, mittelfristig) untersucht. Dabei zeigten sich – den unterschiedlichen Forschungsdesigns entsprechend – unterschiedliche Ergebnisse.

Insgesamt aber kann man auch für klimarelevante Medieninhalte festhalten, was wir für den Mediennutzungs- und -wirkungsprozess generell schon wissen: Klimarelevante Medieninhalte werden nicht einfach übernommen, sondern durchlaufen einen Interpretationsprozess entsprechend der sozialen und individuell-biographischen Lage der Rezipienten. Vor allem der vorab *schon vorhandene Wissensstand zum Klimawandel formt diese Interpretation* – wobei dieser Wissensstand selbst auch im engen Zusammenhang mit sozialer Lage im Allgemeinen und Bildungsstand im Besonderen steht. Die Mediennutzung wiederum hat offenbar Wirkung auf die klimarelevanten Verhaltensabsichten, sofern diese kurzfristiger Art sind. Auf längere Sicht jedoch scheinen die Wirkungen tendenziell eher zu versickern.

2.2 Kommunikationswissenschaftliche Studien zu Mediennutzung und Umweltbewusstsein

Im Fokus kommunikationswissenschaftlicher Studien zu Mediennutzung und Umweltbewusstsein steht die Frage, inwieweit Informationen aus den Medien das Umweltbewusstsein der Bürger beeinflussen. Dieser Frage ging bspw. Schulz (2003) nach. Mittels der Sekundäranalyse einer Eurobarometer-Umfrage aus dem Frühjahr 1999 analysierte er die Beziehungen zwischen Umweltbewusstsein und Kommunikationsverhalten der

Befragten in 15 EU-Mitgliedstaaten. Dabei wurde Mediennutzung durch einen Index aus Fernseh-, Radio- und Printmediennutzung operationalisiert. Schulz' Ergebnisse zeigen einen signifikant positiven Zusammenhang zwischen dem allgemeinen Grad der Informiertheit (dessen Messung auf dem subjektiven Eindruck der Befragten beruht) und der themenspezifischen Informiertheit. Schulz stellt überdies fest, dass die Informiertheit neben der Mediennutzung auch vom persönlichen Interesse an Umweltinformationen und vom Bildungsniveau der Befragten abhängig ist. Insgesamt ist seinen Befunden zufolge das habituelle Zeitungslesen die bedeutsamste Quelle für Informationen über die Umwelt; das Fernsehen nimmt eine vergleichsweise untergeordnete Rolle ein. Hier wird also – analog zu Zhao (2009) – die *habituelle Mediennutzung* als bedeutsam für das Wissen und die Einstellung bezüglich umweltrelevanter Themen identifiziert.

Mit verschiedenen Medienhalten und deren jeweiligen Einflüssen auf umweltbezogenes Verhalten haben sich Holbert und Kollegen (2003) beschäftigt. Dazu setzen sie Fernsehnutzung, differenziert nach faktenbasierten Programmen (über öffentliche Angelegenheiten und Naturdokumentationen) sowie Unterhaltungsprogrammen (Sitcoms, traditionelle und moderne Fernsehfilme), in Verbindung mit Umweltwissen und -einstellung sowie Umwelthandeln. Basis dafür sind Daten aus zwei Befragungen mit n = 3 388 (1999) und n = 3 122 (2000), die mittels Gewichtung als repräsentativ für die US-Bevölkerung gelten können. Die Ergebnisse zeigen keinen Zusammenhang zwischen der Nutzung von Unterhaltungsprogrammen und Umwelthandeln, jedoch konstatieren die Autoren einen deutlichen, positiven Zusammenhang zwischen der Nutzung von faktenbasierten TV-Inhalten und Umwelthandeln. Diese würden zum einen häufiger von Personen mit einer hohen Umweltbesorgnis eingeschaltet, zum anderen würden diese Programme den positiven Zusammenhang von Umweltbesorgnis auf Umwelthandeln verstärken. Bezüglich dieser Ergebnisse stellt sich die Frage, inwiefern die hier abgefragte, alltägliche Fernsehnutzung faktenbasierter Inhalte als themenspezifisch oder themenunspezifisch gelten kann. Umweltthemen sind häufiger Gegenstand von Berichten zu öffentlichen Angelegenheiten, wie z. B. Nachrichtenformaten. Gleiches gilt für den Klimawandel, der als eines der Topthemen auf der Medienagenda bezeichnet werden kann.

Dass die Medienagenda Einfluss auf die Agenda der Öffentlichkeit hat, hat bereits Ader (1995) im Bereich Umweltverschmutzung nachgewiesen. Sie untersuchte diesen Zusammenhang in den USA in den Jahren 1970 und 1990. Dazu verglich Ader die Berichterstattung der New York Times mit der abgefragten Wahrnehmung der US-Bevölkerung sowie zusätzlich mit wissenschaftlichen Studien über den tatsächlichen Zustand. Ader bestätigt einen Agenda-Setting-Effekt bei Umweltverschmutzungsthemen. Zudem stellt sie einen negativen Zusammenhang zwischen den tatsächlichen Zuständen, die sich mit der Zeit besserten, und der Medienagenda fest, denn die Medien berichteten im Laufe der Zeit immer öfter und länger. Zwischen tatsächlichen Zuständen und öffentlicher Agenda ließ sich kein Zusammenhang feststellen.

Insgesamt heben diese Studien zum Zusammenhang von Mediennutzung und Umweltbewusstsein die Bedeutung der Medienagenda hervor, die über das alltägliche Mediennutzungsverhalten auf die persönliche sowie öffentliche Agenda einwirkt. Es ist anzunehmen, dass sich dieser Zusammenhang auf die Thematik des Klimawandels übertragen lässt.

2.3 Der Beitrag der Umweltwissenschaft zur Bevölkerungssicht auf Klimawandel

Ein drittes, für die Rezipientenperspektive im Bereich Klimawandel ergiebiges Forschungsfeld bietet die Umweltwissenschaft, die sich im englischsprachigen Raum schon früh mit der Frage des Klimawandels auseinandergesetzt hat. Die interdisziplinäre Umweltwissenschaft ist stark soziologisch ausgerichtet und arbeitet methodisch überwiegend mit standardisierten Repräsentativbefragungen. Daneben werden auch Experimentalanordnungen mit sozialpsychologischen Fragestellungen eingesetzt. Zu den wichtigsten Forschungszielen der Umweltwissenschaft gehört es, die Bedingungen von umweltbewusstem Verhalten zu erfassen. Dabei spielen Informationsnetzwerke und Mediennutzung durchaus eine Rolle, wenngleich sie nicht im Mittelpunkt der Forschungsarbeiten stehen. Was die Kommunikationsforschung hier jedoch aufgreifen kann, ist die theoretische und empirische Erfassung von Wissen und Verhalten im Abgleich mit Informationsverhalten. Im Folgenden können nur – eher kursorisch – die wichtigsten Befunde dargestellt werden.

In Deutschland ist v. a. auf die Studien zum Umweltbewusstsein, die regelmäßig im Auftrag des Bundesministeriums für Umwelt von verschiedenen Gruppen durchgeführt werden, hinzuweisen (Kuckartz u. a. 2006; Wippermann u. a. 2008; Borgstedt u. a. 2010). 2008 gaben hier 64 Prozent der Befragten an, den Klimawandel als existenzielles Problem zu sehen (Wippermann 2008: 25). Es zeigt sich jedoch, dass ein steigender Anteil der Deutschen davon überzeugt ist, dass Deutschland die Probleme des Klimawandel bewältigen kann (2010: 56 Prozent; 2006: 39 Prozent, Borgstedt u. a. 2010: 11). Weiterhin scheint ein relativ hohes Vertrauen in die Angemessenheit der Berichterstattung der Medien zu bestehen. Nicht einmal ein Viertel der Befragten (23 Prozent) hält die mediale Berichterstattung über den Klimawandel für übertrieben (Borgstedt u. a. 2010: 32). Die Studien lassen jedoch keine Aussagen über den Zusammenhang zwischen der Mediennutzung bzw. Medienberichterstattung, ihrer Bewertung und der Wahrnehmung des Klimawandels zu.

Explizit mit der Entstehung von Wissen um und über den Klimawandel setzt sich eine kleine, aber aufschlussreiche norwegische Studie von Ryghaug und Kollegen (2010) auseinander. Mit der qualitativen Methode der Gruppendiskussion erforschen die Autoren, welche Faktoren die Konstruktion von Wissen beeinflussen. Das Ergebnis von zehn Diskussionsrunden mit 62 Probanden ist, dass v. a. fünf Faktoren zur Wissenskonstruktion und Sinnstiftung herangezogen werden: 1) die Medienberichterstattung über

Veränderungen in der Natur allgemein und insbesondere über Wetterereignisse; 2) die Medienberichterstattung über nicht-übereinstimmende Expertenmeinungen; 3) die Einstellung zu den Medien; 4) die Wahrnehmung von politischen und damit gemeinschaftlichen Aktivitäten; und 5) schließlich Überlegungen zum eigenen Verhaltenspotenzial im Alltagsleben. Hier werden also die *Medien* als *wesentlicher, aber nicht einziger oder gar linear wirksamer Faktor für die Wissenskonstruktion* betrachtet.

Eine japanische Studie von Sampei und Midori (2009) zeigt eine deutliche Korrelation zwischen dem Anstieg von Medienberichterstattung über Klimawandelthemen und den „public concerns" zum Klimathema, die sich allerdings als kurzfristiger Effekt erwies. Untersucht wurde hierzu die Berichterstattung der führenden drei japanischen Tageszeitungen zwischen 1998 und 2007. Parallel dazu wurden von 2005 bis 2007 monatliche Befragungen japanischer Bürger durchgeführt. Es zeigt sich eine signifikante Korrelation der Anzahl der Artikel über den Klimawandel mit der Häufigkeit der Nennung des Klimawandels als wichtiges Thema. Dies betrifft allerdings die Einschätzung des Klimawandels als wichtiges internationales Thema, nicht als innenpolitisches. Somit konnte auch in Japan ein *kurzfristiger Agenda-Setting-Effekt* festgestellt werden. Das Ergebnis von Ader (1995) für Berichterstattung zu Umweltverschmutzung in den USA bestätigt sich somit für Japan und den Klimawandel.

Damit zeigen sich also vergleichbare Ergebnisse unterschiedlicher Untersuchungsansätze aus verschiedenen Disziplinen. Dazu wollen wir abschließend in einer Gesamtschau einen Überblick bieten.

2.4 Integrierte Übersicht über den Stand der Rezeptions- und Wirkungsforschung

Ein Forschungsstand lässt sich in vielerlei Hinsicht gliedern. Wir haben bislang einen an Disziplinen orientierten Gliederungsrahmen gewählt. Um Medienwirkungen zu systematisieren, eignen sich jedoch viele weitere Ansätze, z. B. nach den untersuchten Medieninhalten, nach erhobenen Wirkungsdimensionen und/oder nach dem methodischen Ansatz. In Tab. 1 werden die vorgestellten Studien daher zusätzlich gemäß dieser Dimensionen klassifiziert.

3 Fazit und Forschungslücken

Die Darlegung des Forschungsstandes kann an dieser Stelle nur eine Momentaufnahme sein. Zielsetzung war es, ein Zwischenfazit zur Frage zu bieten, was in der Rezeptions-und Wirkungsforschung zum Klimawandel bereits erforscht ist und wo Forschungsdefizite bestehen. Angesichts der Aufmerksamkeit, die Klimawandel und Klimawandelpolitik in der öffentlichen Diskussion erhalten, ist zu vermuten, dass auf diesem Feld demnächst eine Intensivierung der Forschungsaktivitäten erfolgen wird.

Tabelle 1 Weitere Klassifizierung der vorgestellten Studien

Studie	Medieninhalt	Wirkungsdimension	Erhebungsraum	Erheb.-zeitraum	Methode
Peters & Heinrichs (2005)[1]	Print (Tageszeitungen), Genre: Information und Politik	Einstellung, Glaubwürdigkeit	Deutschland, Nähe der Nordseeküste (Bremen, Wilhelmshaven und Wangerland)	2001 – 2004 (Durchführung der gesamten Studie, konkreter Erhebungszeitraum unklar)	Persönliche Befragung mit integriertem Stimulus (Zeitungsartikel)
Arlt u. a. (2010)	Fernsehen, Print, Internet; Genre: Information und Politik	Einstellung (klimabezogenes Problembewusstsein und Handlungsabsichten)	Deutschland	Juni – Juli 2007	Telefonische Repräsentativbefragung
Wild (2008)	Medienberichte allgemein	Third-Person Effekt	Dresden (Stadtbevölkerung ab 18 Jahren)	03.–12. Dezember 2007	Telefonische Repräsentativbefragung
Stamm u. a. (2000)	Print, TV, Radio, Internet, Bücher, interpersonale Kommunikation (Klimawandelbezogen)	Einstellung (Problembewusstsein und Kenntnis von Lösungsmöglichkeiten)	Washington (Bundesstaat der USA)	Mai 1997	Telefonische Befragung nach dem random-digit Verfahren
Zhao (2009)	Print, TV, Internet (themenunspezifisch)	Wahrgenommener Wissensstand und Besorgnis in Bezug auf den Klimawandel	USA	2006	Nutzung der Daten aus dem Science Module des amerikanischen General Social Survey
Leiserowitz (2004)	Kinofilm „The Day after Tomorrow"	Einstellung (klimabezogenes Problembewusstsein und Handlungsabsichten)	USA	15.–27. Juni 2004	Repräsentative Online-Befragung
Lowe u. a. (2006)	Kinofilm „The Day after Tomorrow"	Einstellung (klimabezogenes Problembewusstsein und Handlungsabsichten) und Glaubwürdigkeit	Norwich (England)	Mai 2004	Nicht repräsentative Befragung von Kino-Besuchern vor und nach dem Film; später Gruppendiskussionen
Schulz (2003)	Print, TV, Radio (themenunspezifisch)	Einstellung (Umweltbewusstsein)	15 EU-Mitgliedsstaaten	Frühjahr 1999	Sekundäranalyse Eurobarometer-Umfrage

Studie	Medieninhalt	Wirkungsdimension	Erhebungsraum	Erheb.-zeitraum	Methode
Holbert u. a. (2003)	TV (differenziert nach faktenbasierten und unterhaltenden Programmen	Einstellung und Verhalten (umweltbezogen)	USA	1999 und 2000	2 repräsentative schriftliche Befragungen
Ader (1995)	Print (Berichterstattung der New York Times)	Agenda-Setting (in Bezug auf das Thema Umweltverschmutzung)	USA	1970 und 1990	Inhaltsanalyse und Sekundäranalyse verschiedener repräsentativer Befragungen
Borgstedt u. a. (2010)[2]	-	Umweltbewusstsein und -verhalten	Deutschland	22. März bis 23. April 2010	Repräsentative Befragung in Interviews
Ryghaug u. a. (2010)	nachrichtliche (themenspezifische) Medienbeiträge	Wissen (in Bezug auf den Klimawandel)	Norwegen	März 2006 bis Februar 2007	Gruppendiskussionen
Sampei & Midori (2009)	Print (drei führende japanische Tageszeitungen)	Agenda-Setting (in Bezug auf das Thema Klimawandel)	Japan	1998–2007 Inhaltsanalyse; 2005–2007 Befragung	Inhaltsanalyse und monatliche repräsentative persönliche Befragung

[1] Neben der Rezeptionsstudie wurden auch eine Medienanalyse sowie eine Interaktionsstudie durchgeführt.

[2] Alle 2 Jahre führen Teams im Auftrag des BMU Studien zu Umweltbewusstsein durch, Borgstedt u. a. (2010) ist derzeit die aktuellste Studie.

Insgesamt bleibt zu resümieren, dass mittlerweile eine Reihe von Studien im Bereich der Rezeptions- und Wirkungsforschung zum Klimawandel in den Medien vorliegt, wenngleich ihre Zahl immer noch überschaubar ist. Das Bild, das sich aus den genannten Forschungsbefunden gewinnen lässt, ist jedoch äußerst inkonzise. Sicher liegt ein Grund darin, dass der Gegenstand Klimawandel per se hoch komplex und abstrakt ist und damit vom Alltag der Mediennutzer weit entfernt. Damit kommt offenbar in besonderem Maße eine Vielzahl von sozialen und psychologischen Faktoren in hoch komplexen Wirkungsbezügen zum Tragen, sodass sich klare Linien der Modellierung nur schwer ziehen lassen. Hinzu kommt, dass die Befunde je nach Erhebungsraum und Erhebungszeit stark variieren. Die Wahrnehmung von Klimawandel und seiner Bedeutung unterscheidet sich je nach Land bzw. Region entsprechend der soziokulturellen und politisch-ökonomischen Bedingungen, je nach Erhebungszeitraum und – last, but not least – selbstverständlich auch je nachdem, mit welchen methodischen Instrumenten die Erhebung durchgeführt wurde. Es ist nun an der Zeit, die Vielfalt dieser Forschungsperspektiven zusammenhängend zu theoretisieren, aber auch durch variierende methodische Designs empirisch zu systematisieren. Insbesondere eine stärker kommunikationswissenschaftlich theoriegeleitete empirische Forschung würde einen Teil der Inkonsistenzen und Widersprüchlichkeiten in den derzeit vorliegenden Befunden zumindest besser erklärbar machen.

Wenn man trotz der genannten Einschränkungen die Befunde illustrativ zusammenfassen möchte, so lässt sich sagen: Die Komplexität des Themas Klimawandel – ursprünglich wissenschaftlich generiert, heute auf der Agenda der globalen Klimapolitik ebenso wie auf der Agenda lokaler Politik und damit alltagsrelevant – spiegelt sich durchaus angemessen in der Sicht der Mediennutzer wider: hyperkomplex und daher widersprüchlich, von wechselnder Relevanz im Alltag, abhängig von den konkreten Geschehnissen, sei es in Politik oder in den Medienangeboten, getrieben durchaus von normativen Erwartungen, die dann doch von pragmatischen Erwägungen immer wieder überlagert werden.

Welche Forschungslücken sind erkennbar und wo bieten sich Weiterführungen an? Bezüglich der Medieninhalte wurden v. a. Printmedien sowie informationsorientierte Angebote untersucht. Vereinzelt liegen jedoch Studien vor, die zeigen, dass Filme als einzelne Medienangebote einen Effekt auf die Rezipienten haben. Daher wären auch weiterführende Studien zu anderen unterhaltenden und/oder fiktionalen Medienangeboten, seien es weitere Filme oder auch serielle TV-Produktionen, aufschlussreich. Auffallend ist, dass im Bereich der tagesaktuellen Medien bislang der Schwerpunkt auf der Untersuchung von Printmedien liegt. In der Rezeptions- und Wirkungsforschung hingegen wird v. a. dem Fernsehen seit jeher die größte Wirkung nachgesagt. Dies sollte auch im Bereich des Klimawandels aufgegriffen werden. Zusätzlich besteht mit dem Bereich des Internets und dem sog. Social Web, dem „Mitmach-Internet", eine Hybridform zwischen Massen- und interpersonaler Kommunikation, die auf ihre Bedeutung in der Klimawandelkommunikation bisher kaum untersucht wurde. Insbesondere das Social Web, das es auch Laien ermöglicht, sich in den öffentlichen und von Experten dominierten Diskurs einzubringen, scheint für die Rezeptions- und Wirkungsforschung ein interessantes Feld, wobei es hier zu einer Verschmelzung mit der Kommunikatorforschung (Stichwort: Bürgerjournalisten) kommt. Erforschenswert erscheint zudem der Bereich der interpersonalen (Anschluss-)Kommunikation, der bisher kaum aufgegriffen wurde.

Bezüglich der Wirkungsdimensionen zeigt der hier vorgenommene Überblick über den Stand der Forschung, dass bislang v. a. die Einstellung der Mediennutzer erforscht wurde. Die zugeschriebene Glaubwürdigkeit und Angemessenheit der Medienberichterstattung wird dabei zum Teil mit erhoben, steht jedoch kaum im Fokus. So wird hier bislang auch kaum differenziert nach Medieninhalten und Akteuren, die für das Thema Klimawandel bedeutsam sind, z. B. politische Akteure oder Wissenschaftler. Der Rezeptionsvorgang an sich wird nicht empirisch aufgearbeitet.

Neben der individuellen Wirkungsperspektive, die zumeist in den vorgestellten Studien im Fokus steht, ist weiterhin an Wirkungen auf Meso- und Makro-Ebene zu denken, die bislang ebenfalls kaum erforscht sind. Auf Meso-Ebene fehlen empirische Ergebnisse über Meinungsführerschaften, die z. B. an den Two-Step-Flow anknüpfen und/ oder Wirkungen im sozialen Netzwerk aufzeigen. Auf Makro-Ebene wird bislang noch zu selten die Verbindung zu Fragestellungen des Agenda-Settings und der öffentlichen Meinung gesucht. Hieran wiederum könnten andere Disziplinen, z. B. die Soziologie oder Politikwissenschaft, anknüpfen. So fordert z. B. Hansen (2011), die Medien- und Kommunikationsforschung zum Klimawandel zukünftig stärker mit soziologischen Fragestellungen von Macht und Öffentlichkeit zu verknüpfen.

Ferner zeigt dieser Überblick, dass an methodischen Designs bislang v. a. Querschnittanalysen durchgeführt wurden. Einige der Studien beinhalten experimentelle Designs, um Wirkungen zuordnen zu können. Auch sie decken jedoch nicht die Frage der mittel- bis langfristigen bzw. kumulierten Wirkung von Medieninhalten zum Klimawandel ab. Außerdem überwiegen bislang standardisierte Erhebungsmethoden. Qualitative Ansätze, die die komplexen Prozesse der Rezeption und damit verbunden der Medienaneignung und -deutung beleuchten könnten, werden bisher kaum eingesetzt.

Bibliographie

Ader, Christine R. (1995): A Longitudinal Study of Agenda Setting for the Issue of Environmental Pollution. In: Journalism & Mass Communication Quarterly, Jg. 72. S. 300–311.

Arlt, Dorothee, Imke Hoppe & Jens Wolling (2010): Klimawandel und Mediennutzung. Wirkungen auf Problembewusstsein und Handlungsabsichten. In: Medien & Kommunikationswissenschaft, Jg. 58. S. 3–25.

Böhner, Jürgen & Beate M. W. Ratter (2010): Einleitung: Hamburger Symposium Geographie – Klimawandel und Klimawirkung. In: Böhner, Jürgen & Beate M. W. Ratter (Hg.): Klimawandel und Klimawirkung. Hamburger Symposium für Geographie, Band 2. Universität Hamburg, Institut für Geographie: Hamburg.

Borgstedt, Silke, Tamina Christ & Fritz Reusswig (2010): Umweltbewusstsein in Deutschland 2010. Ergebnisse einer repräsentativen Bevölkerungsumfrage. Forschungsprojekt des Umweltbundesamts (http://www.umweltdaten.de/publikationen/fpdf-l/4045.pdf, Zugriff am 10. 1. 2011).

Hansen, Anders (2011): Communication, media and environment: Towards reconnecting research on the production, content and social implications of environmental communication. In: International Communication Gazette, Jg. 73. S. 7–25.

Holbert, Lance R., Nojin Kwak & Dhavan V. Shah (2003): Environmental Concern, Patterns of Television Viewing, and Pro-Environmental Behaviors: Integrating Models of Media Consumption and Effects. In: Journal of Broadcasting & Electronic Media, Jg. 47. S. 177–196.

Kruse, Lenelis (2007): Nachhaltigkeitskommunikation und mehr: die Perspektive der Psychologie. In: Michelsen, Gerd & Jasmin Godemann (Hg.): Handbuch Nachhaltigkeitskommunikation. München: Oekom-Verlag. S. 109–121.

Kuckartz, Udo, Stefan Rädiker & Anke Rheingans-Heintze (2006): Umweltbewusstsein in Deutschland 2006. Ergebnisse einer repräsentativen Bevölkerungsumfrage. Forschungsprojekt des Umweltbundesamts (http://www.umweltdaten.de/publikationen/fpdf-l/3113.pdf, Zugriff am 10. 1. 2011).

Leiserowitz, Anthony (2004): Before and after The Day After Tomorrow – A U.S. study of climate change risk perception. In: Environment, Jg. 46. S. 22–37.

Lowe, Thomas u. a. (2006): Does tomorrow ever come? Disaster narrative and public perceptions of climate change. Public Understanding of Science, Jg. 15. S. 435–457.

Peters, Hans Peter & Harald Heinrichs (2005): Öffentliche Kommunikation über Klimawandel und Sturmflutrisiken. Bedeutungskonstruktion durch Experten, Journalisten und Bürger. Jülich: Forschungszentrum Jülich.

Ryghaug, Marianne, Knut Holtan Sørensen & Robert Næss (2010): Making sense of global warming: Norwegians appropriating knowledge of anthropogenic climate change. In: Public Understanding of Science (http://pus.sagepub.com/content/early/2010/04/13/096366 2510362657, Zugriff am 10. 1. 2011).

Sampei, Yuki & Aoyagi-Usui Midori (2009): Mass-media, its influence on public awareness of climate-change issues, and implications for Japan's national campaign to reduce greenhouse gas emissions. In: Global Environmental Change, Jg. 19. S. 203–212.

Schulz, Winfried (2003): Mediennutzung und Umweltbewusstsein: Dependenz- und Priming-Effekte. Eine Mehrebenen-Analyse im europäischen Vergleich. In: Publizistik, Jg. 48. S. 387–413.

Stamm, Keith R., Fiona Clark & Paula Reynolds Eblacas (2000): Mass communication and public understanding of environmental problems: the case of global warming. In: Public Understanding of Science, Jg. 9. S. 219–237.

Stehr, Nico & Hans von Storch (1997): Das soziale Konstrukt des Klimas. In: VDI-Gesellschaft Energietechnik (Hg.): Umwelt- und Klimabeeinflussung durch den Menschen IV (VDI-Berichte 1330). S. 187–197.

Weber, Elke U. (2010): What shapes perceptions of climate change? In: WIREs Climate Change, Jg. 1. S. 332–342.

Wild, Anja (2008): Der Third-Person Effekt. Eine empirische Untersuchung am Beispiel des Klimawandels. Dresden, unveröffentlichte Magisterarbeit.

Wippermann, Carsten, Marc Calmbach & Silke Kleinhückelkotten (2008) Umweltbewusstsein in Deutschland 2008. Ergebnisse einer repräsentativen Bevölkerungsumfrage. Forschungsprojekt des Umweltbundesamts (http://www.umweltdaten.de/publikationen/fpdf-l/3678.pdf, Zugriff am 10.1.2011).

Zhao, Xiaoquan (2009): Media use and global warming perceptions – A snapshot of the reinforcing spirals. In: Communication Research, Jg. 36. S. 698–723.

Mediatisierung: Medienerfahrungen und -orientierungen deutscher Klimawissenschaftler[1]

Mike S. Schäfer, Ana Ivanova, Inga Schlichting & Andreas Schmidt

Der Klimawandel wird von zivilgesellschaftlichen, wirtschaftlichen, politischen und anderen Akteuren als weitreichende gesellschaftliche Herausforderung wahrgenommen (vgl. die Beiträge von Oels & Carvalho; Schlichting; Schmidt in diesem Band). Allerdings sind sich diese Akteure über Ursachen, Verantwortlichkeiten, Auswirkungen und Handlungsoptionen oft uneins. Diese Differenzen werden in der (Medien-)Öffentlichkeit ausgetragen (vgl. Schäfer u. a. 2011). Klimawissenschaftler, die die primäre Wissensproduktion zu den Ursachen, Eigenschaften und Folgen des Klimawandels betreiben, agieren somit in einem politisierten, gesellschaftlich relevanten Forschungsfeld, das medial in hohem Maße beobachtet wird. Zudem tragen sie aktiv zu der Debatte bei, indem sie teilweise zu politischen Angelegenheiten wie dem Zwei-Grad-Ziel Stellung nehmen (z. B. Schwägerl 2009).

Die Klimawissenschaft weist damit ein ausgeprägtes Mediatisierungspotenzial auf. Unter dem Begriff Mediatisierung werden in Kommunikationswissenschaft und Wissenschaftssoziologie Fälle diskutiert wie der des 47 Millionen Jahre alten Affenfossils ‚Ida', das parallel zu seiner wissenschaftlichen Untersuchung bereits mittels einer aufwändigen PR-Kampagne einem großen Publikum nahegebracht wurde (vgl. Lehmkuhl 2009; Mäder 2009; wpk Quarterly 2009). Als andere Beispiele mediatisierter Wissenschaft gelten die öffentliche Präsentation einer ‚draft version' des sequenzierten menschlichen Erbgutes im Jahr 2000 (Rödder 2009) oder die Medienberichterstattung in den 1970ern über die ‚Cold Fusion', einen Ansatz der Energiegewinnung, der sich wissenschaftlich letztlich als haltlos erwies (Lewenstein 1995). Diese Fälle wurden so gedeutet, dass Wissenschaft im Zuge ihrer Mediatisierung einerseits zu einem „öffentlichen Thema" und „Gegenstand medialer Dauerbeobachtung" geworden sei und sich andererseits zunehmend auf die Logik der Medien einlasse und mediale Anforderungen in wissenschaftliche Arbeit integriere (Weingart 2005b: 28; sowie Neidhardt 2002: 5 ff.).

Beide Annahmen wollen wir empirisch für Klimawissenschaftler prüfen, d. h. für Natur- und Sozialwissenschaftler, die die Ursachen, Eigenschaften und Auswirkungen des Klimawandels untersuchen.

---

1 Die hier präsentierten Ergebnisse entstammen einem vom Bundes-Exzellenzcluster ‚CliSAP der Universität Hamburg finanzierten Forschungsprojekt. Die Autoren danken Sarah Pleger für ihre Hilfe bei der Aufbereitung der Daten.

1 Konzeptioneller Rahmen

Zentraler theoretischer Bezugspunkt unserer Arbeit ist damit das Konzept der „Mediatisierung" (überblicksweise Hjarvard 2008b; Krotz 2001; 2007; Meyen 2009; Vowe 2006; vgl. zudem den Beitrag von Lüthje & Neverla in diesem Band). Dieses ist jedoch nicht einfach zu definieren. Die betreffende Literatur bezieht sich teils auf unterschiedliche Phänomene, verwendet für deren Charakterisierung variierende Begrifflichkeiten[2] und verzichtet mitunter dezidiert auf eine definitorische Bestimmung ihres Gegenstandes (z. B. Krotz 2007: 39).

Dennoch lässt sich aber ein gemeinsamer Kern der unterschiedlichen Mediatisierungs-Konzepte ausmachen. Friedrich Krotz etwa fokussiert mit seinem Mediatisierungsbegriff, „warum und wie sich Medien entwickeln und welche Folgen das für Mensch und Identität, Kultur und die Formen menschlichen Zusammenlebens hat" (Krotz 2007: 12). Und auch die anderen Mediatisierungs-Konzepte versuchen analog dazu zu beschreiben, dass und wie mediatisierte Kommunikation verschiedene, professionelle ebenso wie private Lebensbereiche durchdringt, und welche Auswirkungen dies für die jeweiligen Gesellschaftsbereiche hat. Die Auswirkungen können dabei prinzipiell recht unterschiedlich sein. Winfried Schulz macht diesbezüglich vier soziale Wandlungsprozesse aus (vgl. zum Folgenden Schulz 2004: 88 ff.):

1. Zunächst die *Extension* genannte Erweiterung menschlicher Möglichkeiten durch Medien, vornehmlich „in terms of space, time and expressiveness; the media serve to bridge spatial and temporal distances" z. B. durch realitätsnähere Bilder, Live-Berichte u. Ä.
2. Auch dienten Medien der *Substitution,* „The media [may] partly or completely substitute social activities and social institutions", z. B. können Computerspiele menschliche Freunde und „media events" reale Zusammenkünfte ersetzen.
3. Zudem könnten Medien soziale Aktivitäten nicht nur ersetzen, „they also merge and mingle with one another[:] we listen to the radio while driving, read the newspaper in the metro, watch television during dinner, and have a date at the movies" *(Amalgamation).*
4. Schließlich argumentiert Schulz, dass Medien Akteure verschiedener Gesellschaftsbereiche dazu veranlassen, sich an die tatsächliche oder vermeintliche Medien-Logik anzupassen *(Accommodation),* „[they] adapt to the rules of the media system trying to increase their publicity and at the same time accepting a loss of autonomy."

2 Für das damit beschriebene Phänomen existieren eine Reihe verschiedener, ähnlicher Termini. Autoren verweisen etwa auf „mediation" (z. B. Altheide 1988), „mediazation" (Thompson 1995), „mediatization" (Hjarvard 2008b; Krotz 2009; Schulz 2004), oder „medialization" (Rödder u. a. 2011; Weingart 1998). Kommunikationswissenschaftlich etabliert hat sich am stärksten der Begriff der „Mediatisierung".

Bei einer Betrachtung der einschlägigen Arbeiten zu diesen Formen der Mediatisierung lassen sich (mindestens) zwei Forschungsstränge unterscheiden: Der erste Strang fußt konzeptionell auf dem symbolischen Interaktionismus resp. den Cultural Studies (vgl. v. a. Hartmann & Hepp 2010; Krotz 2001; 2007) und nutzt vornehmlich qualitativ-ethnographische Methoden, um zu untersuchen, wie Medien aller Art – von Massen- bis zu interpersonalen Medien – das tägliche Leben durchdringen und soziale Kommunikation verändern. In dieser Tradition stehend, zeigt etwa Iren Schulz bei Jugendlichen, dass digitale Medien wie Mobiltelefone „sowohl die an der Sozialisation beteiligten Institutionen wie Familie und Schule als auch Sozialisationsbedingungen und -prozesse" durchdringen (Schulz 2010: 241). Andere Studien machen deutlich, wie Medien zu „sozialen Zeitgebern" (Neverla 2010: 192) oder wichtigen gesellschaftlichen Vertrauensinstanzen (Kleining 2010) werden.

Der zweite Strang der Mediatisierungs-Forschung untersucht, welche Veränderungen in gesellschaftlichen Teilsystemen durch Massenmedien, die hier ebenfalls oft als System verstanden werden, induziert werden. Entsprechende Studien liegen v. a. zum Wechselverhältnis von Massenmedien und politischem System (z. B. Kepplinger 2002; Marcinkowski 2005; Vowe 2006) vor, aber auch zu Sport (Dohle & Vowe 2006; Marr & Marcinkowski 2006), Religion (Hjarvard 2008a; Hepp & Krönert 2009), Recht (Kepplinger & Zerback 2009) und Wissenschaft (Rödder & Schäfer 2010; Rödder u. a. 2011; Schäfer 2009).

Wir schließen eher an diesen zweiten Forschungsstrang an und untersuchen die Intensität des Kontakts und die (mögliche) Anpassung der Wissenschaft bezogen auf die Massenmedien. Eine Intensivierung beider ist – wie die eingangs geschilderten Anekdoten bereits illustrierten – in den vergangenen Jahren häufig und vehement postuliert worden. Theoretisch wurde dabei oft auf Autoren wie Peter Weingart (v. a. Weingart 2001; 2005a; sowie Rödder u. a. 2011) verwiesen. Basierend auf der Differenzierungstheorie argumentieren er und andere, dass Wissenschaft und Massenmedien nach einer Phase der Segregation in jüngerer Zeit wieder enger miteinander verknüpft würden. Anzeichen dafür seien, dass Wissenschaftler heutzutage mehr Kontakte zu Medien hätten und unter „massenmedialer Dauerbeobachtung" (Weingart 2005b: 28; vgl. Neidhardt 2002: 5 ff.) operierten. Dies führe zu einer Anpassung der Wissenschaftler an Medienkriterien: Zum Beispiel wird beschrieben, dass sie ihre Forschung bereitwilliger in den Medien präsentierten und dafür proaktiv Journalisten kontaktierten (vgl. Rödder 2009: 216), sich semantisch den Erfordernissen der Mediensprache anpassten (Nelkin 1994; Weingart u. a. 2000) oder etwa Forschungsergebnisse noch vor der Publikation in begutachteten Zeitschriften in den Massenmedien veröffentlichten (Lewenstein 1995; vgl. Bucchi 1998; Weingart 2003: 122).

Es wurde allerdings auch angemerkt, dass die von Weingart verwendete Differenzierungstheorie ebenfalls zur Herleitung einer konträren Annahme verwendet werden kann (Schäfer 2007: 33 f.): Immerhin betont sie, dass moderne Gesellschaften einschließlich der Wissenschaft immer spezialisierter und komplexer werden. Demnach könnte auch eine Entwicklung erwartet werden, die die Wissenschaft immer weiter von der restlichen Gesellschaft abnabelt (vgl. Stichweh 1988; 1994b; 1994a). Eine Mediatisierung wäre dann nur in einigen wenigen Forschungsfeldern und nicht als allgemeiner Trend, sondern als Ausnahmefall anzutreffen.

Auf Basis der vorliegenden Studien lässt sich keine dieser beiden einander widersprechenden Groß-Diagnosen klar bestätigen oder widerlegen. Aktuelle Arbeiten demonstrieren aber, dass die Mediatisierung der Wissenschaft im Vergleich zu anderen Gesellschaftsbereichen geringer ausgeprägt zu sein scheint, und dass es sich zudem um ein graduelles Phänomen handelt, welches in der Wissenschaft v. a. in speziellen zeitlichen, materiellen und sozialen Konstellationen auftritt (Rödder & Schäfer 2010): zeitlich nur in bestimmten Hochphasen, materiell v. a. bei Forschungsthemen mit ausgeprägter Alltagsrelevanz wie den Biowissenschaften und sozial vornehmlich bei einer kleinen Zahl von „visible scientists" (Goodell 1977).

Aber noch können weder die entsprechenden Theorien noch die empirischen Arbeiten eine befriedigende oder gar definitive Aussage darüber machen, welche Forschungsfelder oder Personen (besonders) mediatisiert sind und welche nicht. Das ist eine empirische Frage, für deren Beantwortung weitere Arbeiten notwendig sind. Hierzu wollen wir mit unserem Projekt beitragen, über das wir im Folgenden berichten.

Dabei konzentrieren wir uns auf die Klimawissenschaft – und halten somit die materielle Dimension des wissenschaftlichen Gegenstandes resp. Forschungsfeldes konstant. Wir legen zudem eine Bestandsaufnahme des Ausmaßes von Mediatisierung zu einem Zeitpunkt vor – und halten damit die zeitliche Dimension konstant. Dafür untersuchen wir, inwiefern sich auf der sozialen Dimension unterschiedliche Wissenschaftler voneinander unterscheiden – wir variieren also die soziale Dimension. Konkret fragen wir:

1. Wie mediatisiert sind Klimawissenschaftler?
2. Welche Wissenschaftler sind besonders mediatisiert?

2 Forschungsdesign, Daten und Methoden

Diesen Forschungsfragen entsprechend, legen wir im Folgenden einen spezifischen empirischen Fokus auf Mediatisierung an: Erstens konzentrieren wir uns auf die Mikroebene des Handelns und der Einstellungen von Individuen und lassen damit den kulturellen Wandel auf der Makroebene und den institutionellen Wandel auf der Mesoebene außen vor (vgl. dazu Krotz 2007: 38). Zweitens konzentrieren wir uns auf Veränderungen in der Wissenschaft und erfassen etwaige Anpassungsprozesse auf Seiten der (Massen-)Medien nicht.

Die damit im Mittelpunkt stehenden Handlungen und Einstellungen individueller Klimawissenschaftler haben wir mittels einer standardisierten Befragung deutscher Natur- und Sozialwissenschaftler erhoben, deren Forschung in Zusammenhang mit dem

Thema Klimawandel steht. Ziel war es, möglichst alle deutschen Klimawissenschaftler zu erfassen. Diese vollständige Erfassung der Grundgesamtheit war aber schwer realisierbar. Denn das Klima, seine Veränderungen und deren Folgen sind Gegenstand mehrerer Disziplinen, die diese Phänomene aus unterschiedlichen Perspektiven betrachten. Demgemäß gibt es keinen Verband, in dem alle entsprechenden Wissenschaftler organisiert sind. Klimaforscher können also weder durch ihre disziplinäre Zugehörigkeit noch durch ihre Mitgliedschaft in Fachgesellschaften eindeutig identifiziert werden.[3]

All dies führt dazu, dass unsere empirische Grundgesamtheit durch zusätzliche Kriterien definiert bzw. präziser eingegrenzt werden sollte, sodass ihre Erreichbarkeit und Repräsentierbarkeit gewährleistet werden können. In Anlehnung an Post (2009: 265) sprechen wir von *zu Klima forschenden Wissenschaftlern* (kurz *Klimaforschern*), wenn zwei notwendige Bedingungen erfüllt sind: Erstens dann, wenn ihre Forschung einen Bezug zum Thema Klima bzw. Klimawandel aufweist („Objektkriterium", Post 2009: 42) und sie zweitens in ihrer Community als jemand gelten, der zu dem Thema arbeitet („Gruppenkriterium"). Als Ausgangspunkt für die Erhebung diente uns das Gruppenkriterium, das wir mit einem zweistufigen Experten-Ansatz umsetzten: Zuerst baten wir Vertreter des Hamburger Klimaforschungs-Exzellenzclusters ‚CliSAP', alle relevanten natur- und sozialwissenschaftlichen Disziplinen aufzulisten, die zur Klimawandelforschung beitragen, und jeweils die führenden deutschen Experten für die Disziplinen zu nennen. Im zweiten Schritt kontaktierten wir diese Experten mit der Bitte, alle klimabezogenen Institutionen und Arbeitsgruppen innerhalb ihrer Disziplin aufzulisten, und ergänzten diese Nennungen durch die Erfassung der Mitgliedslisten von Fachorganisationen, durch die Autorenlisten von Überblickspublikationen u. Ä.

Die auf diese Weise erstellte Liste wurde der Gesellschaft für Konsumforschung (GfK) übergeben, die eine Datenbank mit dem gesamten wissenschaftlichen Personal dieser Institutionen und Gruppen erstellte. Diese Datenbank umfasste 5 500 deutsche Wissenschaftler, denen unser Fragebogen dann via E-Mail zugesandt wurde. Nach einem Pretest war der 20-minütige Fragebogen zwischen November 2010 und Januar 2011 im Feld.

An der Befragung nahmen 1 130 Wissenschaftler, die für ihre Forschung einen Bezug zum Klimawandel angaben (Objektkriterium), teil – womit die Umfrage die bisher umfangreichste Studie deutscher Klimawissenschaftler darstellt. Von den Befragten waren 86,9 % Naturwissenschaftler und 13,1 % Sozialwissenschaftler (s. Tab. 1). Ein Blick auf die allgemeine Demografie zeigt, dass der typische Klimawissenschaftler männlich (66,2 %), zwischen 31 und 40 Jahre alt (29,3 %) und deutscher Nationalität (85 %) ist. Dennoch sind auch junge Wissenschaftler im Alter von 20 bis 30 Jahren gut repräsentiert (26 %),

3 Entsprechend ist es „less than ideal" (Bray & von Storch 2007: 1), die Stichprobe einer solchen Befragung über bereits existierende Mailing-Listen, Fachgesellschaften nur einer Disziplin o. Ä. zusammenzustellen. Aber auch die alternativ oft verwendete Stichprobenziehung über Publikationsdatenbanken wie den (Social) Science Citation Index (vgl. Schützenmeister & Bußmann 2009) bringt ihre Probleme mit sich: Beispielsweise sind junge Wissenschaftler, die tendenziell wenig(er) publiziert haben, in derartigen Datenbanken unterpräsentiert.

Tabelle 1 Soziodemografie der befragten Klimawissenschaftler (n = 1130. Zu 100 % fehlende Prozente sind als fehlende Angaben zu interpretieren)

Soziodemografisches Merkmal		Anteil in unserer Stichprobe
Geschlecht	Männer	66,2 %
	Frauen	32,9 %
Alter	20 bis 30 Jahre	26,0 %
	31 bis 40 Jahre	29,3 %
	41 bis 50 Jahre	21,7 %
	51 bis 60 Jahre	11,8 %
	61 bis 80 Jahre	5,9 %
Disziplin	Meteorologie	17,9 %
	Biologie	9,4 %
	Geographie	9,1 %
	Andere Naturwissenschaften	50,6 %
	Sozialwissenschaften	13,1 %
Akademischer Rang	Professor	13,7 %
	Post-Doc	38,5 %
	Doktorand	31,4 %
	Andere	15,8 %
Institution	Universität oder Hochschule	47,1 %
	andere öffentlich geförderte Forschungseinrichtung, z. B. MPI	49,9 %
	privat finanzierte Einrichtung	2,3 %

wie auch die zwischen 41 und 50 Jahren (21,7 %). Die meisten Wissenschaftler arbeiten als Postdocs (38,5 %) oder Doktoranden (31,4 %). 13,7 % der Befragten sind Professoren. Circa die Hälfte von ihnen arbeitet an Universitäten, die andere Hälfte an öffentlich geförderten, nicht-universitären Forschungseinrichtungen wie Max-Planck-Institutionen.

3 Deskriptive Ergebnisse

Bei der Darstellung der Ergebnisse unserer Studie konzentrieren wir uns auf zwei Dimensionen: die Medien*kontakte* und die Medien*orientierungen* der befragten Wissenschaftler. Für beide Dimensionen stellen wir zunächst deskriptive Ergebnisse vor. Danach versuchen wir, diese Befunde zu erklären.

3.1 Medienkontakte

Zunächst interessieren uns die Medienkontakte der Klimawissenschaftler – denn immerhin wird in der Mediatisierungsliteratur die Annahme vertreten, Wissenschaft und Medien seien eng verbunden und entsprechende Kontakte sehr ausgeprägt (z. B. Weingart 2005b: 28). Entsprechend haben wir die Wissenschaftler gefragt, wie oft sie in ihrer Rolle als Wissenschaftler in den vergangenen zwölf Monaten Kontakt mit Journalisten resp. Massenmedien hatten.

Dabei zeigen sich mehrere interessante Befunde (s. Tab. 2): Erstens wird deutlich, dass die deutschen Klimawissenschaftler vergleichsweise viele berufliche Kontakte mit den Medien haben (vgl. ähnlich Bray & von Storch 2010: 71; 2007: B46). Über zwei Drittel – 67 % – sagen, dass sie zumindest einmal im letzten Jahr Medienkontakt hatten. Dafür zeichnen insbesondere traditionelle Massenmedien und deren Internet-Portale verantwortlich: Zu Zeitungen, Fernsehen, Radio und Nachrichtenportalen im Internet[4] hatten 62 % der Wissenschaftler im letzten Jahr mindestens einen Kontakt.

Das ist sehr viel – was v. a. deutlich wird, wenn man die Ergebnisse mit anderen Disziplinen vergleicht: Peters und KollegInnen (2009) fragten biomedizinische und epidemiologische Forscher nach deren Medienkontakten während der vergangenen *drei Jahre*. Zudem bezogen sie nur Wissenschaftler ein, die in ihrer Karriere mindestens einen Aufsatz in einer begutachteten Zeitschrift veröffentlicht hatten (während wir alle wissenschaftlichen Erfahrungsstufen einbezogen). Trotz des längeren Zeitraums und einer Auswahl, die Medienkontakte tendenziell wahrscheinlicher macht als die unsere, ergab sich eine ähnliche Kontaktrate von 69 %.[5]

Zweitens wird deutlich, dass Klimawissenschaftler nicht nur vergleichsweise viel mit Journalisten und Medien interagieren, sondern dass dies in eine umfassendere „Vergesellschaftung der Wissenschaft" eingebettet ist. Weingarts (2001: 124; 2002: 703) Annahme, die Wissenschaft werde nicht nur enger an die Medien, sondern auch enger an andere gesellschaftliche Teilsysteme wie Politik und Wirtschaft gekoppelt, bestätigt sich

4 Ausgeschlossen werden damit Internetforen, Blogs, Lexika wie Wikipedia und andere Internetmedien.

5 Beziehen wir wie Peters und KollegInnen nur Wissenschaftler mit begutachteten Publikationen in die Stichprobe ein, erhöht sich die Rate der beruflichen Medienkontakte in unserer Studie auf einen deutlich höheren Wert von 77 %.

Tabelle 2 Wissenschaftsexterne, berufliche Kontakte in den vergangenen zwölf Monaten; (n = 1130. Zu 100 % fehlende Prozente sind als fehlende Angaben zu interpretieren)

	keiner	einmal	2–5	5–10	11–25	> 25
Medien insgesamt	27,7 %	zusammen 67,3 %				
Massenmedien insgesamt	34,0 %	zusammen 62,3 %				
Fernsehen	65,7 %	22,2 %	9,6 %	1,3 %	0,4 %	0,2 %
Radio	66,7 %	18,3 %	12,0 %	1,5 %	0,5 %	0,2 %
Boulevardzeitungen	91,5 %	5,0 %	1,4 %	0,4 %	0,1 %	0,4 %
Andere Zeitungen	58,8 %	18,6 %	18,9 %	1,5 %	0,9 %	0,4 %
Populärwiss. Magazine	79,3 %	12,3 %	5,6 %	0,8 %	0,1 %	0,2 %
Andere Printmedien	62,4 %	15,8 %	16,9 %	2,4 %	0,4 %	0,6 %
Nachrichtenagenturen	81,8 %	9,9 %	5,6 %	1,1 %	0,1 %	0,1 %
Web-Nachrichtenportale	81,4 %	9,2 %	5,8 %	1,4 %	0,4 %	0,5 %
Foren, Blogs, Wikis	77,9 %	7,4 %	7,7 %	1,8 %	1,2 %	2,6 %
Andere Internetmedien	74,2 %	9,8 %	9,2 %	2,2 %	0,5 %	2,6 %
Politische Akteure	52,4 %	12,8 %	22,4 %	6,6 %	2,8 %	2,4 %
Akteure aus der Wirtschaft	58,0 %	13,7 %	18,8 %	5,3 %	2,4 %	1,2 %
NGOs	45,3 %	15,7 %	25,5 %	7,1 %	3,5 %	2,2 %

für die Klimawissenschaft also deutlich: Kontakte mit den Massenmedien sind zwar mit Abstand die häufigsten beruflichen Kontakte, die die Klimawissenschaftler außerhalb der Wissenschaft haben (67 %). Allerdings sind andere externe Kontakte ebenfalls recht häufig: 54 % geben mindestens einen beruflichen Kontakt zu NGOs in den letzten zwölf Monaten an, gefolgt von Kontakt zu politischen Akteuren (47 %) und Akteuren aus der Wirtschaft (41 %). Und nur 16 % der von uns Befragten hatten in dem abgefragten Zeitraum keinen Kontakt zu Medien, Politikern, NGOs oder Wirtschaftsvertretern.

Drittens lässt sich jedoch zeigen, dass sich die intensive Kontakthäufigkeit auf wenige Wissenschaftler konzentriert. Wir können sehen, dass nur wenige Wissenschaftler mehr als 11 oder sogar mehr als 25 Medienkontakte hatten.

Viertens können wir zeigen, dass die Kontakte der Befragten zu den Journalisten weit überwiegend nicht durch die Eigeninitiative der Wissenschaftler zustande kommen (s. Tab. 3). Wenn Wissenschaftler Medienkontakt haben, dann wird dieser v. a. durch Journalisten initiiert. Ein deutlich kleinerer Teil der Kontakte wird über die PR-Ab-

Tabelle 3 Wie wurden Medienkontakte initiiert? (n= 817 Wissenschaftler mit mindestens einem beruflichen Medienkontakt. Zu 100 % fehlende Prozente sind als fehlende Angaben zu interpretieren)

	nie	selten	häufig	sehr häufig
Anfrage durch Journalisten	18,7 %	43,3 %	24,5 %	9,2 %
Anfrage durch Instituts-PR-Abteilung	30,0 %	41,0 %	21,3 %	3,3 %
Eigenanfrage an Instituts-PR-Abteilung	61,1 %	27,8 %	5,6 %	0,5 %
Eigenanfrage an Journalisten	61,6 %	29,0 %	4,4 %	0,5 %

teilungen der entsprechenden wissenschaftlichen Institutionen vermittelt und nur ein Bruchteil der Kontakte kommt durch proaktives Handeln der Wissenschaftler zustande.

3.2 Medienorientierung

Neben einer intensiven Interaktion zwischen Wissenschaftlern und Medien erwartet eine Reihe von Autoren, dass die Wissenschaftler auch ihre Arbeit an die Medien anpassen und bspw. ‚Medien-Kriterien' anlegen, wenn sie Entscheidungen über ihre wissenschaftliche Arbeit treffen. Diese Form der Mediatisierung wurde bereits, vornehmlich auf Basis qualitativer Analysen, für einige Forschungsfelder empirisch beschrieben (unter anderem Rödder & Schäfer 2010; Shinn & Whitley 1985).

Um diese Dimension zu erheben, haben wir gefragt, in welchem Maße die Wissenschaftler über mögliches Medieninteresse nachdenken, wenn sie wissenschaftliche Entscheidungen treffen, wie etwa die Entscheidung für ein Forschungsthema oder einen

Tabelle 4 Wichtigkeit von (potenziellem) Medieninteresse bei wissenschaftlicher Arbeit („Wie wichtig ist mögliches Medieninteresse für Sie, wenn Sie wissenschaftliche Entscheidungen treffen, etwa über Forschungsfragen oder Veröffentlichungen?"), n=1126

sehr wichtig	1,7 %
wichtig	16,4 %
nicht besonders wichtig	36,4 %
eher unwichtig	27,6 %
überhaupt nicht wichtig	17,8 %

Ort für die Publikation von Forschungsergebnissen (s. Tab. 4). Fast jeder fünfte Klimawissenschaftler (18 %) gibt an, mögliches Medieninteresse sei „sehr wichtig“ oder „wichtig“, wenn er derartige wissenschaftliche Entscheidungen treffe. Für diese Gruppe trifft Weingarts Annahme, dass Medienkriterien Eingang in wissenschaftliche Publikationsstrategien gefunden haben, zu (Weingart 2001: 249). Allerdings scheint dieses Phänomen begrenzt zu sein: Für 64 % der Klimawissenschaftler sind solche Überlegungen „nicht besonders wichtig“ oder „eher unwichtig“. Und für 18 % sind sie „überhaupt nicht wichtig“.

3.3 Weitere Mediatisierungsdimensionen

Wir finden also umfangreiche Medienkontakte, aber eine eher eingeschränkte Medienorientierung. Die befragten Wissenschaftler zeigen sich offen für die Massenmedien und interagieren mit ihnen, gleichzeitig bleibt der Einfluss der Medien auf die Wissenschaft aber begrenzt. Dies zeigt sich auch in zwei weiteren Dimensionen unserer Analyse.

Wir haben erhoben, welche allgemeinen *normativen Einstellungen* die Wissenschaftler *zum Verhältnis von Medien und Wissenschaft* haben. Abgefragt wurde die Zustimmung der Befragten zu einer Reihe von Aussagen (s. Tab. 5). Auch hier zeigt sich, dass die befragten Wissenschaftler bereit sind, sich den (antizipierten) Ansprüchen der Medien bis zu einem gewissen Grad anzupassen. So sind die Befragten weit überwiegend der Meinung, Wissenschaftler sollten eigene Forschungsergebnisse „in den Medien erklären“, diese hierbei gegebenenfalls auch „vereinfachen“ sowie auf mögliche „praktische Anwendungen“ hinweisen. Es wird allerdings auch deutlich, dass diese Bereitschaft klare Grenzen hat: Die meisten Befragten finden nicht, dass Wissenschaftler bei der Zusammenarbeit mit Medien Kompromisse bei ihren wissenschaftlichen Standards machen dürfen. So denken sie z. B., dass man keine Ergebnisse an die Medien weitergeben sollte, die noch nicht innerwissenschaftlich begutachtet, oder die noch unzureichend geprüft sind.

Ähnliche Ergebnisse finden sich, wenn man sich ansieht, *in welchem Maße Massenmedien Wissenschaftlern als Informationsquelle über ihr wissenschaftliches Arbeitsfeld dienen*, ob sie also neben den herkömmlichen Formen wissenschaftlicher Kommunikation wie Publikationen, Kongressen oder persönlichen Gesprächen zu einer relevanten Quelle innerhalb der *scientific community* avanciert sind (s. Tab. 6). Erneut zeigt sich hier die Wichtigkeit von Massenmedien einerseits und deren Unterordnung gegenüber etablierten wissenschaftlichen Quellen andererseits. Einerseits geben viele Befragte an, Medien für berufliche resp. wissenschaftliche Zwecke zu nutzen. Allerdings spielen dabei Fernsehen (das 14 % mindestens einmal wöchentlich für wissenschaftliche Zwecke nutzen), Radio (13 %) und Zeitungen (26 %) nur eine untergeordnete Rolle. Wichtigere berufliche Informationsmedien sind jedoch Foren, Blogs und Wikipedia, die zusammen von 45 % der Befragten mindestens wöchentlich genutzt werden. Andererseits wird je-

Tabelle 5 Normative Einstellungen zum Verhältnis von Medien und Wissenschaft („Es gibt verschiedene Meinungen darüber, wie Wissenschaftler mit den Medien kommunizieren sollten. Bitte geben Sie den Grad Ihrer Zustimmung (=1) oder Ablehnung (=5) hinsichtlich der folgenden Aussagen an.";„*"-Items wurden recodiert; n=1125 bis 1130 Wissenschaftler mit gültigen Angaben)

Wissenschaftler sollten ...	Mittelwerte
ihre Forschung in den Medien erklären	1,73
praktische Anwendungen ihrer Forschung beschreiben	1,90
ihre Arbeit für die Medien vereinfachen	1,97
schnell auf Anfragen der Medien antworten	2,64
politische Empfehlungen geben	2,75
Ergebnisse ohne Peer-Review weitergeben*	3,63
Informationen auch ohne ausreichende Prüfung weitergeben	4,10

Tabelle 6 Berufliche Mediennutzung von Klimawissenschaftlern (n=1130. Zu 100 % fehlende Prozente sind als fehlende Angaben zu interpretieren)

	Täglich	Mind. 1×/ Woche	Mind. 1×/ Monat	< 1×/Monat	Nie
Wissenschaftl. Publikationen	48,1 %	43,8 %	6,5 %	1,2 %	0,1 %
Wissenschaftl. Konferenzen	1,1 %	4,1 %	13,6 %	79,4 %	1,3 %
Persönl. Kontakt (Kollegen)	50,6 %	35,2 %	11,8 %	1,9 %	0,2 %
Internetauftritte von Kollegen	13,8 %	43,8 %	32,6 %	8,1 %	1,1 %
Fernsehen	4,3 %	9,8 %	15,7 %	35,8 %	33,4 %
Radio	5,0 %	7,8 %	13,1 %	33,6 %	39,2 %
Zeitungen	8,3 %	18,0 %	20,9 %	31,9 %	19,6 %
Populärwiss. Zeitschriften	0,9 %	6,2 %	19,5 %	40,0 %	31,7 %
Online Nachrichtenportale	12,7 %	19,3 %	18,8 %	28,1 %	19,2 %
Foren, Blogs, Wikis	11,9 %	33,5 %	22,5 %	19,2 %	11,7 %
Online Soziale Netzwerke	1,8 %	4,5 %	3,3 %	11,8 %	76,9 %
Suchmaschinen	50,1 %	34,1 %	9,6 %	3,6 %	2,0 %

doch sehr deutlich: Wesentlich wichtiger als allgemeine Medien sind wissenschaftliche Informationsquellen. Wissenschaftliche Publikationen stehen eindeutig an erster Stelle, 92 % der Wissenschaftler geben an, sie mindestens einmal pro Woche zu lesen. Danach folgt der persönliche Kontakt zu Kollegen (86 %) und der Besuch von Internetseiten wissenschaftlicher Institutionen (58 %).

4 Erklärung

Die deskriptiven Analysen zeigen also durchaus Indizien für eine Mediatisierung der von uns befragten Klimawissenschaftler, wenngleich innerhalb der beschriebenen Grenzen. In einem zweiten Schritt wollen wir nunmehr untersuchen, welche Wissenschaftler in welchem Maße mediatisiert sind.

Dabei ist zunächst ein überaus interessanter Befund festzuhalten. Die Mediatisierung scheint nicht nur zeitlich, sachlich und sozial differenziert zu sein (wie es die Literatur zeigt), sondern zudem aus mehreren Teildimensionen zu bestehen, die teils unabhängig voneinander auftreten. Der Beleg: Die von uns eingeführten Mediatisierungsdimensionen ergeben empirisch kein zusammenhängendes Syndrom. Wir finden nur eine schwache Korrelation (von 0,11) zwischen der Häufigkeit der Journalistenkontakte von Wissenschaftlern und deren Medienorientierung. Mit anderen Worten: Wissenschaftler mit vielen aktiven Medienkontakten weisen nicht unbedingt eine starke Medienorientierung in ihrer Arbeit auf. Da wir kein ‚Syndrom' ausmachen konnten, erklären wir die Dimensionen Medienkontakte und Medienorientierung nachfolgend separat.

4.1 Unabhängige Variablen

Um die individuell unterschiedlichen Ausmaße von Mediatisierung zu erklären, verwenden wir eine multivariate Regressionsanalyse. Wir gehen davon aus, dass drei Gruppen von Variablen Einfluss auf Medienkontakte und Medienorientierungen haben können:

1. *Die innerwissenschaftliche Position der Befragten,* v. a. ihr Karrierefortschritt, ihre Arbeitsumgebung sowie ihr Forschungsfeld:
   a) Zunächst nehmen wir an, dass die wissenschaftliche Erfahrung eines Forschers einen Einfluss auf das Ausmaß seiner Mediatisierung hat, und messen daher den *Karrierefortschritt* der Befragten anhand der Zahl der von ihnen veröffentlichten, begutachteten Publikationen, ihres akademischen Rangs und möglicher Leitungspositionen. Da diese Variablen stark miteinander korrelieren, haben wir sie zu einem Faktor zusammengefasst. Für diesen sind unterschiedliche Einflussrichtungen denkbar: Einerseits ist es plausibel, dass mit der wissenschaftlichen Karriere eine fortschreitende Spezialisierung und eine stärkere Orientierung an

Kriterien der Wissenschaft verbunden ist – Mediatisierung also insbesondere in der Orientierungs-Dimension abnimmt. Andererseits ist denkbar, dass sich mit fortgeschrittener Karriere stärker die Verantwortung und die Möglichkeit für das Kommunizieren von wissenschaftlichen Befunden ergibt – Mediatisierung also insbesondere in der Kontakt-Dimension zunimmt.

b) Weiterhin erwarten wir, dass zwei Aspekte der Arbeitsumgebung einen Einfluss auf das Ausmaß von Mediatisierung haben: einerseits die *Abhängigkeit der Befragten von Drittmitteln,* die sie dazu veranlassen könnte, in besonders intensiver Weise zu versuchen, ihre gesellschaftliche Legitimation via Medienpräsenz zu befördern und so ihre Chance auf die Akquise von Forschungsmitteln aus der Politik, von der Wirtschaft und aus anderen gesellschaftlichen Quellen zu verbessern (Weingart 2005b). Andererseits kann es eine Rolle spielen, ob sie *an einem privaten Institut tätig sind oder an einer öffentlich geförderten Institution,* etwa einer Universität, mit eher gesichertem Ressourcenzufluss arbeiten.

c) Zudem erwarten wir ein höheres Maß an Mediatisierung bei Wissenschaftlern, die *hauptsächlich zum Thema Klimawandel forschen.* Sie dürften aufgrund der hohen gesellschaftlichen Relevanz des Themas stärker mit den Medien konfrontiert sein. Und wir gehen davon aus, dass *Sozialwissenschaftler* in einem höheren Maß mediatisiert sind, weil ihre Forschung eine größere Nähe zu gesellschaftlichen Fragen aufweist und dies der Mediatisierung förderlich zu sein scheint (vgl. Rödder & Schäfer 2010).

2. *Individuelle Erwartungen und Erfahrungen*: Eine zweite Gruppe von Hypothesen leiten wir aus sozialpsychologischen Theorien, namentlich von der Theory of Reasoned Action (TRA) resp. der Theory of Planned Behavior (vgl. zum Folgenden Rossmann 2011: bes. 17 ff.) und aus der sozial-kognitiven Lerntheorie (Bandura 1979) ab. Diese Theorien gehen davon aus, dass menschliches Handeln von Vorerfahrungen sowie kognitiven und sozialen Faktoren abhängt, mithin davon

   a) *welche Konsequenzen die Person in der Vergangenheit erfahren hat.* Hiermit erfassen wir, ob sich positive Vorerfahrungen bei Aktivitäten, die den aktuell zur Disposition stehenden ähneln, zur Bereitschaft führen, eben diese Handlung auszuführen – eine Annahme, die konstitutiv für sozial-kognitive Theorien resp. ‚Lerntheorien' ist. Daher haben wir zwei Indizes konstruiert. Erstens wurde die Erfahrung des Befragten mit früheren Kontakten zu Journalisten erfasst (z. B. ob der Journalist unausgewogene Fragen stellte oder Informationen verzerrt wiedergab). Zweitens wurde die Beurteilung der Medienberichterstattung über das eigene Forschungsfeld erfasst (ob diese korrekt, ausreichend verständlich, neutral, … etc. ist).

   b) *welche Handlungskonsequenzen ein Individuum annimmt.* Für Personen, die von positiven Effekten von Medienkontakten auf die wissenschaftliche Reputation ausgehen, scheint eine Mediatisierung der eigenen Arbeit möglicherweise rational und wird deswegen wahrscheinlicher. Operationalisiert haben wir diese angenommenen positiven Effekte über eine Frage nach der Erwartung positiver Auswirkungen von der Präsenz in den Medien auf die innerwissenschaftliche Reputation.

c) *welche Erfahrung die Person mit der relevanten sozialen Umwelt und deren Beurteilung einer Handlung hat.* Denn die positive Bewertung von Handlungen durch die soziale Umwelt macht diese Handlungen wahrscheinlicher. Wir schließen eine Frage bezüglich der Reaktionen von Kollegen auf vorangegangene Medienkontakte mit ein und erwarten, dass positive Reaktionen eine intensivere Mediatisierung (sowohl in Hinsicht auf Medienkontakte wie auch in Hinsicht auf Medienorientierungen) nach sich ziehen.

d) *wie überschaubar und kontrollierbar – oder umgekehrt: wie unsicher – eine Person eine Handlung und deren Ausgang empfindet.* Hiermit nehmen wir die Komponente der „perceived behavioral control" (Rossmann 2011: 23) auf, mit der die Theory of Planned Behavior die TRA ergänzt. Wir prüfen, ob Personen, die von sich selbst denken, dass sie wissen, wie Medien arbeiten, stärker mediatisiert sind, weil sie sich sicherer im Umgang mit Medien fühlen.

3. Zusätzlich kontrollieren wir mögliche *Alters-* und *Geschlechtseffekte.*

Tabelle 7 Verwendete unabhängige Variablen

Name	**Beschreibung/Skala**
Geschlecht	Dichotome Variable; 1 = männlich
Alter in Jahren	Metrische Variable
Karrierefortschritt	Faktor aus Zahl der Publikationen, akademischer Karrierestufe, Leitungsposition (Cronbachs α = 0,72)
Grad des Klima-Bezugs	Skala: 1 (Randthema) bis 4 (einziges Forschungsthema)
Abhängigkeit von externen Geldern	Skala: 1 (überhaupt nicht nötig) bis 5 (äußerst nötig)
Arbeit in privatem Institut	Dichotome Variable; 1 = privates Institut
Disziplin	Dichotome Variable; 0 = Naturwiss., 1 = Sozialwiss.
Wissen über Arbeitsweise der Medien	Skala: 1 (sehr schlecht) bis 5 (sehr gut)
Bewertung der Berichterstattung über eigenes Forschungsfeld	Faktor aus 6 Items zu Vollständigkeit, Neutralität und Richtigkeit der Berichterstattung über Forschungsfeld (α = 0,67)
Frühere Reaktionen von Kollegen auf eigene Medienpräsenz	Skala: 0 (negative Reaktionen); 1 (ausgeglichene oder keine Reaktionen); 2 (positive Reaktionen)
Erfahrungen mit Journalisten	Faktor aus Items zu Erfahrung mit Journalisten (α = 0,72), Skala: 1 (stimme überhaupt nicht zu) bis 5 (stimme voll zu); 3 = teils/teils/keine Erfahrungen
Erwartungen positiver Effekte von Medienpräsenz auf wissenschaftliche Reputation	Skala: 1 (überhaupt nicht wichtig für Reputation) bis 4 (sehr wichtig)

4.2 Erklärung der Medienkontakte

Die multivariate Regressionsanalyse mit den eingeführten Variablen erklärt 30 % der Varianz der Medienkontakte unserer Befragten.[6] Dabei haben die beiden Kontrollvariablen – das Geschlecht und das Alter der Befragten – keine signifikanten Effekte. Mehrere andere Variablen zeigen jedoch teils deutliche Wirkungen (s. Tab. 8).

Insbesondere die innerwissenschaftliche Position der befragten Wissenschaftler erweist sich als überaus prägend für das Ausmaß ihrer Medienkontakte. Der Karrierefortschritt hat über alle von uns angenommenen Einflussfaktoren hinweg den stärksten Einfluss: Wissenschaftler mit höherem Rang, Leitungsposition und vielen Publikationen haben deutlich mehr Medienkontakte als andere. Offenbar sind Faktoren wie die Anzahl begutachteter Publikationen oder der akademische Rang sehr wichtig für die Kontakte mit Medienakteuren – die Klimaforschung wird in den Medien also durch Individuen repräsentiert, die auch innerhalb der *scientific community* ausgewiesen sind. Aber auch Wissenschaftler von privaten Institutionen, Wissenschaftler mit stark ausgeprägtem Klimabezug und Sozialwissenschaftler haben signifikant häufiger Medienkontakte als ihre Kollegen. Die Richtung all dieser Effekte entspricht den theoretischen Erwartungen.

Zudem haben einige individuelle Erwartungen und Erfahrungen Auswirkungen auf die Zahl der Medienkontakte. Vor allem das Bewusstsein, gut über die Arbeitsweise der Medien Bescheid zu wissen, sowie positive Erfahrungen mit vergangenen Medienkontakten wirken sich stark auf die Zahl der Medienkontakte aus. Auch positive Reaktionen von Kollegen und erwartete positive Effekte auf die wissenschaftliche Reputation haben einen positiven Einfluss auf diese Mediatisierungsdimension. Entgegen unserer Hypothese hat lediglich die positive Bewertung der Medienberichterstattung über das eigene Forschungsfelds einen (schwach) negativen Effekt. Möglicherweise sehen Wissenschaftler, die mit der Berichterstattung über ihre Forschung zufrieden sind, selbst keinen Grund zum Eingreifen und damit zu medialem Engagement.

4.3 Erklärung von Medienorientierungen

Für die zweite Dimension – die Medienorientierungen der Befragten – können wir nur 11 % der Varianz erklären.

Erneut haben dabei die innerwissenschaftliche Position und der Karrierefortschritt der Befragten einen signifikanten Einfluss auf deren Medienorientierung (s. Tab. 8). Im Unterschied zu den Medienkontakten ist er hier jedoch negativ: Die Forscher, die bei ihrer wissenschaftlichen Arbeit an Medieninteresse denken, sind also nicht die erfahre-

6 Diese Berechnungen beziehen sich auf alle Medienkontakte der Befragten. Wenn man die Regressionsanalyse nur für die von den Wissenschaftlern selbst aktiv initiierten Medienkontakte vornimmt, reduziert sich die Fallzahl deutlich, die Struktur der Ergebnisse bleibt aber sehr ähnlich.

Tabelle 8 Multiple Regressionsanalyse (OLS-Schätzung; n = 894 für Medienkontakte bzw. N = 925 für Medienorientierung; * p < .05; ** p < .01)

		Medienkontakte	Medienorientierung
Kontrollvariablen	Geschlecht		
	Alter		
Innerwissensch. Position der Befragten	Karrierefortschritt	.38**	–.09*
	Grad des Klima-Bezugs	.08**	
	Abhängigkeit von externen Geldern		
	Arbeit in privatem Institut	.08**	
	Disziplin	.07**	
Individuelle Erwartungen und	Wissen über Arbeitsweise der Medien	.19**	.11**
Erfahrungen	Bewertung der Berichterstattung über eigenes Forschungsfeld	–.07*	.07*
	Reaktionen von Kollegen auf eigene Medienpräsenz	.12**	
	Erfahrungen mit Journalisten	.18**	
	Erwartungen positiver Effekte von Medienpräsenz auf Reputation	.10**	.28**

nen Kollegen, die auf der Karriereleiter fortgeschritten sind, sondern im Gegenteil die Nachwuchswissenschaftler.

Bei den individuellen Erwartungen und Erfahrungen hat v. a. die erwartete positive Auswirkung von Medienpräsenz auf die wissenschaftliche Reputation den größten Effekt. Zudem wirken auch das Wissen über Medienabläufe und eine positive Einschätzung der medialen Berichterstattung über das eigene Forschungsfeld in dieser Dimension als Verstärker für Mediatisierung. Bei den medienorientierten Wissenschaftlern handelt es sich also um diejenigen, die davon ausgehen, dass sich das Einbeziehen möglicher Medieninteressen positiv auf ihre wissenschaftliche Reputation auswirkt.

5 Zusammenfassung und Diskussion

Unsere Analyse macht deutlich, dass Mediatisierungsphänomene in der Wissenschaft durchaus existieren – zumindest in der Klimawissenschaft: Die Befragten haben häufig Kontakt zu Journalisten bzw. Medien. Sie finden es wichtig, dass Medien über Wissenschaft berichten und sind auch bereit, sich dafür partiell auf die Logik der Massenmedien einzulassen, etwa ihre Forschungsergebnisse einfacher und praxisnäher zu erklären. Außerdem nutzen sie die Massenmedien teils als Quelle für Informationen über ihr eigenes Forschungsfeld und einige der befragten Wissenschaftler berücksichtigen ein mögliches Medieninteresse sogar, wenn sie bei ihrer wissenschaftlichen Arbeit Entscheidungen fällen.

In Übereinstimmung mit anderen aktuellen Studien konnten wir aber auch zeigen, dass Mediatisierung in der Wissenschaft kein generelles Charakteristikum, sondern ein graduelles Phänomen zu sein scheint.

Erstens ist die Mediatisierung – wenigstens bislang – nicht bei jedem Wissenschaftler angekommen, zumindest nicht gleich stark. Wir konnten zeigen, dass die meisten Wissenschaftler kaum oder nicht über Medien nachdenken, wenn sie Forschung betreiben. Ihre Bereitschaft zur Anpassung an die Regeln der Medien hat dort Grenzen, wo wissenschaftliche Normen verletzt werden. Und als Quellen wissenschaftlicher Informationen stehen die Massenmedien noch immer weit hinter wissenschaftlichen Formen der Kommunikation wie Zeitschriften zurück.

Zweitens bildet Mediatisierung kein kohärentes Syndrom, wie wir anhand der Medienkontakte und der Medienorientierungen der Befragten zeigen konnten. Beide Teildimensionen sind bei unterschiedlichen Forschern zu finden. Wir konnten zeigen, dass Medienkontakte bei erfahrenen, hochrangigen, publikationsstarken Wissenschaftlern öfter zu finden sind, während Medienorientierungen häufiger bei weniger erfahrenen Wissenschaftlern vorkommen. Diese Befunde können auf längere Sicht – und damit für die Mediatisierung der Wissenschaft als Prozess – zumindest zweierlei signalisieren:

Auf der einen Seite lassen sich die Ergebnisse als Sozialisationseffekt interpretieren: Möglich wäre, dass Menschen, die länger in der Wissenschaftsgemeinschaft arbeiten, stärker durch die spezifischen wissenschaftlichen Sichtweisen, Normen und Verhaltensweisen (vgl. Merton 1985) geprägt werden. Demnach würde sich die stärkere Medienorientierung der Nachwuchswissenschaftler abgeschliffen haben, wenn sie einmal die Führungspositionen ihrer Disziplinen erreicht haben – und es gäbe keinen nachhaltigen Wandel in der Wissenschaft.

Zum anderen könnte es sich aber auch um einen Generationseffekt handeln: Vielleicht unterscheiden sich Nachwuchswissenschaftler in ihren Einstellungen zu Medien nachhaltig von den Älteren. Die Unterschiede verschwinden dann nicht mit der Sozialisation im Wissenschaftssystem, sondern bleiben bei den betroffenen Wissenschaftlern trotz Alterung und Karrierefortschritt bestehen. In diesem Fall würden die betreffenden Nachwuchswissenschaftler den Wissenschaftsbetrieb deutlich verändern, sobald sie Professoren geworden sind.

Welche dieser Hypothesen stimmt – oder ob beide falsch sind – müssen künftige Studien zeigen. Wünschenswert wäre, dass diese über die Begrenzungen unserer Analyse hinausgehen und nicht nur Befragungsdaten einbeziehen, sondern möglicherweise auch die institutionelle Ebene der Mediatisierung – etwa die Einrichtung von Öffentlichkeitsarbeits-Abteilungen in wissenschaftlichen Institutionen – analysieren sowie einen Vergleich auf der Zeitdimension unternehmen. Denn wie so oft in der Kommunikationswissenschaft, mangelt es auch in der Untersuchung der Mediatisierung der Wissenschaft an Prozessanalysen, die über die Beschränkungen von Fallstudien hinausgehen (vgl. Schäfer 2007: 31 ff.).

Bibliographie

Altheide, David L. & Rober P. Snow (1988): Towards a theory of mediation. In: Anderson, James A. (Hg.): Communication Yearbook. Newbury Park: Sage. S. 194–223.
Bandura, Albert (1979): Sozial-kognitive Lerntheorie. Stuttgart: Klett-Cotta.
Bray, Dennis & Hans von Storch (2007): Climate Scientists' Perceptions of Climate Change Science. Geesthacht: GKSS-Forschungszentrum Geesthacht (GKSS Working Paper 2007/11).
Bray, Dennis & Hans von Storch (2010): CliSci2008: A Survey of the Perspectives of Climate Scientists Concerning Climate Science and Climate Change. Geesthacht: GKSS-Forschungszentrum Geesthacht (GKSS Working Paper 2010/9).
Bucchi, Massimiano (1998): Science and the Media. Alternative routes in scientific communication. London & New York: Routledge.
Dohle, Marco & Gerhard Vowe (2006): Der Sport auf der „Mediatisierungstreppe"? Ein Modell zur Analyse medienbedingter Veränderungen des Sports. In: Medien + Erziehung, Zeitschrift für Medienpädagogik, Jg. 50. S. 18–28.
Goodell, Rae (1977): The Visible Scientists. Boston: Little, Brown and Co.
Hartmann, Maren & Andreas Hepp (Hg.) (2010): Die Mediatisierung der Alltagswelt. Wiesbaden: Verlag für Sozialwissenschaften.
Hepp, Andreas & Veronika Krönert (Hg.) (2009): Medien, Event und Religion: Die Mediatisierung des Religiösen. Wiesbaden: Verlag für Sozialwissenschaften.
Hjarvard, Stig (2008a): The Mediatization of Religion. In: Northern Lights, Jg. 6. S. 9–26.
Hjarvard, Stig (2008b): The mediatization of society. In: Nordicom Review, Jg. 29. S. 105–134.
Kepplinger, Hans Mathias (2002): Mediatization of Politics: Theory and Data. In: Journal of Communication, Jg. 52. S. 972–986.
Kepplinger, Hans Mathias & Thomas Zerback (2009): Der Einfluss der Medien auf Richter und Staatsanwälte. Art, Ausmaß und Entstehung reziproker Effekte. In: Publizistik, Jg. 54. S. 216–239.
Kleining, Gerhard (2010): „Vertrauen" in den Medien und im Alltag. In: Hartmann, Maren & Andreas Hepp (Hg.): Die Mediatisierung der Alltagswelt. Wiesbaden: Verlag für Sozialwissenschaften. S. 127–146.
Krotz, Friedrich (2001): Die Mediatisierung kommunikativen Handelns. Der Wandel von Alltag und sozialen Beziehungen, Kultur und Gesellschaft durch die Medien. Opladen: Westdeutscher Verlag.
Krotz, Friedrich (2007): Mediatisierung. Fallstudien zum Wandel von Kommunikation. Wiesbaden: Verlag für Sozialwissenschaften.
Krotz, Friedrich (2009): Mediatization: A Concept with which to Grasp Media and Societal Change. In: Knut Lundby (Hg.): Mediatization. Concept, Changes, Consequences. New York: Peter Lang. S. 21–40.

Lehmkuhl, Markus (2009): „Wir haben den ganzen Job selbst gemacht!“. In: wpk Quarterly, Jg. 2009. S. 11–13.
Lewenstein, Bruce V. (1995): From fax to facts: Communication in the cold fusion saga. In: Social Studies of Science, Jg. 25. S. 403–436.
Mäder, Alexander (2009): Vertauschte Rollen. In: wpk Quarterly, Jg. 2009. S. 7–9.
Marcinkowski, Frank (2005): Die „Medialisierbarkeit“ politischer Institutionen. In: Rössler, Patrick & Friedrich Krotz (Hg.): Mythen der Mediengesellschaft – The Media Society and its Myths. Konstanz: UVK. S. 341–370.
Marr, Mirko & Frank Marcinkowski (2006): Prominenz als Bedrohung. Zur Medialisierung des Spitzensports. In: Medien + Erziehung, Zeitschrift für Medienpädagogik, Jg. 50. S. 63–72.
Merton, Robert (1985): Entwicklung und Wandel von Forschungsinteressen. Aufsätze zur Wissenschaftssoziologie. Frankfurt a. M.: Suhrkamp Verlag.
Meyen, Michael (2009): Medialisierung. In: Medien & Kommunikationswissenschaft, Jg. 57. S. 23–38.
Neidhardt, Friedhelm (2002): Wissenschaft als öffentliche Angelegenheit. Berlin: Wissenschaftszentrum für Sozialforschung.
Nelkin, Dorothy (1994): Promotional metaphors and their popular appeal. In: Public Understanding of Science, Jg. 3. S. 25–31.
Nerlich, Brigitte (2010): ‚Climategate‘: Paradoxical Metaphors and Political Paralysis. In: Environmental Values, Jg. 19. S. 419–442.
Neverla, Irene (2010): Medien als soziale Zeitgeber im Alltag. In: Hartmann, Maren & Andreas Hepp (Hg.): Die Mediatisierung der Alltagswelt. Wiesbaden: Verlag für Sozialwissenschaften. S. 183–194.
Neverla, Irene & Hans von Storch (2009): Wer den Hype braucht. In: Die Presse, 23. 7. 2010.
Peters, Hans Peter u. a. (2009): Kontakte biomedizinischer Forscher mit Journalisten und Öffentlichkeit: internationaler Vergleich von Erfahrungen und Einstellungen in Deutschland, Frankreich, Großbritannien, Japan und den USA. In: Peters, Hans Peter (Hg.): Medienorientierung biomedizinischer Forscher im internationalen Vergleich. Die Schnittstelle von Wissenschaft und Journalismus und ihre politische Relevanz. Jülich: Forschungszentrum Jülich. S. 45–100.
Post, Senja (2009): Klimakatastrophe oder Katastrophenklima? Die Berichterstattung über den Klimawandel aus Sicht der Klimaforscher. Baden-Baden: Nomos.
Rödder, Simone (2009): Reassessing the Concept of Medialization of Science – A Story from the „Book of Life“. In: Public Understanding of Science, Jg. 18. S. 452–463.
Rödder, Simone & Mike S. Schäfer (2010): Repercussion and resistance: An empirical study in the interrelation between science and mass media. In: Communications, Jg. 35. S. 249–267.
Rödder, Simone, Peter Weingart & Martina Franzen (Hg.) (2011): The Sciences' Media Connection – Communication to the Public and its Repercussions. Sociology of the Sciences Yearbook. Dordrecht: Springer.
Rossmann, Constanze (2011): Theory of Reasoned Action – Theory of Planned Behavior. Baden-Baden: Nomos.
Schäfer, Mike S. (2007): Wissenschaft in den Medien. Die Medialisierung naturwissenschaftlicher Themen. Wiesbaden: Verlag für Sozialwissenschaften.
Schäfer, Mike S. (2009): From Public Understanding to Public Engagement: An Empirical Assessment of Changes in Science Coverage. In: Science Communication, Jg. 30. S. 475–505.
Schäfer, Mike S., Ana Ivanova & Andreas Schmidt (2011): Globaler Klimawandel, globale Öffentlichkeit? Medienaufmerksamkeit für den Klimawandel in 23 Ländern. In: Studies in Communication/Media, Jg. 1. S. 131–148.

Schulz, Iren (2010): Mediatisierung und der Wandel von Sozialisation: Die Bedeutung des Mobiltelefons für Beziehungen, Identität und Alltag im Jugendalter. In: Hartmann, Maren & Andreas Hepp (Hg.): Die Mediatisierung der Alltagswelt. Wiesbaden: Verlag für Sozialwissenschaften. S. 231–242.
Schulz, Winfried (2004): Reconstructing mediatization as an analytical concept. In: European Journal of Communication, Jg. 19. S. 87–101.
Schützenmeister, Falk & Maike Bußmann (2009): Online-Befragungen in der Wissenschaftsforschung. In: Jackob, Nikolaus, Harald Schoen & Thomas Zerback (Hg.): Sozialforschung im Internet. Methodologie und Praxis der Online-Befragung. Wiesbaden: Verlag für Sozialwissenschaften. S. 245–260.
Schwägerl, Christian (2009): „Die Industrieländer stecken tief in der CO_2-Insolvenz". Interview mit Hans Joachim Schellnhuber, 1.9.2009 (http://www.spiegel.de/wissenschaft/natur/0,1518,646049,00.html, Zugriff am 16.1.2012).
Shinn, Terry & Richard Whitley (1985): Expository Science. Forms and Functions of Popularisation, Yearbook in the Sociology of the Sciences. Dordrecht: Kluwer.
Stichweh, Rudolf (1988): Differenzierung des Wissenschaftssystems. In: Mayntz, Renate, Bernd Rosewitz, Uwe Schimank & Rudolf Stichweh (Hg.): Differenzierung und Verselbständigung. Zur Entwicklung gesellschaftlicher Teilsysteme. Frankfurt a. M.: Campus. S. 45–115.
Stichweh, Rudolf (1994a): Professionen und Disziplinen: Formen der Differenzierung zweier Systeme beruflichen Handelns in modernen Gesellschaften. In: Stichweh, Rudolf (Hg.): Wissenschaft, Universität, Professionen. Soziologische Analysen. Frankfurt a. M.: Suhrkamp. S. 278–336.
Stichweh, Rudolf (1994b): Wissenschaft. Universität. Profession. Frankfurt a. M.: Suhrkamp.
Thompson, John B. (1995): The Media and Modernity. Cambridge: Polity.
Vowe, Gerhard (2006): Mediatisierung der Politik? Ein theoretischer Ansatz auf dem Prüfstand. In: Publizistik, Jg. 51. S. 437–455.
Weingart, Peter (1998): Science and the Media. In: Research Policy, Jg. 27. S. 869–879.
Weingart, Peter (2001): Die Stunde der Wahrheit? Zum Verhältnis der Wissenschaft zu Politik, Wirtschaft und Medien in der Wissensgesellschaft. Weilerswist: Velbrück.
Weingart, Peter (2002): The moment of truth for science. The consequences of the ‚knowledge society' for society and science. In: EMBO reports, Jg. 3. S. 703–706.
Weingart, Peter (2003): Wissenschaftssoziologie. Bielefeld: transcript.
Weingart, Peter (2005a): Die Wissenschaft der Öffentlichkeit und die Öffentlichkeit der Wissenschaft. In: Weingart, Peter (Hg.): Die Wissenschaft der Öffentlichkeit. Essays zum Verhältnis von Wissenschaft, Medien und Öffentlichkeit. Weilerswist: Velbrück. S. 9–33.
Weingart, Peter (2005b): Die Wissenschaft der Öffentlichkeit. Essays zum Verhältnis von Wissenschaft, Medien und Öffentlichkeit. Weilerswist: Velbrück.
Weingart, Peter, Anita Engels & Petra Pansegrau (2000): Risks of communication: discourses on climate change in science, politics, and the mass media. In: Public Understanding of Science, Jg. 9. S. 261–283.
wpk Quarterly (2009): Der Rummel um Ida. In: wpk Quarterly, Jg. 2009. S. 9–11.

Wer hat Angst vor „Klimaflüchtlingen"? Wie die mediale und politische Konstruktion des Klimawandels den politischen Handlungsspielraum strukturiert

Angela Oels & Anabela Carvalho

Wie wirkt sich die Medienberichterstattung über den Klimawandel auf die Politik aus? Und inwiefern nutzt die Politik die Medien für ihre Zwecke? Diese Fragen stehen im Mittelpunkt dieses Beitrags und werden sowohl auf theoretischer Ebene als auch anhand zweier Fallbeispiele diskutiert.

Das Verhältnis zwischen Medien und Politik ist von komplexen Wechselwirkungen geprägt. Die Medien sind weder Marionetten in den Händen der Regierenden, noch allmächtige Akteure gegenüber der Politik. Wie wir im Folgenden zeigen werden, nehmen die Medien v. a. auf die Problemdefinition und das Agenda-Setting Einfluss. Die Medien beeinflussen v. a., welche Themen auf der politischen Tagesordnung landen. Aber auch in der Phase der Evaluation von ergriffenen politischen Maßnahmen üben Sie Einfluss aus. Die politischen Entscheidungsträger kontrollieren ihrerseits den rechtlichen, ökonomischen und institutionellen Rahmen, in dem die Medien operieren. Sie berücksichtigen die Medien bei der Planung ihres Vorgehens, um im Inland Unterstützung für bestimmte politische Vorhaben zu mobilisieren. Zu diesem Zweck werden die Medien gezielt mit Informationen versorgt. Des Weiteren werden die Medien in der Außenpolitik gern genutzt, um eine Botschaft an andere Staaten zu schicken oder um die Reaktion auf ein mögliches politisches Vorhaben auszutesten.

Für den Fall des Klimawandels zeigen wir einige Besonderheiten im Verhältnis von Medien und Politik auf, die sich aus der bisher vorliegenden Forschung ergeben. Hier hat die politische Agenda eindeutig größeren Einfluss auf die Medienberichterstattung als umgekehrt. So hat die politische und die wissenschaftliche Agenda den Zeitpunkt und die Quantität der medialen Berichterstattung beeinflusst, zunehmend aber auch das Framing (Weingart u. a. 2000). Allerdings lässt sich belegen, dass – wenn auch zu einem geringeren Anteil – umgekehrt auch die Politik von den Medien unter Handlungsdruck gesetzt wurde, so bspw. im Vorfeld des Klimagipfels von Kopenhagen im Dezember 2009.

Ein besonderer Fall der Interaktion zwischen Medien und Politik ist die sogenannte Versicherheitlichung. Nach der Kopenhagener Schule liegt Versicherheitlichung dann vor, wenn ein Thema als eine existentielle Bedrohung dargestellt wird, die außergewöhnliche politische Maßnahmen erforderlich erscheinen lässt (Buzan u. a. 1998: 21). Im Fall des Klimawandels werden „Millionen von Klimaflüchtlingen“ von einigen westlichen Tageszeitungen als Bedrohung für die Industrieländer konstruiert (Oels 2012; Farbotko 2011). Zum einen werden die Bewohner tief liegender pazifischer Inselstaaten teils als die ersten „Klimaflüchtlinge“ in den Entwicklungsländern bezeichnet (Farbotko 2011). Zum anderen wurden die Überlebenden von New Orleans nach Hurrikan Katrina als die ersten „Klimaflüchtlinge“ in den Industrieländern bezeichnet (Giroux 2006). Anhand dieser zwei Fälle wird in diesem Beitrag illustriert, welche Auswirkungen die Darstellung von „Klimaflüchtlingen“ als Sicherheitsbedrohung auf die politischen Handlungsoptionen hat bzw. hatte.

Unser Beitrag beginnt mit einer Einführung in die wichtigsten Theorien, mit denen die wechselseitige Einflussnahme von Medien und Politik theoretisch beschrieben worden ist. Der zweite Abschnitt stellt einige Besonderheiten des Verhältnisses von Medien und Politik in Bezug auf den Klimawandel dar. Der dritte Abschnitt fokussiert die Aufmerksamkeit auf einen Spezialfall der Interaktion zwischen Medien und Politik: die Versicherheitlichung. Im vierten Teil werden dann die zwei bereits erwähnten Fallbeispiele vorgestellt, in denen „Klimaflüchtlinge“ als Sicherheitsbedrohung dargestellt wurden, und die politischen Konsequenzen dieser Mediendarstellung diskutiert. Im Schlussteil heben wir den Forschungsbedarf in diesem Untersuchungsfeld hervor.

1 Theoretische Perspektiven auf den wechselseitigen Einfluss von Medien und Politik

Die Einflüsse der Medien auf die Politik sowie der Politik auf die Medien in demokratischen Gesellschaften sind auf theoretischer Ebene in sehr unterschiedliche Begriffe gefasst worden. In einer der ersten wissenschaftlichen Untersuchungen zur Rolle der Medien in der internationalen Politik argumentierte Bernard Cohen (1963), dass die Presse im „strategic center“ des Entscheidungsprozesses der amerikanischen Exekutive sowie des Kongresses angesiedelt sei. Cohen definierte drei Rollen, die von der Presse in der Außenpolitik eingenommen werden können: Beobachter, Teilnehmer und Katalysator. Cohen war der erste, der beobachtete, was später als Agenda-Setting-Funktion der Medien bekannt wurde: „[The press] may not be successful much of the time in telling people what to think, but it is stunningly successful in telling its readers what to think about.“ (Cohen 1963: 13) Das Konzept des Agenda-Setting wurde von McCombs und Shaw (1972) weiterentwickelt und gewann an Einfluss. Es geht hier um drei verschiedene Agenden: die Agenda der Medien, die öffentliche Agenda und die politische Agenda, die sich jeweils wechselseitig beeinflussen.

Zu Beginn des zwanzigsten Jahrhunderts lieferte Walter Lippmann in *Public Opinion* (1922/1960) eine interessante Beschreibung davon, wie „manufacture of consent“ durch die Medien erfolgt. Lippmann hatte eine zutiefst pessimistische Haltung was die Wirkungsweise der Demokratie anging. In seinen Untersuchungen zeigte er, wie Individuen von politischen Entscheidungsträgern manipuliert wurden, und wie deren Wahrnehmung der Realität sich einfach durch medialisierte Kommunikation und Propaganda formen ließ. Ähnlich haben auch Noam Chomsky und Edward S. Herman die Medien als Werkzeug im Dienst der jeweils dominanten Ideologie untersucht, die das „nationale Interesse" stets im Sinne der Interessen der herrschenden politischen Elite hin definiert. In Untersuchungen zur US-Außenpolitik und der Medienberichterstattung über Fälle wie El Salvador, Osttimor und die terroristischen Anschlägen vom 11. September 2001 zeigten Herman und Chomsky (1988; Chomsky 1997), dass die Medien „necessary illusions" in den Köpfen der Bürger erzeugen würden (Chomsky 1989). Der Mediendiskurs – oder dessen Ausbleiben – spiele eine zentrale Rolle in der Außenpolitik von Staaten, argumentieren Herman und Chomsky. In ihrem Buch *Manufacturing Consent: The Political Economy of the Mass Media* (1988) stellten Herman und Chomsky ihr „Propaganda-Modell" dar, in dem sie Erklärungen für die unterwürfige Rolle der Medien in der amerikanischen Außenpolitik entwickelten. Zu diesen Erklärungen zählen die Abhängigkeit der Medien von offiziellen Quellen, die „Religion des Anti-Kommunismus"(während des Kalten Krieges, aber auch allgemein), die Konzentration der Eigentumsanteile an den Medien in den Händen weniger und die engen Verflechtungen zwischen Wirtschaft und Medien, insbesondere die Abhängigkeit der Medien von Werbung. Zu einer ähnlichen Einschätzung kommt auch W. Lance Bennett (z. B. 1988/2008) in *News: The Politics of Illusion*. Bennett arbeitete die Bedeutung strategischer Kommunikation heraus. Er untersuchte, wie verschiedene politische Akteure versuchen, ihre Sichtweise in die Schlagzeilen zu bringen.

Im Gegensatz zu den bisher vorgestellten Studien boomte in den 1990er Jahren eine andere Einschätzung der Rolle der Medien rund um den sogenannten CNN-Effekt. Gemeint ist die Fähigkeit der Medien, Druck auf Staaten auszuüben, damit bestimmte Maßnahmen ergriffen werden, wie bspw. die „humanitäre" Intervention in Somalia 1992. Boutros-Ghali, der damalige Generalsekretär der Vereinten Nationen, nannte CNN das „sixth member of the Security Council", so groß war der vermutete Einfluss von CNN auf die mächtigsten Staaten der Erde. Neuere Studien relativeren oder hinterfragen den CNN-Effekt eher (Robinson 2001; Gilboa 2005).

Die komplexe Rolle und Funktion der Medien in der Gegenwart kann letztlich weder darauf reduziert werden, dass die Medien allmächtige Akteure gegenüber der Politik darstellen, noch darauf, dass sie Marionetten in den Händen der Regierungen sind. Es ist wichtig, zwei Fragen genauer zu untersuchen: Wie berücksichtigen politische Entscheidungsträger die Medien bei der Planung ihres Vorgehens? Und welche Art der Einflussnahme geht von den Medien auf die Politik aus?

Zur Beantwortung dieser zwei Fragen finden wir den Beitrag von Patrick O'Heffernan in *Mass Media and American Foreign Policy* (1991) besonders hilfreich. O'Heffernan untersuchte Fälle der US-Außenpolitik zwischen November 1977 und März 1988 und erforschte, wie die politischen Akteure der USA die Wechselwirkung zwischen Politik und Medien wahrnahmen. Er kam zu der Einschätzung, dass es eine „interdependent relationship of mutual exploitation" zwischen den Medien und dem politischen System gibt, d. h. komplexe Wechselwirkungen mit vielfältigen Formen gegenseitiger Einflussnahme. O'Heffernans sogenanntes „Insider Model of Media and the Policy Process" besteht aus zwei Teilen. Der erste Teil befasst sich mit der Einflussnahme der Medien auf verschiedene Phasen des Politikzyklus: die Phase der Problemdefinition, der Lösungsfindung bzw. Agenda-Setting, der Politikformulierung, der Implementation und der Evaluation. Auf der Grundlage seiner Untersuchungen folgerte O'Heffernan, dass die von den Medien in Umlauf gebrachten Informationen und ihre Repräsentation der Realität sich auf alle Phasen des Politikzyklus auswirken, jedoch insbesondere auf die erste, die Problemdefinition. Auch er beobachtete die Agenda-Setting-Funktion der Medien, d. h. wie die Medien die Aufmerksamkeit der politischen Handlungsträger auf bestimmte Ziele, Regionen, Länder, Organisationen, Themen und Situationen lenken (O'Heffernan 1991: 99).

Eine starke Rolle der Medien lässt sich laut O'Heffernan (1991: 98) auch in der Evaluationsphase ausmachen, in der die Medien die ergriffenen politischen Maßnahmen bewerten und die Messlatte für zukünftige Politik definieren. Als Folge dieser Bewertung durch die Medien kann die Politik sich entschließen, in der kritisierten Angelegenheit nachzubessern oder das Medienecho für zukünftige Maßnahmen zu berücksichtigen. Eine andere Beobachtung von O'Heffernan war, dass die Medien das Handlungsspektrum der Regierung einschränken können. Die Art der Darstellung bestimmter Themen hatte zur Folge, dass einige Optionen oder Ergebnisse undenkbar wurden. Schließlich hat O'Heffernan auch beobachtet, dass die Medien das Tempo des politischen Prozesses erhöhten.

Im zweiten Teil seines Modells untersuchte O'Heffernan die Medien als Ergebnis des politischen Prozesses („Governmental Output"), d. h. er betrachtete die Art und Weise, wie politische Akteure mit den Medien umgehen. Er zeigte, dass die Medien eine Schlüsselrolle dabei spielen, ein günstiges Umfeld für eine bestimmte Außenpolitik herzustellen. O'Heffernan unterschied zwischen verschiedenen Arten, wie die Medien von politischen Akteuren für bestimmte Zwecke genutzt werden können. Die Medien spielen erstens eine zentrale Rolle dabei, im Inland Unterstützung für bestimmte Themen und politische Prioritäten zu mobilisieren. Die politischen Akteure versuchen, über die Medien einen Rückhalt für allgemeine Ziele der Außenpolitik in der Öffentlichkeit aufzubauen, lassen jedoch die Details noch offen. Daher ist es eine Strategie der Politik, die Medien mit Nachrichten über ein bestimmtes Thema oder Land zu „überfluten", um eine Stimmung zu schaffen, die politisches Handeln ermöglicht. Umgekehrt wird über andere Themen gar kein Material an die Medien weitergegeben, um die Aufmerksamkeit der Medien fernzuhalten und auf andere Fragen zu lenken. Zweitens „benutzen" die Regierungen ihre nationalen Medien auch, um Signale an andere Länder und die internationale Gemeinschaft zu senden und dort Rückhalt für ihre Außenpolitik aufzubauen (O'Heffernan 1991: 106), um politische Prioritäten zu formulieren und um eine Grundlage für offizielle Gespräche zu schaffen. Schließlich folgerte O'Heffernan (1991: 105), dass die Medien manchmal genutzt werden, um die politischen Optionen offen zu halten, aber schon einmal Prioritäten festzulegen. So können die Medien – im Inland wie international – als Versuchsballon fungieren, mit dem Regierungen die öffentliche Reaktion auf verschiedene Handlungsoptionen ohne großes Risiko testen. Im Folgenden zeigen wir die Relevanz von O'Heffernans Insider-Modell für den Untersuchungsgegenstand Klimawandel im Allgemeinen und für „Klimaflüchtlinge" im Besonderen.

2 Die Medien und die Klimapolitik

Momentan ist der Klimawandel ein wichtiges politisches Thema in vielen Ländern und ein Schlüsselthema in der internationalen Politik. Die Rolle und Funktion der Medien im Bereich der Klimapolitik – national und international – zu verstehen, ist ein bedeutendes Forschungsziel. In diesem Abschnitt fassen wir den Stand der Forschung zu diesem Thema zusammen. Historisch gesehen waren es politische Ereignisse, die den Klimawandel auf die Agenda der Medien setzten. Wie Mazur (1998) für die USA und Carvalho und Burgess (2005) für Großbritannien zeigten, war der große Anstieg der Medienaufmerksamkeit für den Klimawandel Ende der 1980er Jahre ganz klar verbunden mit dem öffentlichen Auftritt von James Hansen vor dem US-Kongress und mit Reden von Margaret Thatcher. Die darauf folgenden Wellen in der Berichterstattung im Verlauf der vergangenen zwei Jahrzehnte korrelieren mit der politischen Agenda: Die meisten Wellenberge wurden von offiziellen intergouvernementalen Klimaverhandlungen ausgelöst (Carvalho & Pereira 2008; Olausson 2009; Sampei & Aoyagi-Usui 2009). Daher scheint die politische Agenda die Medienagenda mehr beeinflusst zu haben, als dies andersherum der Fall war.

Neben dem Ausmaß der Berichterstattung trägt auch die diskursive Rahmung des Klimawandels in den Medien den Stempel der Politik. In einer der ersten Studien über „claims and frames" in den US-amerikanischen Nachrichten zeigte Trumbo (1996), dass die Medienberichterstattung über den Klimawandel anfangs zwar von wissenschaftlichen Stimmen, später jedoch von politischen Akteuren und politischen Belangen dominiert wurde. Es gibt Anzeichen, dass – ganz im Sinne von O'Heffernan – politische Akteure versuchen, durch die Medien Rückhalt in der Bevölkerung für politische Maßnahmen zu erzeugen. So hat bspw. Thatcher versucht, neue Investitionen in die Kernkraft zu rechtfertigen, indem sie den Klimawandel dramatisierte (Carvalho 2005).

Das Generieren von Zustimmung bzw. stillschweigendem Einverständnis der Bürger im Hinblick auf geplante politische Maßnahmen ist ein essentieller Service, den die Medien für die Politik erbringen (Lippman 1922/1960; Herman & Chomsky 1988). Der Klimawandel ist hier keine Ausnahme. Es gibt jedoch genauso abweichende Meinungen und Konflikte. Eine Längsschnittanalyse des britischen Mediendiskurses deutet darauf hin, dass einige Medien die Regierungspläne unterstützt haben, während andere die Ziele zur Treibhausgasreduktion als nicht ambitioniert genug kritisierten (Carvalho 2005). Die britische Regierung setzte weiter auf Wirtschaftswachstum und einen schlanken Staat zur Lösung der Klimakrise. Die Kritiker schränkten durch die Art der symbolischen Darstellung das Spektrum möglicher Lösungsoptionen ein (Carvalho 2005) und übten dadurch Einfluss auf die Lösungsfindung und die Politikformulierung aus. Dennoch wurde von den Mainstream-Medien weder das Prinzip der Marktwirtschaft noch das der neo-liberalen Politik je in Frage gestellt. Das bedeutet, dass die Evaluation der Klimapolitik durch die Medien doch eher oberflächlich blieb, da sie strukturelle Faktoren ausblendete.

Neben den Regierungen versucht auch ein breites Spektrum gesellschaftlicher Gruppierungen die Medienberichterstattung über den Klimawandel zu beeinflussen, von Oppositionsparteien bis hin zu Wirtschaftsakteuren. Public-Relations-Berater entwickeln zunehmend Kommunikationsstrategien und Kampagnen für vielfältige Institutionen. Zugleich sind die zeitlichen und finanziellen Ressourcen der Journalisten weiter rapide geschrumpft. Zahlreiche Forschungsprojekte haben belegt, welchen finanziellen und organisatorischen Aufwand bestimmte politische, ideologische und kommerzielle Gruppierungen betreiben, um die öffentliche Wahrnehmung des Klimawandels zu beeinflussen, allen voran große Energiekonzerne und die Konservativen in den USA (Oreskes & Conway 2010; McCright & Dunlap 2000; 2003). Den sogenannten Klima-Skeptikern wurde in den US-amerikanischen Medien gewaltiger Raum zur Selbstdarstellung eingeräumt (Antilla 2005; Boykoff & Boykoff 2004) und damit deutlich mehr als in Europa (Carvalho 2007). Die Darstellung wissenschaftlicher Befunde als unsicher und unglaubwürdig diente dazu, allgemeines Misstrauen zu schüren und Klimapolitik zu verhindern. Eine weitere Form des Klimaskeptizismus stellen Versuche dar, Maßnahmen zur Treibhausgasreduktion als „zu teuer" oder „unwirksam" darzustellen. Vor dem Hintergrund der Arbeiten von O'Heffernan sind dies alles Versuche, um den herrschenden Status Quo zu legitimieren und Wandel (durch Klimapolitik) zu verhindern. Vor dem Hintergrund von Chomskys Befunden scheinen die Klimaskeptiker das Ziel zu verfolgen, einen Konsens für die weitere kommerzielle Ausbeutung von Ölvorkommen herstellen zu wollen. Im Namen der individuellen Freiheit, grenzenlos zu konsumieren und Auto zu fahren, werden darüber hinaus die Interessen der Automobillobby gestützt.

Wie bereits ausgeführt, hat die Politik die Berichterstattung in den Medien maßgeblich beeinflusst. Im Gegenzug hat sicherlich die Berichterstattung in den Medien Regierungen „gezwungen", sich zum Phänomen Klimawandel zu verhalten, wenn nicht sogar Maßnahmen zu ergreifen. Was noch wichtiger war: die diskursive Repräsentation des Klimawandels in den Medien hat die Bedingungen für politisches Handeln (oder Nicht-Handeln) vorstrukturiert. Beispielsweise setzt eine Rahmung des Klimawandels als dramatisch und dringlich Politiker unter Handlungsdruck. Zugleich werden die Bürger durch einen solchen „alarmistischen" Diskurs eher entmutigt und tendieren dazu, sich nicht mehr zu engagieren (Hulme 2007; O'Neill & Nicholson-Cole 2009). Die 15. Vertragsstaatenkonferenz zur Klimarahmenkonvention (COP-15) in Kopenhagen im Dezember 2009 wurde von einer breiten Gegenöffentlichkeit begleitet, die einen

Durchbruch in den internationalen Klimaverhandlungen verlangte. Als dieser jedoch ausblieb, wurde die Kopenhagener Konferenz als „fehlgeschlagen" bewertet, was sich auch in der Medienberichterstattung niederschlug. Diese negative Evaluation durch die Zivilgesellschaft und die Medien erzeugte nun wiederum Handlungsdruck für die Folgekonferenz in Cancun im Dezember 2010, wo tatsächlich ein (bescheidener) Fortschritt erzielt wurde.

Doch auch die Wissenschaft spielt eine wichtige Rolle in der Klimapolitik und Medienberichterstattung. Eine Studie von Weingart und KollegInnen (2000: 275) zeigte, dass in Deutschland Wissenschaftler maßgeblich am Aufbau von politischem Handlungsdruck beteiligt waren, indem sie das Wort „Klimakatastrophe" Mitte der 1980er Jahre in Umlauf brachten. Die Medien griffen die „Klimakatastrophe" auf und verwiesen auf den angeblich vorhandenen wissenschaftlichen Konsens:

> „it may be said that in the German discourse on climate change, scientists politicized the issue, politicians reduced the scientific complexities and uncertainties to CO_2 emissions reduction targets, and the media ignored the uncertainties and transformed them into a sequence of events leading to catastrophe and requiring immediate action." (Weingart u. a. 2000: 280)

Mitte der 1990er Jahre, nachdem die ersten klimapolitischen Maßnahmen in Deutschland eingeführt worden waren, wurde von einigen deutschen Medien (z. B. dem Spiegel) plötzlich die verbliebene wissenschaftliche Unsicherheit in den Vordergrund gestellt und die ergriffenen Maßnahmen der Klimapolitik als voreilig und übertrieben dargestellt. Diese Fallstudie weist auf die große Bedeutung der Schnittstelle Wissenschaft-Politik hin, die zum Teil den Mediendiskurs definiert, zugleich aber auch vom Mediendiskurs beeinflusst wird.

Die Medien reproduzieren und verändern auch die Weltanschauungen, die in der Klimapolitik eine Rolle spielen. Diese „map-making function" der Medien (Cohen 1963) erschafft beispielsweise bestimmte politische Geographien, die einige politische Entscheidungen ermöglichen und andere untergraben. Die Medien können eine eher nationalstaatliche, egoistische Perspektive einnehmen, bspw. indem Reduktionsziele für Treibhausgase als bedrohlich für nationale Interessen dargestellt werden. Die Medien können aber auch einen internationalen, kosmopolitischen Blickwinkel einnehmen, indem sie v. a. die Auswirkungen des Klimawandels auf die Menschen in anderen Ländern und auf zukünftige Generationen herausstellen.

Abschließend noch ein Hinweis zur Vorsicht. Erstens dürfen nicht alle Medien über einen Kamm geschoren werden. Es gibt zwischen verschiedenen Ländern aber auch innerhalb der Länder große Unterschiede in der organisatorischen Kultur, der Stellung und der Arbeitsweise der Medien. In diesem Kapitel haben wir v. a. Mainstream-Medien behandelt und auf einige wichtige Unterschiede zwischen ihnen hingewiesen. Nicht behandeln konnten wir hingegen alternative, kleine, partizipativere Medien, die zumeist in digitalen Formaten angeboten werden. Diese leisten einen wichtigen Beitrag dazu, die Debatte um den Klimawandel neu und auf andere Weise zu gestalten (Gunster 2011). Zweitens kann es keine universelle Theorie über die Schnittstelle Medien-Politik geben. Die Ausgestaltung dieser Schnittstelle ist sehr länderspezifisch und abhängig von den politischen Institutionen, der organisatorischen Struktur der Medien und der Kultur. Im Bereich dieser kontext-abhängigen Einflüsse ist mehr Forschung nötig.

3 Kopenhagener Schule der Versicherheitlichung

Der Klimawandel wird in Politik und Medien seit 2003 vermehrt als Bedrohung der nationalen, menschlichen und internationalen Sicherheit dargestellt. Für diesen besonderen Fall des „Framing“ des Klimawandels als Sicherheitsbedrohung soll im Folgenden das Verhältnis von Medien und Politik genauer untersucht werden. Auch sollen die politischen Folgen einer sogenannten „Versicherheitlichung“ des Klimawandels am Thema Klimaflucht aufgezeigt werden.

Die Risikokonstruktion des Klimawandels in Wissenschaft, Politik und Medien hat sich in den vergangenen zwanzig Jahren stark gewandelt (Oels 2012). Zu Beginn war der Klimawandel v. a. ein Emissionsproblem, das der Emissionsreduktion (Mitigation) in den Industrieländern bedurfte (Tompkins & Adger 2005: 563; Oels 2005). Seit 2001 gilt ein bestimmter Level an Klimaveränderung als nicht mehr vermeidbar. Daher ist eine Politik der Anpassung (Adaptation) neben die Mitigation des Klimawandels getreten (Oels 2012). Seit 2003 und mit einem Höhepunkt im Jahr 2007 wird der Klimawandel schließlich als existentielle Bedrohung der nationalen, internationalen und menschlichen Sicherheit diskutiert (Brzoska & Oels 2011; Oels 2011). Großbritannien setzte die möglichen Sicherheitsimplikationen des Klimawandels im April 2007 auf die Tagesordnung des UN-Sicherheitsrates, woraufhin sich 55 Institutionen und Länder mit Wortbeiträgen an einer offenen Aussprache ohne Abschlussdokument beteiligten (UN Security Council 2007a; b). Die kleinen Inselstaaten beantragten in der UN-Vollversammlung einen Bericht des UN-Generalsekretärs zum Thema *Climate change and its possible security implications*, den Ban Ki Moon im September 2009 vorlegte (UN General Assembly 2009). In diesem Bericht heißt es, dass in vielen Weltregionen extreme Wetterereignisse, Dürren, Überflutungen und ansteigender Meeresspiegel humanitäre Katastrophen auszulösen drohen. Es wird befürchtet, dass als Folge dieser Ereignisse die Versorgung der betroffenen Bevölkerung zusammenbricht und dies zu abrupten, unkontrollierbaren Migrationswellen führen könnte (UN General Assembly 2009: 15). Am 20. Juli 2011 hat Deutschland den Klimawandel erneut auf die Tagesordnung des UN-Sicherheitsrates gesetzt. Auf Drängen Deutschlands wurde eine – jedoch stark abgeschwächte – präsidiale Erklärung vom UN-Sicherheitsrat verabschiedet, die den Klimawandel als Sicherheitsproblem anerkennt (UN Security Council 2011a; b).

Welche Rolle haben Wissenschaft, Medien und Politik bei der Konstruktion des Klimawandels als Sicherheitsbedrohung gespielt, wie haben sie interagiert? Und welche Auswirkungen hat die Konstruktion des Klimawandels als Sicherheitsbedrohung? Die Kopenhagener Schule hat eine politikwissenschaftliche Theorie der Versicherheitlichung entwickelt, in der den Medien eine wichtige Rolle zukommt. Die Kopenhagener Schule um Ole Waever, Barry Buzan und Jaap de Wilde (Buzan u.a. 1998) definiert Versicherheitlichung als einen performativen Sprechakt (Waever 1995: 55), der eine existentielle Bedrohung eines Referenzobjekts ausruft und außergewöhnliche Maßnahmen zur Beseitigung dieser Gefahr als gerechtfertigt erklärt (Buzan u.a. 1998: 21). Die Bedeutung von Sicherheit wird dabei auf eine Freund-Feind-Logik festgelegt – der Feind bildet nach Carl Schmitt das antagonistische Außen, das die eigene Existenz bedroht (Waever 1995: 47). Der Sprecher ist dabei meist autorisiert als Teil der politischen Elite eines Landes, muss es aber nicht sein. Von Versicherheitlichung spricht man, wenn ein „relevantes" Publikum von der Notwendigkeit außergewöhnlicher Maßnahmen überzeugt werden konnte – z.B. die über diesen Vorschlag abstimmenden Abgeordneten. Die außergewöhnlichen Maßnahmen müssen dabei nicht tatsächlich ergriffen worden sein – es genügt, dass sie möglich erscheinen (Buzan u.a. 1998: 25). Den außergewöhnlichen Maßnahmen ist gemein, dass sie bestehende demokratische Verfahren durch überstürzte „Notabstimmungen" oder das Umgehen von Parlamenten aushebeln und Grundrechte (zumindest vorübergehend) außer Kraft setzen (Buzan u.a. 1998: 24). Die Anti-Terror-Gesetzgebung in den USA und Deutschland nach den Anschlägen vom 11.September 2001 sind ein gutes Beispiel für solche Maßnahmen. Die Kopenhagener Schule kritisiert dieses Regieren im Modus der Versicherheitlichung und fordert eine „Ent-Sicherheitlichung" und eine Rückkehr zu normalen demokratischen Verfahren der Politik (Waever 1995: 29).

Die Theorie der Kopenhagener Schule wurde inzwischen von vielen Seiten weiterentwickelt (Balzacq 2011). Zu den von der Kopenhagener Schule untersuchten Sprechakten sind inzwischen Praktiken, Bilder und Filme hinzugekommen, die auf die Konstruktion einer Sicherheitsbedrohung hin ausgewertet werden (Stritzel 2007). Zweitens wurde das Spektrum der möglichen Auswirkungen versicherheitlichender Sprechakte und Praktiken erweitert. Didier Bigo (2007) argumentiert, dass die Einengung der Untersuchung auf politische Ausnahmezustände in Bezug auf die Folgen der versicherheitlichenden Sprechakte und Praktiken nur die Spitze des Eisbergs sichtbar machen würde. Die Autoren der Kopenhagener Schule selbst haben für den Sektor der Umweltpolitik beobachtet, dass die Artikulation eines Umweltproblems als existentielle Sicherheitsbedrohung nur in sehr seltenen Fällen zu einer politischen Ausnahmesituation führt (Buzan u.a. 1998: 74). Viel häufiger sei hingegen, dass im Rahmen „normaler" politischer Prozesse die Lösung eines als Sicherheitsbedrohung erkannten Umweltproblems vorangetrieben wird, bspw. in internationalen Verhandlungen und Abkommen (Buzan u.a. 1998: 83). Julia Trombetta hat daher argumentiert, dass man eher davon ausgehen müsse, dass die Artikulation von Umweltproblemen als Sicherheitsbedrohung den „normalen" politischen Prozess befeuern würde, ganz im Sinne einer „Politisierung". Trombetta fordert daher, auch in solchen Fällen von einer „erfolgreichen Versicherheitlichung“ zu sprechen, wo die Stilisierung zur Sicherheitsbedrohung „brought about measures and policies that probably would not otherwise have been undertaken“ (Trombetta 2011: 136). In diesem Kapitel wird dieser erweiterten Lesart von Versicherheitlichung gefolgt.

Die Theorie der Kopenhagener Schule wurde durch Kombination mit soziologischen und psychologischen Theorien des Framing für die Kommunikationswissenschaften anschlussfähig gemacht (Vultee 2011). Im soziologischen Sinn wird unter einem Frame eine im Mediendiskurs eingesetzte „central organizing idea [...] for making sense of events“ (Gamson & Modigliani 1989: 3) verstanden. Im Prozess des Framing ordnen Medienakteure politische Ereignisse bzw. Themen in subjektive Interpretationsrahmen. Dabei werden ausgewählte Aspekte eines politischen Themas besonders betont und andere unsichtbar gemacht.

Vor dem Hintergrund der Framing-Theorie wird Versicherheitlichung im Folgenden als ein bestimmter Fall von Framing verstanden, als „ a form of framing that highlights the existential threat of an issue ... and diminishes the arguments for handling it as a matter of political routine“ (Vultee 2011: 79). Nach dem Prozess-Modell des Framing wird Versicherheitlichung als Aushandlungsprozess zwischen drei Gruppen verstanden: politischer Elite, öffentlicher Meinung und Medien. Politische Elite und breite Öffentlichkeit werden von den Medien angesprochen und antworten ihnen, sie treten in einen Dialog miteinander und mit den Medien (Balzacq 2005; Vultee 2011: 80). Der resultierende Frame ist Ergebnis des wechselseitigen Aushandlungsprozesses. Ein „securitizing move“, d. h. ein Sprechakt, der eine Sicherheitsbedrohung identifiziert, ist nur dann überzeugend, wenn er anschlussfähig an die bei den Rezipienten vorhandenen Sinnzusammenhänge ist (Balzacq 2005: 182). Der Akt der Versicherheitlichung wird hier definiert als „a sustained argumentative practice aimed at convincing a target audience to accept, *based on what it knows about the world,* the claim that a specific development is threatening enough to deserve an immediate policy to curb it“ (Balzacq 2009: 60 in Vultee 2011: 78). Nicht alle Medien versicherheitlichen in gleichem Maße – hier spielt die politische Ausrichtung der Herausgeber eine zentrale Rolle (Vultee 2011: 83). Einige Medien geben etwa eine von der Regierung gewählte versicherheitlichende Wortwahl nur in Anführungszeichen wieder, so wie viele liberale Zeitungen in den USA (und anderswo) den „Krieg gegen den Terror“ (Vultee 2011: 80).

Zwei Auswirkungen der Verwendung von Versicherheitlichung als Frame werden in der Literatur bislang v. a. diskutiert. Erstens funktioniert laut Vultee Versicherheitlichung als „cognitive shortcut“ (Vultee 2011: 84) beim Rezipienten, der das sorgfältige Verarbeiten der in einem Artikel aufgeführten Details überspringt und sich nur die Rahmung „Sicherheitsbedrohung“ merkt. Dies ist eine Wirkung auf individueller Ebene, die sich auf die Informationsverarbeitung auswirkt. Zweitens kann unter den richtigen Umständen bei bestimmten Rezipienten „a greater willingness to place authority as well as civil liberties, in the hands of the government “ entstehen (Vultee 2011: 84). Dies wäre eine Folge auf der politischen Ebene: Versicherheitlichung kann den Handlungsspielraum einer Regierung bis hin zum politischen Ausnahmezustand erweitern – insofern eine „kritische Masse" (O'Reilly 2008) den Frame akzeptiert.

4 Die mediale Konstruktion von „Klimaflüchtlingen" als Sicherheitsbedrohung

Eine zentrale Figur in der wissenschaftlichen, politischen und medialen Konstruktion des Klimawandels als Sicherheitsbedrohung stellt der sogenannte „Klimaflüchtling" dar (Hartmann 2010): Menschen, die voraussichtlich ihre Lebensgrundlage durch die Folgen des Klimawandels verlieren werden und daher dauerhaft migrieren müssen (Morrissey 2009). Bislang existieren „Klimaflüchtlinge" nur in Prognosen und auf dem Papier. Schon mangels einer klar operationalisierbaren Definition ist es nahezu unmöglich, einen „echten Klimaflüchtling" auszumachen (Farbotko 2011: 29). Zudem ist es schwer, Schwankungen in den klimatischen Bedingungen als Hauptursache für eine Entscheidung zur Migration zu identifizieren. Migrationsentscheidungen hängen meist von sehr vielen verschiedenen Faktoren ab, unter denen die Umwelt meist nur eine Nebenrolle spielt (Black 2001). Dort, wo ein starker Einfluss der klimatischen Bedingungen nahe liegt, bspw. nach einem extremen Wetterereignis wie einem Sturm, ist es momentan nahezu unmöglich, ein einzelnes Extremereignis mit Sicherheit auf den Klimawandel zurück zu führen (Docherty & Giannini, 2009: 390).

Daher existieren in der wissenschaftlichen Literatur (mindestens) zwei konkurrierende Schulen zum Thema „Klimaflüchtling": die Übertreiber („alarmists") und die Skeptiker („sceptics") (Gemenne 2009; Morrissey 2009). Die sogenannten Übertreiber warnen vor 250 Millionen bis eine Billion „Klimaflüchtlingen" im Jahr 2050 (Myers 1995: 2001) und fordern drastische Emissionsreduktionen in den Industrieländern, eine gezielte Anpassungspolitik in den Entwicklungsländern und einen legalen Flüchtlingsstatus für die Betroffenen. Die Übertreiber stellen „Klimaflüchtlinge" als hilflose Opfer des Klimawandels dar, die westlicher Hilfe und westlichen Schutzes bedürfen (Conisbee & Simms 2003). Die Übertreiber stehen meist der Umweltbewegung nahe und benutzen den „Klimaflüchtling" als Vehikel für umweltpolitische Forderungen (für Greenpeace z. B. Jakobeit & Methmann 2007). Die Skeptiker hingegen stammen meist aus der Migrationsforschung und bezweifeln, dass es „reine" Umweltflüchtlinge geben könnte (Black 2001). Aus ihrer Erfahrung mit dem komplexen Migrationsprozess kritisieren sie die These vom „Klimaflüchtling" als unzulässig deterministisch. Sie vertreten die Auffassung, der Klimawandel allein könne kein Auslöser von Flucht sein. Allenfalls im Zusammenspiel mit anderen ökonomischen und sozialen Faktoren könne es zu Migration kommen (Morrissey 2009). Überhaupt seien die Ärmsten ohne staatliche Unterstützung gar nicht in der Lage, über größere Entfernungen zu migrieren; Migration sei meist ein Privileg der sozial besser gestellten Bevölkerungsgruppen (Morrissey 2009: 36). Für die Bewohner tief liegender Inselgruppen im Pazifik behauptet bspw. John Connell, dass die ohnehin stattfindende, ökonomisch motivierte Migration nach Australien und Neuseeland durch den Klimawandel nur beschleunigt würde (Connell 2003). Die von den Übertreibern in Umlauf gebrachten Prognosen über die Zahl von „Klimaflüchtlingen" werden von den Skeptikern – aus wissenschaftlicher Sicht zu Recht – als unseriös zurück gewiesen (Hartmann 2010).

Für den „Klimaflüchtling" gibt es bis heute weder eine politisch anerkannte Definition noch einen wissenschaftlichen Konsens darüber, wer unter eine solche Kategorie fallen sollte (Docherty & Giannini 2009). Im internationalen politischen Diskurs wird der Begriff „Klimaflüchtling" inzwischen vermieden – an seine Stelle ist das Konzept der klima-induzierten Migration getreten. Politische Maßnahmen zur Rettung von klima-induzierten Migranten werden erst seit wenigen Jahren in größeren wissenschaftlichen und politischen Zirkeln diskutiert, so bspw. auf der von der norwegischen Regierung durchgeführten *The Nansen Conference on Climate Change and Displacement* vom 5. bis 7. Juni 2011 in Oslo, Norwegen. In den *Cancun Agreements* unter der Klimarahmenkonvention der Vereinten Nationen wurde im Dezember 2010 erstmals offiziell das Problem klima-bedingter Migration anerkannt. In Paragraph 14 (f) des *Adaptation Framework* wurden „[m]easures to enhance understanding, coordination and cooperation with regard to climate change induced displacement, migration and planned relocation, where appropriate, at the national, regional and international levels" (UNFCCC 2011: 5) unverbindlich empfohlen. Diese Anerkennung ist zum einen auf hartnäckige Lobbyarbeit bestimmter Organisationen wie der United Nations University zurückzuführen (Warner 2010). Zum anderen war aber sicherlich auch die stark angestiegene Medienberichterstattung über „Klimaflüchtlinge" hilfreich dabei, den Weg für eine politische Anerkennung der klima-induzierten Migration zu ebnen.

Die Rolle der Medien im Fall des „Klimaflüchtlings" ist bislang noch kaum systematisch erforscht. Da das Thema klima-induzierte Migration die politische Agenda erst in den letzten zwei Jahren erreicht hat und bislang im Kleingedruckten verhandelt wird, wurde die Medienagenda kaum von Statements der Regierungschefs geprägt. Stattdessen waren es v.a. Organisationen wie Umweltverbände, die Myers Zahlen von 50 Millionen „Klimaflüchtlingen" bis 2010 und 200 Millionen bis eine Billion bis 2050 in ihrer Öffentlichkeits- und Medienarbeit verwendeten (z.B. Jakobeit & Methmann 2007). Eine wichtige Rolle spielte auch die United Nations University (UNU), die das Thema „Klimaflucht" über die Medien lancierte, um politischen Handlungsdruck aufzubauen (UNU 2005). 2005 warnte erstmals das Umweltprogramm der Vereinten Nationen (UNEP) in Kooperation mit der United Nations University (UNU) vor 50 Millionen „Klimaflüchtlingen" schon im Jahr 2010. Dieses Statement wurde breit in den Medien reproduziert. So prägte der alarmistische Diskurs der Lobbygruppen den Mediendiskurs. Im Frühjahr 2011 wurden erstmals in den Medien die bislang veröffentlichten Zahlen über „Klimaflüchtlinge" hinterfragt und vor übertriebener Panikmache gewarnt. Anlass war ein Rückzieher der UNEP – sie löschte die Zahl von 50 Millionen „Klimaflüchtlingen" bis 2010 von ihrer Website. Der Spiegel Online titelte „Warnung von 2005: Prognose zu Klimaflüchtlingen bringt UNO in Bedrängnis" (Bojanowski 2011). Es sieht so aus, als ob sich hier eine diskursive Wende abzeichnet. Die wenigen vorliegenden wissenschaftlichen Untersuchungen zum Mediendiskurs befassen sich jedoch mit der davor liegenden Zeit des alarmistischen Diskurses.

4.1 Die mediale Konstruktion von „Klimaflüchtlingen" auf pazifischen Inseln

Wegen des Einflusses der Lobbygruppen, aber auch aus Gründen des Nachrichtenwertes dominierte bis vor kurzem in der Berichterstattung der westlichen Medien über den „Klimaflüchtling" die Stimme der sogenannten Übertreiber, darauf deutet zumindest eine Studie für Australien hin (Farbotko 2011). Die wenigen vorliegenden Studien zeigen an, dass die eher alarmistische Klimaberichterstattung sich negativ für die Betroffenen ausgewirkt hat (Farbotko 2011; Tierney u. a. 2006). Sie zeigen, dass die Medien Einfluss auf die Problemdefinition ausüben, wie von O'Heffernan für die erste Phase des Politikzyklus formuliert. In den australischen Medien wird die Existenz von „Klimaflüchtlingen" bislang erstens als unbestrittene Tatsache dargestellt, zweitens werden sie hauptsächlich als Sicherheitsbedrohung für Australien konstruiert und drittens wird die Stimme der Betroffenen manipuliert bzw. unsichtbar gemacht (Farbotko 2011). Die politischen Folgen dieser Darstellung sind gravierend: Die Menschen, die durch den Klimawandel ihre Lebensgrundlage verlieren könnten, werden als hilflose Opfer dargestellt, die zu einer Sicherheitsbedrohung für die globale Zirkulation von Rohstoffen und Waren werden könnten (Oels 2012). Um unkontrollierte Migrationsbewegungen zu verhindern, erscheint in dieser Darstellung westliche Intervention (auch militärisch) ein humanitäres Gebot zu sein.

Die mediale Konstruktion von prospektiven „Klimaflüchtlingen" von den pazifischen Inseln: An der Medienberichterstattung über den „Klimaflüchtling" ist auffällig, dass der Begriff wie selbstverständlich auf konkrete Menschen angewendet wird, die weder sich selbst so bezeichnen würden, noch von einer Mehrzahl der Wissenschaftler so genannt werden. Wie kommt das zustande? Da der Klimawandel ein komplexes, nicht mit den eigenen Sinnen erfahrbares Phänomen ist, legen die Medien besonderen Wert darauf, den Klimawandel für den Laien sichtbar zu machen, indem sie eine Geschichte mit konkreten Menschen an konkreten Orten erzählen (Farbotko 2011: 8; Doyle 2007: 145). Obwohl „Klimaflüchtlinge" also bislang v. a. auf dem Papier und im Diskurs existieren, sind die Medien schon dabei, dieses Phänomen zu materialisieren und bemüht, die „ersten Klimaflüchtlinge" aufzuspüren und ihre Geschichte zu erzählen. Insbesondere die 2005 erfolgte Umsiedlung von 2 600 Menschen von den Carteret Islands in Papua Neu-Guinea auf die Nachbarinsel Bougainville (UN General Assembly 2009: 20) machte weltweit Schlagzeilen, wie bspw. „Rising Seas Create First Climate Refugees" (The Star Online, Toronto, 23. 12. 2009 zitiert in Farbotko 2011: 8 f.). Aber auch die Bewohner der Inselgruppe Tuvalu und Vanuatu werden häufig unter der Schlagzeile „the world's first climate refugees“ vorgestellt (Farbotko 2011: 9). Die Tatsache, dass Neuseeland pro Jahr 75 Bürger von Tuvalu im Rahmen eines pazifischen Arbeitsmigrationsabkommens (Pacific Access Category) aufnimmt, wird in den Medien ganz häufig fehlerhaft so dargestellt, als würde Neuseeland diese Menschen als „Klimaflüchtlinge“ aufnehmen. Das ist aber nicht der Fall (Farbotko 2011: 10). So stellen die Medien die Existenz von „Klimaflüchtlingen“ als Tatsache dar.

Zweitens werden „Klimaflüchtlinge“ als Sicherheitsbedrohung für die Menschen in westlichen Industrieländern inszeniert. Dieser Erzählung zufolge gilt, dass „wir“ in den westlichen Industrieländern „if not literally flooded, will most certainly be flooded by the ‚climate refugees‘“ (Kolmannskog, 2008: 9). Damit kommt das Framing der Versicherheitlichung zum Zuge: „These imaginings enable Pacific migrants to be positioned as something to either fear or control by those in the industrialised world“ (Farbotko 2011: 26). Carol Farbotko ist der Frage nachgegangen, woher sich der Nachrichtenwert des „Klimaflüchtlings“ speist. Ein Journalist sagte im Interview mit Farbotko „that the Western audience for his program would respond to things that they are fearful of – in this case, tides of desperate immigrants – so that is how he was advised by his editors to frame his story“ (Farbotko 2011: 14). Die befragten Journalisten schüren also bewusst die Angst der Leser und Zuschauer vor Fremden, wenn sie vor „Millionen von Klimaflüchtlingen“ warnen. Farbotko folgert, dass der eigentliche Skandal, aus dem sich der Nachrichtenwert des „Klimaflüchtlings“ speist, die Angst vor einer „Flut“ von Migranten an der eigenen Landesgrenze sei und nicht die verzweifelte Situation der betroffenen Menschen (Farbotko 2011: 11).

Drittens lassen die westlichen Medien die betroffenen Menschen nur selten für sich selbst sprechen. Denn diese sagen im Interview nicht das, was sich westliche Herausgeber vorstellen: Sie finden es erniedrigend, als „Klimaflüchtlinge“ bezeichnet zu werden und fordern Klimaschutz in den Industrieländern (McNamara & Gibson 2009). Dies wird jedoch in westlichen Medien gar nicht berichtet. Carol Farbotko hat durch Feldforschung in Tuvalu und in Interviews mit Journalisten aufgedeckt, dass viele Journalisten bei der Recherche auf kleinen Inselstaaten ihre Story („hilflose Inselbewohner müssen fliehen“) bereits im Kopf haben und nicht offen für die eigentlichen Verhältnisse auf den Inseln sind. Die Bewohner der tief liegenden Inseln im Pazifik werden in den westlichen Medien meist als hilflose Opfer des Klimawandels dargestellt, die westlicher Unterstützung bedürfen.

Die politischen Folgen der Versicherheitlichung der prospektiven „Klimaflüchtlinge“ von pazifischen Inseln: Die Darstellung der vom Klimawandel in Zukunft potentiell betroffenen Menschen als hilflose „Klimaflüchtlinge“, deren schiere Anzahl zur „Überflutung“ der Industrieländer führen könnte (Kolmannskog 2008: 9), schürt Angst und hat eine Reihe konkreter politischer Folgen. Das politische Lösungsspektrum wurde durch diese Art der Mediendarstellung drastisch eingeschränkt. Debatten kreisen dadurch eher um die Frage: Wo sollen die ganzen Flüchtlinge hin und welchen politischen Status sollen sie bekommen? Ausgeblendet wird dabei erstens, dass der Klimawandel kein Naturphänomen ist, das die Entwicklungsländer schicksalhaft ereilt, sondern dass der Lebensstil in den Industrieländern die Hauptursache für den Klimawandel ist. Ebenfalls kaum Beachtung findet die Tatsache, dass viele Menschen vor einem Schicksal als klima-induzierte Migranten bewahrt werden könnten, wenn drastische Emissionsreduktionen politisch durchgesetzt würden. Davon ist aber im „Klimaflüchtlingsdiskurs" keine Rede mehr. Die Diskussion setzt erst mit der Tatsache ein, dass es „Klimaflüchtlinge" geben wird.

Zweitens führt das Schüren von Angst vor „Millionen von Klimaflüchtlingen" an den Grenzen der Industrieländer dazu, dass eher repressive und militärische Maßnahmen zur Abwehr und Prävention dieser Flüchtlingsströme angedacht werden. Wie an anderer Stelle dargelegt (Oels 2011; 2012), geht es in der Konstruktion des Klimawandels als Sicherheitsbedrohung darum, die globale Zirkulation von Gütern und Menschen – und damit die wirtschaftliche Produktion und Versorgung der Industrieländer – vor Störungen und Unterbrechungen zu sichern. Nach extremen Wetterereignissen könnten Responsibility-to-Protect-Interventionen zur Versorgung und zum Schutz der Bevölkerung in Entwicklungsländern gerechtfertigt erscheinen, wenn damit größere Flüchtlingsbewegungen unterbunden werden können (Hartmann 2010). Im Vordergrund der sich ausweitenden Diskussion über verbesserten Katastrophenschutz (disaster management) in Entwicklungsländern steht daher das Wohl der Industrieländer, die sich vor den Folgen humanitärer Katastrophen in den Entwicklungsländern schützen wollen. Erst an zweiter Stelle geht es um das Wohl der betroffenen Menschen und darum, deren Überleben zu sichern (Farbotko 2011).

Drittens unterstellt die Rede von der Hilflosigkeit der Inselbewohner, diese könnten sich nicht selber helfen und würden westlichen Schutz wünschen. De facto ist jedoch das Gegenteil der Fall: Die Bewohner der tief liegenden Inseln im Pazifik sind bspw. stolze Seefahrer mit der Tradition, auf den Meeren unterwegs zu sein und neue Inseln zu besiedeln (Farbotko 2011). Eine möglicherweise notwendige Umsiedlung von Menschen könnte genau an diesen Erfahrungsschatz anknüpfen und die Tradition der Neubesiedlung von Land fortführen. Wie bspw. bei der Umsiedlung auf den Carteret Islands, könnten die Inselvölker diesen Prozess selbst organisieren und damit ihren Stolz, ihre Würde und Unabhängigkeit aufrechterhalten (Farbotko 2011). Farbotko kritisiert die Einseitigkeit der Berichterstattung über Inselvölker in den westlichen Medien daher scharf und fordert Raum für alternative Diskurse zum Konstrukt „Klimaflüchtling". Nach ihrer Recherche gibt es im pazifischen Raum mindestens zwei alternative Diskurse über Mobilität, die bislang nur in pazifischen Medien repräsentiert werden: einerseits den Diskurs über den talentierten Seefahrer und andererseits den Diskurs über das Treiben lassen auf dem Meer, manchmal zu neuen Ufern, manchmal in den Tod (Farbotko 2011). In beiden Diskursen sieht Farbotko einen Erfahrungsschatz, der die zukünftige Mobilität der Inselbewohner informieren und inspirieren könnte. Durch die einseitige Medienberichterstattung würde ein ganzes Spektrum alternativer Lösungsansätze wie die Anpassung an den Klimawandel und selbstbestimmte Migration unsichtbar gemacht. McNamara und Gibson haben daher gefolgert, dass „[a]t the heart of the contestation over the category of ‚climate refugees' is a geopolitical tension between visions for the future" (McNamara & Gibson 2009: 481), zwischen Fraktionen, für die der Untergang von Inselstaaten „Fakt" ist, und denjenigen, für die ein solches Zukunftsszenario inakzeptabel ist (McNamara & Gibson 2009: 479).

4.2 Die mediale Konstruktion von „Klimaflüchtlingen" in New Orleans nach Hurrikan Katrina

Ein anderes Beispiel ist die Berichterstattung über die Opfer des Hurrikans Katrina in New Orleans im August 2005. Die betroffenen Menschen wurden von westlichen Medien schnell als die ersten „Klimaflüchtlinge" in den Industrieländern bezeichnet (Giroux 2006). Es ist in diesem Zusammenhang wichtig, daran zu erinnern, dass es derzeit wissenschaftlich nicht möglich ist, einen Zusammenhang zwischen dem Klimawandel und einzelnen extremen Wetterereignissen herzustellen (Docherty & Giannini 2009: 390). Gleichzeitig berichteten die Medien v. a. von Plünderungen und stellten die Überlebenden als eine Gefahr da, die vom Militär unter Kontrolle gebracht werden müsse. An diesem Beispiel lässt sich sehr konkret zeigen, welche dramatischen politischen Folgen die Darstellung der betroffenen Menschen als Sicherheitsbedrohung hatte.

Die mediale Konstruktion von „Klimaflüchtlingen" in New Orleans nach Hurrikan Katrina: Die Überlebenden von Hurrikan Katrina, der im August 2005 New Orleans und Umgebung verwüstete, wurden von den Medien in zwei Lager eingeteilt: Flüchtlinge (bspw. Mütter mit Babies) und Kriminelle (bspw. Jugendliche afro-amerikanischer Abstammung) (Tierney u. a. 2006: 73). Die Bezeichnung „Flüchtling" diente dazu, die verzweifelte Lage der Überlebenden von New Orleans zu naturalisieren und zu entpolitisieren. Der Begriff „Flüchtling" wird dabei als Gegenüber zum normalen amerikanischen Staatsbürger gebraucht, dessen Grundrechte geschützt und dessen Grundbedürfnisse erfüllt sind (Oels 2009): „Cries of desperation and help were quickly redefined as the pleas of ‚refugees', a designation that suggested an alien population lacking both citizenship and legal rights had inhabited the Gulf Coast" (Giroux 2006: 4). Der Flüchtlingsdiskurs hatte eine rassistische Note, weil er die armen Bewohner von New Orleans, die meist afro-amerikanischer Abstammung sind, als nicht zugehörig zu Amerika darstellte. Dadurch wurde die bestehende soziale Ungleichheit *innerhalb* von Amerika ausgeblendet (Masquelier 2006: 736 f.). Genau wie bei den Bewohnern der pazifischen Inselstaaten wehrten sich die Menschen in New Orleans dagegen, als „Flüchtlinge" bezeichnet zu werden. Auch sie fanden diese Bezeichnung entwürdigend und diffamierend („I can't stand people calling me a refugee. I am an American and I love America"; Masquelier 2006 in Farbotko 2011: 28).

Auf der anderen Seite wurde in den Medien v.a. von Plünderungen und kriminellen Aktivitäten berichtet, die angeblich von einigen Überlebenden des Hurrikans Katrina durchgeführt wurden. Der von den Medien verwendete Frame beschrieb New Orleans als „snakepit of anarchy" (Tierney u.a. 2006: 68). So wurden alle in New Orleans zurückgebliebenen Menschen dem Verdacht ausgesetzt, kriminell und gefährlich für andere sein zu können. Die Journalisten verwendeten zur Beschreibung der Situation in New Orleans nach dem Hurrikan das Vokabular, mit dem sonst politisch motivierte Aufstände und Rassenunruhen beschrieben werden. Anzumerken ist, dass nach Befunden der Kastrophenschutz-Forschung gewalttätige Ausschreitungen nach extremen Ereignissen absolute Ausnahmeerscheinungen sind. Im Gegenteil, das Gros der Forschung zu dem Thema suggeriert, dass bestehende Konflikte beigelegt werden und hohe Standards gegenseitiger Hilfe und sozialen Engagements zur Norm werden (Tierney u.a. 2006: 58). Im Fall von Hurrikan Katrina gibt es bis heute keine Nachweise dafür, dass es tatsächlich zu den kriminellen Aktivitäten gekommen ist, über die in den Medien ausführlich berichtet wurde. Im Gegenteil, schon einen Monat nach Katrina gab es in den USA eine rege Debatte über die Medienberichterstattung, in der gerügt wurde, dass Journalisten nur auf der Basis von Hörensagen berichtet hatten, und dass es bis dato keine Belege für die angeblich verübten Gewalttaten gäbe (Tierney u.a. 2006: 74). Tierney und Kolleginnen sprechen von Katastrophen-Mythen (disaster myths), die in den Medien (und im politischen Diskurs) perpetuiert würden, aber mit der Realität wenig zu tun hätten. Der Frame der Versicherheitlichung, der die Überlebenden als möglicherweise gefährlich darstellt, war jedoch nichtsdestotrotz höchst wirkmächtig, wie wir anhand der politischen Folgen zeigen werden.

Sobald die National Guard vor Ort eingetroffen war, sorgte die hohe Militärpräsenz auf den Straßen dafür, dass das Bild eines „Kriegsgebietes" („war zone") beschworen (Giroux 2006: 5) und in vielen Metaphern in den Medien verwendet wurde (Tierney u.a. 2006: 72). „Wir kämpfen jetzt an zwei Fronten" – Irak und New Orleans – wird ein Militärangehöriger von Tierney und Kolleginnen zitiert (Tierney u.a. 2006: 72). Die Metapher eines Kriegs in New Orleans entsprach dann auch der Vorgehensweise der Rettungskräfte.

Die politischen Folgen der Versicherheitlichung der „Klimaflüchtlinge": Die politischen Folgen der beschriebenen Frames waren im Fall Katrina gravierend. Die übertriebene Berichterstattung in den Medien über Plünderungen und Kriminalität hat dazu geführt, dass der Ruf nach der starken Hand des Militärs gerechtfertigt erschien: „The overall effect of media coverage was to further bolster arguments that only the military is capable of effective action during disasters." (Tierney u.a. 2006: 61). Die Versicherheitlichung der Überlebenden als Gefahr für die öffentliche Ordnung war vollzogen und wurde mit außergewöhnlichen Maßnahmen – hier einem Militäreinsatz ungekannten Ausmaßes – beantwortet. Die Rezipienten der Medienberichte konnten an vertrautes Terrain anknüpfen: Tierney und Kolleginnen (2006: 78) führen die gestiegene Akzeptanz für

Militäreinsätze im eigenen Land (die eigentlich unzulässig sind) auf 9/11 und den „Krieg gegen den Terror“ zurück.

Eine konkrete Folge der ausgiebigen Medienberichterstattung über anarchische Zustände in New Orleans war eine Veränderung der politischen Strategie. Die Medien übten hier nach O'Heffernan ihre wichtige Rolle als Evaluator der bisher ergriffenen politischen Maßnahmen aus und bewerteten diese als höchst unzulänglich. Vor diesem Hintergrund kam es zu einer Kurskorrektur. Während zu Beginn der Schwerpunkt auf der Rettung von Menschenleben lag, verschob sich die Arbeit der Truppen schon nach drei Tagen auf Anordnung der Gouverneurin Kathleen Blanco hin zur Wiederherstellung der öffentlichen Ordnung (Tierney u. a. 2006: 68): „By reassigning emergency responders from lifesaving activities to law enforcement functions, those in charge of the response placed law and order above the lives of hurricane survivors.“ (Tierney u. a. 2006: 75).

Die Medien-Darstellung der Überlebenden als potenziell gefährlich hatte ebenfalls dramatische Folgen für den Rettungseinsatz. Die Überlebenden wurden von den eingesetzten Soldaten nicht als potenzielle Kooperationspartner oder gar Co-Helfer adressiert, sondern als potenzielle Kriminelle. Konkret bedeutete dies, dass die Truppen den Überlebenden mit großer Härte und Vorsicht begegneten und nicht mit Mitgefühl und Unterstützung. So traten die Soldaten die Türen von Häusern ein, durchsuchten die Überlebenden wie Kriminelle und führten sie dann mit Handschellen ab, um zu verhindern, dass sie in ihren zerstörten Häusern blieben (Tierney u. a. 2006: 70). Laut Tierney und Kolleginnen (2006: 75) wurden dabei unnötigerweise Konflikte zwischen Überlebenden und Rettern geschürt, da die Überlebenden eine solche Behandlung als völlig unangemessen betrachteten. Darüber hinaus bedeutete die Verhängung einer Sperrstunde, dass die Möglichkeiten zur Selbsthilfe drastisch eingeschränkt wurden. Verwandte, die angereist waren, um Angehörige zu retten, wurden auf vielfältige Weise daran gehindert, zu den Eingeschlossenen vorzudringen. Das Rote Kreuz und die Heilsarmee durften nicht bei der Versorgung der Menschen in den Notunterkünften mitwirken (Tierney u. a. 2006: 74). Während Menschen hungerten und dursteten, wurden privat organisierte Hilfsgütertransporte aus ‚Sicherheitsgründen‘ abgewiesen – es hätte ja eine Bombe darin versteckt sein können (Trouble the Waters – TV-Dokumentarfilm von Tia Lessin & Carl Deal). Auch die Medienberichterstattung wurde ähnlich wie im Irakkrieg drastisch eingeschränkt. Jegliche Fotos von Leichen wurden den Medien verboten und der Zugang zu den Notunterkünften wurde gesperrt (Tierney u. a. 2006: 73). Tierney und Kolleginnen (2006: 62) bezeichnen die von der Regierung und dem Militär im Fall Katrina ergriffenen Maßnahmen als „unproductive and outright harmful response strategies“.

Völlig abwesend war hingegen ein kritischer Journalismus, der das militaristische Vorgehen hinterfragt hätte (Tierney u. a. 2006: 74). Aus der Forschung sind deutlich erfolgversprechendere Strategien des Katastrophenschutzes bekannt, die in New Orleans weder in der öffentlichen und medialen Debatte noch in der Praxis vorkamen.

Anstatt nach Eintreten eines Extremereignisses die Armee zu schicken, raten Katastrophenschutz-Experten dazu, in verwundbaren Gebieten vorsorglich *community resilience* (Widerstandsfähigkeit) aufzubauen, Partnerschaften zwischen Wirtschaft und Staat zu forcieren, spezielle Programme für benachteiligte Bevölkerungsgruppen durchzuführen und die verschiedenen Regierungs- und Nichtregierungsorganisationen gut zu vernetzen, damit sie im Katastrophenfall Hand in Hand arbeiten können (Waugh 2000; Haddow & Bullock 2003).

Tierney und Kolleginnen (2006) diskutieren verschiedene Erklärungen für die Art der Berichterstattung über Hurrikan Katrina. Sie argumentieren, dass selbstverständlich journalistische Konventionen eine Rolle spielten, dass „Standard Frames" über „Natur"katastrophen zum Einsatz kamen, dass den Reportern vor Ort jegliches Grundwissen über Katastrophenschutz fehlte, dass der Nachrichtenwert einer Katastrophe immer direkt mit dem sozialen Status der Opfer korreliert, und dass die afro-amerikanischen Einwohner von New Orleans sehr stereotyp dargestellt wurden (Tierney u. a. 2006: 61 f.). Letztlich schließen sie sich aber eher dem Propaganda-Modell von Lippmann und Chomsky an. Sie argumentieren, dass die Darstellung in den Medien den diskursiven Status Quo aufrecht erhalte und damit die Position und politischen Interessen der Eliten befördere:

> „media treatments of disasters both reflect and reinforce broader societal and cultural trends, socially constructed metanarratives, and hegemonic discourse practices that support the status quo and the interests of elites. Thus, myths concerning the panicky public, the dangers presented by looters, and the threat disaster victims pose to the social order serve to justify policy stances adopted by law enforcement entities and other institutions concerned with social control" (Tierney u. a. 2006: 62).

Die von Tierney und Koleginnen identifizierten Katastrophen-Mythen (disaster myths) erzeugten im Fall Katrina also eine effektive Form der Versicherheitlichung, die den politischen Handlungsspielraum v. a. in Richtung Militäreinsatz erweiterte. Die Art der Mediendarstellung hilft dabei, zu rechtfertigen, dass die Wiederherstellung der öffentlichen Ordnung über die Rettung von Menschenleben gestellt wird.

5 Schluss und Ausblick

Die Art des Frames ist entscheidend für die politische Bearbeitung eines Themas (Vultee 2011). Der verwendete Frame steckt den politischen Handlungsspielraum ab – er ermöglicht bestimmte Maßnahmen und schließt andere aus. Die Berichterstattung der Medien spielt im Prozess des Framing eine wichtige Rolle. Folgt man dem Prozess-Modell, ist die Medienberichterstattung im Framing keine Einbahnstraße, sondern die dominanten Frames entstehen in Wechselwirkung zwischen Medien, öffentlicher Meinung und dem

Diskurs der politischen Eliten (Balzacq 2005; Vultee 2011: 80). Über ihre Berichterstattung können die Medien ein Thema auf die mediale, öffentliche und politische Agenda setzen und auf die Art des Frames zumindest Einfluss nehmen. Aber auch in der Evaluationsphase des Policy Cycle, wo es um die Bewertung des Erfolgs politischer Maßnahmen geht, kommt den Medien eine Schlüsselrolle zu. Hier wird der Boden für zukünftig akzeptable bzw. inakzeptable Politiken bereitet.

Wir haben in den vorgestellten Fallstudien zum „Klimaflüchtling" den Frame der Versicherheitlichung in der Medienberichterstattung untersucht. Anhand von zwei Fallstudien haben wir gezeigt, wie sich der politische Handlungsspielraum durch die Versicherheitlichung in Richtung repressiver und z. T. sogar militärischer Maßnahmen einengte. Es konnte gezeigt werden, dass wichtige alternative Lösungsoptionen dadurch aus der öffentlichen und politischen Debatte verdrängt wurden. Eine Rekonstruktion dieser im Mediendiskurs ganz fehlenden oder marginalisierten alternativen Frames des Themas zeigt erfolgversprechendere Lösungsoptionen für klima-induzierte Migration auf, als die bislang von den Medien thematisierten. In den untersuchten Fällen zeigt sich eine Tendenz der Medien, durch die Berichterstattung den Status Quo zu stützen und die Blickweise der Regierung einzunehmen. Unter den Tisch fällt dadurch die Sichtweise derjenigen, die regiert werden; konkret sind das hier diejenigen, die nicht „Klimaflüchtlinge" genannt werden wollen. Im Fall der pazifischen Inselbewohner zeigte sich, dass diese über eine Tradition der Mobilität auf den Meeren und der Besiedlung neuen Landes verfügen, an die eine selbstbestimmte Form der Umsiedlung anknüpfen könnte. Am Beispiel von Hurrikan Katrina wurde deutlich, dass vorbeugende Maßnahmen des Katastrophenschutzes wie *community resilience* sehr viel effektiver (und oft auch preiswerter) sind als ein massives Militäraufgebot nach einem extremen Wetterereignis.

Im Bereich des Klimawandels ist noch sehr viel mehr Forschung nötig, um das Wechselspiel zwischen Medien und Politik genauer zu verstehen. In diesem Beitrag konnte keine Angabe über das Ausmaß des Medieneinflusses auf die Politik gemacht werden. Es konnte im Fall von New Orleans lediglich gezeigt werden, dass die übertriebene Medienberichterstattung im Frame der Anarchie den Boden bereitet haben könnte für einen Wechsel der politischen Strategie weg vom Retten von Menschenleben und hin zur Wiederherstellung der öffentlichen Ordnung. Auch wurde hier nicht zwischen verschiedenen Medien wie Fernsehen, Tageszeitungen, Radio und Internet und auch nicht zwischen bestimmten Nutzergruppen unterschieden. Schließlich konnte die umgekehrte Wirkungsrichtung von der Politik auf die Medien aus Platzgründen hier nicht genauer diskutiert werden. An dieser Stelle wäre zu fragen, inwiefern die Politik die Medien für ihre Zwecke instrumentalisierte und ob die Medien den Frame der Versicherheitlichung direkt von offiziellen Quellen übernommen haben. Bezüglich der pazifischen Inselbewohner wurde angedeutet, dass Umweltverbände und die United Nations University wichtige Impulsgeber waren, die das Thema Klimaflucht erst auf die Medienagenda setzten und bereits einen alarmistischen Frame für die Berichterstattung vorgaben. Es wäre sehr lohnenswert, diese und weitere Fragen zum Wechselspiel von Medien und Politik am Beispiel des Klimawandels genauer zu untersuchen. Wir hoffen, dass unser Beitrag einen hilfreichen ersten Vorstoß auf dieses weitgehend unerforschte Terrain geleistet hat.

Bibliographie

Antilla, Lisa (2005): Climate of Scepticism: US Newspaper Coverage of the Science of Climate Change. In: Global Environmental Change, Jg. 15. S. 338–352.

Babbili, Anantha S. (1990): Understanding International Discourse: Political Realism and the Non-Aligned Nations. In: Media, Culture & Society, Jg. 12. S. 309–324.

Balzacq, Thierry (2005): The three faces of securitization: Political Agency, Audience and Context. In: European Journal of International Relations, Jg. 11. S. 171–201.

Balzacq, Thierry (2009): Constructivism and Securitization Studies. In: Mauer, Victor & Myriam Dunn Cavelty (Hg.): Handbook of Security Studies. London: Routledge. S. 56–72.

Balzacq, Thierry (Hg.) (2011): Securitization Theory: How security problems emerge and dissolve. London: Routledge.

Bennett, W. Lance (1988/2008): News: The Politics of Illusion. New York & London: Longman.

Bigo, Didier (2007): Detention of Foreigners, States of Exception, and the Social Practices of Control of the Banopticon. In: Rajaram, Prem Kuman & Carl Grundy-Warr (Hg.): Borderscapes: Hidden geographies and politics at territory's edge. Minneapolis & London: University of Minnesota Press. S. 3–33.

Black, Richard (2001): Environmental Refugees: Myth or Reality? New Issues in Refugee Research. Working Paper 34, UNHCR (http://www.unhcr.org/research/RESEARCH/3ae6a0d00.pdf, Zugriff am 21.3.2008).

Bojanowski, Axel (2011): Prognose zu Klimaflüchtlingen bringt Uno in Bedrängnis. 17.4.2011, Spiegel Online (http://www.spiegel.de/wissenschaft/natur/a-757556.html, Zugriff am 3.8.2011).

Boykoff, Maxwell T. & Jules Boykoff (2004): Balance as Bias: Global Warming and the US Prestige Press. In: Global Environmental Change, Jg. 14. S. 125–136.

Brzoska, Michael & Angela Oels (2011): „Versicherheitlichung" des Klimawandels? Die Konstruktion des Klimawandels als Sicherheitsbedrohung und ihre politischen Folgen. In: Brzoska, Michael; Kalinowski, Martin; Matthies, Volker & Meyer, Berthold (Hg.) Klimawandel und Konflikte: Versicherheitlichung versus präventive Friedenspolitik? Baden-Baden: Nomos. 51–66.

Buzan, Barry, Ole Waever & Jaap de Wilde (1998): Security: A new framework for analysis. Boulder: Lynne Rienner.

Carvalho, Anabela (2005): Representing the Politics of the Greenhouse Effect: Discursive Strategies in the British media. In: Critical Discourse Studies, Jg. 2. S. 1–29.

Carvalho, Anabela (2007): Ideological Cultures and Media Discourses on Scientific Knowledge. Re-reading News on Climate Change. In: Public Understanding of Science, Jg. 16. S. 223–243.

Carvalho, Anabela & Eulália Pereira (2008): Communicating climate change in Portugal: A critical analysis of journalism and beyond. In: Carvalho, Anabela (Hg.): Communicating Climate Change: Discourses, Mediations and Perceptions. Braga: Centro de Estudos de Comunicação e Sociedade, Universidade do Minho. S. 126–56 (http://www.lasics.uminho.pt/ojs/index.php/climate_change, Zugriff am 21.3.2008)

Carvalho, Anabela & Jacquie Burgess (2005): Cultural circuits of climate change in UK broadsheet newspapers, 1985–2003. In: Risk Analysis, Jg. 25. S. 1457–1469.
Chomsky, Noam (1989): Necessary Illusions: Thought Control in Democratic Societies. Boston: South End Press.
Chomsky, Noam (1997): Media Control: The Spectacular Achievements of Propaganda. New York: Seven Stories Press.
Cohen, Bernard (1963): The Press and Foreign Policy. Princeton, N.J.: Princeton University Press.
Conisbee, Molly & Andrew Simms (2003): Environmental refugees: The case for recognition. London: new economics foundation pocketbook.
Connell, John (2003): Losing ground? Tuvalu, the Greenhouse Effect and the Garbage Can. In: Asia Pacific Viewpoint, Jg. 44. S. 89–107.
Docherty, Bonnie & Tyler Giannini (2009): Confronting a rising tide: A proposal for a convention on climate change refugees. In: Harvard Environmental Law Review, Jg. 33. S. 349–403.
Doyle, Julie (2007): Picturing the Clima(c)tic: Greenpeace and the Representational Politics of Climate Change Communication. In: Science as Culture, Jg. 16. S. 129–150.
Farbotko, Carol (2011): Skilful seafarers, oceanic drifters or climate refugees? Pacific people, news value and the climate refugee crisis. In: Threadgold, Terry, Bernhard Gross & Kerry Moore (Hg.): Migrations and the Media. New York: Peter Lang.
Gamson, William A. & Andre Modigliani (1989): Media Discourse and Public Opinion on Nuclear Power: A Constructionist Approach. In: American Journal of Sociology, Jg. 95. S. 1–37.
Gemenne, Francois (2009): Environmental Changes and Migration Flows: Normative Frameworks and Policy Responses. Dissertation in Political Science, jointly sponsored by the Institut d'Etudes Politique de Paris and the University of Liege.
Gilboa, Eytan (2005): The CNN Effect: The Search for a Communication Theory of International Relations. In: Political Communication, Jg. 22. S. 27–44.
Giroux, Henry A. (2006): Reading Hurricane Katrina: Race, Class, and the Biopolitics of Disposability. In: College Literature, Jg. 33. S. 171–196. (http://findarticles.com/p/articles/mi_qa3709/is_200607/ai_n16717316/print, Zugriff am 21. 3. 2008).
Gunster, Shane (2011): Radical Optimism: Expanding Visions of Climate Politics in Alternative Media. Vortrag, „Across Borders and Environments: 11th Biennial Conference on Communication and the Environment", University of Texas, El Paso, 25–28. 6. 2011.
Haddow, George D. & Jane A. Bullock (2003): Introduction to Emergency Management. New York: Butterworth Heinemann.
Hartmann, Betsy (2010): Rethinking Climate Refugees and Climate Conflict: Rhetoric, reality and the politics of policy discourse. In: Journal of International Development, Jg. 22. S. 233–246.
Herman, Edward S. & Noam Chomsky (1988): Manufacturing Consent: The Political Economy of the Mass Media. New York: Pantheon Books.
Hulme, Mike (2007): Newspaper scare headlines can be counter-productive. In: Nature, Jg. 445. S. 818.
Jakobeit, Cord & Chris Methmann (2007): Klimaflüchtlinge: Die verleugnete Katastrophe. Auftragsstudie für Greenpeace. Hamburg: Greenpeace Deutschland.
Kolmannskog, Vikram O. (2008): Future floods of refugees: A comment on climate change, conflict and forced migration. Oslo: Norwegian Refugee Council. (www.nrc.no/arch/_img/9268480.pdf, Zugriff am 3. 9. 2009).

Lippman, Walter (1922/1960): Public Opinion. New York: MacMillan.
Masquelier, Adeline (2006): Why Katrina's Victims Aren't Refugees: Musings on a ‚Dirty' Word. In: American Anthropologist, Jg. 108. S. 735–743.
Mazur, Allan (1998): Global Environmental Change in the News. In: International Sociology, Jg. 13. S. 457–72.
McCombs, Maxwell & Donald Shaw (1972): The agenda-setting function of the mass media. In: Public Opinion Quarterly. Jg. 36. S. 176–87.
McCright, Aaron & Riley Dunlap (2000): Challenging Global Warming as a Social Problem: An Analysis of the Conservative Movement's Counter-claims. In: Social Problems, Jg. 47. S. 499–522.
McCright, Aaron & Riley Dunlap (2003): Defeating Kyoto: The Conservative Movement's Impact on U.S. Climate Change Policy. In: Social Problems, Jg. 50. S. 348–73.
McNamara, Karen Elizabeth & Chris Gibson (2009): „We Do Not Want to Leave our Land": Pacific ambassadors at the United Nations resist the category of „climate refugees". In: Geoforum, Jg. 40. S. 475–483.
Morrissey, James (2009): Environmental Change and Forced Migration: A State of the Art Review. Oxford: Refugee Studies Centre, University of Oxford.
Myers, Norman (1995): Environmental Exodus: An Emergent crisis in the global arena. Washington D.C.: The Climate Institute.
Myers, Norman (2001): Environmental Refugees. A Growing Phenomenon of the 21st Century. In: Philosophical Transaction of the Royal Society: Biological Sciences, Jg. 357. S. 609–613.
O'Heffernan, Patrick (1991): Mass Media and American Foreign Policy. Norwood: Ablex.
O'Neill, Saffron & Sophie Nicholson-Cole (2009): „Fear Won't Do It": Promoting positive engagement with climate change through visual and iconic representations. In: Science Communication, Jg. 30. S. 355–379.
O'Reilly, Ciaran (2008): Primetime Patriotism: News Media and the Securitization of Iraq. In: Journal of Politics and Law, Jg. 1. S. 66–72.
Oels, Angela (2009): Flüchtlingsstatus für Klimaflüchtlinge: Rechtsschutz oder Entmündigung? Vortrag im Rahmen des Panel „Ressourcenkonflikte" der Sektion Internationale Politik der Deutschen Vereinigung für Politische Wissenschaft (DVPW) auf dem DVPW-Kongress in Kiel am 22. 9. 2009.
Oels, Angela (2011): From „securitisation" of climate change to „climatisation" of the security field. Comparing three theoretical perspectives. In: Scheffran, Juergen, Michael Brzoska, Hans Guenter Brauch, Peter Michael Link & Janpeter Schilling (Hg.): Climate Change, Human Security and Violent Conflict: Challenges for Societal Stability. Berlin: Springer.
Oels, Angela (2012): Rendering Climate Change Governable by Risk: From probability to contingency. In: Geoforum, Sonderausgabe zum Thema „Natures of Risk", im Erscheinen.
Olausson, Ulrika (2009): Global warming-global responsibility? Media frames of collective action and scientific certainty. In: Public Understanding of Science, Jg. 18. S. 421–436.
Oreskes, Noam & Erik M. Conway (2010): Merchants of Doubt: How a Handful of Scientists Obscured the Truth on Issues from Tobacco Smoke to Global Warming. New York: Bloomsbury Press.
Robinson, Piers (2001): Operation Restore Hope and the Illusion of a News Media Driven Intervention. In: Political Studies, Jg. 49. S. 941–956.
Sampei, Yuki & Midori Aoyagi-Usui (2009): Mass-media coverage, its influence on public awareness of climate-change issues, and implications for Japan's national campaign to reduce greenhouse gas emissions. In: Global Environmental Change, Jg. 19. S. 203–212.

Stritzel, Holger (2007): Towards a Theory of Securitization: Copenhagen and beyond. In: European Journal of International Relations, Jg. 13. S. 357–383.
Tierney, Kathleen, Christine Bevc & Erica Kuligowski (2006): Metaphors matter: Disaster myths, media frames, and their consequences in Hurricane Katrina. In: Annals of the American Academy of Political and Social Science, Jg. 604. S. 57–81.
Tompkins, Emma L. & Neil Adger (2005): Defining response capacity to enhance climate change policy. In: Environmental science & policy, Jg. 8. S. 562–571.
Trombetta, Maria Julia (2011): Rethinking the Securitization of the Environment: Old beliefs, new insights. In: Balzacq, Thierry (Hg.): Securitization Theory: How security problems emerge and dissolve. London: Routledge. S. 135–149.
Trumbo, Craig (1996): Constructing Climate Change: Claims and Frames in US News Coverage of an Environmental Issue. In: Public Understanding of Science, Jg. 5. S. 269–73.
United Nations Framework Convention on Climate Change (UNFCCC) (2011): Report of the Conference of the Parties on its sixteenth session, held in Cancun from 29 November to 10 December 2010; Addendum; Part Two: Action taken by the Conference of the Parties at its sixteenth session, FCCC/CP/2010/7/Add.1 (http://unfccc.int/resource/docs/2010/cop16/eng/07a01.pdf#page=4, Zugriff am 2. 8. 2011).
United Nations General Assembly (2009): Climate change and its possible security implications. Report of the Secretary-General, A/64/350 (2009), New York.
United Nations Security Council (2007a): Minutes 5663rd meeting, 17 April 2007, New York, S/PV.5663.
United Nations Security Council, (2007b): 5663rd meeting, 17 April 2007, 3 p. m., New York, S/PV.5663 (Resumption 1).
United Nations Security Council (2011a): 6587th meeting, 20 July 2011, 10 a. m., New York, S/PV.6587.
United Nations Security Council (2011b): 6587th meeting, 20 July 2011, 3 p. m., New York, S/PV.6587 (Resumption 1).
United Nations University (2005): As ranks of „environmental refugees“ swell worldwide, calls grow for better definition, recognition, support. Presseerklärung vom 11.10. 2005 (http://www.ehs.unu.edu/file/get/3916, Zugriff am 3. 8. 2011).
Vultee, Fred (2011): Securitization as a Media Frame: What happens when the media „speak security“? In: Balzacq, Thierry (Hg.): Securitization Theory: How security problems emerge and dissolve. London: Routledge. S. 77–93.
Waever, Ole (1995): „Securitization and Desecuritization“. In: Lipschutz, Ronnie D. (Hg.): On security. New York: Columbia University Press. S. 46–86.
Warner, Koko (2010): European (im)migration policy and environmental change: institutional and governance gaps. In: European View, Jg. 9. S. 189–204.
Waugh, William L. (2000): Living with Hazards, Dealing with Disasters: An Introduction to Emergency Management. New York: M. E. Sharpe.
Weingart, Peter, Anita Engels & Petra Pansegrau (2000): Risks of Communication: Discourses on Climate Change in Science, Politics, and the Mass Media. In: Public Understanding of Science, Jg. 9. S. 261–83.

Anhang

Zu den Autorinnen und Autoren

Bleicher, Joan Kristin, Dr., Professorin für Medienwissenschaft am Institut für Medien und Kommunikation der Universität Hamburg. Arbeitsbereiche: Mediengeschichte, IPTV, Fernseh- und Online-Angebots-Entwicklung. Ausgewählte Publikationen: Fernsehstil. Konzepte und Geschichte (mit Barbara Link & Vladislav Tinchev, 2010). Berlin: LIT Verlag; Poetik des Internets (2010). Berlin: LIT Verlag; Internet (2011). Konstanz: UVK.

Carvalho, Anabela, PhD, Associate Professor am Department Kommunikationswissenschaften der Universität Minho, Portugal. Arbeitsbereiche: Umweltkommunikation, Wissenschaftskommunikation und politische Kommunikation mit einem Schwerpunkt auf Darstellungen des Klimawandels. Ausgewählte Publikationen: As Alterações Climáticas, os Media e os Cidadãos (Klimawandel, Medien und Bürger, 2011). Coimbra: Grácio Editor; Ideological Cultures and Media Discourses on Scientific Knowledge: Re-Reading News on Climate Change (2007). In: Public Understanding of Science, Jg. 16. S. 223–243.

Grittmann, Elke, Dr., Vertretungsprofessur für Journalistik und Kommunikationswissenschaft, Universität Münster. Arbeitsbereiche: Visuelle Kommunikation/Fotojournalismus, mediale Erinnerungskultur, Gender Studies. Ausgewählte Publikationen: Quantitative Bildtypenanalyse (mit Ilona Ammann, 2011). In: Petersen, Thomas & Clemens Schwender (Hg.): Die Entschlüsselung der Bilder – Methoden zur Erforschung visueller Kommunikation. Köln: von Halem. S. 163–179; Global – lokal – digital. Fotojournalismus heute (hg. mit Irene Neverla & Ilona Ammann, 2008). Köln: von Halem.

Ivanova, Ana, wissenschaftliche Mitarbeiterin in der Forschungsgruppe „Media Constructions of Climate Change" am KlimaCampus der Universität Hamburg. Arbeitsbereiche: Komparative Kommunikationsforschung, Transnationalisierung von Öffentlichkeit, Sozialwissenschaftliche Forschungsmethoden. Ausgewählte Publikationen: Globaler Klimawandel, globale Öffentlichkeit? Medienaufmerksamkeit für den Klimawandel in 23 Ländern (mit Mike S. Schäfer & Andreas Schmidt, 2011). In: Studies in Communication|Media, Jg. 2011. S. 133–148; Deutsche Klimaforscher auf der Medienwelle? (mit Mike S. Schäfer, Inga Schlichting & Andreas Schmidt, 2011). In: Mitteilungen DMG. Organ der Deutschen Meteorologischen Gesellschaft, Jg. 2011. S. 20–22.

Lüthje, Corinna, Dr., wissenschaftliche Angestellte am Institut für Journalistik und Kommunikationswissenschaft an der Universität Hamburg, Mitglied der Forschungsgruppe „Public Discourses on Climate Change". Arbeitsbereiche: Mediatisierungsforschung, Hazardkommunikation, Kultur- und Mediensoziologie, soziale Erinnerung, Hörfunk, Methodologie (rekonstruktive Sozialforschung) interdisziplinäre Zusammenarbeit, Wissenschaftstheorie, -soziologie und -kommunikation. Ausgewählte Publikationen: Mediatisierte Wissenschaft: Eine theoretische Konzeption tiefgreifender Transformationsprozesse (erscheint 2012). In: Robertson-von Trotha, Caroline (Hg.): Public Science und Neue Medien: Die Rolle der Web 2.0-Kultur im der Wissensvermittlung; Öffnung von Elitekultur durch massenmedial verbreitete symbolische Innovation? (2010). In: Medien & Kommunikationswissenschaft, Jg. 2010. S. 46–62; Das Medium als symbolische Macht (2008). Norderstedt: BoD.

Neverla, Irene, Dr., Professorin für Journalistik und Kommunikationswissenschaft an der Universität Hamburg, Principal Investigator „Public Discourses on Climate Change" im Bundes-Exzellenzcluster „CLiSAP". Direktorin des Research Center Media and Communication RCMC der Universität Hamburg. Arbeitsbereiche: Journalistik in Theorie und Empirie, Rezeptionsforschung, Umwelt- und Risikokommunikation, Visuelle Kommunikation und Pressefotografie. Ausgewählte Publikationen: Global – lokal – digital. Fotojournalismus heute (hg. mit Elke Grittmann & Ilona Ammann, 2008). Köln: von Halem; Klimawandel aus Sicht der Mediennutzer. Multifaktorielles Wirkungsmodell der Medienerfahrung zur komplexen Wissensdomäne Klimawandel (mit Monika Taddicken, 2011). In: Medien & Kommunikationswissenschaft, Jg. 2011. S. 505–525; Differences in Public Spheres (2011). In: Raube, Kolja & Annika Sattler (Hg.): Difference and Democracy. Exploring Potentials in Europe and Beyond. Frankfurt: Campus. S. 291–306; Special Issue der Zeitschrift „Journalism Studies" zu „Environmental Journalism" (mit Henrik Boedker, erscheint 2012).

Oels, Angela, Dr., Vertretung der Juniorprofessur Global Governance am Institut für Politikwissenschaft der Universität Hamburg. Arbeitsbereiche: Climate Governmentality Studies, Critical Security Studies, internationale Klimapolitik, internationale politische Soziologie. Ausgewählte Publikationen: Rendering Climate Change Governable by Risk: From probability to contingency (erscheint 2012). In: Geoforum (Spezialausgabe: Natures of Risk); From „securitisation" of climate change to „climatisation" of the security field. Comparing three theoretical perspectives (2011). In: Scheffran, Jürgen, Michael Brzoska, Hans Günter Brauch, Peter Michael Link & Janpeter Schilling (Hg.): Climate Change, Human Security and Violent Conflict: Challenges for Societal Stability. Berlin: Springer.

Rhomberg, Markus, Dr., Juniorprofessor für Politische Kommunikation an der Zeppelin Universität Friedrichshafen. Arbeitsbereiche: Analyse öffentlicher Debatten, Öffentlichkeitstheorie. Ausgewählte Publikationen: Neutralität der Medien als Systembedingung? (mit Alihan Kabalak, erscheint 2012). In: Soziale Systeme; The Third Space (mit Maximilian Rapp, erscheint 2012). In: Peace Review; Cultural policy discourses in the media (mit Martin Tröndle, 2011). In: International Journal of Cultural Policy, Jg. 2011. S. 1–17; Risk perceptions and public debates on climate change. In: Medienkultur. Journal of Media and Communication Research, Jg. 49. S. 55–67; Politische Kommunikation (2009). Paderborn: Fink.

Schäfer, Mike S., Dr., Juniorprofessor am Institut für Journalistik und Kommunikationswissenschaft der Universität Hamburg, Leiter der Forschungsgruppe „Media Constructions of Climate Change“ am Bundes-Exzellenzcluster „CliSAP“. Arbeitsbereiche: Wissenschaftskommunikation, politische Kommunikation, internationale Kommunikation, komparative Kommunikationsforschung, Medien- und Öffentlichkeitssoziologie. Ausgewählte Publikationen: Terrorismus im Fernsehen (mit Jürgen Gerhards, Ishtar Al-Jabiri & Juliane Seifert, 2011) Wiesbaden: Verlag für Sozialwissenschaften; Wissenschaft in den Medien (2007). Wiesbaden: Verlag für Sozialwissenschaften; Kampf um die Köpfe. Zur öffentlichen Auseinandersetzung um die Klimapolitik (Sonderheft des „Forschungsjournal Soziale Bewegungen“, mit Jochen Roose, erscheint 2012); Taking Stock: a Meta-Analysis of Studies on the Media's Coverage in Science (erscheint 2012). In: Public Understanding of Science.

Schlichting, Inga, wissenschaftliche Mitarbeiterin der Forschungsgruppe „Media Constructions of Climate Change“ am KlimaCampus der Universität Hamburg. Arbeitsbereiche: PR- und Organisationskommunikation; Rezeptionsforschung. Ausgewählte Publikationen: Zu gut für diese Welt? Zur Glaubwürdigkeit unternehmerischer Sozialkampagnen (mit Ulrike Röttger, 2006). In: Röttger, Ulrike (Hg.): PR-Kampagnen. Wiesbaden: Verlag für Sozialwissenschaften; Deutsche Klimaforscher auf der Medienwelle? (mit Mike S. Schäfer, Ana Ivanova, Andreas Schmidt, 2011) In: Mitteilungen DMG. Organ der Deutschen Meteorologischen Gesellschaft, Jg. 2011. S. 20–22.

Schmidt, Andreas, wissenschaftlicher Mitarbeiter in der Forschungsgruppe „Media Constructions of Climate Change“ am KlimaCampus der Universität Hamburg. Arbeitsbereiche: Empirische Klimagerechtigkeitsforschung, Bewegungs- und Verbändeforschung, Europäisierung und Transnationalisierung. Ausgewählte Publikationen: Transnationale soziale Ungleichheit in den Medien (mit Mike S. Schäfer & Teresa Zeckau, 2009). In: Aus Politik und Zeitgeschichte, Jg. 2009. S. 27–32; Globaler Klimawandel, globale Öffentlichkeit? Medienaufmerksamkeit für den Klimawandel in 23 Ländern (mit Mike S. Schäfer & Ana Ivanova, 2011). In: Studies in Communication|Media, Jg. 2011. S. 133–148.

Taddicken, Monika, Dr., Postdoc-Researcherin am Institut für Journalistik und Kommunikationswissenschaft der Universität Hamburg. Arbeitsbereiche: Wissenschaftskommunikation, Medienwirkungs- und Rezeptionsforschung, Online-Forschung (inkl. Social Web), Umfragemethodologie. Ausgewählte Publikationen: Klimawandel aus Sicht der Mediennutzer. Multifaktorielles Wirkungsmodell der Medienerfahrung zur komplexen Wissensdomäne Klimawandel (mit Irene Neverla, 2011). In: Medien & Kommunikationswissenschaft, Jg. 2011. S. 505–525; Selbstoffenbarung im Social Web. Ergebnisse einer Internet-repräsentativen Analyse des Nutzerverhaltens in Deutschland (2011). In: Publizistik, Jg. 56. S. 281–303; Methodeneffekte bei Web-Befragungen: Einschränkungen der Datengüte durch ein ‚reduziertes Kommunikationsmedium'? (2008). Köln: von Halem.

Trümper, Stefanie, wissenschaftliche Mitarbeiterin am Institut für Journalistik und Kommunikationswissenschaft sowie am KlimaCampus der Universität Hamburg (Forschungsgruppe: „Public Discourses on Climate Change"). Arbeitsbereiche: Kulturorientierte und komparative Journalismusforschung, journalistische Erinnerungskultur, Risiko- und Katastrophenberichterstattung. Ausgewählte Publikationen: Redaktionskultur in Deutschland am Fallbeispiel der Frankfurter Allgemeinen Zeitung und der Bild-Zeitung (2011). In: Elsler, Monika (Hg.): Die Aneignung von Medienkultur: Medienprodukte, Medientechnologien, Medienakteure. Wiesbaden: Verlag für Sozialwissenschaften. S. 173–192; ‚Beyond the Game'?! (mit Jeffrey Wimmer, Sylvia Klatt, Olga Mecking, Jana Nikol, Eliana Pegorim & David Schattke, 2010) In: Hepp, Andreas, Marco Höhn, & Waldemar Vogelgesang (Hg.): Populäre Events. Medienevents, Spielevents, Spaßevents. Wiesbaden: Verlag für Sozialwissenschaften. S. 213–238; ‚Weblog is watching you'. Auf der Suche nach neuen Formen öffentlicher Medienkritik und ihrer Einbindung in den Journalismus" (2008). Hamburg: Diplomica.

Register